地方財政・公会計制度の国際比較

関口 智【編著】

日本経済評論社

はしがき

　本書はアメリカ，ドイツ，スウェーデン，イギリスの州・地方政府と公共交通事業を対象に，予算と公会計制度の関係を分析し，日本への示唆を導き出すことを目的にしている．問題意識は多岐にわたり，分析視角等を含めて序章や終章で触れている．ここでは，各章で一貫させた執筆方針とその背景について述べておきたい．

　日本では累積する政府債務を発端に，財政学や公会計論等の領域から，予算・決算統制の重要性が唱えられ，各国の予算制度や公会計制度，および改革の取組を対象とする研究がなされてきた．研究の多くは示唆に富むものである．しかし，現金主義的決算を否定する形で，発生主義的決算の意義を強調する論理構造の下で議論を進める論者が散見されることに若干の違和感があった．端的に言えば，あまりに多くの責任を認識基準の相違に負わせてはいないか，という疑問である．そこで，本書の各章を執筆する際には，以下の3点を意識した．

　第1に，概念論の重要性を認識しつつも，それに拘泥することを避け，現実の予算・決算における書類や年次報告書の各財務書類とデータ間の関連性等を明らかにすること，第2に，公共部門の外延に当たる政府系企業体のデータから，一般会計（一般基金）のデータに遡及することで，公共部門の外延化を考慮すること，第3に，外延化する公共部門を統制する機関や統制対象となる財務データを意識することを通じて，財政学や行政学，特に予算論において対象としてきた予算・決算統制の議論との接続を図ること，である．

　これらの点は，時の経過とともに研究成果が蓄積され，本格的データ分析の際には，当然の基礎となる事象であろう．本書は，必ずしも十分なデータを入手できたとはいえないが，現時点で研究としてその実態をまとめておく必要性が高いと考え，1つの形にしたものである．

　なお，本書は立教大学出版助成を受けて関口を編者として刊行されるが，それぞれの章の中で木村佳弘と伊集守直と分担執筆している（担当箇所は各章末

参照).また,分担以外についても一部協力してまとめ,その調整には主として編者があたったことを,ここに記しておきたい.

2016 年 1 月

編　者

目次

はしがき　iii

序章　問題意識と分析視角 …………………………………… 関口　智　1

　　第1節　問題意識　1
　　第2節　分析視角と概念整理　5
　　第3節　本書の構成　18

第1章　アメリカ州・地方政府と公共企業体の公会計・予算制度
　　　　　………………………………… 関口智・木村佳弘・伊集守直　27

　　第1節　はじめに　27
　　第2節　アメリカにおける政府間関係と公共企業体　29
　　第3節　アメリカの公会計制度　35
　　第4節　アメリカの州・地方公会計制度の歴史　39
　　第5節　州・地方公共企業体の財務諸表と会計処理
　　　　　　――MTAを事例に　43
　　第6節　アメリカ州政府のGAAP会計と予算会計との関連
　　　　　　――NY州を事例に　59
　　第7節　会計情報の利用者　72
　　第8節　むすびにかえて　79

第2章　アメリカ州・地方政府と公共企業体の業績評価指標と
　　　　予算・監査制度 ……………………………… 木村佳弘・関口智　85

　　第1節　はじめに　85
　　第2節　アメリカにおける公共部門の業績評価指標の議論
　　　　　　――主として州・地方公共企業体交通機関を事例に　86
　　第3節　アメリカにおける公共部門の業績評価指標の歴史　98

第4節　アメリカ州・地方政府公共企業体における業績評価指標
　　　　　　――MTAを事例に　　　　　　　　　　　　　　　　　　108
　　　第5節　むすびにかえて　　　　　　　　　　　　　　　　　　117

第3章　ドイツ州・地方政府と公企業の公会計・予算・監査制度
　　　……………………………………………関口智・木村佳弘・伊集守直　125
　　　第1節　はじめに　　　　　　　　　　　　　　　　　　　　　125
　　　第2節　ドイツにおける政府間関係と公法上の公企業　　　　　127
　　　第3節　ドイツ公会計制度　　　　　　　　　　　　　　　　　133
　　　第4節　州政府所有公法人の財務諸表と会計処理　　　　　　　139
　　　第5節　ベルリン州政府の予算・決算制度との関連　　　　　　148
　　　第6節　統制手段の実態　　　　　　　　　　　　　　　　　　155
　　　第7節　むすびにかえて　　　　　　　　　　　　　　　　　　182

第4章　スウェーデン地方政府と地方政府所有企業の公会計・
　　　予算制度…………………………………関口智・伊集守直・木村佳弘　189
　　　第1節　はじめに　　　　　　　　　　　　　　　　　　　　　189
　　　第2節　スウェーデンにおける政府間関係と地方政府所有企業　190
　　　第3節　スウェーデン公会計制度　　　　　　　　　　　　　　196
　　　第4節　スウェーデンの地方公会計制度の変遷　　　　　　　　198
　　　第5節　地方政府所有企業の財務諸表と会計処理
　　　　　　――SLを事例に　　　　　　　　　　　　　　　　　　201
　　　第6節　スウェーデン地方政府の予算・決算制度と会計制度との
　　　　　　関係――SLLを事例に　　　　　　　　　　　　　　　210
　　　第7節　会計情報の利用者――投資家・格付機関と議会　　　　216
　　　第8節　むすびにかえて　　　　　　　　　　　　　　　　　　220

第5章　スウェーデン地方政府と地方政府所有企業の業績評価指標と
　　　予算・監査制度………………………………………伊集守直・関口智　225
　　　第1節　はじめに　　　　　　　　　　　　　　　　　　　　　225

第 2 節　スウェーデンにおける公共部門の業績評価指標の歴史　225
　　　第 3 節　スウェーデンにおける公共部門の業績評価指標
　　　　　　　──地方政府所有企業交通機関を中心に　233
　　　第 4 節　スウェーデン地方政府所有企業における業績評価指標の
　　　　　　　利用状況──SL を事例に　237
　　　第 5 節　むすびにかえて　250

第 6 章　イギリス地方政府の公会計・予算制度と業績評価指標
　　　　　………………………………………………関口智・木村佳弘　255

　　　第 1 節　はじめに　255
　　　第 2 節　イギリスの地方財政　257
　　　第 3 節　イギリス地方政府の公会計制度　262
　　　第 4 節　イギリス地方政府の GAAP 会計（決算）
　　　　　　　──TfL を事例に　267
　　　第 5 節　イギリス地方政府の予算会計（予算）
　　　　　　　──TfL を事例に　288
　　　第 6 節　決算値をめぐる GAAP 会計と予算会計の関係　294
　　　第 7 節　イギリス地方政府における業績評価指標
　　　　　　　──TfL を事例に　301
　　　第 8 節　むすびにかえて　315

終　章　総括および課題：日本への示唆 ……………………関口　智　323

　　　第 1 節　はじめに　323
　　　第 2 節　地方政府や政府系企業体の単体での取扱い　324
　　　第 3 節　政府系企業体と地方政府本体との関係について　332
　　　第 4 節　残された課題　348

　　参考文献　357
　　あとがき　369
　　索引　373

序章
問題意識と分析視角

関 口 　 智

第1節　問題意識

　周知のように，日本の公会計制度改革の議論は，中央政府・地方政府を問わず，ある時点までは局所的・局時的に行われてきた．歴史的に見ると，1960年代の地方財務会計制度調査会および第一次臨時行政調査会の議論，1980年代の熊本県，神戸市におけるバランス・シート作成の議論，そして地方自治協会「企業会計的手法による財政分析と今後の財政運営のあり方に関する研究会」報告書等がある．

　それが，1990年代後半以降になると，主として財政赤字に伴って累積してきた債務残高への懸念等から，予算制度改革，中でも公会計制度改革を通じたバランス・シート作成等の議論が急速に高まり，財政学，会計学，行政学等の観点からさまざまな議論がなされてきた．

　本書の視点から興味深いのは，Hammed (2005)，Alt and Lassen (2006)，IMF (2012) 等による「財政の透明性 (fiscal transparency)」を軸にした実証研究が，1990年代の日本での議論の急展開の一因を示唆している点にある．Alt and Lassen (2006) では，OECD諸国の19か国について，債務残高の大きい国は「財政の透明性」が低く，債務残高の小さい国は「財政の透明性」が高い傾向にあることを示唆した．さらにIMF (2012) では，「財政の透明性」と債務残高との間に負の相関関係があるが，特に低所得国であればあるほどその傾向が強いこと等を明らかにしている．

　図序-1にあるように，日本はOECDの19か国の中で「財政の透明性」が

最も低く,債務残高も高い国となっている[1]. つまり,日本における1990年代以降の予算・公会計制度改革の議論が急展開した一因に,債務残高の累積の中で「財政の透明性」に対する疑念が生じていたことがあるといえるであろう.

そもそも国際通貨基金(International Monetary Fund:IMF)の定義に基づく「財政の透明性」は,予算(budget),決算(accounts),政府統計(governmental finance statistics)等の形で公表される財政報告(public fiscal reporting)の明瞭性(clarity),信頼性(reliability),頻度(frequency),適時性(timeliness),目的適合性(relevance)と,政府の財政政策形成過程の公衆(public)への公開性(openness)があることを意味している.

本書での議論も,IMFによる「財政の透明性」に関する議論を意識しているが,それは予算・決算書類等の明瞭性,信頼性,頻度,適時性,目的適合性,公開性等が,予算過程におけるプレーヤー(政府,議会,住民,投資家等)による「アカウンタビリティの付与に基づく統制」と「市場メカニズムに基づく統制」に一定の影響を与えていると考えるからである[2].

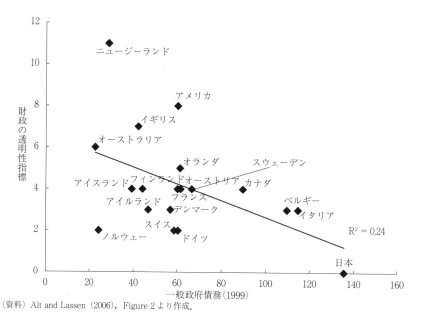

(資料)Alt and Lassen(2006),Figure 2 より作成.

図序-1　財政の透明性指標と一般政府債務残高(対GDP比)の関係

さらに本書では，IMFが2008年のリーマンショックを教訓に「財政の透明性に関する規定」の改訂作業に入った際に追加された項目の1つに着目している[3]．「地方自治体関連組織や公社に対する積極的な財政監視」の箇所である．というのも，行政権限の委任関係が複雑化し，各行政機関が負う責任の相手が，直接の委託者のみならず，議会，政府，国民にまで広がってきていることを意識しているからである．

　従来の日本の予算・公会計改革の議論は，財務省（2003）や総務省（2006）のように，中央政府そのものや地方政府そのものを独自に議論・研究してきたことから，政府間や政府部門内部の「重層的」な諸関係を意識した議論はきわめて少ない．また，国際的にもLüder, K. and R. Jones（2003）等によって公会計制度と予算制度の国際比較がなされているが，政府間財政関係や予算制度，業績評価指標そして監査制度等の関連まで含めた包括的研究は，管見の限り，これまでのところはなされていない．反対に国際公会計基準の策定過程では，公共部門全体の公会計基準の策定に力点が置かれているが，政府間や政府部門内部の重層的関係への意識が高いとは言えない．つまり，政府部門内部の「重層的」な諸関係を視野に入れた分析は，今日でも未開拓の分野である．

　現実には，図序-2のように，日本，アメリカ，イギリス，ドイツ，スウェーデン等の政府間財政関係を分析しても，その態様は多様である．

　日本の地方歳出の割合は相対的に見て高い．しかも，日本はアメリカやドイツのように，州が主権を留保している連邦国家ではなく，単一国家である．にもかかわらず，連邦国家と比べても，地方政府の歳出の比重は高い．

　これに対して日本の地方税収の割合は，1990年代以降の地方分権推進に伴う税源移譲等の改革によって高まったとはいえ，単一国家という枠内で比較してみると，イギリスやフランスよりも高いが，スウェーデンよりは低い．

　結果として，日本は他国に比して中央政府支出に占める「財政移転」の割合が高くなっている．つまり，日本では地域社会のニーズを充足する公共サービスの需要に対して，地方政府が地域社会から調達する地方税の水準が見合っていないため，地方政府はその財源を中央政府からの財政移転や地方債発行に求めている状況にあるといえる[4]．ところが，このような傾向が各国に共通しているわけでもない（終章表終-10も参照）．

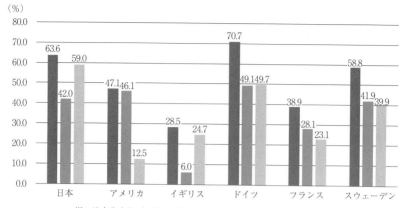

■ 州・地方歳出比（＝州・地方歳出（純計）／｛中央歳出（純計）＋州・地方歳出（純計）｝）
■ 州・地方税収比（＝州・地方税収／（中央政府税収＋州・地方政府税収））
■ 財政移転比（＝中央政府のその他経常移転（支払）（*）／中央歳出）

（注）＊社会保障基金への支払いも含む．
（資料）OECD（2014）より作成．

図序-2　地方財政と財政移転の国際比較（2012年）

公会計の議論，そして予算論研究の観点から今後必要となるのは，中央・地方政府間の関連といった，各公共部門「内部」の重層的な諸関係を，複眼的視点から議論し，それを可能な限りの体系化を試みることにある．つまり，新たに求められるのは，政府間財政関係，予算・議会制度，業績評価指標，公監査制度等の議論と現状をも視野に入れた研究を行うことにあると考えている．

以上のような問題意識をもとに，本書では財政学における予算論の系譜を意識しつつ，各国の多様な予算・公会計制度と予算・決算統制の仕組みを明らかにする．特に，政府部門の活動が外延化して久しい現状を鑑み，国際比較の視点から，連邦国家のアメリカ，ドイツ，単一国家のイギリス，スウェーデンを取り上げ，地方政府（以下，州政府含む）と地方政府系企業体（公営企業等）での単体財務諸表と両者の開示状況，予算・決算制度への反映状況，業績評価指標等を意識した研究を行う．

その究極の目的は，財政学，会計学，行政学等の交錯領域の分析を通じて，「議会統制や行政府自体の内部統制が弱まり，低下していくアカウンタビリティに対して，各国がどのような形で歯止めをかけようとしているのか」を明ら

かにすることにある[5]．

第2節　分析視角と概念整理

(1) 予算とアカウンタビリティ
①先行研究

　歴史的に財政学や行政学の領域における予算論の研究は，明治憲法起草の過程で，欧米諸国の立憲的財政制度を日本の政治的・社会的土壌の上に継受するための国際比較研究として始まった[6]．そして日本の予算論研究も，財政学では大内（1930），島（1963），加藤（1976，1997）等，行政学では小島（1976），キャンベル（1977＝1984），小嶋（1988，1996）等によって，予算制度・予算循環を意識した議論が深められていったといえる．

　近年の業績を見ても，横田（2009：113頁）は，「各国の予算制度には，成立期から現在にいたる歴史の中で作られた財政民主主義の独自の形態と特質が刻まれている．予算論の研究はまず，この歴史の重層をもつ予算制度を，議会における事前統制のみならず，『財政収支計画の編成―審議・議決―執行―決算とその承認』という，会計年度として区切られた時期の中に継起する予算循環（budget cycle）の諸側面について，発生史をたどり，納税者としての国民の視点[7]から分析しなければならない」と論じている．予算論の史的研究である．

　大島（2013a：14-15頁）は，歴史的源流から今日までの予算責任論を俯瞰したうえで，理念型としてのシュンペーターの「租税国家」論を出発点とする．そのうえで，租税の徴収に限定せず，政府の収入と支出からなる予算（Budget）を，国民代表制の原理によって構成される議会が承認する点（財政議会主義）こそが，近現代の国家財政を考察する基軸であると論じ，「予算国家」と概念化した[8]．そして，予算循環とアカウンタビリティとの関連を意識する形で，「国家権力が，国民に対して，その代表によって構成される議会を場として，納得ゆく仕方でこの課税とその資金の使用と管理について説明して，これを財政政策として実行に移し，その結果についての批判を引き受ける責任」があると述べ，国家権力の責任としてのアカウンタビリティを予算責任という形で明示した[9]．

予算責任に類似した議論は，公会計論の領域でも行われてきた[10]．たとえば鈴木（2010a）[11]や山本清（2013）[12]による公共部門のアカウンタビリティ議論は，民間部門でのアカウンタビリティの概念を，公会計の部門の特色に合わせて如何に適合させていくかという問題意識で行われてきたように思われる[13]．

財政学者の大島（2013b：10頁）は，公会計研究者である山本（2013）による研究を，アカウンタビリティが「説明責任」として表現されることになった理由について行き届いた整理がなされているとして評価する[14]．そのうえで，ロックに直接起源をもつアカウンタビリティという概念が，まずは「予算責任」として制度化されたにもかかわらず，「予算責任」についてほとんど言及されていない点を指摘する．そして，その原因の元はと言えば，「財政学の側での＜議論の貧困＞にある」としている．

②**本書での整理**

実は，財政学における予算論での議論の貧困は，1970年代に予算統制の危機（議会統制や行政府自体の内部統制の弱体化）が指摘され，予算統制の復興が叫ばれた時期から継続しているといえる．予算循環とアカウンタビリティの関連，そしてその後に生じたアカウンタビリティの危機に関して，1980年代後半に財政学の領域から加藤（1989）が「議会統制や行政府自体の内部統制が弱まっていくような分野について，低下していくアカウンタビリティに歯止めがかけられず，むしろ無責任化が進化している」と指摘し，行政学の領域から西尾（1989）が「行政官僚制が膨張し，行政府の力が弱まり，議会による統制が空洞化していく」と指摘している．にもかかわらず，そのような議論に対応するような財政学の議論は，それから約30年以上経過した現在においても充実しているとは言えず，むしろ停滞している状況にある[15]．

このことを別の形で表現すれば，契約に基づいて政府活動の義務を委託していくような政府の「契約国家」化（政府内委任関係→政府系企業体→民間委託等）によって，政府の権限が及びにくい自律的・半自律的機関への支出が含まれるようになり（主権の拡散），議会の統制が及ばないものが拡大した（権威の及ぶ範囲の曖昧化）．にもかかわらず，それらの変化に対応する形で財政学が予算論

の充実を図ることができてこなかったのである[16]．

そこで本書では，予算統制の対象である政府機能の拡大（外延的拡張と内包的な質的変化）に留意する．たとえば，地方自治体の自己規制や議会統制に係る条例を空洞化する傾向（地方自治体の仕事の第三セクター・地方公社・公営企業等への委託，第三セクター・地方公社・公営企業等による民間企業への契約による再委託等の手法）を意識する[17]．

その際，政府本体や政府系企業体それぞれの予算・決算書類とともに，政府系企業体を含む予算・決算書類の関係等に着目する[18]．

また，予算統制の主体である議会と行政府との関係とその責任範囲の曖昧化にも留意する．横田（2009）は，予算制度が民主主義の発展の中で各国が刻み込んだ統治構造を刻印しているとする[19]．本書では予算・公会計制度において，各国の統治構造がいかに刻印されているかという意識から，議会─執行府関係にも着目する．

(2) 予算循環とNPMのマネジメントサイクル
①先行研究

公共部門のマネジメントは，1980年代以降のNPM（New Public Management）と総称される変革を経験してきた．一般的に，NPMは，従来の官僚主義的で，非効率的かつ非効果的とされる公共部門に対する批判として展開されてきた．そのような批判は，政府機能の外延的拡張と内包的な質的変化によって，一層高まっていた．NPMは民間部門の経営概念と市場メカニズムを公共部門に統合することを支持しており，NPMの興隆のもとで，公会計改革が中心的な位置を占めてきた（Hood 1995）．

典型的なNPMは，従来の公共管理とは異なる公的アカウンタビリティ概念を基礎としている．そこでは，業績情報という概念が，内部管理というよりも，まず外部アカウンタビリティを目的として利用されてきた．決算情報の重視である．この見解（アカウンタビリティ会計）では，市場と民間事業手法に高い信頼を置き，公共部門をより「ビジネス的」にすることが意識された．

日本における公会計論の研究では，民間ビジネス部門でのマネジメントサイクルである「立案（Plan）→執行（Do）→評価（See）」を意識する形で，決算

情報を重視する典型的な NPM を議論してきた傾向にある．確かに，決算制度を重視する NPM の議論によって，決算にも注目が集まるようになったという成果もある．しかし，神野（2000b：15頁）の指摘のように，政府という経済主体では，「決定」と「執行」が分離している．そのマネジメントサイクルは，民間部門とは異なり，「立案（Plan）→『決定（Decide）』→執行（Do）→評価（See）」である．そもそも予算とは，行政府が，議会の「決定」通りに「執行」していくようにコントロールする仕組みとして発展してきた[20]．予算がマネジメントサイクルで重要な地位を占めることには変わりがなく，宮島（1991）の指摘のように，「マクロ・ミクロの決算情報がいかに確実に，速やかに予算編成にフィードバックされるか[21]」が，重要となる．つまり，決算は予算編成のための意思決定情報である．

②本書での整理

　以上のような意識の下で，本書では予算をめぐる3つの次元の異なる意思決定（過年度財政収支計画の執行，次年度予算編成，将来の長期計画立案）の制度（横田 2009：113-114頁）を意識しつつ，過年度財政収支計画の執行と次年度予算編成間の関係，特に決算の予算への反映状況に注意を払う．

　その際，中央政府と地方政府の両者を意識しつつも，特に地方政府における予算あるいは決算書類の数値間のリンクを意識的に把握する作業を通じて，予算と決算との関係や公会計制度改革に伴う影響に着目する．

（3）予算循環とマクロ会計・ミクロ会計（予算会計と GAAP 会計）

①先行研究

　予算編成の機構および方法を合理化・効率化する1つの視点は，マクロ・ミクロの決算情報がいかに確実に，速やかに予算編成にフィードバックされるかにある[22]．マクロ・ミクロの決算情報として，どのようなものがあるか．

　田中（2005a：36-49頁，2005b：138-151頁）は，広義の公会計制度として3つの公会計システムに分類・整理し，その異同を説明している．国際連合（UN）が定める国民経済計算（System of National Accounts：SNA），国際通貨基金（IMF）が定める政府財政統計（Government Financial Statistics：GFS），各

国が独自に採用している狭義の公会計（本書では，一般に公正妥当と認められる会計原則（Generally Accepted Accounting Principles）に基づく会計として，GAAP会計とする）である．また石田（2006）は，資産，負債，純資産，開示制度等に関してアメリカ，イギリス，ニュージーランドそして国際公会計基準について国際比較を行い，日本の地方公会計制度改革の方向性を示唆している．ただ，石田の焦点は本書の区分で言うGAAP会計にあり，以下のような形で本書で区分する，政府部門で重視される予算会計への関心は高いとは言えない．

②本書での整理

本書での公会計の整理は，国民経済計算，政府財政統計，予算会計，GAAP会計（狭義の公会計）である．国民経済計算や政府財政統計をマクロ会計ととらえる点は，先行研究と同じ方向性にある[23]．先行研究と異なるのは，図序-3にあるように，田中の定義による狭義のGAAP会計に予算会計を加え，それを広義の公会計とする点にある．このような区分を行うのは，日本の公会計改革の議論を混乱させてきた主たる要因が，予算会計とGAAP会計の混同にあると考えているからである．

予算会計（Budgetary Accounting）は，予算・決算を含む概念であるが，主に予算統制を重視した会計である．従来，財政学や財政法，行政学等で議論さ

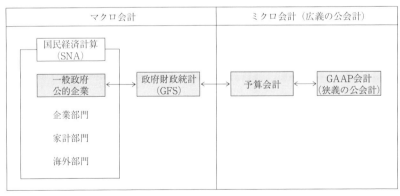

（資料）筆者作成．

図序-3　公会計制度の位置づけ

れてきた官庁会計の領域に重なる．

　この会計では，政府という会計主体では決定と執行が分離されている点を意識して，主に複式簿記・現金主義（または単式簿記・現金主義）による予算と決算を政府が議会に報告し，予算法や予算原則等への準拠性等といった形での統制を受ける[24]．

　近年，予算会計においては，単年度予算の限界を補うべく中期財政フレームや複数年度予算の議論が，そして現金主義の限界を補うべく発生主義予算の議論がなされている．本書の概念区分から見れば，発生主義予算の議論は予算統制の段階で現金主義と発生主義の情報が意識されていることから，予算統制を重視した予算会計での議論ということになる．

　これに対して，GAAP 会計（狭義の公会計）は，予算会計と同様に予算・決算を含む概念であるが，主に決算統制を重視した会計と言える．

　この会計は従来，会計学を中心に議論されてきた企業会計の領域に重なるもので，複式簿記・発生主義（または複式簿記・現金主義）による情報をいかに外部に開示するかを議論してきたといってよい（一般目的外部財務報告）．そこでは，民間部門と政府部門との性質の相違から，企業会計と公会計（狭義）の目的の相違も議論されるが，常に議論となってきたのは，企業会計における一般に公正妥当と認められる会計原則（GAAP）への準拠性の高低であるといえる．このような意味で，本書では狭義の公会計を GAAP 会計と呼んでいる[25]．

　近年は政府部門においてプロジェクト別に統制を行う観点から，民間企業部門でも行われている間接費の配賦基準の精緻化によって原価管理を行う活動基準原価計算（Activity Based Costing，ABC 原価計算）の議論も行われている[26]．本書の概念区分から見れば，基本的には発生主義・複式簿記に基づく GAAP 会計の延長線上での議論ということになる．

　以上のように，本書では予算会計と GAAP 会計とに区分して議論する．その際，中央政府と地方政府の両者を意識しつつも，特に地方政府の予算会計と GAAP 会計の設定主体や会計基準等に着目する[27]．

　また，現実の予算書と決算書をもとに，その利用者や利用状況に着目する．このことは，従来の公会計論では資産・負債概念や個別の会計処理，表示形式等の議論を中心に行ってきたこと，また従来の財政学では，予算書の議論を中

心に行ってきたことに対する反省でもある[28]．

(4) 予算循環と業績評価指標
①先行研究の整理

　一般的には，公共部門の予算編成では目的を設定し，予算執行後から決算の過程で導出された業績評価指標（performance indicator）を用いて，目的の達成度を把握することで，それを予算編成に生かすことが望まれる[29]．そしてその政策「評価」は，議会の「決定」通りに，政府が「執行」したか等について，政府内部と議会で行う[30]．

　業績指標とは，「サービスが目的を達成し又資源を使用した程度を説明する，定量的又は定性的な測定基準[31]」である．図序-4のように，業績指標には，投入（Input），産出（Output），成果（Outcome）とそれらを組み合わせた，効率性指標（Efficiency indicator）と有効性指標（Effectiveness indicator）がある．

　インプットとは，目的を実行するに当たってアウトプットを生み出すために使用される報告主体（reporting entity）の資源と定義される．アウトプットと

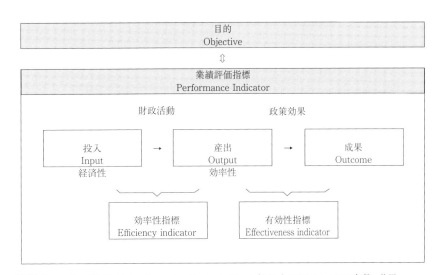

（資料）International Public Sector Accounting Standards Board（2011a）Exhibit A, p15.に加筆・修正．

図序-4　業績評価指標の概念

は，他者に対する移転も含めて，その目的を実行するに当たって報告主体によって提供される財貨およびサービスと定義される．アウトカムとは，報告主体の目的を実行する上でのアウトプットのインパクトと定義される．

さらに，インプット，アウトプット，アウトカムの3指標を2つ組み合わせることで，効率性指標と有効性指標が算定できる．効率性指標は，インプットとアウトプットの関連性を測定する基準で，民間企業において用いられる指標である．一方，有効性指標は，アウトプットとアウトカムの関連性を測定する基準であり，政策目的（国民・住民のニーズ）に合致しているかを評価するという点で，公共部門特有の概念である[32]．

本書で取り扱う政府部門の予算・決算のデータそのものは，主にインプットである．例えば，はしかの感染予防が国民・住民のニーズであり，政府がはしか予防摂取促進を目的とした場合，はしか予防接種への政府補助金額がインプットである．そして，はしか予防接種受診者等がアウトプット，はしか感染者数等がアウトカムとなる．

効率性指標は，インプットとアウトプットを組み合わせて，予算額に対する実際の予防接種受診者1人あたりの費用（＝補助金予算額／実際の予防接種受診者）等として算出する．民間部門の効率性指標では，実績値に基づく指標の組み合わせが用いられることが多いが[33]，公共部門での効率性指標では，予算額と決算額の両者を利用することが重要になる．

また，有効性指標は，アウトプットとアウトカムを組み合わせて，実際の予防接種受診者に対するはしか感染者数（＝はしか感染者／実際の予防接種受診者）等として算出する．そもそも民間部門では，アウトプット（私的財）がアウトカムとして求められるニーズに合致しないものは市場で販売できないため，効率性を意識していればよい．しかし，政府部門では，アウトプット（公共財）は市場では販売されず，無償で国民に提供されるため，政府は効率性指標を高めるに加えて，公共サービスが国民のアウトカムのニーズに合致しているかに関する有効性指標を高めることが，必要とされる．

以上の業績評価指標等に関連してBouckaert and Halligan（2008）は，各国の公共部門での「業績」の取扱いに関して国際比較を行い，独仏型（業績行政「performance administration」），スウェーデン・オランダ型（業績の経営「managements of performances」),英米型(「業績を生み出す経営(performance management)」)の3つに類型化している.

　独仏型(業績行政)は,適正手続などの法に基づく行政活動が重視されるため,業績測定は効率性指標に着目し,業績情報は個々の組織レベル(ミクロ)の改善に活用するのみとなっているとしている.スウェーデン・オランダ型(業績の経営)は,業績測定は効率性指標に有効性指標を加え,業績情報は個々の組織レベルのみならず政策レベル(メゾ)の改善にも活用しているとしている.英米型(「業績を生み出す経営」)は,業績測定や業績情報を活かす仕組みが統合的に制度化され活用されているとしている[34].

②本書での整理

　本書では,先行研究による各国の業績の取扱いに関する類型化を意識する.その際,中央政府と地方政府の両者を意識しつつも,特に地方政府レベルでの実際の業績評価指標,その業績評価指標がどのように予算・決算制度と関連しているか等に留意する.

(5) NPMからNPGへ
①先行研究

　日本の公会計論では,民間ビジネス部門でのマネジメントサイクルを意識し,決算を重視する典型的なNPMの紹介が行われてきた傾向にある.しかし,世界的には,特に行政学や財政学の領域において,NPMの類型化が進展していた[35].

　大住(1999)はNPMを英国・ニュージーランド型モデルと北欧型モデルの2つに分類し,神野(2000a, 2000b, 2014)はアングロ・サクソン型NPMと北欧型NPMとして説明する[36].アングロ・サクソン型と北欧型は,民間企業の経営手法を政府にも適用する点は共通しているが政府という経済主体と企業という経済主体を同質的に見た議論を行う傾向のあるアングロ・サクソン型と,本質的に異質なものとみる北欧型NPMとで異なっているとする[37].

　また,大島(2013a:206-209頁)は,NPMの各国への波及について,制定法系の国であるドイツにおいて,連邦レベルでは慣習法系国家のような経営主

義的アカウンタビリティ論に疎遠であるが，市町村ではそれが当てはまらず，二分法では説明ができない現象が発生しているとする．そのうえで，その要因を上からの改革を困難にする複雑な政府間行政関係（協調的連邦制）と，環境運動や市民運動などの「下からのアカウンタビリティ」の2つの要因がありえるのではないかと推論している．

②本書での整理

　本書では，これら NPM の類型化を意識した国際比較分析を行う．その際，中央政府と地方政府の両者を意識しつつも，特に先行研究による NPM の類型化が，地方政府レベル（地方政府系企業体を含む）でどのような状況にあるのかに留意する．さらに，近年提唱される NPG（New Public Governance）の議論を踏まえたい[38]．

　というのは NPG が，市場化や「企業会計化」を核とする NPM の展開に対する批判として発展してきたからである[39]（Osborne 2010）．NPG は，公共部門の目的や特徴を十分に分析することなく，民間部門の方法や実践，企業会計的手法を適用した典型的 NPM を批判している．つまり，NPG の視点は，実は NPM の類型化の中で議論されてきたものである．

　表序-1のように，NPM と NPG はいくつかの点で大きな違いを有している．NPM が民間部門の価値基準を重視し，個別組織および組織の顧客との関係から出発するのに対して，NPG は公共部門の価値基準に焦点を合わせ，組織ネットワークの視点から始まっているからである[40]．

　典型的な NPM では，技術を重視した多様な業績評価指標の開発が目指され，組織における統制可能な領域を拡大することが目的とされてきた．しかし，これは持続的な公的価値の供給を犠牲にして，業績の計測可能性を重視するという方向に向かってきた（企業会計化 accountingization）．この傾向は，質という観点から見て，何が計測困難なのかという点を無視することにつながってきた．

　そのような点を解消すべく，NPG では公的ネットワークの特徴に関連させた望ましいガバナンスやアカウンタビリティの手法の必要性が主張されている．

　本書では，単一組織の効率性（アウトプット）のみならず，組織間そして政策間のネットワークの有効性（アウトカム）をも視野に入れた NPG の視点を

表序-1　NPM と NPG の公的アカウンタビリティについての比較

	NPM	NPG
焦点	組織内	組織間
目的	単一組織の公共サービス提供の効率・効果の向上	組織間調整やさまざまな能力をもつ組織間ネットワークの成果の向上
アカウンタビリティ	単一組織の垂直的パフォーマンス結果（アウトプット）のアカウンタビリティ	組織間ネットワークの水平的パフォーマンスネットワークの成果（アウトカム）のアカウンタビリティ
経営管理	効率・効果に関する業績評価指標を通じた単一組織の結果に対するヒエラルキー的統制 目標の評価による結果（アウトプット）の管理	対話に基づいた業績評価指標を通じた統制 ネットワークのパフォーマンスに対する個別組織の貢献の強化 ネットワークの分析／評価による成果（アウトカム）の統制
会計	単一公的機関の財務報告	全政府会計および連結財務報告

（資料）Almqvist et al. (2013) p.483 より作成.

意識する．例えば，業績についても，財務情報と非財務情報にも着目する．また，地方政府や政府系企業体の単体財務諸表のみならず，ネットワークを有する地方政府や政府系企業体という意識で，連結財務諸表等を視野に入れる．

(6) 公監査の進展
①先行研究

　政府の「契約国家」化（政府内委任関係→政府系企業体→民間委託等）によって，政府の権限が及びにくい自律的・半自律的機関への支出が含まれるようになり（主権の拡散），議会の統制が及ばないものが拡大した（権威の及ぶ範囲の曖昧化）．それに対応する形で「合規性」「正確性」などの古典的な統制基準による会計検査院監査にも馴染みにくくなっていた．

　早くからそのような点を指摘していたのが，西尾勝である．西尾（1989）は，西欧先進国では，議会による財政統制が比較的緩やかな領域が次々と拡大した結果，会計検査の面でも従来どおり検査基準・手法では適切に対処し難い領域が生じ，経済性，効率性，有効性といった検査基準が拡充されたとする．そのうえで，「決算の確認を超えて行政のアカウンタビリティを問う機能を持ち，計画に反映し得るような評価を行い，議会による財政統制を補佐し，改善しようとする会計検査機関[41]」の姿が，日本で支援され，奨励されていくべきと

していた．しかし，財政学の領域では，大島（1999：243‐246頁）のように，予算をめぐる議会と政府との関係の中で，会計検査院の位置づけを意識する論者も例外的には存在していたが，そのような意識を持った形で予算論研究が進展してきたとは言い難い[42]．

むしろ公監査の研究は，財政学とは別の領域で進展していた．たとえば，鈴木（2011）や日本公認会計士協会・地方自治法改正対応プロジェクトチーム（2013）が，会計・監査論の領域から公監査を法規準拠性公監査，財務公監査，業績公監査という形で類型化して議論を進めている[43]．その類型によれば，業績指標に関する効率性，有効性，成果等の監査は業績監査となる．また，財政法等の法律領域では，日本財政法学会編（1993，2011）等の形で会計検査院について検証している．さらに，鈴木（2010b）や公認会計士協会・地方自治法改正対応プロジェクトチーム（2013：26頁）は，表序-2のように，イギリスの会計検査院（NAO），アメリカの会計検査院（GAO），日本の会計検査院の検査を比較している[44]．

そのうえで，日本の会計検査の特徴を，①財務公監査において財務監査は実施されているが，保証型の財務諸表監査が実施されていないこと，②業績公監査では経済性監査，効率性監査，有効性監査の段階にあるが，制度的相違を考慮しても，その数や進化の程度のさらなる進展が期待されるとする[45]．

②本書での整理

以上のように，公監査の研究蓄積を見てみると，中央政府レベルのものが圧倒的に多い．地方政府レベルの研究となると，本書の各章であげるような先行研究や総務省（2007）等を除けば，その研究蓄積は著しく乏しい[46]．また，地方政府を意識した公監査論でも，概念や報告形式を中心に検討しており，監査主体や監査手法の事例に乏しい．さらにその監査対象となると，予算会計の数値なのか，GAAP会計の数値なのか等，必ずしも明らかではない．

そこで本書では，作成された財務諸表や予算書をもとに，監査の対象を確認する．さらに，地方政府レベルでの業績評価指標，GAAP会計への監査と予算会計への監査の相違も意識する[47]．その際，各国地方政府の公監査制度について，監査主体，監査の手法，監査による保証の水準等についても留意する．

表序-2　公監査の体系と各国中央政府の展開状況

公監査の類型区分			監査判断の規準及び測度		各国の展開状況 日 米 英
法規準拠性公監査	広義の合法性または準拠性ないしは法規準拠性監査	①合法性監査（狭義）	法規違反行為・不正・濫用の摘発		
		②合規性・準拠性監査	政策方針および予算の目的・手続・契約・要件の妥当性・適切性の検証、内部統制とガバナンスの有効性		
財務公監査	正確性または決算監査	③財務諸表監査	財務諸表の適正性・決算の正確性の検証		
		④財務関連監査	財務関連事項の正確性・妥当性の検証		
包括監査または完全監査	（業績公監査の類型）	（測度の類型）	（主な測度又は指標）	（測度の特質）	
	効率性（広義）または生産性監査	⑤経済性監査	インプット測度	インプットコスト、作業量、サービスニーズと量、プログラムインプット	(1)目的適合性
			アクティビティ測度	サービス努力、活動プロセス、資源の利用プロセス	(2)有効性（有用性）
					(3)反応性
		⑥効率性監査	アウトプット測度	提供財・サービスの質、一定の質のサービス量、アウトプットプロセス	(4)経済性（管理可能性）
					(5)比較可能性
			効率性測度	プログラム効率性、ポリシー効率性	(6)明瞭性（理解可能性）
	業績（3E・VFM）監査 狭義の有効性監査	⑦目的達成の査	有効性測度	プログラム有効性、ポリシー有効性、コスト有効性	(7)互換性
					(8)接近可能性
	広義の有効性監査 政策評価監査	⑧アウトカムの監査	アウトカム測度	コストベネフィット、コストアウトカム、サービスの質	(9)包括性
					(10)精選性 日本　イギリス
			インパクト測度	短期的インパクト、長期的インパクト	(11)正確性
			説明測度	説明・記述情報	(12)信頼性
		⑨代替案の監査	代替案決定の条件・プロセスの評価	代替案の提示、代替コースのレイアウト	(13)ユニーク性
					(14)適時性
		⑩価値判断の監査	政策の功罪・政治的判断の評価	政策の根拠、政策目的の功罪、政治的意思決定の賢明性	(15)完全性 アメリカ

（資料）鈴木（2010b）．

第3節　本書の構成

以上の分析視角に基づき，本書では，アメリカ，ドイツ，スウェーデン，イギリスの連邦・中央政府と州・地方政府の公会計制度と予算制度の両者を分析対象とする．特に，州・地方政府およびそれらが影響力を有する企業（以下，政府系企業体）について，統一的な方法（歴史，会計基準，予算制度，議会制度，監査制度，業績評価指標等）に基づき比較を行う（図序-5下の実線内）．それにより，各国の公会計制度の特徴，および財政制度における公会計制度の位置づけ，利用者の利用状況等を体系的に把握することを目的とする．

州・地方政府が影響力を有する政府系企業体の選定に当たっては，政府活動

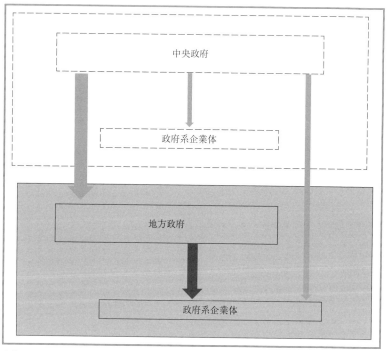

（注）矢印は主たる補助金等の流れを示す．

図序-5　本書の視点

の範囲と財政統制の関係も議論の対象とすべく，各国の政府系企業体のうち，事業規模の大きな公共交通事業（都市交通の鉄道事業（地下鉄））に着目した分析を行う[48]．

　第1章では，アメリカ州・地方政府と公共企業体の公会計・予算制度について検討する．特にニューヨーク州とニューヨーク州が所有する公共企業体で，地域交通を支えているニューヨーク州都市交通局（Metropolitan Transportation Authority：MTA）を具体的事例として取り上げる．

　はじめに，アメリカの政府間財政関係と公共企業体について確認しつつ，アメリカの公会計の体系を把握する．次に，州・地方政府と公共企業体の単体財務諸表，そして公共企業体を含む州・地方政府の連結財務諸表と単体財務諸表との関連等を検討する．その際，MTAとニューヨーク州を事例として取り上げ，それぞれの財務諸表で適用される会計基準や会計処理等を明らかにする．さらに，ニューヨーク州の予算・決算制度（予算会計）と財務会計（GAAP会計）の関係を明らかにする．最後に，利害関係者の会計情報の利用状況について，財務諸表の提出先（利用者）別に検討する．

　第2章では，アメリカの公共部門における業績評価指標と予算・監査制度について検討する．特に，MTAを事例として，予算プロセスを意識しつつ，具体的な業績評価指標とその利用状況の実態について確認する．業績指標は，企業体内部で利用する業績評価指標（内部管理目的）のみならず，内部情報にアクセスできない外部のステークホルダーが利用する業績評価指標にも着目する．

　第3章では，ドイツ州・地方政府と公企業の公会計・予算・監査制度について検討する．特に，ベルリン州（Land Berlin）とベルリン州が100％出資する公法人で，地域交通を支えているベルリン運輸公社（Berliner Verkehrsbetriebe：BVG）を具体的事例として取り上げる．

　はじめに，ドイツの政府間財政関係と公企業について確認しつつ，ドイツの公会計の体系を把握する．次に，ドイツにおける公企業概念を経済的，法的に整理しつつ，州政府―公法人―公法人出資子会社との階層関係と，階層間における会計制度の相違点を概説する．その際，BVGを事例として州政府所有公法人の財務諸表と会計処理等を明らかにする．さらに，ベルリン州政府の予算・決算（予算会計）とBVGの財務会計（GAAP会計）との関係を明らかにす

る。最後に，BVG に対する諸統制――BVG による内部統制，州政府都市開発省による業務統制，財務省による財務統制，会計検査院による財務監査，州議会による業務・財務統制――を概説する。

第4章では，スウェーデン地方政府と地方政府出資企業の公会計・予算制度について検討する。特に，広域地方政府であるストックホルム・ランスティング（Stockholms läns landsting：SLL）と SLL が所有する「地方政府所有企業」で地域交通を支えている大ストックホルム圏地域交通株式会社（AB Storstockholms Lokaltrafik：SL）を具体的な事例として取り上げる。

はじめに，スウェーデンの政府間財政関係と地方政府所有企業について確認しつつ，スウェーデンの公会計の体系を把握する。次に，地方政府と地方政府所有企業の単体財務諸表，そして地方政府所有企業を含む地方政府の連結財務諸表の作成と単体財務諸表との関連等を検討する。その際，SL と SLL を事例として取り上げ，それぞれの財務諸表で適用される会計基準や会計処理等を明らかにする。さらに，SLL の予算・決算制度（予算会計）と財務会計（GAAP 会計）の関係を明らかにする。最後に，利害関係者の会計情報の利用状況について，財務諸表の利用者別に検討する。

第5章では，スウェーデンの公共部門における業績評価指標と予算・監査制度について検討する。特に，SL を事例として，予算プロセスを意識しつつ，具体的な業績評価指標とその利用状況の実態について確認する。業績指標は，公益企業の内部で利用する業績評価指標（内部管理目的）のみならず，内部情報にアクセスできない外部のステークホルダーが利用する業績評価指標にも着目する。

第6章では，イギリス地方政府の公会計・予算制度と業績評価指標について検討する。特に，地域政府であるグレーター・ロンドン・オーソリティー（Greater London Authority：GLA）の実務機関（Functional body）で，都市交通（地域交通）を支えているロンドン交通局（Transport for London：TfL）を具体的事例として取り上げる。

はじめに，イギリスの政府間財政関係および GLA の行政上の位置づけを確認しつつ，イギリスの公会計の体系を把握する。次に，地域政府と実務機関の単体財務諸表，そして実務機関を含む地域政府の合算財務諸表の作成と単体財

務諸表との関連等を検討する（GAAP会計）．その際，会計目的上，地方政府として取り扱われるTfLを事例として取り上げ，財務諸表で適用される会計基準や会計処理等を明らかにする．続いて，TfLの予算・決算制度（予算会計）について検討する．さらに，予算・決算制度（予算会計）と財務会計（GAAP会計）の関係を明らかにする．そして最後に，TfLを事例として，予算会計（予算）とGAAP会計（決算）を意識しつつ，具体的な業績評価指標とその実態について確認する．

なお，各章の記述にあたっては，経常的に租税資金（補助金）を受け入れている政府系企業体を統制する立場にある州・地方政府の統制手法として，業績評価指標がいかなる役割を果たしているか，そして，政府系企業体の借入手法の相違と業績評価指標，公会計制度と予算制度との関連，監査制度との関連にも留意する．

以上の分析にあたっては，各国の中央政府・地方政府間の「政府間財政関係」を軸に，各国固有の特徴にも留意する．かつて西尾（1989）が指摘したように，「現代における中央・地方関係を前提にした財政統制，会計監査のあり方」を問う必要があるからである[49]．その意味で本書は，中央政府，地方政府等を連結した一般政府連結会計制度に向けた意義と可能性，および国民経済計算（SNA）との関連等を明らかにするための準備作業としての役割を有すると考えている（図序-5の二重線内）．

注
1) Alt and Lassen（2006）は，さらにドイツ，フランスの財政の透明性はもう少し高く，イタリアはもう少し低い可能性があるとし，その場合には債務との負の関係は一層強まるとしている．
2) 田中（2011）は，財政規律を維持する意思である「コミットメント」は，「予算制度（財政ルール・中期財政フレーム）」からの経路と「構造要因（経済・社会・政治環境など）といった外的要因」からの経路から影響を受けるとする．さらにその「コミットメント」が，「予算を巡るプレーヤー（政府（首相，財務，各省大臣），議会）」に影響を与え，財政赤字などの「アウトカム」に影響を与えるとのモデルを提示している．宮田（2001），古市・宮田（2001：139-158頁）は，地方自治体が提供するサービス間の優先順位の決定を効率的に行うアプローチとして，「アカウンタビリティ向上による規律づけ」と「市場メカニズム活用による規律づけ」の2つ提示している．また，中里（2012：61-65頁）は，地方債を論じつつ，自治体の財政

運営を規律付けるためのチェンネルとして,「制度的措置による規律付け」と「市場による規律付け」という視点を提示している.
3) 改訂作業では,財政の情報公開の重要な柱として①財政報告,②財政の見通しと予算編成,③財政リスク分析と管理の3つに構成し,2008年に発生した危機の教訓を生かすべく,財政報告の対象機関の拡大,政府のバランスシートに関する情報の包括性の向上,財政報告の頻度と適時性の向上,財政リスクの分析の改善,地方自治体関連組織や公社に対する積極的な財政監視,見通し・暫定的な財政報告および年末の財政データの間での一貫性の維持等を追加した(IMFサーベイ2013年7月1日).現在,第4の柱として,資源収入管理(Resource revenue management)の草案を公表し,各国に諮問している.
4) 神野(1998)118-119頁,神野(2007)295-297頁等.ここで示した日本の地方財政の特徴は,一般政府(中央政府・地方政府・社会保障基金)における地方財政の比較から量的に導き出したものであるため,政府系企業体の態様に関する比較が枠外となっている.しかし,政府系企業体の態様も,このような政府間財政関係,財政移転の影響を受けている.
5) むろん,公共部門を理解するためには,中央・地方政府の各段階に絞った公会計制度を議論するだけでは十分でない.その意味では,本書は各国の多様な予算・公会計制度が,各国の予算・決算統制にどのような形で影響しているのかを分析するための準備作業という位置づけになる.しかし,現時点において究極の目的を解明するためには,従来の研究において必ずしも明らかにされているとは言い難い点を明らかにする作業が,必要不可欠なものであると考えている.なお.叙述に当たっては,個別の会計処理や開示方式の妥当性といった項目については,会計学の領域で詳細に議論する項目について取り上げて論じることは,論点を明確化するためにあえて避けていること,そして,予算会計とGAAP会計とのリンケージの欠如,単式簿記から複式簿記への躊躇からくる適時性の欠如といった,やや技術的な議論も行っていることを,あらかじめ断っておきたい.
6) 横田(2012).
7) 他方,「納税者」(納税できる市民)と「市民」(納税できない市民を含む)の間には緊張関係がある.加藤芳太郎による「余りにも古典的伝統的な枠組み」という自己批判は,実は近代予算論者が国家—市民一般の対立軸を描くが故に,現代予算問題がはらむ市民間の緊張関係に注意を十分に払わないことにも由来する.
8) 大島(2013b:10頁)は,「財政収支の放漫化は,政府における責任の取り方・あり方に規定されている」としている.
9) 予算責任は,予算の手続きについても,財政政策というそのアウトプットについても問われる(大島2013b:12頁).
10) しかし,歴史的に会計学の領域において必ずしも主流の位置を占めてきたとは言い難い.また,その研究もどちらかといえば,公会計基準の概念や会計処理方法に着目してきた傾向がある.政治学分野でのアカウンタビリティの議論については,高橋編(2015)を参照.そこではアカウンタビリティを国際的アカウンタビリティ,水平的アカウンタビリティ,選挙アカウンタビリティ,社会アカウンタビリティの

4つに分類している．この分類によれば，本書のアカウンタビリティは，主として後者の3つを指している．
11) 鈴木（2010a）第9章．
12) 山本（2013）．
13) 東京都（2001）では，「各事業の会計を厳密にすることで個別事業の失敗が明らかになったら，管理者は責任を追及される．そのための冷徹な用具となって，初めて，バランスシートは『機能する』と考えられる」の記述のように，民間企業の経営者責任論を意識した議論を進める．
14) 大島（2013b）．
15) 行政学において，新藤（2001）は，日本における行政組織法と行政作用法が整合的に整備されていないことが，現在の行政の在り方（＝「無責任の体系」）を規定してしまっていると指摘している（大島 2013b：14頁）．
16) こうした中，行政府内ではPPBSに代表される事業計画の「効率」を尺度とする予算改革が志向されるものの，政府内の効率化に留まっていた．議会は，1960年代以降，予算情報の収集と審議能力の向上，財政規律，資源配分と予算操作の効率化についての議会の発言力の上昇，多年度財政計画の審査，政府の意思決定と議会の関係の再調整などの「予算改革」を行い，予算の統制者としての復権を図る試みを行った（大島 2013a：190-196頁）．
17) 加藤（1989）は，「地方自治体本来業務にかかわる分野についても，外部への契約による事務委託が次第に拡大されつつある」と指摘している．
18) ただし，地方政府の外縁といっても，それぞれの地方政府出資企業の概念は，直営型の日本の地方公営企業と必ずしも一致しない．
19) この点に関し，田中（2011：134頁）は，日本が財政赤字となった要因が内閣による「調整と統合のメカニズムを欠き，予算政策の決定をめぐる政治と行政の責任の境界が不明確な予算過程」にあると指摘する．
20) そのような合規性に加えて，近年は効率性や有効性等も問われるようになってきた．
21) 宮島（1991）132頁．
22) 同上．
23) 国民経済計算は，中期財政計画等の基礎的財政収支（プライマリーバランス）の測定に利用．EUマーストリヒト条約での財政運営基準は，フロー基準とストック基準があるが，フロー基準は国民経済計算の一般政府レベルで算定される．
24) 採用される認識基準は現金主義が多いが，その簿記法は必ずしも単式簿記というわけではない．ここで簿記法をあえて指摘するのは，日本で指摘される単式簿記・現金主義によるストック情報の「一覧性」の欠如という批判は，実は現金主義への批判というよりも，単式簿記への批判として把握する必要があるからである．なお，経常的支出と資本的支出とを区別して整理する複式予算（二重予算）は，勘定科目の区分の問題であるため，単式簿記でも不可能ではない．ただ，自己検証機能の確保という点等では，複式簿記による複式予算が優勢であろう．
25) 提供される報告書類の観点からみれば，採用される簿記法と認識基準の組み合わ

せが複式簿記・現金主義の場合には，現金勘定の動きをとらえることで資金収支計算書（キャッシュ・フロー計算書）に加えて一覧性のあるバランス・シートを不完全ながらも提供することが可能であり，複式簿記・発生主義の場合には，損益計算書，バランス・シートに加えて，資金収支計算書（キャッシュ・フロー計算書）の提供が可能となる．なお，スウェーデン（ストックホルム・ランスティング）のように純資産変動計算書を作成していない国もある．

26) アメリカの政府部門における原価管理に関する研究は，小林（2002）およびその参考文献を参照．
27) 各国のGAAP会計基準設定主体の概略と現状については，公認会計士協会編（2013）がある．
28) 横田（2009）は，予算論の課題の1つに，「財布の統制」を支配している議会や執行府の権力構造を明らかにし，市民社会の構成員が財政に関する意思決定によりよく参加する方策を示すことを挙げる．その方策の1つとして，予算会計の利用状況及び政府内関係者以外に情報を公開することを目的とするGAAP会計による一般目的外部財務報告と付属書類の意義を検討することは重要な作業である．
29) 前年度決算が確定する頃には，当年度予算は既に執行されている．したがって，前年度決算が予算編成にリンクするのは，当年度の「次以降の」年度予算となる．つまり，前年度の状況を当年度予算に反映できるのは，決算以前の月次・四半期・半期等の執行状況からの情報であることに，留意する必要がある
30) 行政府内部での政策評価もある．合規性，効率性，有効性等を問題とする．
31) International Public Sector Accounting Standards Board（2011a）．
32) 神野（2000b：16頁）は，最小のインプットで最大のアウトプットを測定する内部効率性，アウトプットが国民のニーズに合致しているのかを測定する外部効率性とする．そのうえで，内部効率性が「執行」の効率性の評価であり，外部効率性が「決定」の効率性の評価であるとしている．
33) ただし，標準原価計算等にみられる内部管理目的の場合には，予算・実績差異分析が重要となる．
34) Bouckaert and Halligan（2008）
35) その要因は，財政学や行政学が対象とする予算過程や行政機構に対する関心の高さに起因しているものと思われる．
36) 神野（2014）．
37) 神野（2000b：15-17頁）は，政府の経済である財政の特徴を，「決定」と「執行」が分離しているところにあるとする．
38) 以下のNPMからNPGへの展開に関する議論の整理については，Almqvist et al.（2013）を参照．
39) NPGは多部門のステークホルダーが集合的な利益を追求する政策決定や政策執行の過程における制度設計の方向付け，調整，利用に関わる．
40) 公共部門組織はいくつかの戦略選択に直面するが，このような相違を前提としてNPMとNPGの相違が現れる．具体的には，①組織範囲の定義，②契約関係や資源管理の構造，③組織構造（組織の内部統制や情報伝達制度）があげられる．

41) 西尾（1989）．
42) 大島（1999）．法律学の領域からは，甲斐（1996，2001）等による研究がある．
43) 鈴木（2011）．「民間企業の監査は，会計監査と業務監査といわれる．会計監査は，財務監査の中の財務諸表監査に限定されているが，これが民間企業の監査に投入される資源の大部分を占める．一方，業務監査で主たるものは法規準拠性監査や財務関連監査となるが，民間部門の監査に投入される資源量は小さい」（日本公認会計士協会・地方自治法改正対応プロジェクトチーム 2013：6-7頁）．
44) 鈴木（2010b）796-807頁．
45) 公認会計士協会・地方自治法改正対応プロジェクトチーム（2013）18頁．
46) 各国の州・地方政府の監査については，第29次地方制度調査会第5回専門小委員会（2007年12月21日）の総務省提出資料（資料4）がある．
47) 鈴木（2010a，2013）や日本公認会計士協会・地方自治法改正対応プロジェクトチーム（2013：20-21頁）は，日本の地方自治体監査についても類型化し整理している．本書では，この整理にも留意する．
48) 各章の叙述に当たっては，現地ヒアリング調査を実施し，各国の実態的な争点の把握を行った部分も積極的に取り込む．
49) 横田（2009：113-114頁），大島（2013a：279頁）も同様の問題意識を有している．

第1章
アメリカ州・地方政府と公共企業体の公会計・予算制度

関口智・木村佳弘・伊集守直

第1節　はじめに

　本章では，アメリカ州・地方政府と公共企業体の公会計・予算制度について検討する．特にニューヨーク州とニューヨーク州が所有する公共企業体で，地域交通を支えているニューヨーク州都市交通局（Metropolitan Transportation Authority：MTA）を具体的事例として取り上げる．アメリカ州・地方政府と公共企業体の公会計・予算制度に関する，日本における先行研究には，以下のようなものが確認できる．

　第1に，全米政府会計基準審議会（Governmental Accounting Standards Board：GASB）によるGAAP会計基準の研究である．藤井（2005）は，GASBの概念や基準を整理し，「意思決定有用性アプローチ」の影響が濃厚であるとしつつ，企業会計設定主体であるFASB基準による概念や基準との異同を，GASB基準が想定する利用者の違いに求めている[1]．また，小林（2002）はGASB基準を踏まえつつ，州・地方政府での実態調査に基づく戦略計画と予算，活動基準原価計算，活動基準原価管理との関連について論じている．さらに，池田（2005）は，非営利会計の視点からGASB基準の特徴を浮かび上がらせている．

　第2に，公会計基準（GAAP会計基準）が経済・社会に与える影響を考察する研究である．中西（2007）は，GASB基準書第34号により，連結財務諸表，主要固定資産の計上，減価償却が義務付けられたことは，地方債市場関係者を意識したものとの評価を与えている．

第3に，地方政府，各種政策の実態分析をする際に，GAAP会計による情報を利用した研究である．石田（2005）はロサンゼルス市の，鵜川（2007）はニューヨーク市の財務諸表そのものを紹介する．交通政策の観点からは，川尻（2005）がMTAを分析し，渋谷・塙（2008）がシカゴ地域交通局（Regional Transportation Authority：RTA）の財務分析を行っている．

　以上の先行研究のうち，公会計基準に関連する先行研究は，概念フレームワークの紹介と分析に基づいたものであり，単体財務諸表と連結財務諸表の関連や具体的に適用される会計基準や会計処理を跡付けたものとは言い難く，会計情報の利用状況の実態について触れたものではない．

　一方，地方政府，各種政策の実態分析の研究は，GAAP会計による情報の背景にある政府間財政関係や，州政府・公共事業体内の意思決定過程に目配りが施されている点は，政府間財政関係と公会計が適用される政府および諸組織の位置づけを意識する本章の問題意識に近い．しかし，GAAP会計での決算値と，予算編成過程において意思決定に利用される予算会計上の予算・決算値との差異や異同，GAAP会計と予算会計の調整とその意義等について十分な分析が施されているとは言い難い．換言すれば，GAAP会計と予算循環や予算会計（予算・決算制度）との関係に意識が向けられているとは言えない．以上のような問題意識のもとで，本章では以下の4点に関して検討を行う．

　第1に，アメリカの政府間財政関係と公共企業体について確認しつつ，アメリカの公会計の体系を把握する．

　第2に，州・地方政府と公共事業体の単体財務諸表，そして公共企業体を含む州・地方政府の連結財務諸表と単体財務諸表との関連等を検討する．その際，MTAとニューヨーク州を事例として取り上げ，それぞれの財務諸表で適用される会計基準や会計処理等を明らかにする．

　第3に，ニューヨーク州の予算・決算制度（予算会計）と財務会計（GAAP会計）の関係を明らかにする．

　第4に，利害関係者の会計情報の利用状況について，財務諸表の提出先（利用者）別に検討する．検討に際しては，利用者がそれぞれの組織目的の遂行を踏まえながら，会計情報をどのように位置づけているのかについて留意する．

第2節　アメリカにおける政府間関係と公共企業体

(1)　アメリカ合衆国の政府階層構造と事務配分

　アメリカ合衆国政府は，合衆国憲法に根拠規定を置く，それぞれ主権を持つ連邦政府，州政府と，州の下部機構である地方政府からなっている[2]。

　連邦政府の立法権は第1条第8節に列挙される17項目に加え，憲法に明示されていないものの，外交政策の決定や移民・市民権の統制など，主権国家として必然的に保持すべきものと認められる内在権限や，合衆国憲法第1条第8節第18項（「上述の諸権限およびこの憲法によって合衆国政府またはその部局もしくは職員に付与されたすべての他の権限を実施するのに必要かつ適切であるようなすべての法律を制定すること」）に基づき憲法判例上認められてきた「黙示権限」を有している[3]。

　州政府は，合衆国憲法第1条第10節第1項に基づく禁止事項，同節第2項，第3項に基づく制限事項を除き，連邦の権限の枠外において自由な「留保権限」を有している[4]。

　地方政府は，各州の州憲法や州法により規定されており，その種類や権能は一律に定義することができない．州政府への地方政府に対する権限の優越を認めた判例として1868年のディロン判決が挙げられる．同判例は，「明確に許可」，「具体的に明示」，「運営にとって不可欠」な時のみに地方政府の権限を限定するものである．これにより，地方政府は「州の被造物」と呼ばれるようになった．

　南北戦争以降，ホームルール運動により，人口等の一定の要件を備える地方政府に対する州政府の介入を制限・禁止する規定や，州憲法や州法に違反しないことを条件に，地方政府に自治憲章を制定する権利が認められている．ただし，自治憲章に関する規定はあくまでも州憲法や州法に基づく州政府から地方政府の授権である．

　地方政府の類型は表1-1の通りである．

　カウンティは歴史的には州政府の出先機関として形成され，州憲法と州法の委任による事務（刑務所，課税・徴税，警察，検視，生活保護，道路，裁判，農業，

表 1-1 地方政府の類型別政府数

団体数	州 State	地方政府				
		カウンティ County	ミュニシパリティ Municipal	タウンシップ・タウン Township and Town	特別区 Special District	学校区 School District
1962 年	50	3,043	18,000	17,142	18,323	34,678
2007 年	50	3,033	19,492	16,519	37,381	13,051

(資料) U.S. Census Bureau (2005), *Statistical Abstracts of the United States 2012*, p.267, Table. 428.

保健・医療扶助，検察，小中学校，図書館）を行う．

ミュニシパリティは，州への法人化要請を行うと州憲法に基づく憲章（Charter）を与えられ，一般行政を実施する．主な事務に，上下水道，保険・衛生，道路，警察，消防，教育，福祉，都市計画，レクリエーション，市営企業，交通などが挙げられる．

タウンシップ・タウンは，州政府によって創設された出先機関である．所掌事務は道路橋梁の建設・維持管理，教育，治安の維持などに限定されている．

特別区は，単一または複数の特定の行政目的のためだけに設立される．特別区が実施する主な事務に，上下水道，都市再開発，住宅，公園，道路，消防，港湾などが挙げられる．教育区は教育事務のみを実施するものである．特別区，教育区とも課税権・起債権を有する[5]．

(2) 連邦歳出と連邦補助金，州・地方歳出

表 1-2 は連邦政府の目的別歳出を示したものである．連邦政府の基幹的歳出は，社会保障，所得保障，メディケア，保健医療などの広義の社会保障支出が大宗を占める．継いで国防費支出が 2000 年に 16.5％，2007 年に 20.2％に達するが，2014 年には 17.2％に減少している．また「運輸・交通」919 億 1,500 万ドル（2014 年）は，連邦総歳出額の 2.6％であり，このうち他政府への交通補助金額が 67.7％（2014 年）と高い比率を占めている．

表 1-3 で連邦政府から他の政府への補助金額とその内訳を確認してみよう．連邦総歳出額のうち，補助金の占める比率は 2000 年の 16.0％から，2014 年には 16.5％にまで上昇している．このうち，総補助金に占める比率が最も高い項目は保健医療（2014 年 3,200 億 2,200 万ドル，55.5％）であり，次に所得保障（同 1008 億 6900 万ドル，17.5％），「交通」（同 622 億 6,000 万ドル，10.8％）と続いて

第1章 アメリカ州・地方政府と公共企業体の公会計・予算制度　　31

表1-2　連邦政府目的別歳出額および総歳出に占める比率

項目	歳出額（100万ドル）			総歳出に占める比率（％）		
	2000	2007	2014	2000	2007	2014
国防	294,363	551,258	603,457	16.5	20.2	17.2
外交	17,213	28,482	46,684	1.0	1.0	1.3
科学技術	18,594	24,407	28,570	1.0	0.9	0.8
エネルギー	-761	-852	5,270	△ 0.0	△ 0.0	0.2
天然資源・環境	25,003	31,721	36,171	1.4	1.2	1.0
農業	36,458	17,662	24,386	2.0	0.6	0.7
通商・住宅融資	3,207	487	-94,861	0.2	0.0	△ 2.7
運輸・交通	46,853	72,905	91,915	2.6	2.7	2.6
コミュニティ・地域開発	10,623	29,567	20,670	0.6	1.1	0.6
教育・職業訓練・雇用・社会サービス	53,764	91,656	90,615	3.0	3.4	2.6
保健医療	154,504	266,382	409,449	8.6	9.8	11.7
メディケア	197,113	375,407	511,688	11.0	13.8	14.6
所得保障	253,724	365,975	513,644	14.2	13.4	14.7
社会保障	409,423	586,153	850,533	22.9	21.5	24.3
退役軍人手当・サービス	24,907	35,684	70,906	1.4	1.3	2.0
司法	28,499	42,362	50,457	1.6	1.6	1.4
一般政府	13,013	17,425	26,913	0.7	0.6	0.8
純利子	222,949	237,109	228,956	12.5	8.7	6.5
相殺収入（退職給付金の雇用主負担分等）	-42,581	-82,238	-88,044	△ 2.4	△ 3.0	△ 2.5
総歳出額	1,788,950	2,728,686	3,506,089	100.0	100.0	100.0

（資料）U.S. Office of Management and Budget（2014）, *Budget of the United States Government Fiscal Year 2015, Historical Tables*, Table 3.2.

いる．

　本章の分析対象である「交通」についてもう少し詳しく見ておこう．交通補助金のうち，最も大きい補助費目は連邦補助ハイウェイ基金（2014年416億2,600万ドル，総補助金に占める比率7.2％）である．これに大量輸送交通（基金分）が続いている（2014年91億3,600万ドル，同1.6％）．なお，交通補助金の特色として，一般基金（General Fund）に加えて，信託基金（Trust Fund）からの支出額が大きい事が挙げられる．

　次に，表1-4から，州・地方政府の歳入・歳出を確認してみよう．

　自主財源（税および使用料等）による歳入では，州政府の歳入は1兆5,700億8,800万ドルに達し，地方政府の歳入1兆346億700万ドルを5,354億8,100万ドル上回っている．ただし，州政府は連邦政府・地方政府から4,302億7,800万ドルを補助金等の形で受け入れる一方，地方政府に4,596億500万ドルを交

表 1-3 連邦政府目的別補助金額および総補助金額に占める比率

項目	項目別補助金額（100万ドル）			総補助金額に占める比率(%)		
	2000	2007	2014	2000	2007	2014
国防	2			0.0	0.0	0.0
エネルギー	433	667	759	0.2	0.2	0.1
天然資源・環境	4,595	6,047	6,700	1.6	1.4	1.2
農業	724	803	701	0.3	0.2	0.1
通商・住宅融資	1,218	1,448	2,339	0.4	0.3	0.4
交通	32,222	47,945	62,260	11.3	10.8	10.8
うち空港（航空・航路信託基金）	1,624	3,874	3,100	0.6	0.9	0.5
うち連邦補助ハイウェイ（信託基金）	24,711	33,222	41,626	8.6	7.5	7.2
うち高速鉄道（一般基金）	....	....	1,085			0.2
大量輸送交通補助金（信託基金）	1,200	4,206	9,136	0.4	0.9	1.6
大量輸送交通補助金（一般基金）	4,062	4,778	2,999	1.4	1.1	0.5
コミュニティ・地域開発	8,665	20,653	13,232	3.0	4.7	2.3
教育・職業訓練・雇用・社会サービス	36,672	58,077	60,485	12.8	13.1	10.5
保健医療	124,843	208,311	320,022	43.7	46.9	55.5
所得保障	68,653	90,971	100,869	24.0	20.5	17.5
社会保障	6	16	16	0.0	0.0	0.0
退役軍人手当・サービス	434	639	1,223	0.2	0.1	0.2
司法	5,263	4,603	4,262	1.8	1.0	0.7
一般政府	2,144	3,617	4,097	0.7	0.8	0.7
総補助金額	285,874	443,797	576,965	100.0	100.0	100.0
連邦政府総歳出額（再掲）	1,788,950	2,728,686	3,506,089			
連邦総歳出額に占める総補助金額の比率(%)	16.0	16.3	16.5			

(資料) U.S. Office of Management and Budget (2014), *Budget of the United States Government Fiscal Year 2015, Historical Tables*, Table12.3.

付している．地方政府は5,044億700万ドルを受け入れるものの，上位政府への繰出は142億ドルに留まる．

以上の財政移転の結果，両者の歳出総額は2兆6,658億8,100万ドルのうち，州政府が1兆6,357億4,700万ドルを支出する一方，地方政府も1兆4,992億6,800万ドルを支出する．主な項目別支出額の特徴を見ると，高等教育，公的福祉，ハイウェイ，矯正，保健信託支出は州が，初等教育，病院，警察，下水道，公益事業（交通・水道・ガス等）は地方政府の比重が大きい．

(3) 地方公共企業体

既に述べたように，州政府・地方政府・州民は，州政府に単一目的または複数目的での地方政府を設置することを要請することができる．一方，州政府・地方政府は，公選職を設けずに起債権[6]を有する法人である公共企業体を設

表 1-4　州・地方政府の歳入・歳出（2011年）

項目	金額（100万ドル）			対州・地方歳出総額比（％）		
	州・地方	州	地方	州・地方	州	地方
歳入	3,072,645	2,000,366	1,539,014			
政府間財政移転による歳入	467,949	430,278	504,407			
自主財源による歳入	2,604,695	1,570,088	1,034,607			
歳出	2,665,881	1,635,747	1,499,268			
政府間財政移転による歳出	4,671	459,605	14,200			
直接歳出	2,661,210	1,176,142	1,485,068			
一般歳出	2,258,229	964,590	1,293,639			
教育	774,373	213,868	560,505	29.0	8.0	21.0
初等・中等教育	534,905	8,305	526,600	20.1	0.3	19.8
高等教育	204,706	170,801	33,905	7.7	6.4	1.3
公的福祉	384,769	336,510	48,259	14.4	12.6	1.8
病院	118,876	47,953	70,923	4.5	1.8	2.7
保健医療	74,196	37,321	36,875	2.8	1.4	1.4
ハイウェイ	144,713	88,333	56,380	5.4	3.3	2.1
警察	84,088	11,383	72,706	3.2	0.4	2.7
消防	36,828	-	36,828	1.4		1.4
矯正	68,092	44,021	24,071	2.6	1.7	0.9
天然資源	28,717	19,752	8,964	1.1	0.7	0.3
下水道	44,197	1,364	42,834	1.7	0.1	1.6
廃棄物処理	22,819	2,226	20,593	0.9	0.1	0.8
住宅・コミュニティ開発	45,937	8,712	37,225	1.7	0.3	1.4
一般行政	119,396	49,236	70,160	4.5	1.8	2.6
公園・レクリエーション	37,526	5,181	32,345	1.4	0.2	1.2
公債費	93,586	41,594	51,992	3.5	1.6	2.0
公益事業（交通・水道・ガス・電気等）	183,727	24,530	159,196	6.9	0.9	6.0
酒類販売店	5,603	4,664	939	0.2	0.2	0.0
保健信託支出	213,652	182,358	31,294	8.0	6.8	1.2

（資料）U.S. Census Bureau（2011），*Statistical Abstracts of the United States 2012*, p.274, Table. 436.

置することもできる．

　ニューヨーク州会計検査局は公共企業体のメリットを，①税率引上げを伴わずに公共施設の改良資金を調達できる，②建設費または運営費に使用料を充当できる，③広範囲の収入源の費消を避けられる，④私企業事業を接収し，公共資金を充当できる，⑤公選職による事業運営に対する直接統制を排除できる，⑥より柔軟な経営が可能になる，の6点に整理している[7]．また，地方債起債権に基づく連邦政府の税制優遇措置の利用が可能になる点も公共企業体を設置する大きな誘因となる[8]．

　州政府・地方政府の公選職者は，一般法としての州公共企業体法，または特殊法に基づいて公共企業体に設置される委員会の委員を指名する．委員会は，

州で選出された役職者または特定の地方自治体,複数の管轄からの役職者グループに対して説明責任を負う[9]．

ニューヨーク州では,公共企業体に対して大きく2つの分類方法が提示されている．1つは州会計検査局によるもので,委員会に任命された委員の任命方法と管轄範囲で区分し,子会社も一企業体とカウントする手法である[10]．もう1つは,市民予算委員会が提案している,事業の目的と説明責任を重視し,子会社のある公共企業体は連結して単一の企業体としてカウントする手法である(表1-5)．説明責任別で公共企業体数を見ると,地方自治体の設置数が81.3％に達している．目的別にみると,住宅,経済開発(産業開発,その他),交通(駐車場),教育財団および補助機関(主に州)の順となっており,公共企業体の歴史的源流となっている業種(港湾,公共交通)を大きく上回っており,州・地方政府が公共企業体に認められた起債権を利用し,特に1975年のニューヨ

表1-5 ニューヨーク州における州・地方自治体の公共企業体数

目的	説明責任			
	州	地方自治体	合同	合計
経済開発	3	168	2	173
産業開発	116			116
その他	3	52	2	57
交通	10	41	3	54
高速道路および橋梁	2	2	2	6
地域交通	5	3		8
駐車場	34			34
港湾開発	3	2	1	6
教育財団および補助機関	44			44
エネルギー	3	2		5
施設財政,建設,運営	9	3		12
財政安定	6	2		8
医療	9	3		12
住宅		192		192
公園,文化,リクリエーション	14	15		29
上下水道	1	28		29
ごみ処理		18		18
その他	5	2		7
合計	104	474	5	583

(資料) 市民予算委員会 (2005), 5頁．

ーク市財政危機以降，幅広い政策に利用されていることが確認できる[11]．

なお，市民予算委員会によれば，資産ベースで見れば，ニューヨーク州電力公社（Power Authority of the State of New York），住宅資金供給公社（Housing Finance Agency），高速道路局（Thruway Authority），都市交通局（Metropolitan Transportation Authority），ドミトリー局（Dormitory Authority），ロングアイランド電力公社（Long Island Power Authority），都市開発公社（Urban Development Corporation），ニューヨーク州抵当融資庁（State of New York Mortgage Agency），環境施設公社（Environmental Facilities Corporation）の9つの主要公共企業体が，公共企業体総資産の95％を占めている（市民予算委員会2005：4頁）．

第3節　アメリカの公会計制度

(1)　広義の公会計：予算会計とGAAP会計の区別

まず，アメリカにおける広義の公会計について，ニューヨーク州を事例に全体像を確認しておこう．アメリカにおける広義の公会計には，大別して予算会計（Budgetary accounting）と一般に公正妥当と認められる会計基準に基づく会計（GAAP会計）がある（表1-6）．

予算会計は，予算・決算を含む概念であるが，主に予算統制を重視した会計である．従来，財政学や財政法，行政学等で議論されてきた官庁会計の領域に重なる．第6節で検討するようにニューヨーク州における予算会計の認識基準は現金主義であり，現金主義による予算と決算を政府が議会に報告し[12]，予

表1-6　ニューヨーク州の予算会計とGAAP会計

	広義の公会計		
	予算会計	公会計（狭義）"GAAP会計"	
	基金会計	基金会計	
認識基準	現金主義	修正発生主義(注)	発生主義
簿記法	複式簿記	複式簿記	複式簿記

(注)　通常は政府基金と信認基金で適用．
(資料) 関口・木村・伊集（2010）を加工して作成．

算法や予算原則等への準拠性等といった形での統制を受ける．

一方，GAAP会計（狭義の公会計）は，予算会計と同様に予算・決算を含む概念であるが，主に決算統制を重視した会計と言える．この会計は従来，会計学を中心に議論されてきた企業会計の領域に重なる．第6節で検討するようにニューヨーク州におけるGAAP会計の認識基準には，修正発生主義と発生主義の2つがある．修正発生主義に基づく財務諸表は基金財務諸表（Fund Financial Statements）において作成され[13]，発生主義に基づく財務諸表は政府全体財務諸表として，外部報告目的で作成される．

強く指摘すべきは，ニューヨーク州では予算会計・GAAP会計ともに複式簿記を採用している点である．

(2) アメリカ会計制度の全体像と設定主体：GAAP会計

次に，アメリカの狭義の公会計制度（GAAP会計）を，アメリカの会計制度の中に位置付けてみよう．図1-1にあるように，アメリカでは公会計と企業会計とを明確に区分している．

特に，公会計の領域では，公的主体を①連邦政府，②州・地方政府，③非営利組織体，の3つにグループ化して公会計基準を設定している．そして，公会計基準の設定手続に関し，いわゆる「デュー・プロセス」と呼ばれる公開主義に基づく適正手続によるべきことなど，設定手続が明確に定められている．ここでは，政府機関である連邦政府と州・地方政府の会計基準の設定主体について述べておこう[14]．

連邦政府の実質的な会計基準の設定主体は，連邦会計基準諮問審議会（Fed-

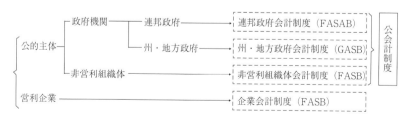

(資料) 古市峰子 (2002) 図表1．

図1-1　アメリカの会計制度の概要

eral Accounting Standards Advisory Board：FASAB）である．FASABは，会計検査院（General Accounting Office：GAO[15]），行政管理予算庁（Office of Management and Budget：OMB）および財務省（Department of Treasury）の3者の常設の諮問機関として，連邦政府の会計概念フレームワークや会計基準の設定を行っている．

本章で着目する，州・地方政府の実質的な会計基準の設定主体は，独立した民間機関である政府会計基準審議会（GASB）である．GASBも常設機関として，州・地方政府の会計概念フレームワークや会計基準の設定を行っている．

問題は，州政府によるGASB基準の採用が強制か否かである．結論を述べれば，採用するか否かの選択は，州政府の判断による．というのは，State rights（州の権利，独立性）があるからである．この点は，1934年の証券法によって，民間企業が株式や借り入れで資金調達をするときは，連邦の行政機関である証券取引委員会（SEC）がFASB基準による財務諸表を要求している状況と異なっている．

つまり，連邦の行政機関であるSECは州政府に対してGASB基準の採用に関して直接的な強制はできない．そこでSECは，州に対して規制をかけるのではなく，引受機関に規制をかけ，間接的に州政府にGASB基準の採用を促している[16]．

また，GASB基準による狭義のGAAP会計と予算会計との関係も重要である．後に見るように，GASB基準では予算会計の基準は設定していないものの，法的に予算を採用しているすべての政府に，予算ベースの報告を要求している[17]．

このように予算会計をも意識すると，GASB基準書における予算への配慮も，より明確となる．確かに，GASBもGAAP会計で作成された一般目的外部財務諸表（狭義の公会計）がその中心事項という視点は持っている．しかし，GASBでは企業業績を測定するような経済的尺度の重要性を指摘しているのではない．むしろ，図1-2にあるように，非財務情報や予算会計での開示事項の重要性を意識している[18]．つまり，GAAP会計と予算会計の両者を有機的に関連させて捉える姿勢が見られる．

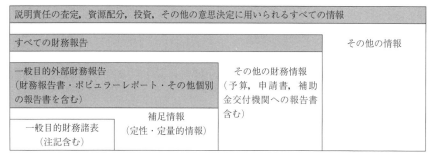

(資料) GASB (1987) Figure1 を加工して作成．

図 1-2　GASB の想定する情報：GAPP 会計と予算会計の関係

(3)　アメリカ公会計制度の適用範囲：州・地方公共企業体との関連を中心に

図1-3において，アメリカの州・地方公共企業体の会計制度における位置づけを概観した．ここから，連邦政府が州・地方政府に補助金を交付し，州・地方政府が州・地方公共企業体に影響力があり，州・地方公共企業体もその関連グループ（会社や公共企業体）に影響力がある状況が確認できる．

連邦政府，地方政府はそれぞれ FASAB と GASB という公会計基準に基づいて，個別財務諸表を作成する．本章で着目するのは，州・地方公共企業体を含む，州・地方政府の財務諸表の作成方法である．

まず，州・地方公共企業体と州・地方公共企業体の関連グループは，GASBに基づいて個別財務諸表を作成する．その後，州・地方公共企業体と州・地方公共企業体関連グループは，州・地方政府公共企業体グループの連結財務諸表を作成する（連結①）．この場合，それぞれの個別財務諸表の作成も GASB に

(資料) Deloitte (2009 年 9 月 9 日) および KPMG (2009 年 9 月 11 日) における現地ヒアリングに基づき筆者作成．

図 1-3　アメリカ公会計制度の適用範囲

基づいているので，連結財務諸表作成もそれほど問題はない．

そして，州・地方政府自体もGASBに基づいて個別財務諸表を作成しつつ，GASBに基づいて作成された州・地方政府公共企業体を含んだ連結財務諸表を作成する（連結②）．

第4節　アメリカの州・地方公会計制度の歴史

(1)　アメリカの州・地方公会計制度の起源と発展 [19]

1921年の「予算および会計法（Budget and Accounting Act）」の制定により，連邦政府において予算制度が正式に制度化された．この法律によってGAOおよび予算局（Bureau of the Budget）が設置され，予算案の編成に関する権限を大統領に集中させるとともに，財務省から独立した専門機関によって予算執行に関する検査が行われるようになった（亀井2008b：39頁）．

また，同国の会計制度において特徴的な点は，連邦政府のみならず州政府においても基金（Fund）という会計上も財務諸表上も他から独立した実体に基づいて会計が行われ，基金ごとに財務諸表が作成されることにある．基金会計は1910年ごろに形成されたといわれている（同2008b：40頁）．

このように，アメリカにおける体系的な政府財務報告の起源は，20世紀初頭に求めることができるが，その背景には，都市の数と規模の増大，地方自治体の腐敗からアカウンタビリティに対する要求が強まっていたという点があげられる．

このような要求に対応するように，政府会計に関する学術的な研究が進むこととなる．現代的な政府財務報告の特徴の多くは，メッツ基金による『地方政府会計ハンドブック（Handbook of Municipal Accounting）』（1913年），フランシス・オーキー（Francis Oakey）による『政府会計および報告の原則（Principles of Government Accounting and Reporting）』（1921年）などの著作，ロイド・モーリー（Lloyd Morey）による『政府会計入門（Introduction to Government Accounting）』（1927年）など当時の研究業績を反映している．

オーキーやモーリーといった研究者の関心は，当時の「商業会計」は政府には十分なものではないという点にあった．オーキーは，都市は期待される支出

を充たすのに十分な収入をあげることを目的として，租税，その他の収入や借り入れにより財源調達を行っていることに言及し，財務報告は支出に対して現在利用可能な資源を表す政府のファンドの余剰（あるいは収支）を示さなくてはならないと考えていた．また，モーリーは，利潤動機の欠如，つまり損益を報告する必要がないという点が政府の財務報告のあり方にとって重要であると指摘しており，都市の行政官が法的な必要に応じて義務を果たしているかどうかという評価を読み手が行うことができるという点で，ファンドを用いた財務報告を支持していた．

以上に代表される研究業績を背景として，1934年にアメリカとカナダの都市財務官協会（Municipal Finance Officers Association：MFOA）の特別委員会として，全米市町村会計委員会（National Committee on Municipal Accounting：NCMA）が設立された．NCMAは，予算情報とともに財務諸表における実際の情報を報告して比較することは，法令の遵守や適切な財務管理を示すうえで重要であるとの見解をもっていた．その具体的な基準として，同委員会は，収入の見積もりと実際の収入，資金充当額と支出額・債務負担額を比較する財務諸表を提出することを勧告するという取り組みを行っていた．

NCMAを継承し1949年に設立された全米政府会計委員会（National Committee on Governmental Accounting：NCGA）は，MFOAのもとで，地方政府会計原則を作成し，地方政府の報告書の基準区分や専門用語を発展させ，政府固有の特質を反映した会計基準を公表していくこととなる．1968年にはNCGAから『地方政府会計，監査および財務報告（Governmental Accounting, Auditing and Financial Reporting：GAAFR）』と呼ばれる指針（通称Blue Book）が公表されると，政府財務報告は，個別ファンドの報告から政府ファンド，出資ファンド，受託ファンドを結合した財務諸表を報告する形に発展していった．

その後，1974年にNCGAが全米政府会計協議会（National Council on Governmental Accounting：NCGA）へと改称されたのに伴い，NCGAは会計基準設定主体として再編され，修正発生主義を用いて経常財務資源のフローについての政府ファンド財務報告に継続して焦点を合わせることとなった．これに続き，1984年にはGASBが設立され，現在のアメリカにおける地方公会計制度の会計基準設定主体として機能するにいたっている．

(2) GASB 基準書に基づく州・地方公会計制度

GASB は 1984 年に財務会計財団（Financial Accounting Foundation：FAF）と 10 の州・地方政府行政官連盟の合意に基づいて設立され，政府，会計産業，資本市場において，州・地方政府に対する「一般に公正妥当と認められた会計原則（GAAP）」の公式な設定主体として認識されている．GASB が発表する会計基準は連邦の法あるいは規則ではなく，強制権限は保有していないが，いくつかの州においては法律に基づいた義務づけが行われている（GASB 2010：p.1）．

州政府・地方政府に適用される基本的な会計原則は，GASB の『政府会計および財務報告基準集（Codification of Governmental Accounting and Financial Reporting Standards）』で示されている．これが適用されるのはおもに公共サービスを提供する行政型活動を処理する会計であり，公益事業やその他のビジネス型の活動を処理する会計については，GASB が特に指示していない限り，FASB の会計基準に従うとされている（稲沢 2007：133 頁）．

以上のような GASB 基準書に基づく地方公会計制度の現状を念頭に置きながら，そこにいたる議論の変遷，GASB の役割について整理していくことにしよう[20]．

1984 年に GASB が設立されると，組織編成に関する合意に基づき，NCGA による基準書，解釈書，概念書を正式に採用することで活動が開始されることとなった．まず，技術的なプロジェクトに関する情報が収集されるのと同時に，財務報告書利用者のニーズを明らかにする作業が進められ，翌年には，『政府財務報告書利用者のニーズ』を公刊することで，これまでの基準設定過程の評価と今後のニーズ調査の基礎を提供することとなった．

GASB 設立後数年間の検討作業は，財務報告モデル，年金，実務，FASB 基準，報告主体，概念枠組みの 6 つの領域において行われた．これらの検討作業の中で，特に，FASB 基準との関係が重要な意味を持った．

GASB が設立された時点では，GASB 基準がとくに扱っていない項目においては，GAAP に基づけば，GASB よりも先に設置されている FASB 基準を適用することが求められていた．そこで GASB は，①審議中あるいは今後審議を行う項目に関しては民間部門の基準を採用する，あるいは，②州・地方政府

が民間基準を適用する必要がないように基準を設定する，という選択を行う必要があった．これについてGASBはGASB基準書第4号において，前者（民間基準の採用，いわゆるネガティブ・スタンダード）を採る方針を示したのである．

ただし，ネガティブ・スタンダードの方針とはやや異なる，GASBが民間基準と距離をおく動きがみられた．例えば，1987年にFASB基準書第95号「キャッシュ・フロー報告書」が発表された時に，GASBは3つの選択肢（現状維持，FASB基準の採用，州・地方政府の観点からのキャッシュ・フロー報告書の検討）に直面した．

GASBは当初，現状維持（NCGA基準書第1号の適用）を選択している．しかし，NCGA1号自体が補助金収入や税収といった政府部門に固有の特質を反映していないという問題点から，新たに「非資本的財務活動からのキャッシュ・フロー」というカテゴリーを設けるという解決策がとられた．

その後，1989年にはFAFによるGASBの活動の見直しが行われ，さらに1992年にアメリカ公認会計士協会（AICPA）によって監査基準書（SAS）第69号が発表されるにいたり，ネガティブ・スタンダードの方針は変更され，GASB基準において要求されている場合についてのみ，州・地方政府に対してFASB基準が適用されることとなった．

さらに，GASBではその中心的課題となっている年金会計や財務報告にかかわる事項に取り組み，会計基準を発表している．年金会計については，1986年に公共部門雇用者退職制度（PERS）と政府雇用主に関する開示（disclosure）基準が発表され，1994年には会計基準の公表が行われた．加えて，1987年に発表されたGASB概念書第1号（財務報告の目的）は，現在でも州・地方政府に対して重要な影響を及ぼしている．つまり，同概念書において，財務諸表利用者の範囲を投資家・債権者から拡張する点，財務報告の内容は，損益の表示を超えアカウンタビリティの観点からなされなければならない点が示されたのである．とくに，期間衡平性（interperiod equity）の概念が取り入れられたことが画期的であったと言われている．この概念の可能性が理解されるにはその後の発生主義の採用が必要であったが，それでも多くのGASB基準の作成に貢献することとなった．

このような取り組みの過程を経て，1990年代初頭には，GASBが州・地方

政府に対する会計基準設定主体であるということが，AICPA からも正式に認められ，多くの州政府においても法令や規則に基づいて認識されるにいたったのである．その後，1990 年代を通じて，多様な事項についての検討作業を含みつつも，財務報告モデルを中心的課題として，その確立が図られることとなった[21]．

　財務報告モデルに関する議論は，GASB 設立と同時に開始され，1985 年にはモデルに関する覚書「測定の焦点と会計の基礎——政府ファンド」が示され，1987 年，1989 年にはそれに関する公開草案（exposure draft）が発表されていた．そこでの議論では，政府ファンドにおいてすべての財務資源の測定に発生主義を採用するかどうかという点が争点となっていたが，議論の収束を見ないまま，ひとまずファンドの運営に焦点を合わせる形で，1990 年に GASB 基準書第 11 号「測定の焦点と会計の基礎——政府ファンド運営報告書」が発表されることとなった．

　その後，1990 年代前半には，基準書第 11 号の実行に関する基準の公表が進められ，1997 年の公開草案「州・地方政府の基礎的財務諸表——およびマネジメントに関する議論と分析」の発表を受け，1998 年に GASB 基準書第 33 号「非交換取引の会計と財務報告」，1999 年に GASB 基準書第 34 号「州・地方政府の基礎的財務諸表——およびマネジメントに関する議論と分析」が発表された．基準書第 34 号は，政府財務報告に対する批判，より企業的な財務報告を要求する動き，中でも，連結財務諸表を用いずに多くのファンドの報告を行うため，理解可能性が欠如しているとの批判点に対し，サービスのフルコスト情報と連結財務諸表という発生主義の利点を政府部門に取り入れる形で応じたものであり，財務報告モデルに関する検討作業が 1 つの結論に辿り着くこととなった．

第 5 節　州・地方公共企業体の財務諸表と会計処理
　　　　——MTA を事例に

　本節では，アメリカ州・地方公共企業体の公会計制度（狭義の GAAP 会計）について把握する．特にニューヨーク州とニューヨーク州が所有する公共企業

体で,地域交通を支えているニューヨーク州都市交通局(Metropolitan Transportation Authority:MTA)の財務諸表と会計制度を具体的事例として取り上げてみたい.

(1) MTA の組織構造と財務諸表の構造[22]

はじめに,2008年度時点のMTAグループの組織構造と財務諸表の作成手順について,図1-4を参照しながら確認しておこう.

MTAの組織構造は,2008年の年次報告時点で,4局(authority)と,5会社(company)から構成されている.これらの局,会社の全体的監督,計画,および管理を行うのがMTA本部(MTA Headquarter)である[23].MTA本部には,民間企業の本社取締役会に相当するMTA委員会(Board of Metropolitan Transportation Authority)が設置され,その委員はニューヨーク州知事から6名,ニューヨーク市長が4名,郡長から6名が指名され,ニューヨーク州議会の承認を受ける[24].

(資料) Metropolitan Transportation Authority (2008:7) 等より作成.

図1-4 MTA グループの組織構造と財務諸表

このような組織構造を反映すべく,財務諸表が作成される.MTA の作成する財務諸表は,連結貸借対照表(Consolidated balance sheets),連結収支および純資産変動計算書(Consolidated statements of revenues, expenses, and changes in net assets),連結キャッシュ・フロー計算書(Consolidated statements of cash flows)であるが[25],それぞれ以下のような構造になっている.

第1に,MTA の財務諸表では,関連グループを連結している(連結①)[26].第2に,MTA の連結財務諸表は,ニューヨーク州政府の連結財務諸表における Component units の項目に掲載される(連結②).MTA グループは,ニューヨーク州の構成単位(Component units of the State of New York)と位置づけ

表 1-7 ニューヨーク州と MTA グループの決算日と監査報告書作成日の関係

(1) 2006/2007 年度

	決算日	外部監査人	
		名称	監査報告書提出日
ニューヨーク州	2007/3/31	KPMG	2007/7/23
MTA グループ	2006/12/31	Deloitte	2007/4/20
MTA New York City Transit	2006/12/31	Pricewaterhouse	2007/4/6

(資料)State of New York(2007:16)Metropolitan Transportation Authority(2007:11),New York Transit Authority(2007:1).

(2) 2007/2008 年度

	決算日	外部監査人	
		名称	監査報告書提出日
ニューヨーク州	2008/3/31	KPMG	2008/7/25
MTA グループ	2007/12/31	Deloitte	2008/4/24
MTA New York City Transit	2007/12/31	Pricewaterhouse	2008/4/11

(資料)State of New York(2008a:16)Metropolitan Transportation Authority(2008:11),New York Transit Authority(2008:1).

(3) 2008/2009 年度

	決算日	外部監査人	
		名称	監査報告書提出日
ニューヨーク州	2009/3/31	KPMG	2009/7/24
MTA グループ	2008/12/31	Deloitte	2009/4/22
MTA New York City Transit	2008/12/31	Pricewaterhouse	2009/4/22

(資料)State of New York(2009:16)Metropolitan Transportation Authority(2009:2),New York Transit Authority(2009:1).

られているからである．なお，連結対象となる判定基準については，次項で述べる．

このような財務諸表の構造は，監査プロセスにも一定の影響を与えている．監査プロセスの完了を示す監査報告書作成日に着目して確認してみたい（表1-7）．

まず，MTA グループ内部の財務諸表（ここでは，MTA New York City Transit を例示）の監査を行う．次に，MTA グループの連結財務諸表の監査を行う．最後に，MTA グループの連結財務諸表を含んだニューヨーク州の財務諸表の監査を行う．2006 年度から 2008 年度について監査報告書の日付を見れば，確かにそのようなプロセスで外部監査人の意見形成がなされていることが確認できる．

興味深い点は，MTA グループの1つである MTA New York City Transit の監査報告書提出日が，2006 年度は 2007 年 4 月 6 日，2007 年は 2008 年 4 月 11 日，2008 年は 4 月 22 日と，年々遅れ始めていることである．内部事情について検証の余地があるが，業績悪化等によって，監査意見形成のために多くの証拠資料が必要になった可能性（必要判断事項の増加）がうかがえる．

それ以上に着目すべきは，おおむね決算後 4 か月で外部監査人の監査も終了している点である．このことは，公会計基準に従った決算に適時性があることを示している．

(2) MTA グループの会計基準と会計処理
① MTA グループの会計基準

MTA グループは，GASB 基準書第 20 号（GASB Statement No. 20）の「企業ファンド会計における会計処理および財務報告（Accounting and Financial Reporting for Proprietary Fund Accounting）」に従って，すべての GASB の声明を可能な限り適用している．

また，FASB 基準書との関連については，FASB 基準書のうち，1989 年 11 月 30 日以前に発表された FASB 基準書とその解釈（FASB Statements and Interpretations）は，GASB 基準書に抵触しなければすべて適用し，1989 年 11 月 30 日以降に発行されたものは適用しない方針にしている[27]．

② MTA グループの会計処理

次にMTAの会計処理について，その特徴を確認しておこう．

第1に，連結対象の考え方である．MTAグループで連結対象となる事業体は，GASBが規定する財務報告事業体の定義基準を満たしている．その基準とは，州政府が説明責任を有する対象である等の，法的地位（legal standing），財政依存性（fiscal dependency）および財務説明責任（financial accountability）というものである．MTAの関連グループは，MTAが説明責任を有していること（これらの関連グループが別個の説明責任を持つ実体として活動に関する説明責任を果たすよう要求する法的要件はないこと），MTA委員会の支配下にあること，MTA関連グループのすべての収益は，組織全体をサポートするために使用されること等により，MTAの財務諸表に連結される[28]．

つまり，FASB基準書とは異なり，株式所有による支配権が報告主体にとっての基準の出発点ではない[29]．

第2に，州・地方政府からの補助金の処理である．MTAグループへの補助金は，主として，ニューヨーク州政府からの補助金とニューヨーク市等の地方政府からの補助金で構成されている．後に見るように，この補助金には経常補助金と資本補助金がある．

経常補助金は，営業費用を補填する性格を持つ．その性格を反映するように，収支および純資産変動計算書上では営業損益の後に非営業収入として認識される．MTAの場合にも，オペレーションをカバーするだけの売上がどれくらいあるのかということが最も重要になることを反映しているといえる[30]．

一方，資本補助金（資本プロジェクトに対する助成金と予算割当額）は，資本支出の財源を補填する性格を持つ．資本補助金は，資本的支出の弁済を求めて資金提供機関に要求が提出されたときに計上されている．

2001年からは，GASB基準書第33号（非交換取引の会計と財務報告〔Accounting and Financial Reporting for Nonexchange Transactions〕）に従い，資本補助金（助成金と予算割当額）は受入時に収支合計の後に別途計上されている．つまり，資本補助金は収入として認識されるが，経常的な収入ではないのでラインの下で開示される[31]．

第3に，州・地方政府からの資本補助金によって取得した固定資産に関連す

る会計処理である．MTAグループでは補助金で取得した資産も，圧縮記帳せずに減価償却を行っている．また，補助金受取時に収入計上しているため，補助金収入と減価償却費との対応はみられない．換言すれば，補助金収入を繰り延べて，固定資産の減価償却に対応する形で収益計上するという処理[32]を行っていない．

第4に，MTA職員の年金債務の問題である．企業会計基準であるFASB基準書では年金資産が年金負債に達していないと，バランス・シートに負債計上する処理となっている．これに対して，公会計基準であるGASB基準書では，年金資産が年金債務よりも少ない場合であっても，毎年継続的に年金資産として拠出をしていれば，バランス・シートに負債として計上しない．それは，政府の永続性に着目したアプローチである．

近年，GASBは負債に関する定義を変更した．それは，政府が回避できそうにない将来資源の犠牲というものである[33]．それに対応して年金に関して行われた調整に関して，退職後給付と年金が別扱いになっているのはおかしいのではないかという議論があり，現在GASBで検討しているという[34]．

第5に，MTA職員の年金以外の退職後給付債務の問題，中でも退職後医療債務の計上問題である．企業会計基準であるFASB基準書では，1993年に強制適用となっている[35]．これに対して，MTAグループは，GASB基準書第45号[36]（雇用主による年金以外の退職後給付に関する会計と財務報告〔Accounting and Financial Reporting by Employers for Postemployment Benefits Other Than Pensions〕）の発効に伴って2007年に採用した．後に見るように，この基準の採用によってMTAの財務諸表に与えた影響は小さいとはいえないものである．

この基準の採用理由に関して，FASBとGASBの間で扱い方が違っていたということで，その違いをなくしたということ以外にとくに理由はないとの見解[37]はあったが，なぜ民間企業に比べて導入に時間がかかったのかに関する，明確な回答は得ることができなかった．

(3) MTAグループの財務諸表分析：連結収支および純資産変動計算書

ここでは，MTAグループの財務諸表[38]のうち，主な財務諸表の利用者がその有用性を指摘している連結収支および純資産変動計算書を用いて状況を読

み取ってみたい．

　まず，2002年から2008年までの連結収支および純資産変動計算書の変動（表1-8）を確認すると，一見しただけでMTAグループが経常的に営業損失となっており，営業費用が営業収入で賄えていない状況にあること，そして，その金額が増加していることがわかる．加えて「充当前損失」であることから，営業損失を非営業収入でも補填しきれておらず，その金額も増加していることも確認できる．さらに，2007年以降は充当前損失が大幅に拡大したため，これまで期中純資産をプラスにしていた「資本計画に限定される補助金等」では補填できない規模になっていることがわかる．

　これらの要因は，大きく分けて，①人件費の拡大（主に年金以外の退職給付費用の計上開始），②補助金・交付金・租税収入の減少，③資本支出の増大が指摘できる．この点について経常収支と資本収支に分けて確認してみよう．

①経常収支

　営業費用に占める営業収入の比率をとると，2002年の58.0％から，2008年の48.1％まで減少している．これは，営業費用の増加率が，営業収入の増加率を上回ることに由来する．

　営業費用が増加した理由は，①年金以外の退職後給付費用（Postemployment benefits other than pensions）の計上（2007年以降），②①以外の人件費増大，③減価償却費の増大である．この結果，営業損失は2002年の△29億3,900万ドルから，2008年には△63億9,100万ドルへと拡大している．

　そもそもMTAは，ニューヨーク州法により収支均衡を義務付けられている．しかし，その収支均衡の概念は，営業費用を営業収入で均衡させるというものではなく，営業費用を営業収入と補助金収入とで均衡させるというものである[39]．そのため，MTAは営業損失の大きさは問題であるとの姿勢はあるものの，単に営業損失が生じることをもって問題であるとの姿勢はとっていない．むしろ，アメリカの交通輸送機関は全体の営業費用（運営経費）の30-50％を営業収入（運賃収入）でカバーできれば良いと考えられているので，50％程度カバーできているMTAの状況は，全米で最も高いかそれに近い水準であるとの認識であった[40]．

表1-8 MTAの連結収支および純資産変動計算書

	MTA 連結収支および純資産変動計算書（100万ドル）						
	2002	2003	2004	2005	2006	2007	2008
営業収入	4,053	4,544	4,837	5,198	5,487	5,666	5,932
料金収入	3,912	3,206	3,424	3,606	3,840	3,995	4,241
通行料		1,022	1,097	1,205	1,241	1,251	1,274
賃貸料・運送料・その他収入	141	316	316	387	406	420	417
営業費用	6,992	7,582	8,013	8,752	9,330	11,502	12,323
給料・賃金	3,435	3,548	3,645	3,819	4,123	4,339	4,560
年金及びその他雇用者給付	1,171	1,185	1,403	1,618	1,623	1,690	1,876
年金以外の退職後給付						1,575	1,656
牽引・推進力（燃料・電力）	277	185	203	253	278	294	307
バス・電車の燃料（燃料・電力）		73	95	143	178	193	287
保険		56	66	67	49	66	-1
損害賠償（Public liability and claims）	140	187	133	90	93	164	152
パラトランジット・サービス契約：コンピュータ，工学技術，その他コンサルタント・サービス	430	124	135	158	184	233	299
維持管理，その他の事業契約：コンピュータ，工学技術，その他コンサルタント・サービス		387	408	460	527	520	584
専門サービス契約：コンピュータ，工学技術，その他コンサルタント・サービス		202	180	227	177	181	204
汚染改善プロジェクト							43
原材料・貯蔵品	410	390	370	405	448	518	532
減価償却費	1,135	1,235	1,344	1,474	1,606	1,689	1,791
その他	-6	10	31	38	44	40	33
営業損失（①）	-2,939	-3,038	-3,176	-3,554	-3,843	-5,836	-6,391
純非営業収入（②）	1,633	2,267	2,498	2,660	3,315	3,735	2,978
補助金・交付金・租税収入	2,097	2,394	2,847	3,466	4,119	4,504	3,949
Tax-supported 交付金（subsidies）	1,668	1,976	2,453	3,048	3,725	4,105	3,550
ニューヨーク州からの補助金	1,215	1,357	1,442	1,665	2,054	2,291	2,434
ニューヨーク市と地方からの補助金	453	619	1,011	1,383	1,671	1,814	1,116
営業支援交付金（subsidies）	429	418	394	418	394	399	399
ニューヨーク州からの営業補助金	230	211	206	230	206	211	208
ニューヨーク市と地方からの営業補助金	199	207	188	188	188	188	191
ニュー・ヘイブン線に関連するコネチカット交通局からの営業補助金	47	56	52	44	53	64	64
ダッチェス・オレンジ・ロックランド郡への補助金	-14	-20	-22	-23	-20	-17	-11
郊外高速交通基金への補助金	-19	-20	-20	-20	-20		
長期負債支払利子	-558	-780	-819	-984	-1,039	-1,054	-1,209
駅舎の維持・営業・利用評価	117	125	129	134	137	142	148
地下鉄車両除却損	-58	-31	-1	-2			
ワールドトレードセンター保険からの収入	-9	398					
未実現投資利益（損失）		-18	15	7			
その他の非営業収入	11	162	317	38	85	116	37
充当前損失（①+②）	-1,306	-771	-678	-894	-528	-2,102	-3,413
資本計画に限定される補助金等	1,666	1,422	761	1,291	1,898	2,035	2,450
期中純資産の変動	360	651	83	397	1,370	-66	-963
当期首純資産	16,502	16,862	17,513	17,596	17,993	19,363	19,297
当期末純資産	16,862	17,513	17,596	17,993	19,363	19,297	18,334

（資料）Metropolitan Transportation Authority 各年度より作成．

確かに，2002年以降で確認すると，営業費用が営業収入のみで賄えている状況になったことはない．常に州・地方政府からの補助金等である純非営業収入で補填している状況にある．しかし，2008年時点では，その営業損失を補う純非営業収入が急減し，営業損失の過半（53.6％）を充当できていない．本項③に見るように，このような状況については，MTAも問題視していた．

その要因について分析するためには，純非営業収入のうち「補助金・交付金・租税収入」，つまり経常補助金（Operative assistance）の減少と，「長期負債支払利子」の増加に着目する必要がある．ここでは，経常補助金に着目し，2008年までの経常的補助金の財源について確認しておこう（表1-9）．

MTAに対する経常補助金の主たる原資は，抵当権登記税と州目的税の収入である．しかし，ニューヨーク市の2010年度予算会計（Financial Plan, 2010年1月28日）によれば，抵当権登記税は，2007年から2010年の3年間で75.7％もの減少を記録している．このため，ニューヨーク市と地方からの補助金（＝ほぼ抵当権登記税）は，2007年以降，減少している．

つまり，補助金・交付金・租税収入の減少，中でもニューヨーク市と地方からの補助金の減少によって，充当前損失は，2002年の△8億7,700万ドルから，2008年には△34億1,300万ドルに膨らんでしまったといえよう[41]．

②資本収支

充当前損失を補填するのが，資本補助金（資本計画に限定充当される補助金等）による収入である．この収入は，2006年までは充当前損失を上回っていた．しかし，2007年以降は，収入額が伸びているにも関わらず，充当前損失を下回った．このため，期中純資産にマイナスの変動を与えている．その要因について分析するためには，資本収支に着目する必要がある．

まず，資本支出の増大に着目してみよう．MTAは，GASBでは要求されていない5か年設備投資計画を作成し，州資本計画監視委員会（State's Capital Program Review Board）の承認を経ている（表1-10）[42]．

一方，この資本支出の計画に対する収入計画は，支出計画に及ばない規模となっている（表1-11）．

資本支出計画に対する収入計画の特徴を確認してみると，①財源の大宗が租

表1-9　ニューヨーク州および市からMTAへの経常補助金

		課税標準および税率	移転元	使途規定
抵当権登記税等	抵当権登記税Ⅰ	不動産抵当権設定に対し0.25％。2005年7月以降は0.30％	NY市およびMTAのサービス対象区域に入っている7つの郡（市，郡による徴税）	①MTAHQの運営支出，②①を除いた額の55％をTransitの運営，45％をコミューター鉄道運営費に充当。コミューター鉄道運営費はまず州郊外高速交通基金に充当
	抵当権登記税Ⅱ	不動産改良および改良権（real estate improved or to be improved by structures）への抵当権設定に対し0.25％	MTAサービス対象区域に入っている郡の住居	①500万ドルをMTAダッチェス・オレンジ・ロックランド基金へ，②MRTの郡支払い比率に応じて各郡基金へ
	ニューヨーク市交通局への抵当権登記税の直接補助	不動産抵当権設定に対し0.625％	NY市	
	ニューヨーク市交通局への都市税補助金の直接補助	不動産譲渡査定価格の1％	NY市	
州目的税（dedicated taxes）を原資とする基金	大量公共交通信託基金（Mass Transportation Trust Fund, MTTF）	州営業税（ガソリン税，ディーゼル燃料税など石油営業税，免許登録料，非登録料など自動車登録関連料，2005年に値上げ）	NY州	①元利償還金へ充当，②運営費，資本費へ充当
	メトロポリタン大量公共交通運営補助基金（Metropolitan Mass Transportation Operating Assistance Fund, MMTOA）	0.25％の売上税（2005年7月以降0.375％に上昇），特別営業税（temporary regional franchise tax surcharge），運輸（transportation and transmission）企業関連税，石油関連営業税	NY州	①元利償還金等へ充当，②運営費，資本費（transitおよびコミューター鉄道）へ充当

（注）この他にニューヘブン線への営業収支差額（赤字）の全部または一部に対するコネチカット交通局からの補助金がある．

（資料）Metropolitan Transportation Authority, *Independent Accountant's Review Report, Consolidated Financial Statements Period Ended June 30, 2009* より筆者作成．

税収入を担保としていること，②連邦政府からの財政移転である資本補助金が81億ドルと，資本支出計画に対する収入計画の約40％もの規模を占めていること，③資産売却，新規発行債収入および混雑料金を財源とする債券（レベニュー債）の収入を見込んでいるものの，その実現性が担保されたものではないこと，④既存の資本拡張計画である計画2（Tier2）に対する財源と，新規の資本拡張計画である計画3（Tire3）に対する財源のいずれもが，手当されていな

表1-10 MTA 資本計画予定（2008-2013年）

(単位：100万ドル)

コア資本計画（Core Capital Program）	
ニューヨーク市交通局	14,265
ロングアイランド鉄道	2,630
メトロノース鉄道	1,770
MTAバス	363
セキュリティプログラム	590
内部補助	421
計画1合計 （注）	20,038
コア資本計画合計 （注）	20,785
現存拡張計画の完成	5,519
計画2合計	26,304
新しい拡張計画	
通信列車制御の設置継続とクイーンズ線（CBTC flushing and Queens Blvd. lines）	1,425
2番街線の新フェーズ（Second avenue subway next phase）	1,000
ペンシルバニア駅へのアクセス（Penn access）	400
ジャマイカキャパシティの改善（Jamaica capacity improvement）	150
車両拡充（#7 Fleet expansion）	175
輸送容量計画調査（Capacity planning studies）	50
持続可能投資（Sustainability investments）	50
計画3合計	29,554

（注）計画1とコア資本計画の差額は Market Uncertainty Fund 等による資金確保見込みを含む．
（資料）Metropolitan Transportation Agency, *MTA Capital Program 2008-2013*（2008年2月）より筆者作成．

いこと（2008年2月時点），等がわかる．

　言い換えれば，資本拡張計画（計画2および計画3）のみならず，既存資本の維持・改修費を意図した計画1の財源をも十分に確保できているとはいえない状況にあるのである．

③収支改善の模索

　MTAは，ニューヨーク州公共企業体法により，経常的運営について広範な権限（例えば予算提出権，サービス水準の決定，料金収入の決定，起債権限など．ただし州，市の補助金額確定は除く）が付与されている．

　このため，最高経営責任者（Chief Executive）をはじめとする MTA 執行部は，ニューヨーク市，ニューヨーク州議会の直接の制約を受けず，サービスカ

表 1-11 MTA 資本計画の財源構成

(単位:100万ドル)

連邦政府からの公式補助およびフレキシブル補助	8,100
連邦債(Federal security)	590
ニューヨーク市(MTA バス含む)	527
資産売却	500
ラガーディア空港再プログラム(LaGuardia reprogramming)	160
05 年-09 年計画時の資本基金残額	1,868
新規発行債(新たな州および地方資金の確保見込み)	4,000
混雑料金を財源とする債券	4,500
合計財源	20,245

(資料)表1-10に同じ.

ット(路線廃止等),人件費削減(リストラクチャリング等),運賃上昇などの手段を駆使して収支均衡の達成をはかり,MTA委員会の承認を得て執行しようとしてきた.

一方,MTAのサービス削減,運賃水準の上昇を避けるために,ニューヨーク市および州議会は,新たな財源をMTAに付与しなければならない.2005年の市による不動産抵当権登録税率の上昇は1つの手段であった.しかし,課税標準である不動産抵当権自体の暴落および取引の不活発化に伴い,ニューヨーク州により新たな財源が模索されることになる.そして最終的に,MTAに対し,ニューヨーク州による新税および新利用料(表1-12)が供与されることとなった.同財源の獲得によってMTAが見込んでいる収入は,表1-13の通りである.

(4) MTA財務諸表の相互関連:NY州政府,関連グループ
①MTAグループの営業活動別情報

先に確認したように,MTAの財務諸表は関連グループを連結している(連結①).しかし,MTAの連結財務諸表ではそれら関連グループの数値が合算されているため,連結財務諸表を見ただけではその内訳が不明である.この点に関して,MTAの連結財務諸表では注記項目として,営業活動別情報を記載している(表1-14).

この表1-14でも,表1-8とのつながりを意識して,網掛けで示している.

第1章　アメリカ州・地方政府と公共企業体の公会計・予算制度

表1-12　MTAに供与されるニューヨーク州の新税一覧

	課税標準および税率	納税者	発効日
メトロポリタン通勤者税（Metropolitan commuter Transportation Mobility Tax，MCTMT）	0.34％の賃金課税（Payroll tax）	MTAのサービス対象区域に入っている12の郡（Metropolitan Commuter Transportation District〔MCTD〕）で仕事に従事している者（被用者および自営業者）	2009年3月1日，教育区には2009年9月1日
ライセンス料（The License Fee）の値上げ	仮免許登録料および運転免許登録料の値上げ	MTCDの在住者	2009年9月1日
タクシー税（The Taxicab Tax）	タクシー乗車ごとに0.5ドル	MTCDでのタクシー利用者（タクシー運転手が納税義務者）	2009年11月1日
自動車レンタル税（Auto Rental Tax）への上乗せ	自動車レンタカー経費の5％	MTCDでのレンタカー利用者	2009年6月1日
自動車登録料（Auto Registration Fee）への上乗せ			2009年9月1日

（資料）Metropolitan Transportation Authority, *MTA 2010 Final Proposed Budget Volume 2*, November 2009より筆者作成．

表1-13　ニューヨーク州新税によるMTAの収入見積（2009-2013年）　（単位：100万ドル）

	2009	2010	2011	2012	2013
メトロポリタン通勤者税（Metropolitan Commuter Transportation Mobility Tax，MCTMT）	1021	1540	1611.8	1685.4	1769.4
自動車登録料（Auto Registration Fee）	45.4	181.6	181.6	181.6	181.6
ライセンス料（The License Fee）	6.3	26.7	26.7	26.7	26.7
タクシー税（The Taxicab Tax）	0	85	85	85	85
自動車レンタル税（Auto Rental Tax）	17.5	35	35	35	35
合計	1090.2	1868.3	1940.1	2013.7	2097.7

（資料）表1-12に同じ．ただし添付された図表は自動車登録料とライセンス料の何れかが逆と考えられる．本表は記述に従った．

例えば表1-14の「連結計」の金額にある営業損失と表1-8の営業損失の金額が，△58億3,600万ドルと一致している．ここでは，MTAグループの営業損失△58億3,600万ドルの中で，主たる営業損失を占めるのはTransit（MTA New York City Transit）の営業損失△42億9,100万ドルであること，その損失を営業利益で補填しているのがBridge and Tunnel（MTA Bridges and Tunnels）の営業利益7億6,300万ドルであることが確認できる．このことは，MTAグループの部局間で内部相互補助が行われていることを示している．先

表 1-14　MTA グループの営業活動別情報（注記事項）　　(単位：100万ドル)

	2007					
	MTA	Commuters	Transit	Bridges and Tunnels	相殺	連結計
営業収入	254	1,024	3,159	1,263	-34	5,666
有形・無形固定資産の減価償却	68	490	1,061	70		1,689
補助金	1,939		1,330		-1,170	2,099
税収	1,459		1,247		-301	2,405
部局間補助金	406		156	-401	-161	0
営業余剰（損失）	-833	-1,475	-4,291	763		-5,836
純余剰（損失）	828	-1,411	452	80	-15	-66
資本支出	4,042	285	898	297	-1,325	4,197

(資料) Metropolitan Transportation Authority (2008) より作成.

に指摘したように，MTA 関連グループのすべての収益は，組織全体をサポートするために使用されること等により，MTA の財務諸表に連結される状況を反映しているともいえるであろう．

② MTA New York City Transit の収支および純資産変動計算書

　もう少し MTA グループの営業損失の大半を計上している MTA New York City Transit に着目してみよう（表1-15）．MTA New York City Transit は，ニューヨークの5つの行政区内で地下鉄と公共バスサービスを提供している．

　この表1-15では，表1-14とのつながりを意識して，網かけで示している．開示形式は，MTA グループの掲示形式と同様である．一見して，2007年に「資本補助金充当前の損失」が増加し，2008年になるといっそう増加していることが確認できる．その要因は大きく分けて，①2007年の「年金以外の退職後給付」費用の計上開始，②2008年の Tax-Supported 交付金の減少，③資本支出の増大が指摘できる．これらの要因は，MTA グループの連結収支および純資産変動計算書で確認した状況と同じである．

　つまり，MTA グループの業績悪化は，MTA New York City Transit に起因するところが大きいことが確認できるであろう．

第1章 アメリカ州・地方政府と公共企業体の公会計・予算制度　57

表 1-15　MTA New York City Transit の連結収支および純資産変動計算書

	NYCTA の連結収支および純資産変動計算書（100 万ドル）						
	2008	2007	2006	2005	2004	2003	2002
営業収入	3,321	3,159	3,041	2,908	2,810	2,602	2,334
地下鉄運賃	2,176	2,030	1,947	1,857	1,795	1,664	1,503
鉄道運賃	802	772	775	762	748	702	632
期限切れチケット	39	44	29	17	21	25	
パラトランジット運賃	12	9	8	7	6	5	
学生・高齢・パラトランジット返還	184	206	186	171	151	124	121
広告その他	108	98	96	94	88	81	79
営業費用	8,046	7,450	5,871	5,672	5,283	4,987	4,640
給料・賃金	3,001	2,894	2,758	2,625	2,557	2,497	2,434
健康・福祉	455	399	368	558	511	524	
年金	686	596	393	457	309	198	
その他の付加給付	277	241	195	204	234	205	
年金以外の退職後給付	1,261	1,202	213				
退職・死亡給付							278
その他の雇用者給付							488
牽引・推進力	165	161	147	137	114	107	
燃料（バス・列車）	183	124	120	103	71	56	
燃料・電力（サポートサービス）	91	79	73	69	58	58	
燃料・電力	0	0	0	0	0	0	184
保険	42	37	33	30	29	25	
損害賠償（Public liability claims）	63	71	24	52	62	81	73
パラトランジット・サービス契約	299	233	184	158	135	124	
メンテナンスその他の営業費用	131	107	121	108	97	90	
専門サービス契約	95	81	85	89	93	88	
外部コンピュータ・エンジニアリング・その他サービス							234
環境改善	16						
原材料	303	291	275	241	222	233	243
減価償却費	1,122	1,061	1,012	955	892	829	761
その他費用	42	41	37	35	41	34	111
オーバーヘッド費用の返済	-185	-169	-168	-148	-143	-161	-166
営業損失（①）	-4,725	-4,291	-2,830	-2,764	-2,473	-2,385	-2,306
非営業収入	2,329	2,733	2,592	2,060	1,891	1,948	1,449
Tax-supported 交付金（subsidies）	1,896	2,264	2,111	1,565	1,307	1,146	1,034
ニューヨーク州	1,436	1,370	1,407	1,008	969	973	856
ニューヨーク市	460	894	705	557	338	173	179
営業支援交付金（subsidies）	317	317	317	317	317	317	317
ニューヨーク州	159	159	159	159	159	159	159
ニューヨーク市	159	159	159	159	159	159	159
トリボロー橋・トンネル事業（authority）	120	156	167	180	154	243	100
ワールドトレードセンター災害保険の回復					103	245	
MTA 運営補助金					13		
（控除）スタッテン島地下鉄事業（authority）	-5	-4	-3	-3	-2	-2	-3
支払利息	-25	-29	-24	-29	-25	-29	-87
バス・地下鉄車両廃棄におけるロス			-2	-1	-31	-58	
受取利息およびその他の非営業収入	9	35	23	9	14	3	
非営業所得（②）	2,313	2,740	2,590	2,037	1,879	1,891	1,304
資本補助金充当前の損失（①-②）	-2,412	-1,551	-239	-727	-594	-494	-1,002

表 1-15 （続）

	NYCTA の連結収支および純資産変動計算書（100 万ドル）						
	2008	2007	2006	2005	2004	2003	2002
資本補助金（Capital contributions）	2,374	2,003	2,020	1,838	1,880	1,945	7,068
期中純資産の変動	-38	452	1,781	1,111	1,286	1,451	6,066
当期首純資産	25,119	24,667	22,886	21,774	20,488	19,037	12,971
当期末純資産	25,081	25,119	24,667	22,886	21,774	20,488	19,037

（資料）New York Transit Authority 各年度より作成．

(5) MTA グループ財務諸表の NY 州連結財務諸表での位置づけ

表 1-16 はニューヨーク州政府の基本財務諸表（Basic Financial Statements）の 1 つである構成要素財務諸表（Component Unit Financial Statements）の区分に掲載される，結合活動報告書（Combining Statement of Activity）内のニューヨーク州全体の金額と MTA グループ金額を抜き出して掲載している．

この表 1-16 には，表 1-8 とのつながりを意識して示している．2007 年の MTA 連結収支および純資産変動計算書（表 1-8）における MTA の期中純資産の変動△6,600 万ドルが，表 1-16 の MTA グループの期中純資産の変動△6,600 万ドルに一致していることから，ニューヨーク州の連結財務諸表が MTA の作成している MTA 連結財務諸表を取り込んでいることが確認できる．

ただし，このニューヨーク州の結合活動報告書の表示項目は，MTA 連結収支および純資産変動計算書の表示項目と若干異なっている．端的に言えば，MTA 連結収支および純資産変動計算書では，非営業収支合計の後に別途計上されていた「資本計画に限定される補助金等」が，ニューヨーク州の結合活動報告書のプログラム収入の一項目である資本補助金および拠出金の項目に組み替えられている．つまり，活動報告書の一般収入（General revenue）は経常補助金に加え，資本補助金を含んだ形で計上している．

第6節　アメリカ州政府のGAAP会計と予算会計との関連
　　　　——NY州を事例に

本節では，ニューヨーク州のGAAP会計の決算値と予算会計の決算値の関係を明らかにする．とはいえ，GAAP会計（決算）から予算会計（決算）の数値間の連携を把握することは，容易とは言い難い．あらかじめその連携関係を述べれば，GAAP会計の発生主義財務諸表における決算数値は，GAAP会計の修正発生主義財務諸表における決算値に修正を加える形で導かれ，その修正発生主義財務諸表の決算値は，予算会計の現金主義の決算数値に修正を加える形で導かれるという関係である．

(1)　ニューヨーク州の基本財務諸表：GAAP会計

　ニューヨーク州政府におけるGAAP会計の基本財務諸表（Basic Financial Statements）は，3つの区分とそれらの財務諸表に対する注記に分類できる[43]．

　第1の区分が政府全体財務諸表（Government-wide Financial Statements）である．この区分で作成される財務書類は，純資産計算書（Statement of Net Asset）と活動計算書（Statement of Activity）である．これらの財務諸表は，外部報告目的のものとして州財政の長期的視点を示し，次に見る基金財務諸表から作成される．

　第2の区分が，基金財務諸表（Fund Financial Statements）である．この財務諸表では，提供されるサービスに対する短期的な資金調達方法，将来支出に対する資金の積立状況を示している．また，州における主要で重要な基金に関する情報を提供することで，州運営に関する情報を，政府全体財務諸表よりも詳細に提供している．

　基金財務諸表は，後に見る基金体系に合わせる形で，政府基金財務諸表（Governmental Fund Financial Statements），所有基金財務諸表（Proprietary Fund Financial Statements），信認基金財務諸表（Fiduciary Fund Financial Statements）の3つの大区分により構成されている[44]．これらの基金で作成される財務諸表は，①政府基金財務諸表では，貸借対照表（Balance Sheet），基金収

表1-16　GAAP会計（決算）：ニューヨー

	うちMTAグループのみ			
	2002	2003	2004	2005
支出（Expenses）：	7,626	8,411	8,875	9,781
プログラム事業	5,933	6,396	6,711	7,321
長期負債支払利子	558	780	819	984
その他支払利子	-	-	-	-
有形・無形固定資産の減価償却	1,135	1,235	1,344	1,474
その他	-	-	1	2
プログラム収入（Program revenues）：	5,836	6,071	5,727	5,995
サービスの変更	3,912	4,333	4,521	4,811
営業補助金および拠出金（contributions）	117	125	129	134
資本補助金および拠出金（contributions）	1,666	1,423	761	1,050
投資収益	-	-	-	-
雑収入	141	190	316	-
純プログラム収入（支出）①	-1,790	-2,340	-3,148	-3,786
一般収入（General revenues）：②	2,150	2,991	3,231	4,183
地方政府からの支払い	1,445	1,783	1,648	1,895
特定プログラムに限定されない非州補助および拠出金（contributions）	699	668	1,251	1,615
投資収益				
制限（restricted）				-
制限なし（unrestricted）				-
制限のない投資所得		-	-	
雑収入	6	540	332	673
期中純資産の変動①+②	360	651	83	397
当期首純資産	16,502	16,862	17,513	17,596
当期末純資産	16,862	17,513	17,596	17,993

（資料）State of New York 各年度より作成．

入支出および残高変動計算書（Statement of Revenues, Expenditures and Changes in Fund Balances）であり，②所有基金財務諸表では，純資産計算書，基金収入支出および残高変動計算書，キャッシュ・フロー計算書であり，③信認基金財務諸表では，信認純資産計算書（Statement of Fiduciary Net Asset），信認純資産変動計算書（Statement of Changes in Fiduciary Net Asset）である．

　第3の区分が，構成単位財務諸表（Component Unit Financial Statements）である．この区分では，州が政府部門の外で唯一の受託者として行う活動や，MTAのように州が責任を有する公益法人（public benefit corporation）に関する財務情報を提供している．作成される財務書類は，結合純資産計算書（Com-

ク州構成単位財務諸表の結合活動報告書

(単位:100万ドル)

構成単位(Component Units)

2006	2007	2002/2003	2003/2004	2004/2005	2005/2006	2006/2007	2007/2008
			ニューヨーク州全体				
10,409	12,593	20,133	22,035	21,804	24,327	26,084	29,204
7,764	9,850	15,891	17,606	16,876	18,834	20,326	23,281
1,039	1,054	2,287	2,360	2,531	2,781	2,970	3,060
-	-	44	50	35	42	38	44
1,606	1,689	1,762	1,929	2,039	2,169	2,364	2,484
-	-	149	90	323	501	386	335
9,376	9,925	17,794	18,760	18,786	19,133	23,653	25,141
5,081	5,246	11,795	12,528	13,246	15,501	16,684	17,205
2,397	2,644	2,408	2,246	2,321	2,379	4,824	5,636
1,898	2,035	2,050	2,181	1,181	1,253	2,145	2,300
		743	951	838			
		798	854	1,200			
-1,033	-2,668	-2,339	-3,275	-3,018	-5,194	-2,431	-4,063
2,403	2,602	3,214	4,305	4,383	6,760	4,962	5,634
		2,293	2,656	2,476	2,241		
1,912	2,066	769	759	1,362	1,715	2,029	2,180
-	-				828	1,022	1,163
-	-				146	189	258
			117	159	76		
491	536	35	731	469	1,830	1,722	2,033
1,370	-66	875	1,030	1,365	1,566	2,531	1,571
17,993	19,363	28,748	29,623	31,390	32,741	34,564	37,126
19,363	19,297	29,623	30,653	32,755	34,307	37,095	38,697

bining Statement of Net Asset)と結合活動計算書(Combining Statement of Activity)である.

第3の区分であるニューヨーク州の構成単位財務諸表の中の結合活動報告書については,前節でMTAを事例に示している.本節では第1の区分である外部報告目的の政府全体財務諸表の中のニューヨーク州の活動計算書を例にとりながら,その特徴を述べておこう(表1-17).

第1に,すべての歳出(営業費用以外の支出を含む)を把握し,その後,州によるプログラム歳入で総歳出がどの程度充当できているかを意識して「純プログラム収入(Net program revenue)」を算定する点に特徴がある.さらに,そ

の「純プログラム収入」が，租税収入や一般補助金といった「一般収入（General revenue）」でどれだけ補てんされるか，さらに「財政移転」収支を考慮する形で，最終的に期中純資産の変動を把握している[45]．

第2に，「一般収入」を把握する際に経常補助金とともに資本補助金を計上するという特徴がある．端的に言えば，第4節で確認したMTAの連結財務諸表のように経常補助金とは別の形で，資本補助金（「資本計画に限定される補助金等」）を非営業収支合計の後に別途計上する方法ではない．

第3に，基礎的政府（Primary Government）の区分では行政活動（Governmental activities）と事業型活動（Business-type activities）という2つの活動別の財務諸表をそれぞれ個別開示したうえで合計額を開示している点に特徴がある．

第4に，同じく開示対象としているMTAのような公共企業体が含まれる構成単位の区分の金額（例えば，純資産の変動15億7,100万ドル（表1-16も参照））を，基礎的政府の金額に合算して開示する形は採用していない点に特徴がある．この点はバランス・シートに相当する純資産報告書も同様である．

つまり，構成単位については，基礎的政府の合計額△15億3,000万ドルと併記はするが，構成単位と基礎的政府の取引を合算し，その内部取引を相殺することで連結開示することはせず，個別開示するにとどめている．

言い換えれば，ニューヨーク州として開示対象となる数値を開示することで一覧性を確保しているが，民間企業の連結財務諸表の作成作業のように，開示対象となる事業体の個別財務諸表を合算し[46]，内部取引を相殺することで，各勘定科目について1つの数値を開示する方式ではない．

このような開示形式は，構成単位について「合算している数値は開示しているが，その数値自体にはそれほど意味があるわけではない[47]」という見解を反映するものである．そしてこのような見解には，公共企業体という性質の相違を意識しつつ連結財務諸表の一覧性の確保を図ろうとするGASBの姿勢が見て取れる．

(2) GAAP会計：政府全体財務諸表から政府基金財務諸表へ

GAAP会計における政府全体財務諸表（発生主義）の決算数値は，GAAP会

表 1-17 GAAP 会計（決算）：ニューヨーク州政府全体財務諸表の活動計算書（2007/2008 年度）

(単位：100 万ドル)

	行政活動	事業型活動	基礎的政府合計	構成単位合計
歳出（Expenses）：機能／目的				–
行政活動（Governmental activities）	113,355	–	113,355	–
教育	31,215	–	31,215	–
公衆衛生	44,777	–	44,777	–
公共福祉	12,491	–	12,491	–
治安維持	6,011	–	6,011	–
交通	6,595	–	6,595	–
環境および娯楽	1,275	–	1,275	–
事業支援および規制	1,288	–	1,288	–
一般行政	7,841	–	7,841	–
長期債務利息	1,862	–	1,862	–
事業型活動（Business-type activities）	–	17,864	17,864	–
宝くじ収入	–	5,044	5,044	–
失業保険	–	2,412	2,412	–
ニューヨーク州立大学	–	7,965	7,965	–
ニューヨーク市立大学	–	2,443	2,443	–
構成単位	–	–	–	29,204
プログラム運営	–	–	–	23,281
長期債務利息	–	–	–	3,060
その他の利息	–	–	–	44
減価償却および減耗償却	–	–	–	2,484
その他の支出	–	–	–	335
プログラム収入	45,527	16,204	61,731	25,141
サービス料金	7,713	11,271	18,984	17,205
営業補助金および拠出金	36,509	4,518	41,027	5,636
資本補助金および拠出金	1,305	415	1,720	2,300
純プログラム収入（歳出）①	-67,828	-1,660	-69,488	-4,063
一般収入（General revenues）	67,933	758	68,691	5,634
租税	63,060	–	63,060	–
個人所得税	38,756	–	38,756	–
消費および利用税	13,856	–	13,856	–
事業税	8,157	–	8,157	–
その他	2,291	–	2,291	–
一般補助金および拠出金	–	–	–	2,180
投資所得	997	639	1,636	1,421
その他の収入	3,876	119	3,995	2,033
移転（Transfers）	-1,922	1,189	(733)	–
一般収入および移転額合計②	66,011	1,947	67,958	5,634
純資産の変動（①＋②）	-1,817	287	-1,530	1,571
期首純資産	45,327	3,930	49,257	37,126
期末純資産	43,510	4,217	47,727	38,697

(資料) State of New York (2008a), pp32-33 を加工して作成．

計における政府基金財務諸表（修正発生主義含む）の決算値から導かれる．まず基金について説明し，次に政府全体財務諸表と基金財務諸表の関連を示してみよう．

①基金について

図1-5にあるように，ニューヨーク州のGAAP会計における基金財務諸表で用いられる基金の名称は，政府基金（Governmental Fund），所有基金（Proprietary Fund），信認基金（Fiduciary Fund）という3つの大区分による基金体系になっている．この基金体系は，ニューヨーク州の予算会計において用いられる基金と同じ体系である．

②政府全体財務諸表と政府基金財務諸表との調整

表1-18は政府基金財務諸表（修正発生主義含む）から政府全体財務諸表（発生主義）がどのように作成されるのかに関して，その調整プロセスが示してある．ここでは，政府全体財務諸表の活動報告書における基礎的政府の行政活動

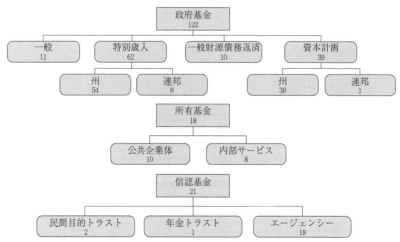

（資料）State of New York, Office of the State Comptroller, Office of Operations, Division of Payroll, Accounting and Revenue Services,（2008），p128．

図1-5　ニューヨーク州の基金体系

の純資産の変動残高が，どのような形で政府基金財務諸表の基金収入支出および残高変動計算書における政府基金の純変動額から調整されているのかを確認したい．

1行目は政府基金財務諸表の基金収入支出および残高変動計算書における政府基金残高の純変動額△3億6,000万ドルが示してあり，最終行には政府全体財務諸表の活動報告書における基礎的政府の行政活動の純資産の変動残高△18億1,700万ドルが示してある．政府全体財務諸表の政府活動における純資産

表1-18　GAAP会計（決算）：政府全体財務諸表と政府基金財務諸表との調整

(単位：100万ドル)

	2007/2008
GAAP会計（政府基金財務諸表（修正発生主義））：政府基金（基金残高の純変動）	-360
GAAP会計（修正発生主義）では資産購入を支出，資産売却収入を収入とするが，GAAP会計（発生主義）では利用可能期間で減価償却として配分される資産のコスト	874
減価償却費（資産処分控除後）	-244
資産の処分	-1,872
資産の購入	2,990
州債の発行資金はGAAP会計（修正発生主義）の現在の財務資源であるが，GAAP会計（発生主義）の純資産報告書では長期債務の増加として認識される．債券元本の返済（repayment of bond principal）は，GAAP会計（修正発生主義）では支出となるが，GAAP会計（発生主義）では純資産報告書では長期債務の減少となる．以下の金額は発行資金と返済額の純額である	-1,411
元本の返済	2,236
長期債務の発行資金	-6,030
借換機関への支払い（Payments to refunding agent）	2,383
現在の財務資源（Financial resorces）を減少させず，GAAP会計（修正発生主義）では開示されないが，GAAP会計（発生主義）の活動報告書では収入の減少となるもの	-62
GAAP会計（発生主義）の活動報告書では支出であるが，現在の財務資源（Financial resorces）として要求されていないため，GAAP会計（修正発生主義）では支出として開示されていないもの	-858
地方政府への支援補助金	-113
州の運営業務（State oparation）	-739
その他	-6
GAAP会計（政府全体財務諸表（発生主義））：行政活動（純資産残高の変動）	-1,817

（資料）State of New York（2008a），p37を加工して作成．

残高の変動△18億1,700万ドルは，政府基金財務諸表の政府基金における純資産残高の変動額△3億6,000万ドルに，フロー項目でいえば，発生主義に基づく収益・費用の計上，減価償却費の計上等の計上が，ストック項目でいえば，固定資産の計上，長期負債の計上，繰延収益の修正等の計上がなされることで，算定されている．

言い換えれば，発生主義の政府全体財務諸表は修正発生主義の政府基金財務諸表を調整することで作成しているのである．

(3) 政府基金から一般基金へ

政府基金の中でも一般基金は，予算・決算制度の中で主要な経常的歳入・歳出を把握するための重要な役割を果たしている．つづいて，政府基金財務諸表の基金収入支出および残高変動計算書に着目し，その内訳項目である一般基金とどのような関係にあるのかを確認してみたい（表1-19）．

政府基金の基金収入支出および残高変動計算書では，主要な基金（一般基金，連邦特別歳入基金，一般財源債務返済基金）とその他の政府基金，基金間取引の相殺額に区分して，連結金額が示されている．政府基金の支出総額（Expenditure）1,159億4,600万ドルのうち，一般基金の支出は545億4,000万ドルであり，政府基金の支出総額の約半分を占めていることがわかる．また，基金残高の純変動額では，政府基金残高の純変動額は3億6,000万ドルの減少に対して，一般基金残高の純変動額は15億6,700万ドルの増加となっている．

(4) ニューヨーク州の予算会計（予算・決算）

今度は，アメリカ州政府の予算・決算制度（予算会計）について把握してみよう．第3節で指摘したように，予算会計の予算・決算は，財政学の領域で伝統的に用いられてきた数値である．ここでは，毎年4月1日から翌3月31日までを財政年度とするニューヨーク州の予算編成に関連する事項について，確認してみたい[48]．

ニューヨーク州憲法は，知事が行政府予算（Executive budget）を毎年提出することを要求している．行政府予算は，4月から開始する次年度の歳出と支出のすべての資金計画のみならず，利用可能であると見積もられたすべての現

表 1-19 GAAP 会計(決算):ニューヨーク州政府基金財務諸表の基金収入支出および残高変動計算書(2007/2008 年度)

(単位:100万ドル)

	主要な基金			その他の政府基金	相殺	政府基金合計
	一般基金	特別歳入基金	一般財源債務返済基金			
収入 (①)	45,423	36,074	10,721	22,060	-238	114,040
租税	39,421	-	10,180	13,516	-	63,117
個人所得税	23,948	-	10,180	4,664	-	38,792
消費および利用税	8,252	-	-	5,618	-	13,870
事業税	5,950	-	-	2,213	-	8,163
その他の租税	1,271	-	-	1,021	-	2,292
連邦補助金	52	36,005	-	1,745	-	37,802
公衆衛生/患者料金 (Public health/patient fees)	-	-	-	3,900	-	3,900
たばこ収入 (Tobacco settlement)	-	-	475	105	-	580
その他の収入	5,950	69	66	2,794	-238	8,641
歳出 (②)	54,540	32,832	3,390	25,422	-238	115,946
地方政府支援補助金 (Local assistance grants)	38,242	31,473	-	17,661	-	87,376
社会サービス	13,445	26,337	-	2,907	-	42,689
教育	19,511	3,190	-	7,507	-	30,208
精神衛生 (Mental hygiene)	1,532	168	-	159	-	1,859
一般目的	928	0	-	0	-	928
健康および環境	1,426	894	-	2,103	-	4,423
交通	446	24	-	3,164	-	3,634
刑事・司法 (Criminal justice)	242	171	-	80	-	493
その他	712	689	-	1,741	-	3,142
州運営	16,298	1,359	38	2,568	-238	20,025
対人サービス	8,407	566	-	257	-	9,230
非対人サービス	3,522	567	38	2,243	-192	6,178
年金拠出金	1,052	48	-	17	-	1,117
その他の付加給付	3,317	178	-	51	-46	3,500
資本建設 (Capital construction)	-	-	-	4,467	-	4,467
債務返済(財務アレンジに関する支払い含む)	-	-	3,352	726	-	4,078
収入超過額(歳出超過額) (①-②)	-9,117	3,242	7,331	-3,362	-	-1,906
他の基金からの移転	16,234	-	2,651	5,919	-22,095	2,709
他の基金への移転	-5,884	-3,243	-10,294	-7,484	22,095	-4,810
一般財源債の発行	-	-	-	268	-	268
一般財源債発行に関する割増	-	-	-	2	-	2
財務アレンジメント(期限前借換額)	325	-	1,500	3,692	-	5,517
期限前借換のための寄託代理人への支払額	0	-	-1,559	-824	-	-2,383
財務アレンジメント(期限前借換額)に関する割増金	9	-	70	164	-	243
その他の純資金調達(利用)	10,684	-3,243	-7,632	1,737	-	1,546
基金残高の純変動	1,567	-1	-301	-1,625	-	-360
期首基金残高(2007年4月1日)	2384	1	1762	7964	-	12,111
期末基金残高(2008年3月31日)	3,951	-	1,461	6,339	-	11,751

(資料)State of New York (2008), p36.

金と歳入のための計画も含むものである．また，行政府予算は，現金ベースの財政計画（Fiscal plan）を含んでいるが，これはバランスが取れたものでなければならない．すなわち，歳出が，利用可能な収益を超えてはいけない．

立法府は，立法府が承認または変更した行政府予算の各部分を含む予算割当の法案と歳入手段を制定する．また，立法府は，行政府予算に関する作業を完了した後で，補足の予算割当または特別な予算割当の法案を制定することがある．

さらに，立法府が1月に召集されたとき，実際の債務または想定債務（年度予算および予備予算が制定されたときに予想されなかったもので，そのためのコストが利用可能な支出承認額を超えるもの）を返済するために，不足額用の予算割当を制定することがある．それは以前承認されたが，不適切と予測された予算割当に追加されるものになることがある．あるいは，新しい予算割当を定めて，既存の債務または予想債務（それに対する予算割当は存在していない）に資金供給をすることがある．不足額用の予算割当は通常，それが作られた会計年度に適用される．

ニューヨーク州法に従い，立法府が予算割当と歳入の法案への作業を完了して，知事によって承認された場合，予算割当と歳入の法案における変化から生じる影響を反映するために，知事は現金ベースとGAAPベースの財政計画を改訂しなければならない．

会計年度中に州の財務管理の基礎として機能する現金ベースの財政計画は，予想された収益，支出，および会計年度末のバランスの概要を示すものである．そのような計画は会計年度中，四半期毎に知事によって更新されるが，これは最新の修正案と年初来の実際の結果との比較を含んだものであり，財政計画から逸脱した主要箇所および著しい変化に関する説明を提供する．そのような形で現金主義により提供されている基金に関する資料のうち，重要なのが政府基金の一般基金と，政府基金の資本計画基金（Capital project fund）にある州基金（State fund）である．

表1-20にもあるように，2007/2008年度の当初予算報告における総括表で重要なのも，これらの基金情報である．特に注目すべきは，基金全体の規模と同時に，一般基金と州基金の規模を示してある点にある．

一般基金の規模が示されるのは，州予算の経常的支出の規模を示しているからである．また，州基金の規模が示されるのは，州予算の資本的支出の規模を意識しているためであることがわかる．当初予算における基金全体での歳出規模は 1,206 億 7,500 万ドル，一般基金総額 536 億 8,400 万ドル，州基金総額 837 億 7,900 万ドル（うち資本的支出 53 億 5,400 万ドル）である．

ここでは，さらに表 1-21 によって当初予算規模 536 億 8,400 万ドル，決算規模 533 億 8,700 万ドルの一般基金の予算・決算に着目し，GAAP 会計との比

表 1-20　予算会計（予算）：2007/2008 年度当初予算が基礎的尺度に与える影響

	2006/2007 予測（未監査）	2007/2008 行政府予算	2007/2008 当初予算
予算規模（単位：100 万ドル）			
一般基金	51,591	53,248	53,684
州基金	77,311	83,545	83,779
基金全体	112,764	120,635	120,675
年間支出増加率			
一般基金	11.0%	4.2%	4.1%
州基金	10.9%	7.8%	8.4%
基金全体	8.1%	6.3%	7.0%
資本支出			
資本計画 - 州基金	3,822	5,628	5,354
資本計画 - 基金全体	5,559	7,604	7,352
州基金増加率（除く資本）	10.8%	6.2%	6.7%
基金全体増加率（除く資本）	8.1%	5.1%	5.7%
収入（基金全体）			
租税	58,739	60,961	61,960
その他収入	18,078	20,058	20,402
連邦補助金	35,579	37,313	37,128
潜在的な租税成長率	12.8%	6.5%	7.8%
最終年度乖離予測（10 億ドル）			
2008/2009	n/ap	2.3	3.1
2009/2010	n/ap	4.5	4.8
2010/2011	n/ap	6.3	6.6
一般基金の準備金総計（10 億ドル）	3	3	3
州公務員数（State workforce）	195,526	197,068	198,413
債務			
債務サービス（対基金全体）	4.4%	4.2%	4.0%
州の関連する債務残高	48.1	52.6	52

（資料）Governor and Director of the Budget and Senior Advisor to the Governor（2007），p.2.

較を意識する形で，その特徴をいくつか述べてみよう．

　第1に，予算会計の勘定科目はGAAP会計の勘定科目とほとんど同じである．異なる勘定科目も，どちらかの勘定科目を集約しているものに過ぎない．

　第2に，予算会計で開示されるのは，キャッシュ情報のみである．これに対して，外部報告目的のGAAP会計の政府全体財務諸表では，活動計算書と純資産計算書のみであり，キャッシュ・フロー計算書がない．言い換えれば，予算会計における決算数値がGAAP会計の決算数値を補完し，GAAP会計の決算数値を予算会計における決算数値が補完する，相互補完関係にあるともいえる[49]．

　第3に，GAAP会計（修正発生主義）の基金財務諸表における一般基金における収支差額純資産変動額は，予算会計（現金主義）における一般基金の収支差額とは金額が異なっている．

　既に表1-19で示したように，GAAP会計の一般基金の純資産変動額（収支差額）は2007/2008年に15億6,700万ドルの増加であるのに対し，予算会計の一般基金の収支差額は2億9,100万ドルの減少である．その理由は何か．

(5) 決算値をめぐるGAAP会計と予算会計（基金）の関連

　表1-22は，決算値をめぐるGAAP会計（基金決算）と予算会計（基金決算）の乖離の要因について調整開示しているものである．

　報告主体の相違や，視点の相違もあるが，大きな相違はGAAP会計の一般基金財務諸表は修正発生主義を採用し，予算会計では現金主義を採用していることに起因していることがわかる．

　このような開示はGASBにより要求されている点にも注目したい．確かにGASBは予算会計の基準は設定していない．しかし，法的に予算を採用しているすべての政府には，予算会計に関連する報告も要求しているのである．

　この点に関しニューヨーク州では，要求される補足的情報（Required supplementary information）の区分で，政府基金のうち一般基金と特別歳入基金に関する予算会計による活動報告書を開示している．ニューヨーク州では，予算に従っていなければ違法となる．そこでGASBに従って，GAAP会計と予算会計の差異を公表しているのである．

第1章 アメリカ州・地方政府と公共企業体の公会計・予算制度

表1-21 予算会計（予算・決算）：ニューヨーク州政府基金の一般基金（2007/2008）

(単位：100万ドル)

	当初予算	補正後予算 (①)	決算 (②)	差異 (②-①)
収入（①）	53,672	53,167	53,095	-72
個人所得税	22,885	22,638	22,759	121
消費・利用税および料金	8,565	8,489	8,555	66
事業税	6,679	6,300	6,017	-283
その他租税	1,135	1,081	1,063	-18
その他の収入	2,485	2,490	2,460	-30
連邦収入	11,923	12,169	12,241	72
連邦補助金	59	71	69	-2
その他の基金からの移転	11,864	12,098	12,172	74
支出（DISBURSEMENTS）（②）	53,684	53,586	53,387	-199
地方政府支援補助金（Local Assistance Grants）	37,158	36,574	36,414	-160
教育	20,296	20,305	20,204	-101
学校支援	16,170	16,244	-	n.a
高等教育	2,388	2,324	-	n.a
その他の教育	1,738	1,737	-	n.a
メディケイド	9,496	8,938	8,585	-353
その他の社会サービス	2,923	3,000	3,115	115
児童および家族	1,530	1,609	-	n.a
一時および障害支援（Temporary and Disability assistance）	1,393	1,391	-	n.a
公衆衛生	719	682	-	-682
健康および環境	-	-	1,301	1,301
精神衛生（Mental hygiene）	1,858	1,838	1,390	-448
交通	106	106	105	-1
その他	1,760	1,705	1,714	9
一般目的	-	-	935	n.a
刑事・司法（Criminal justice）	-	-	207	n.a
救急管理および治安	-	-	52	n.a
その他	-	-	520	n.a
運営業務（Departmental Operations）	9,620	9,673	9,579	-94
対人サービス	6,709	6,810	6,659	-151
非対人サービス	2,911	2,863	2,920	57
一般州料金（General State Charges）	4,530	4,563	4,620	57
その他基金への移転	2,376	2,776	2,774	-2
債務返済（財務アレンジに関する支払い含む）	1,579	1,557	-	n.a
資本計画	82	93	-	n.a
その他の目的	715	1,126	-	n.a
収入超過額（歳出超過額）（①-②）	-12	-419	-291	128
期首基金残高	3,045	3,045	3,045	0
期末基金残高	3,033	2,626	2,754	128

(資料) State of New York（2007），p64, State of New York（2008b），p10, State of New York, Office of the State Comptroller, Office of Operations, Division of Payroll, Accounting and Revenue Services,（2008），pp.94-95 より作成．

表 1-22　NY 州予算会計の決算値と GAAP 会計の決算値の関連（2007/2008 年度）：一般基金と特別歳入基金

(単位：100万ドル)

	一般基金	特別歳入基金
予算会計（決算）：収支差額（歳出超過額）	-291	79
報告主体の相違（Entity difference）	-50	-2
基金にとって支出金およびその他財源使用に対する収入金および他の財源収入であり，現金主義ベースの予算会計に含まれないもの。	-50	-2
視点の相違（Perspective difference）	-86	-25
予算会計における特別歳入基金と GAAP 会計における一般基金の一部として扱われる基金における支出金およびその他財源使用に対する収入金および他の財源収入	-91	0
基金間の短期現金ローン（cash loans）	5	-25
会計処理の相違	1,994	-52
収入：発生主義に基づく調整	2,415	658
支出：発生主義に基づく調整	-421	-710
GAAP 会計（決算）：収支差額（基金残高の純変動）	1,567	0

(資料) State of New York (2008a：97) より作成．

　このような差異の開示が可能となるのは，GAAP 会計と予算会計の両者に複式簿記の導入がなされている影響が大きい．なお，ニューヨーク州の構成単位に含められる MTA は，MTA グループの財務諸表上で予算会計での決算と GAAP 会計の決算との比較を，任意で開示している[50]．しかし，ニューヨーク州の連結財務諸表において，MTA での予算会計と GAAP 会計との差異を開示する義務はない．MTA 予算の承認は，あくまでも MTA 委員会であり，州に MTA 予算の承認権限があるのではない[51]．つまり，MTA 予算はニューヨーク州にとって法的な文書ではない．

第7節　会計情報の利用者

(1)　会計情報の作成時に想定される利用者の区分

①会計情報の利用者に関する先行調査の整理

　周知のように，アメリカの政府会計基準審議会（GASB）では，自治体に関係する利害関係者（ステイクホルダー）を，①市民（市民，納税者，有権者，サ

ービスの受益者等），②投資家および債権者（都市証券引受機関，格付機関，金融機関，地方政府への投資者等），③政府（議決機関・執行機関・監査機関）の3つのグループに整理している（GASB 1987）．

ところが，表1-23にあるように，GASBが3つのグループに整理される前に行った1985年時点の調査では，会計情報の利用者として，これら3グループ以外の区分が想定されてもおかしくない状況にあった．

というのは，上記の3つのグループに包摂されない対象者，特に内部管理や雇用者および労働団体が，会計情報の利用者として把握されていた様子が確認できるからである（GASB 1985：24）．特に，内部管理は，財務諸表作成において重要な利用想定先となっていた．

しかしGASB（1985）は，内部管理を会計情報利用の重要目的から除いた．次に紹介するAnthony（1978）を下敷きにして，財務会計報告で重視すべき対象は，内部情報にアクセスすることに限界のある外部のユーザーにすべきであると考えたからである．

GASB（1985）が基礎にしたAnthony（1978）は，財務会計基準審議会（FASB）の委託研究として，非営利組織会計の利用者を調査したものである．その中で彼は利用者を，①政府機関，②投資家および債権者，③納税者以外の資源供給者，④監視機関，⑤選挙民（constituents）と想定している．その上で，想定から除外した利用者として，特に①（内部）管理者，②雇用者，③会計監査人を挙げている．

内部管理者を除外したのは，内部機関に管理のための会計情報を作成せしめる能力があるからであり，雇用者を除外したのは，会計情報の必要性は選挙権者と同様であるからであり，会計監査人を除外したのは，監視機関のような（利用者に想定されている）団体を代表する存在であるからである，とされた．つまりAnthonyの整理では，内部管理の必要性とは独立した形で財務会計情報の作成が可能になることが重視されていたのである．

② GAAP会計（財務会計）の利用者想定とその区分別傾向

GASBの調査報告としてまとめられたGASB（1985）は，会計情報の利用者を対象とする大規模なアンケート調査である上に，GASB（1987）の作成にお

表 1-23　会計情報の利用先想定に関する先行研究整理（1985 年時点）

（注）	1	2	3	4	5	6	7	8	9	10	11	12	13	14	15	16
外部管理，監視機関	✓	✓	✓	✓		✓	✓		✓	✓	✓	✓	✓	✓	✓	✓
納税者，選挙権者，その他市民	✓	✓	✓	✓	✓	✓			✓			✓	✓	✓	✓	
投資家，債権者	✓	✓	✓	✓	✓	✓	✓	✓	✓	✓	✓	✓	✓	✓	✓	✓
内部管理	✓		✓		✓	✓		✓	✓	✓			✓	✓	✓	✓
自発的資源供与者	✓	✓	✓	✓		✓						✓	✓	✓	✓	✓
消費者		✓	✓										✓		✓	
雇用者および労働団体		✓	✓			✓	✓			✓			✓	✓		
規制機関		✓	✓			✓				✓		✓		✓	✓	
関連業者			✓										✓			
利益団体	✓			✓						✓	✓		✓			
会計監査人									✓					✓		

（注 1）Government Accounting, Auditing, and Financial Reporting (1968) National Committee on Governmental Accounting, GAAFR

（注 2）Municipal Finance Officers Association (1980) Governmental Accounting, Auditing, and Ginancial Reporting, GAAFR

（注 3）Drebin and others (1981) Objectives of Accounting and Financial Reporting for Governmental Users : A Research Study, National Council on Government Accouting

（注 4）Van Daniker (1983) Preffered Accounting Practices for State Governments, The Council of State Governments

（注 5）Coopers & Lybrand and the University of Michigan (1976) Disclosure Practices of the American Cities : A Public Report, Coopers & Lybrand

（注 6）Coopers & Lybrand (1978) Financial Disclosure Practices of the American Cities : Closing the Communications Gap, II, Coopers & Lybrand

（注 7）Davidson and others (1977) Financial Reporting by State and Local Government Units, Graduate School of Business of the University of Chicago

（注 8）Holder (1980) A study of Selected Concepts for Government Financial Accounting and Reporting,NGCA

（注 9）Patton (1975) Usefulness of Municipal Financial Reports,Washington University

（注 10）United States General Accounting Office (1980) Objectives of Accounting and Financial Reporting in the Federal Government,GAO

（注 11）Office of the Auditor General of Canada and the United States General Accounting Office (1985) Federal Government Reporting Study

（注 12）Robert N.Anthony (1978) Financial Accounting in Nonbusiness Organizations : An Exploratory Study of Conceptual Issues,FASB

（注 13）Financial Accounting Standards Board (1980) Concepts Statement No.4,Objectives of Financial Reporting by Nonbusiness Organizations,FASB

（注 14）American Accounting Association, Committee on Nonprofit Organizations (1975) The Report of the Committee on Nonprofit Organizations,The Accounting Review

（注 15）Henke (1977) Accounting for Nonprofit Organizations,Wadsworth Publishing Co.

（注 16）Skousen, Smith, Woodfield (1975) USER NEEDS : An Empirical Study of College and University Financial Reporting,National Association of College and University Business Officers, National Assciation of College and University Business Officers.

（資料）GASB (1985), p.24.

いて一定の影響を与えたと考えられる．以下，詳述する．

　まず，①市民グループ，②議会および公的監視機関（Oversight Officials）グループ，③投資家および債権者グループの3つに利用者を分ける．そして，①にはメディア，財政研究者，市民団体（Citizen advocate and information groups），②には州，郡，市の各議会および連邦，州の監視団体，州・地方公共企業体の委員会，③には地方債アンダーライター，地方債購入者としての保険会社，貸出機関（Lending Institutions），債券格付機関および保険者，地方債発行時に債権者を代理する法律家（Municipal bond attorneys）を想定する．

　その上で，115項目[52]に及ぶ質問項目を作成する．質問項目は，まず，2つの大分類①「特定財務会計報告の需要」（Specific Financial Reporting Needs），②「現在，および潜在的な財務報告書および会計基準」（Current and Potential Financial Reporting and Accounting Standards）に分け，次に2つの大分類を中分類の項目に分ける．

　そして，項目に書かれている「会計情報が利用できれば有用か否か」を5段階（5.大変有用，4.有用，3.特に意見なし，2.それほど有用ではない，1.有用ではない）に分けて回答を求める．その上で，5（大変有用）と4（有用）を合算し，項目別にそれぞれの利用者グループに対する百分比を算出している．

　同論文の中分類に従い，グループ別の「有用」回答率の中分類別平均値と，中分類内の個別項目別の相関を確認したのが，表1-24である．

　はじめに，全項目レベルでの「相関係数」（いずれも有意）の項目から見ていこう．議会・監視機関と市民グループの相関係数は，0.754と比較的高い．これは，議会・監視機関と市民グループの間に，「有用」と考える情報についての選好がある程度類似していることを示している．仮にあるグループの選好が他のグループの選好を説明する能力で把握すれば，市民グループの会計情報の有用性認識は，議会・監視グループの56.8％（0.754の2乗）を説明し得ることになる．

　しかし，議会・監視機関と投資家・債権者の相関係数は0.640となる．つまり，市民グループと比べ情報の有用性に関する認識が異なることが分かる．さらに，市民グループと投資家・債権者の相関係数は0.512となる．換言すれば，市民グループの会計情報の有用性認識は，投資家・債権者の26.2％（0.512の2

表1-24 グループ別回答平

大分類項目	中分類項目および項目数		中分類別回答平均値			
			市民グループ		議会および監視機関	
特定財務会計報告の需要	一般財源債	24	75.5	2.9	67.1	0.5
	租税構造分析	10	82.6	10.1	65.3	△ 1.3
	予算報告	9	90.3	17.7	82.4	15.9
	収支計算書	6	87.4	14.8	87.9	21.3
	収入債	12	67.7	△ 4.9	62.7	△ 3.8
	効率性および有効性指標	9	80.9	8.3	69.6	3.0
	その他	4	77.9	5.3	84.5	17.9
現在,および潜在的な財務報告書および会計基準	財務報告の手法	13	58.0	△ 14.6	53.3	△ 13.2
	固定資産報告	5	65.6	△ 7.0	59.0	△ 7.5
	新しい報告様式	3	80.3	7.7	76.3	9.8
	現金主義以外の認識手法	5	51.1	△ 21.5	55.5	△ 11.0
	公共事業体による財務報告	6	47.9	△ 24.7	51.8	△ 14.7
合計		106	72.6	0.0	66.5	0.0

(資料) GASB (1985), pp.50-70 に基づき作成.

乗) を説明するに留まる.

　グループ間の傾向の一致と相違は，同論文が行ったヒアリング調査からも裏付けられる．すなわち，市民グループは，政府の財務会計報告書を，主に①効率性および有効性評価，②データの経年比較，③財政運営および財政状況の評価，④予算遵守の判断，⑤ある計画および活動に対する意見表明のために使うという．

　一方，議会および監視機関は，①政府機関の収支案に対する評価（現年度と過去年度の決算比較，他の政府機関との比較），②（関連需要を含む）予算遵守の評価，③ファンドの活動および財務状況の監視とファンド収支バランスの分析に使うという．

　これに対し，投資家および債権者は，1つの目的，つまり，政府の債務返済能力の把握のために用いるという（GASB 1985：25-31）.

　なお，会計情報の利用において，アメリカの議会関係者は，政府の会計情報を，民間の会計情報とは異なる情報を生産しているとの認識を明瞭に保持しているという[53].

均値とグループ間の相関係数

		相関係数					
投資家および債権者		市民／議会・監視機関	（P値）	市民グループ／投資家・債権者	（P値）	議会・監視機関／投資家・債権者	（P値）
78.8	9.9	0.228	0.283	0.618	0.001	0.586	0.003
73.7	4.8	0.888	0.001	0.185	0.609	0.384	0.273
77.8	8.9	0.033	0.933	0.430	0.248	0.494	0.177
85.2	16.3	0.594	0.214	0.829	0.041	0.804	0.054
73.5	4.6	0.809	0.001	0.703	0.011	0.672	0.017
39.3	△29.6	0.811	0.008	0.642	0.062	0.877	0.002
92.4	23.4	0.718	0.282	0.039	0.961	0.702	0.298
50.2	△18.7	0.909	0.000	0.792	0.001	0.907	0.000
60.5	△8.4	0.875	0.052	0.717	0.172	0.674	0.212
74.9	6.0	0.955	0.191	0.836	0.369	0.961	0.178
64.5	△4.4	0.825	0.085	0.893	0.041	0.978	0.004
59.6	△9.3	0.124	0.815	0.004	0.994	0.661	0.153
68.9	0.0	0.754	0.000	0.512	0.000	0.640	0.000

（2） 会計情報の利用者：格付機関[54]

　ここで，会計情報の利用者の一例として，格付機関を取り上げる．格付機関は，投資家利益を保護する機関として，会計情報利用者の代表格と考えられる．具体的な事例として，Standard & Poor's（S&P）を取り上げる．政府が出す財務諸表への認識として，S&Pは，以下のように述べている．

　すなわち，①財務諸表の質は発行体によってばらつきがあるものの，アメリカの州・地方政府の公共企業体の財務諸表の利用可能性は近年高まっており，財務諸表を一般的に提出するようになっている．したがって，②タイムリーに財務諸表を提出できない事業体の発行格付けは引き下がるとの見解を取っており，財務諸表が格付けを行う上で幅広く利用する資料であることを認めている．なお，MTAの会計情報は洗練されたものであると評価している．

　ところで，S&Pは，産業セクター，政府・民間セクター，国を超えた比較を重要視している．ただし具体的な比較のレベルでは，アメリカにおいては，まずセクター内の比較を重視する．MTAであれば，アメリカ国内の地下鉄事業に民営事業がないこともあり，専ら公共企業体間での比較が行われる．また，

国際比較においても，まずイギリス（ロンドン）の公共企業体ロンドン交通局（第6章参照）との比較が行われ，民間企業との比較は行われていないという．比較の具体的な手法として，運賃収入／営業費用（farebox recovery ratio，ただし減価償却費や利払費などの資本支出は含まれない），売上額／借入額，利払費，設備投資計画内容，サービスの質（およびサービス質の調整能力）などの項目が重要視されている．

比較の際，州間，国間での会計基準の相違に対しては，①複数の計算手法を試み，当てはまりの良いほうを採る，②比率（流動性比率，レバレッジ）を取るといった手法で対応している．また，スウェーデンで行われているような（第4章7節参照），発生主義と現金主義に調整する等の会計間調整は，その手間を考えた場合は行わないとしている．

こうした取扱いは，財務諸表は，発行体格付けを行う上で多くある資料の1つという認識を取っていることに由来する．このため，GASB基準書第45号[55]により，年金以外の退職後給付債務が財務諸表本体へ計上されても，格付けへの影響はないという．その理由として，既に財務諸表注記で年金以外の雇用者手当額が把握されている上に，キャッシュ・フロー計算書により資金の異動は把握できているためであるという．

なお，政府の財務諸表の利用時における優先順位を聞いたところ，全てのアナリストが，「収支計算書＞キャッシュ・フロー計算書＞バランス・シート」との返答であった．

(3) 会計情報の利用者：シンクタンク[56]

もう一例，会計情報の利用者として，シンクタンクを取り上げる．シンクタンクは，GASB（1985）のカテゴリーでは，市民グループ（研究者）に該当する．マンハッタン政策研究所（Manhattan Institute for Policy Research）は，ニューヨークに事務所を構える共和党系シンクタンクであり，MTAに対し，会計情報を基に批判的な検証記事を発表しており，会計情報の利用動向を把握する上で有意義な一例になり得ると考える．

同研究所は，近年GASB基準書第45号によって開示された，年金以外の雇用者手当の増大について批判的な論陣を張っている．民間企業に対して年金以

外の雇用者手当が計上されたのは1990年代であり，10年以上遅かった．従って同手当の存在は知っていたが，総額及び伸び率は把握していなかったという．このため，GASBの会計基準の効果に対し，一定の意義を認めている．

ただし，同研究所としては，財務諸表注記によって総額が把握できれば，それに基づいて議論は展開できるという．また，MTAが，会計情報の開示の点でアメリカでも進んでいるという格付機関および監査法人の認識について同意しており，研究者が必要な情報は十分に入手可能であるとしている．

なお，運賃コストの比較において，州間の会計基準の相違について，比較の際に興味深い論点としながらも，具体的な比較段階では運賃以外の資金源の比較に強い関心を払っている．また，確認のため，政府の財務諸表の利用時における優先順位を聞いたところ，「収支計算書＞キャッシュ・フロー計算書＞バランス・シート」との返答であった．バランス・シート上の認識において，政府の純資産は売却可能性のある資産は少ないこと，価格評価をすることが（ある意味希少価値であることも含めて）困難であることから，民間の資産と同一視しておらず，したがって重要視していないとの立場であった．

第8節 むすびにかえて

アメリカ州・地方政府の公会計制度（公共企業体含む）に関する本章の叙述[57]は，以下のようにまとめられる．

第1に，個別財務諸表を積み上げながら，重層的な形で作成された連結財務諸表を利用した決算報告がなされ，一覧性が確保されている．具体的には，「州・地方政府公共企業体」自体による連結財務諸表が，「州・地方政府」の連結財務諸表に連結される．

この一覧性の確保によって，個別財務諸表と，連結された財務諸表間（州政府連結，個別単体財務諸表間）に有機的な関連が，利用者から確認できるという特徴を持つ．

第2に，公共企業体の予算・実績の任意開示のみならず，州政府においても決算における予算会計（現金主義ベース）の情報と，決算における狭義の公会計（修正発生主義ベース）の情報との差異調整表等を公表し，両者に有機的な

関連を持たせている．これは，予算制度との関連を強く意識しているからである．そして，こうした比較を可能としているのが，会計インフラとしての複式簿記の存在であることを，重ねて指摘しておく必要がある．

第3に，公共企業体を含んだ州連結財務諸表の決算に対する監査（狭義の公会計）が，決算日から4か月程度で終わるという適時性を有している．これによって，決算報告が予算編成過程での意思決定プロセスに資するようなっている．

第4に，財務諸表の開示目的を，外部利用者に対するアカウンタビリティの確保という形で明確にしている．さらに特徴的なのは，外部利用者を市民，政府，市場の3グループに分け，グループ間における財務諸表の利用目的の相違を把握し，その上でそれぞれの目的に資する情報提供を行うことを企図している点である．本章において調査を行った市民グループ（マンハッタン政策研究所）の主たる関心はコスト情報であり，市場グループ（格付機関）の主たる関心は償還確実性にあった．このような傾向は，GASB（1985）で確認された傾向と一致している．

第5に，公会計の基準策定者や外部監査人，市民団体，資本市場関係者などの外部利用者が最優先する財務諸表は，収支計算書（損益計算書）であり，必ずしもバランス・シートではない．その理由は，収支計算書で予算会計と狭義の公会計の差異の比較ができること，バランス・シートの純資産の部の解釈が困難であること等があげられている．確かに，公会計においてもバランス・シートによるストック情報の一覧性の確保は重要な要素である．しかし，現時点では，収支計算書（損益計算書）における現金主義と発生主義との差異の把握といったフロー情報のほうが，より一層意識されている．

ヒアリング調査

Deloitte David B. Jones 氏（2009年9月9日）

Stand & Poor's（S&P）William L. Montrone 氏，Laura Macdonald 氏，Steven J. Murphy 氏，Colleen Woodell 氏（2009年9月9日）

Manhattan Institute for Policy Research（MI）Steve Malanga 氏，Nicole Gelinas 氏（2009年9月10日）

KPMG Gregory Driscoll 氏（2009 年 9 月 11 日）
Metropolitan Transportation Authority（MTA）Patrick McCoy 氏, Lara Muldoon 氏, Douglas R. Sussman 氏（2009 年 9 月 11 日）

注

1) GASB の概念書第 1 号が、住民の情報ニーズより、投資家および債権者の情報ニーズが公会計情報の質的特性を規定していく上で大きな要因となったとの評価に瓦田（1992）がある．
2) 以下の記述は財務省財務総合政策研究所（2006），66-75 頁に依拠している．
3) 小滝（2005），69 頁．
4) ただし合衆国憲法第 6 条第 2 項の規定に基づき連邦の法律または条約に反する州の立法は効力を発揮しない．また，合衆国憲法第 14 修正条項による適正手続きや法の平等保護に関する条項を通じた連邦最高裁判所違憲判断により，州の権限は実質的には制限されるようになっている．岩崎（1998），34-35 頁．
5) 財務省財務総合政策研究所（2001），374-375，453 頁．
6) ニューヨーク州では，ネルソン・ロックフェラー知事（1959-1973 年）に，州に代替して公共企業体にも起債権限を認めた．市民予算委員会（2005），1 頁．
7) New York State Office of the State Comptroller（2005），pp.7-8.
8) 市民予算委員会（2005），2 頁．
9) 市民予算委員会（2005），3-4 頁．
10) New York State Office of the State Comptroller（2005），pp.17-19. この区分方法による公共企業体数は 733 となる．
11) 市民予算委員会は，公共企業体債務の増加による州総債務の膨張，公共企業体の事業収入と借入転貸機関の歳入による保証債務の（州による）監督と調整の不十分さ，公共企業体の情報公開不足，公共企業体を管理する委員会の専門性と独立性の不足の四点を問題として挙げている．市民予算委員会（2005），2-3 頁．こうした危機感はニューヨーク州会計検査局も共有しており，2009 年公共企業体改革法（The Public Authority Reform Act 2009）に結実する一因となった．
12) 発生主義による情報も同時に報告している．
13) 通常，基金財務諸表の中でも修正発生主義を採用しているのは，政府基金（Governmental Fund）と信認基金（Fiduciary Fund）である．
14) 非営利組織体の会計基準の設定主体は，独立した民間機関で，企業会計基準も設定している財務会計基準審議会（FASB：Financial Accounting Standards Board）である．FASB は，常設の会計基準設定機関として会計概念フレームワークや会計基準の設定を行っている．
15) 2004 年 7 月に General Accountability Office と改称されている．
16) KPMG への現地ヒアリング（2009 年 9 月 11 日）．
17) KPMG への現地ヒアリング（2009 年 9 月 11 日）．

18) GASB（1987）para.5-7.
19) 本項における以下の記述は，GASB（2006）に負うところが大きい．
20) GASB設立以後の議論の推移に関する以下の記述は，Bean（2009）に負うところが大きい．
21) 1990年代以降，GASBでは，財務報告モデルのほかにも多様な項目に関する議論が重ねられた．その1つが年金，退職後給付に関するものであり，1994年には退職後給付に関する会計基準が発表された．その後，2004年の「雇用主による年金以外の退職後給付に関する会計と財務報告についての会計基準」（GASB基準書第45号），2005年の「死亡給付に関する会計」（GASB基準書第47号）を受けて，雇用者の欠勤補償，年金給付，退職後医療給付，死亡給付に関する会計基準が整えられた．
22) MTAグループに関する記述は，Metropolitan Transportation Authority（2008）に負うところが大きい．
23) 予算，キャッシュ管理，財政，法務，不動産，財務，危機管理，およびその他の機能が含まれる．
24) MTAへの現地ヒアリング（2009年9月11日）．さらに，MTA委員会の下に目的別の委員会（ロングアイランド鉄道委員会，ロングアイランドバス交通委員会，資本計画管理委員会，メトロノース鉄道委員会，財務委員会，不動産企画委員会，安全委員会等）が設置されている．
25) なお，GASB基準書第34号に従い，財務諸表の前に経営状況に関する討議・分析情報（Management's Discussion and Analysis）が掲げられている．
26) すべての重要な関連グループの取引は，連結上は相殺されている．
27) Metropolitan Transportation Authority（2008）p.35.
28) Metropolitan Transportation Authority（2008）p.33.
29) GASB（2006）p.26.
30) Deloitteへの現地ヒアリング（2009年9月9日）．
31) この点に関して，アメリカではそれなりの議論はあったが，採用してないという．Deloitteへの現地ヒアリング（2009年9月9日）．
32) Deloitteへの現地ヒアリング（2009年9月9日）．
33) KPMGへの現地ヒアリング（2009年9月11日）．
34) Deloitteへの現地ヒアリング（2009年9月9日）．
35) アメリカの民間企業における退職後給付（医療・年金）会計については，関口（2007）を参照．
36) 2006年12月15日後に始まる財務諸表の期間から有効になった．
37) Deloitteへの現地ヒアリング（2009年9月9日）．
38) なお，GASB基準書第34号に従い，経営状況に関する討議・分析情報（Management's Discussion and Analysis）が財務諸表の前に掲げられている．
39) MTAへの現地ヒアリング（2009年9月10日）．
40) MTAへの現地ヒアリング（2009年9月10日）．また，人によっては「運賃収入の比率はむしろ高すぎる」という批判もあり，そのあたりは日本の状況と異なっているという．

41) ニューヨーク市から直接補助を受けていたニューヨーク市交通局（MTA New York City Transit）での減り幅が激しくなることは，表1-15やMTAグループの運営活動別情報（注記情報）からも明らかである．
42) 資本支出計画は，各局の各事業単位にまで詳細に分かれた後，事業単位ごとの五カ年の資金配分額が記される．その上で，年別の総額が算定され，それを合算して五カ年計画の実績が把握される構造になっている．
43) State of New York（2008a）p.20.
44) 通常，基金財務諸表の中でも修正発生主義を採用しているのは，政府基金（Governmental Fund）と信認基金（Fiduciary Fund）である．政府基金と信認基金は修正発生主義であるため，基金収入支出及び残高変動計算書自体がキャッシュ・フロー情報を提供している．国際比較の視点からは，石田（2006：188）を参照．
45) なお，2006年以降に，一般歳入における「地方政府からの支払い」が減少している．これは，配分主体に着目し，プログラム収入における営業補助金及び拠出金（Operating grants and contribution）に統合したためである．
46) ここでは持分法適用会社はないものとして記述している．
47) KPMGへの現地ヒアリング（2009年9月11日）．
48) 以下は，主としてNYS（2010：pp.98-99）の記述に負っている．やや古いが，ニューヨーク州の予算編成の概要について，邦語では自治体国際化協会（1991）を参照．また，アメリカ州予算と連邦予算を比較する形で論じた興味深い論考に，Reddick（2008）がある．
49) アメリカのGAAP会計に関する会計基準を提示するGASBは，GASB（1999），par.379において，政府全体財務諸表でキャッシュ・フロー計算書を作成しない理由に，基金財務諸表でキャッシュ・フロー情報が十分に開示されていることを挙げている．そして，基金財務諸表の情報のみでは利用者のニーズを満たしていないことが明らかになった場合には，再度，政府全体財務諸表でのキャッシュ・フロー情報の必要性について検討するとしている．
50) これらの相違点はそれほど多くなく，概ね監査による調整か予算項目には含まれていない項目によるという（MTAからのFAXによる回答（2009年9月11日））．というのは，予算会計もGAAP会計とほとんど同じ認識・測定をしているからである．任意であるにもかかわらず，開示することが容易であるのもやはり，GAAP会計と予算会計の両者に複式簿記を導入している影響が大きいものと思われる．
51) MTAへの現地ヒアリング（2009年9月10日）．
52) 表1-23および表1-24に掲げた項目総数と一致しない．これは，質問項目内に「他に特に非常に便利と考える情報」などの定性的な記述を求める項目が存在したためである．
53) Deloitteへの現地ヒアリング（2009年9月9日）．
54) 以下の記述は，特に断りのない限り，S&Pへの現地ヒアリング（2009年9月9日）に基づいている．
55) 2006年12月15日後に始まる財務諸表の期間から有効になった．
56) 以下の記述は，特に断りのない限り，Manhattan Instituteへの現地ヒアリング

(2009 年 9 月 10 日）に拠っている．
57） 日本との比較を意識しつつ，アメリカ・スウェーデンの公会計制度の特徴を考察したものとして関口・木村・伊集（2010）．

　　　　［執筆担当：関口（第 3, 5, 6 節），木村（第 2, 5, 7 節），伊集（第 4 節）］

第2章
アメリカ州・地方政府と公共企業体の業績評価指標と予算・監査制度

木村佳弘・関口智

第1節　はじめに

　一般的には，公共部門の予算編成では目的を設定し，予算執行後から決算の過程で導出された業績評価指標を用いて，目的の達成度を把握することで，それを予算編成に生かすことが望まれる．本章では，アメリカの公共部門における業績評価指標と予算・監査制度について検討する[1]．

　第1に，アメリカの公共部門における業績評価指標の議論を概観する．その際，全米政府会計基準審議会（Governmental Accounting Standards Board：GASB）において策定・検討された「サービス努力および成果の記録（Service Efforts and Accomplishments Recording：SEA）」報告書を取り上げる．特に，SEA報告書の基準書化への努力が蹉跌した背景とその理由について，吉本（2009）による先駆的な業績も意識する．

　第2に，ニューヨーク州都市交通局（MTA）を具体的な分析対象とし，MTAが作成・利用している財務・非財務の業績評価指標の多層性を指摘する．その際，GASBや，補助金交付主体である連邦政府・州政府が定めるいわば義務的な指標と，MTAが独自に定める指標の双方があることを指摘しつつ，両指標の特徴を分析する．

　第3に，GASB（1985）の問題意識に従いつつ，業績評価指標を多様なユーザーがどのように利用・分析しているのかに注意を払う．その際，公共企業体内部で利用する業績評価指標（内部管理目的）のみならず，内部情報にアクセスできない外部のステークホルダーが利用する業績評価指標にも着目する．加

えて，公益企業体を統制する立場にある政府（本章では主に州・地方政府）の統制手法として，業績評価指標がいかなる役割を果たしているか，公会計制度と予算制度の関連，監査制度との関連にも留意する．

第4に，中西（2007）で論じられたGASB基準とアメリカ地方債市場との関連を踏まえつつ，MTAの年次報告書における財務業績評価指標の有無，利用の実態に留意する．

第2節　アメリカにおける公共部門の業績評価指標の議論
　　　　――主として州・地方公共企業体交通機関を事例に

(1)　GASBにおける業績評価指標に関するスタンス

アメリカの会計基準の設定主体は，非政府機関である全米政府会計基準委員会（GASB）である．興味深いことに，GASBは会計基準設定主体であるのみならず，公共部門に対する業績評価の必要性についても強い関心を持ち，その指針案を公表している．

業績評価指標に対するGASBのスタンスの特徴を簡潔に述べるならば，GASBが，業績評価指標を，内部管理目的の指標としてではなく，外部の利用者に対する情報の伝達（communicate）として捉えている点であろう．

しかし，業績評価指標が外部の利用者に対する情報開示であるということは，GASB以前からアメリカ公会計改革の主目的であった点が重要である．つまり，利潤という測定指標を持たない政府および非営利企業における外部に対する情報開示の手法として，統計情報（Statistical section）および業績評価指標（Performance indicator）の2つが重要視されてきたのである．

このような背景の中で，GASBにおいても，統計情報に関しては経済的状況報告（Economic Condition Reporting：ECR），業績評価指標に関してはサービス努力および成果（Service Efforts and Accomplishments：SEA）を公表すべき指標として掲げている．ECRに関しては基準書が，SEAに関しては指針案，研究報告が公表されている．後述するように，ECRは主として財務指標であり，SEAは主として非財務指標であるという点等で，両者は相補的である．以下，主にSEAについて紹介し，必要に応じてECRについて紹介する．

(2) GASBによるSEA指針案

アメリカにおける州・地方公共企業体に対する業績評価指標について，年次報告書への記載を念頭に最も広範囲に資料を収集し，詳細に検討を行ったものに，GASBによる一連の研究報告（research report）がある．「サービス努力および成果の記録：その時はきた（Service Efforts and Accomplishments Recording：Its Time Has Come）」である．

この研究報告は，1989年からGASBが12の行政サービス部門（単科大学及び総合大学，経済発展計画，基礎教育，消防計画，病院，公共交通，警察，公的扶助，公衆衛生，道路補修，ごみ収集および処理，水道および下水道）に対し，一般目的外部財務報告書（General Purpose External Financial Reporting：GPEFR）に記載する業績評価指標指針（Recommended indicator）として提案することを目指して行われたものである．以下，公共交通（Mass transit）を対象[2]とした1991年の研究報告（以下，GASB研究報告〔1991〕）の指標設定手法を簡単に叙述する．

①検討に値するSEA指標の収集・整理

まず，GASB研究報告（1991）は，これまで設定されているSEA指標について，①文献資料，②アンケート調査[3]，③規制に基づき要求される情報，④インタビューの4つの方法によって体系的に収集した．本章の視点から注目すべき点を2点ほど述べておこう．

第1に，この研究報告が業績評価指標の利用者を強く意識している点である．Appendix Aに掲げられたヒアリング対象者は，都市交通担当者（指標策定者，preparer）のうち，交通当局担当者を皮切りに，連邦都市交通局におけるSection 15の策定者，全米公共交通協会（America Public Transit Association：APTA），交通機関を顧客に持つ会計士，さらには外部利用者層として利用者代表，メディア，政治家，コンサルタントおよび研究者にまで及んだ．インタビュー中，都市交通担当者（指標策定者）は，ユーザーがSEA指標に関心を持たないと考えていた．これに対し，利用者，特にメディアは指標に強い関心を有していた．

第2に，この研究報告が，公共交通への政府規制によって入手できるとして

注目したデータベース等から，多様な業績評価指標を示している点である．具体的には，連邦政府交通省（Department of Transportation：DOT）の都市交通局（Urban Mass Transit Administration：UMTA[4]）が都市交通法（Urban Mass Transportation Act）に基づいて補助金を交付する（UMTA, Section 9 に基づく補助）際に，補助金申請主体である地方政府側に資料添付を求める条項（UMTA, Section 15）である．同条項が SEA 情報に類似した格好の全国的データベースとなっていると見たのである．加えて，UITP（L'Union internationale

表2-1　報告に際し検討に値する SEA 指標（Types of SEA

投入	産出	成果
当期のサービス費用（ドル建て） 　資金流出 　営業費用* 　職員1人あたりの営業費用* 　機能別運営費（車両運行費，営繕費，販売費および一般管理費，その他）* 　運転手平均賃金	総達成作業量 　車両運行距離* 　総有償旅客数 　総旅客数 　1マイルあたり乗客数 　年間乗客マイル* 　乗客増減数 　延べ乗客総数* 　輸送距離1マイルあたり乗客数	計画と結果 　アクセス：地理的カバー（路線数） 　交通路線からXメートル範囲内の人口比率 　総道路延長キロに対する交通機関供給延長キロ 　バス停数 　輸送取消数（ラッシュアワー：バスが時間に間に合わなかった） 　輸送完了比率
利用済み非財務資源 　利用可能バス台数 　平均的な平日最大車両運行数* 　残業時間 　整備工残業時間の標準就業時間に占める比率 　整備時間 　予防保全検査 　検査および保守管理労働時間* 　車両1台あたり検査および保守管理時間* 　車両1台あたり検査および保守管理労働時間* 　ピーク時車両あたり車両整備士数 　運転手数：午前ピークと午後ピーク 　パートタイム運転手比率 　整備士数 　従業員に対する管理職数（および全雇用者） 　経営委員会出席者比率 　従業員稼働時間 　使用可能時間と比較した労働時間 　欠勤 　職業訓練数 　運転手あたりの制御者数 　燃料量（ガロン） 　空輸送距離（路線までの距離） 　空調利用可能性 　座席清掃時間（6週間毎の本格清掃席数比率） 　調査件数	総サービス時間（週） ロードコール数（技術的理由その他の理由）* 全有償運行距離 月次車両輸送距離 営業時間中の総運行距離 総運行時間* 年次許容輸送距離	ピーク時定時運行率 定時運行率 遅延回数 早着回数 平均故障間隔距離* バスサービス時における平均トラブルコール間隔 有償座席利用率（混雑すぎるものは扱わない） 事故毎の運行距離 遅延バス数（午前ピークおよび午後ピーク） 100万マイルあたりの乗客事故件数 1000マイルあたり事故件数* 延べ乗客1000人および車両あたりの死亡者及び負傷者数* 100万マイルあたり車両事故 交通事故あたり車両数 事故，死者および負傷者数（衝突事故および非衝突事故--駅およびその他）* 安全性：バス1台あたり整備士数 運行距離1,000マイルあたりの事故および器物損壊による損失 苦情数 満足に旅行をした利用者比率 GFOA優秀予算プレゼンテーション賞の受賞 予算効率性指標：実際の車両運行距離と予定車両運行距離の差異* 過剰資本指標：実際の車両運行距離と運行許容距離との差異*

（注）* は UMTA Section 15 に記載義務がある指標．
（資料）GASB（1991），pp.6-13 より筆者作成．

des transports publics：国際公共交通連合）が発行しているUITP Handbook of Public Transportからの情報も参考としている．

以上の手法により，既存のSEA指標で検討に値する指標として，GASB研究報告（1991）でとりまとめたのが表2-1である．

GASB研究報告（1991）は表2-1を示しながら，これまで使われてきたSEA指標について，分割基準の設定および手法，指標ノルマと他との比較，説明の

Indicators That Should Be Considered for Reporting）

効率性	生産性	過程に関連する諸変数
投入／産出 　乗客1人あたり費用 　運行時間あたり費用 　サービス時間あたり費用 　距離1マイルあたり費用 　運行距離1マイルあたりの営業費用＊ 　最大予定サービス時の一車両あたり営業費用 　乗客あたり営業費用 　乗客1マイルあたり営業費用＊ 　運行時間あたり営業費用 　運行距離あたり乗客コスト 　1,000世帯あたり総費用および純費用 　1人あたり総費用および純費用 　営業時間 　運転手に支払う時給 　運行距離1マイルあたり雇用者数 　平均的ウィークデー最大サービス車両運行毎雇用者数＊ 　運行距離1マイルあたり整備雇用者数 　通常手順の労働による標準時間対実際の仕事時間 投入／成果 　事故毎運行距離 　ロードコール間隔距離（故障1回あたりマイル，平均故障間隔距離）	産出／投入 　車両あたり乗客数 　車両運行時間あたり乗客数 　有償運行時間あたり乗客数 　車両運行時間あたり有償乗客数 　トリップあたり乗客 　有償運行距離あたり乗客数 　運行時間あたり乗客数 　サービス距離あたり乗客数 　1マイルあたり有償乗客数 　営業費用あたり営業利益＊ 　営業費用あたり有償運行時間＊ 　路線収入対費用比 　運行時間毎収入＊ 　総収益路線距離あたりの総乗客輸送距離＊ 　最大サービス時での車両あたり総乗客輸送距離＊ 　有償運行時間あたり総乗客輸送距離＊ 　雇用者あたり総乗客輸送距離＊ 　無償運行距離あたり総乗客輸送距離＊ 　雇用者あたり運行時間＊ 　ピーク時所要車両あたり総運行距離＊ 　整備士あたり総運行距離＊ 　年間整備費用あたり年間総運行距離＊ 　燃料または発電量あたり年間総運行距離＊ 　1秒あたり整備完了比率平均修理距離間隔 　整備士同等者あたり距離	指標を補正するための詳細なサンプリング調査 路線別運賃収入による営業費用充当率 ピーク時（午前および午後）対オフピーク時 乗客あたり収入 延べ乗客数あたり収入＊ 統括責任者によるバスオペレーターとの連絡 キャッシュフロー——預金 平均運賃 乗客あたり補助金額（運賃収入対営業費用の相補指標）＊ 収入対費用比率の変化 出勤管理プログラム 産業保全管理基準 乗客種別 バス運転手の所見 収入種別（運賃，非移転収入，租税および他の資源）別対総収入比率＊ 連邦，州，地方別対総収入比率：UMTA，一般財源，特定目的税，その他＊

ための変数を加える必要性，検証可能性，情報開示手法，追加コストの算定と実現可能性，ユーザーおよびユーザー利用目的と，多岐の論点に渡って検討を行っている．

②検討に値する SEA 指標への批判

ここでは，これらの検証に基づく表 2-1 の業績評価指標に対して，GASB 研究報告（1991）が批判した点について，以下の 3 点に要約しておこう．

第 1 に，表 2-1 で選定されている業績評価指標が，主に公共交通機関の外部ではなく，公共交通機関の内部で効率性と生産性を検証する際に用いられているものである点を批判している．本来，SEA 指標の利用者は，内部監査，規制当局，経営委員会のような監視当局，他の機関，市民グループ，商工会議所，企業，内部および外部監査人，投資家，ジャーナリストおよび他のメディア，利用者，市民およびコンサルタント，タクシー会社など民間交通セクター，研究者など，多岐に渡っている．しかし，これらの利用者――特に一般市民に資する指標が少ないとしているのである．

第 2 に，表 2-1 で選定されている業績評価指標が，現実の執行時点で曖昧であり，検証可能性が少ない点を批判している．例えば，有償車両運行距離（revenue vehicle miles）は，有償運行時の距離を測定する指標であるが，現実には当時のシステムとして無償運行時の距離と選別することが困難であるとしている．

第 3 に，表 2-1 で選定されている業績評価指標が，一般利用者に対して理解可能とは言えない点を批判している．例えば，延べ利用者数（unlinked passenger），非有償運行距離（deadhead miles）などの内部専門用語を用いている点である．

③ SEA 指標報告指針案

これらの指摘を行った上で，GASB 研究報告（1991）では，測定可能かつ妥当性があり，包括的で精確な SEA 指標を策定するために，以下の考え方によって指針案を設定している．

第 1 に，投入，産出，成果，効率性および過程指標の 5 つにカテゴリーを分

ける．このカテゴリー分けについては議論があることは承知しているが，これまで使われている指標の分け方に倣ったとした．と同時に，指標の選定においても，これまで既に地方政府等で使われている指標を用いたとした．

第2に，SEA報告の利用者のうち，管理者の需要よりも第三者の利用を助けることを念頭に置いている．中でも利用者の需要に注目した．利用者は近接性（Proximity），頻度（Frequency），旅行時間（Travel time），信頼性（Dependability），質（Trip quality）の5つの成果指標に特に関心を持っているとの先行研究を参考にした．

第3に，非財務指標に焦点を当てている．このため，表2-1の「生産性」に掲載されている「営業費用あたり営業利益（Operating revenue per operating expense）」など，財務指標のみから誘導的に作成される指標は除かれている．

以上の検討を経てGASB研究報告（1991）で示されたSEA指標報告指針案は，表2-2の通りである．

表2-2を一瞥して確認されるSEA指針案の特徴として注目すべき点を2点ほどあげておこう．

1点目は，このSEA指針案では成果（outcome）指標の情報量が多い点である．成果指標は，その種類ごとに分ければ，公共交通の普及度指標，定時性など信頼性に関する指標，乗客環境に関する指標，安全性に関する指標，サービス情報の公開に関する指標，これらの指標に包括されない顧客満足度と，実に多岐に渡る．これらの指標，特に利用者に関する指標は，これまで使われていた指標（表2-1）には，ほとんど存在しなかったものである[5]．

GASB研究報告（1991）では，新しい指針下でのSEA報告の主な利用者やその目的を，①交通機関管理者（監視グループ及び議員）が公共交通システムの運営管理に利用すること，②市民が交通手段を選ぶために利用することとしている．前述した多様な利用者の中から，内部管理者を除くだけでなく，投資家層をも除いている点が興味深い．この点は，GASB研究報告（1991）でのSEA指針案が，投資家層は償還確実性のみに関心を抱き，SEA報告のようなサービスの成果には特に関心を持たないとしたGASB（1985）の調査結果を踏まえているとも考えられる．

2点目は，GASB研究報告（1991）のSEA指針案では「説明のための変数」

表2-2 SEA指標指針 (Recommended SEA Indicator)

指標 (Indicator)	指標選定事由 (Rationale)	分割基準 (Disaggregation Level)	報告書式例 (Prototype Presentation)
投入 (Inputs)			
実質および名目ドル建てサービス費用	インフレを除外した資源投入と成長の監視	全交通システム、および交通タイプ別	31億ドル
財源措置が為されていない費用 (Unfunded Costs)	インフラ再調達及び繰延維持補修費の補修発生主義に基づく評価	システム別	200万ドル
従業員数、投入量(例:生産時間あたり労働時間)および平均報酬額(年金または諸手当含む)	最も重要な影響を与える営業費用の評価および交通機関従業員が生産的に投入されていたか否かを評価	システム別および職種別(運転手、整備士、管理者、その他)	最大サービス運用車両一台に対する雇用者数比率3.30 (3.30 employee per vehicle operated in maximum service)
産出 (Outputs)			
総輸送距離	これはサービスの進展度および関連した需要に関する指標であり、路線延長、車両ストレスの度合い——起り得るサービスカットと混雑環境の双方と同じ——に関する指標を供給する。この指標は総容量または輸送可能乗客定員数から測定される	交通タイプ別、路線別、午前、午後ピーク時間別、オフピーク、平日、土曜・日曜・祝日	3,021万3,900マイル
総乗客数			平日あたり178名
輸送距離あたり乗客数			1.4
有償乗客定員数			638,227,000
交通設備数 (Number of Transit Units)	故障発生時に、これらの指標はタイムリーに設備を立て直すための方策に役立つ可能性がある	交通タイプ別、路線別	利用可能車両比率1.05 (Fleet availability 1.05)
利用可能交通設備 (Available Divided by Number of Transit Units)			
ピーク時所要量			
成果 (Outcomes)			
人口に占める公共交通利用者比率	公共交通機関が通勤に対する利便性を供与している度合いと実際の利用状況の査定	システム別	15%
地理的な公共交通カヴァー比率、路線間隔、設計された乗換回数、サービス延長(例:0.5マイル以内に交通サービス拠点のあるエリア——都市化地域・郊外地域の双方)	利便性は利用可能性と営業時間に大きく影響を受ける	サービスエリア別、交通タイプ別、詳細ルート別、曜日別	100%、5平方マイル、乗換2地点 (2 transfers)、50平方マイル
遅延率(例:予定時刻と現実の到着時刻に3分の違いがある場合)	この信頼性指標は交通機関利用者が目的地に定時に到着できるかという関心に対処するために設けられた。また、この指標は定時性の要求を叶えることに失敗し	交通タイプ別、路線またはルート別、午前・午後ピークおよびオフピーク時、およびオフスケジュール別	3分を超える遅延比率6.1%

指標（Indicator）	指標選定事由（Rationale）	分割基準（Disaggregation Level）	報告書式例（Prototype Presentation）
	た閾値を超えた場合，交通システムが遅延に無関心となっていることを報告する．		
サービス頻度（平均運転間隔）：バス停到着時刻間隔（または鉄道駅到着時間隔）	この指標は乗客へのサービス計画に用いられる	交通タイプ別，ターミナル，駅または停留所別，および午前・午後ピークおよびオフピーク時別	10分
バスまたは電車に対する乗客の平均待ち時間	乗客サービスに対する指標であると共に，信頼ならないサービスに対する乗客の適合性を反映する指標でもある	交通タイプ別，ターミナル，駅または停留所別，ルート別，および午前・午後ピークおよびオフピーク時別	15分
電車またはバスの欠便，路線運行見合わせおよび路線運行時の欠便の双方含む（定時運航率も参照）	これらの運行見合わせはサービス水準の低下を現わす	交通タイプ別，ルート別，ピーク・オフピーク時別，および以下のタイプ別 1. 車両不足 2. 設備の機能不全 3. 運転手 4. 延発進，または「数珠つなぎ」 5. 事故 6. パレードのようなイベント由来	運行中車両において午前ラッシュ時に3本 午後ラッシュ時に20本 事故を理由とする遅延 639 中途見合わせ 5%
平均事故間隔（MDBF），遅延の原因となった重大事故以前の月次平均地下鉄車両マイル	サービス信頼性指標；低いMDBFは，より不規則なサービスを意味する；この測定基準はマネジメントに最も関連性を持っている	交通タイプ別およびルート別	11,350マイル
警察官または警備員巡回終了後の経過分数 安全性認識	旅客の安全性に影響する；検証可能性と信頼性の双方が尋ねられている．目に見える存在感は抑止力を有すると期待される	駅プラットフォーム別，バス停留所別，ルート別，ターミナル別，駅別，午前・午後ピーク時およびオフピーク時別，平日および週末別，朝，午後，夜別	15分
（乗客数1000人あたり）の暴力・非暴力犯罪統計	旅客の安全性に反映される	システム別，駅プラットフォーム，停留所，ルート，ターミナル，駅別，犯罪種別	150
1万マイルあたり事故比率	安全性指標	システム別，路線，ルート別	1.8
（乗客1,000人または100,000乗客マイルあたり）傷害・死亡事故	旅客の安全性に影響する	システム別および以下の種別による分割：駅での衝突事故，ルート上での非衝突事故，および事故結果の重大性種別（けがなし，負傷者または死者，負傷者，死者）	3
乗客環境指標——以下を装備した車両比率 ・壊れていないドアパネル ・可動ドア			夏季月間において98％の車両が稼働したエアコンを装備していた

表 2-2 （続）

指標（Indicator）	指標選定事由（Rationale）	分割基準（Disaggregation Level）	報告書式例（Prototype Presentation）
・適切な照明 ・適切な空調 ・利用可能設備（ハンドライト，シートベルト，シート，鏡，フロアマット…） ・落書きのない内装 ・はげかけたペンキ ・極端なごみがない ・壊れた，あるいは落書きされた窓ガラスがない ・床に重大な汚れがない ・大きな騒音がない ・リフトが可動している ・高齢者・障害者ステッカー	乗客の快適性と旅行の簡便性に影響する	交通タイプ別および路線，ルート別	50日周期での車両内インテリア清掃率 80%
有償座席利用率（立っている乗客比率，バスに乗れなかった乗客比率）	乗客の快適性に過剰な負荷を与える；営業費用運賃回収率を下落させる	交通タイプ別，路線およびルート別，午前・午後ピークおよびオフピーク時別	午前ラッシュ時 120% 午後ラッシュ時 130% その他の時間帯 40%
乗客に行われる精確な情報供与 ・電話情報センターの応答率 ・利用可能な標識および地図 ・自動車またはバスのアナウンス比率 ・読みやすい交通網地図 ・正確にラベルされた鉄道およびバス ・正確な標識	旅行の簡便性，特に新たな乗客にとって	情報電話相談全システム，時刻表，アナウンス：駅，ターミナルアナウンスの網羅性および精確性；交通タイプ別，路線およびルート別詳細標識および地図	82% 90%のプラットフォームで可聴可能な放送を行っていた
顧客満足度（例：乗客10万人または意	乗客の反応は他の方法では測定が困難な質的側面に関する情報を提供する．また顧客であるが故の有利な地	全システム，システム別，路線またはルート別，および以下のサービス特性別	乗客10万人あたりの苦情比率 10%

指標 (Indicator)	指標選定事由 (Rationale)	分割基準 (Disaggregation Level)	報告書式例 (Prototype Presentation)
識調査対象者に占める不満比率)	点から，他の指標の総合的な合理性を監視することができる	・定時性 ・サービス信頼度 ・乗客環境 ・乗車率 ・運転手の態度 ・他の雇用者の態度 ・情報サービス ・安全性 ・効率性 ・価格	運転手の態度が悪かったことに対する乗客10万人あたりの苦情比率8%
非利用者の公共交通に関する意識調査（例：信頼性，安全性）	非利用者を利用者として惹きつけるために非利用者の関心事を測定する意味を有する	全システム	10分以内に乗れるなら乗ってもいい
効率性 (Efficiency)			
乗客あたり費用	効率性指標	交通タイプ別および路線またはルート別	$1.77
延長1マイルあたり運営費用	効率性指標	交通タイプ別および路線またはルート別	$2.74
営業費用に占める運賃収入比率	サービスが独立採算によって賄われているか，内部相互補助によって賄われているかを示す	交通タイプ別および路線またはルート別	28.80%
乗客または延長1マイルあたり所要補助金	財源が利用料以外の補助金で充当されている度合いを示す	交通タイプ別および以下の補助主体種別 連邦都市交通局 (UMTA) 州 (State) 地方 (Local)	乗客あたり1ドル
説明変数 (Explanatory Variables)			
サービス供給の性質，特に障害者および高齢者の移動需要に焦点を当てた場合	公共交通機関の目標には，高齢者および障害者の移動の助けになるべきとの項目がしばしば含まれる	交通タイプ別，および交通タイプ別サービスエリア別	月次障害者乗客数45,306人，高齢者351万1656人
平均車両年数及び残存耐用年数（四半期での情報供与も好ましい），再調達費用	業績評価指標は交通システム，装備の年次と再調達費用を可視化するべきである	交通タイプ別	平均8.5年 300万ドル

(資料) GASB (1991), pp.46-55.より筆者作成．ただし，説明変数としての限界および示唆 (Limitations and Suggestions for Explanatory Variables) は紙幅の都合上除いてある．

(Explanatory variables) に対し，特別の配慮を行うべきであると強調している点である．ここで説明のための変数として例示されているものは，高齢者・障

害者利用実績や平均耐用車両年数である．

ところで，GASB 研究報告（1991）では，説明のための変数を年次報告書に含むべきと主張し，その議論のために，一章を割いている．注目するのは，都市交通法第 15 条で要求される資料として，交通システムの種別（鉄道，トローリー，バス，フェリーボード）の他に，サイズ（交通設備数，number of units）があることを指摘しながら，以下のように述べている点である[6]．

> 関連した説明のための資料は，データセットを利用する際に，<u>コミュニティの性格を考慮する必要がある</u>ことを指摘している．一例をあげるならば，延べ乗客あたり営業費用比率は，交通地理的，または局所的な制約によって生じる大量の需要による偏りにより，大きな誤解を招く可能性がある（下線は筆者による）．

この一節は，公共部門に対する SEA 指標が杓子定規に利用されてしまう時に生じる問題点を適切に指摘している．ところが，この問題に対応するための指標は，GASB 研究報告（1991）によって示された SEA 報告指針案からは見ることができない．第 3 節で後述するように，このような意識の欠落が GASB による SEA 指標の「基準化」を阻んだ 1 つの要因になっているとも考えられる．

(3) SEA と ECR

これまで確認してきたように，SEA 報告の対象者は，主として監視団体や政治家など外部の管理者層および市民層であり，投資家層は除かれている．また，非財務指標が中心である．さらに後に述べるように，SEA は「基準化」されていない．このような SEA の性質は，州・地方政府の連結年次会計報告書に記載が原則として要求されている ECR と比較すると，より明確になる．

現在適用されている ECR 基準は，2004 年の GASB 基準書第 44 号「経済的状況報告：統計情報——1979 年 NCGA 基準書第 1 号修正（Economic Condition Reporting：The Statistical Section——an amendment of NCGA Statement 1)」である[7]．

1979年に設定された基準を2004年になって改定した目的は，GASB基準書第34号の制定に対応すること，NCGAで要求されていた中でユーザーには使いにくかった情報――例えば銀行預金額など――を削除して，ユーザーにより利用されやすい情報を供給すること，そして，一般目的州・地方政府（General purpose government）以外の政府等[8]にも統計情報の記載を求めることであった．もう少しその特徴を述べると，以下の3点に要約できる．

第1に，GASB基準書第44号では，統計情報が政府全体における発生主義情報を掲載した．これは，州・地方政府の年次会計報告書に対し発生主義での開示を義務づけた基準書第34号を受け，該当する統計情報を適応させたものである．発生主義情報に対応したECRにより，ユーザーが政府の雇用者数，運営（政府ファンド収支バランス）に関連する統計，固定資産情報を得ることを期待したのである．

第2に，GASB基準書第44号では，統計情報として，財務トレンド情報，収入能力情報（Revenue capacity information），債務負担能力情報（Debt capacity information），人口動態および経済情報（Demographic and economic information），運営情報（Operating information）の5つを要求している．

第3に，GASB基準書第44号では，統計情報を連結年次会計報告書（Comprehensive Annual Financial Report：CAFR）の一部として開示することを要求しているものの，政府が基本的年次会計報告書に付随するいずれかの会計情報を承認するとしている．さらに，政府が連結年次会計報告書のうちに基本財務諸表を備えていない場合は，政府は統計情報の準備を必要としないとしている．そのため，GASB基準書第44号に基づく開示情報は，公認会計士の監査対象外となっている[9]点には留意が必要である．

近年GASBでは，ECRの新しい役割として財政の持続可能性情報を連結年次会計報告書の補足情報に記載することを試みている[10]．しかし，予備的見解の中においても，Alternative Viewにおいて2名の委員は，補足情報は報告主体の将来財政状況に関する主観的な評価を求めていないとの批判的な見解を述べている[11]．

財務的な指標でもあるECRに関連するこれらのプロジェクトの見通しについては，懐疑的な見解を持っている公認会計士も少なくない．将来の計数を予

測する客観性に問題があるとの視点や,義務的経費,裁量的経費の相違に注意を喚起した上で,その弁別が困難であるとの視点からである[12].

以上のように,財務指標を中心とするECRは,主たる利用対象者を投資家層とし,原則として州・地方政府の連結年次会計報告書での開示が要求されている点で,非財務指標を中心とし,主たる利用対象者を監視団体や政治家など外部の管理者層及び市民層とするSEAとは異なっている[13].

しかし,外部利用者の目的に資するように情報が作成される点,およびGASBとして財務諸表に開示することを強制しているわけではない点で,ECRとSEAとは同じ性質を有している.後者の点について,もう少しSEA報告の現状を述べてみよう.

(4) SEAに対するGASBの想定と現状の乖離

現在,アメリカにおいては,GASB研究報告(1991)でのSEA指針案などを参考にしながら,各政府や公共企業体が業績評価指標を独自に策定し,意思決定や乗客への情報提供に役立てている.第4節において取り上げるMTAにおいても,顧客に対する情報を中心としたSEA報告を公表している.しかし,これらの情報は,年次報告書に掲載されているわけではない.MTAのホームページにおいて,年次報告書とは「別枠で」表示されている.

そもそも,表2-2で確認した膨大な指標は,当初は公共部門の年次報告書への報告を義務づけることを意識した指針案として公表されたものである.にもかかわらず,公共部門の年次報告書において,必ずしも積極的な開示がなされていない.この乖離を埋めるには,アメリカにおける業績評価――SEA報告の歴史をたどる必要がある.

第3節 アメリカにおける公共部門の業績評価指標の歴史

SEA報告に関する歴史はGASBの制定前から存在する.ここでは,GASB, *History of SEA Reporting Initiatives*[14]の大筋を叙述することにより,GASBの観点から確認されるSEA報告史を追うことが便宜である.

GASBによれば,会計専門家が非財務諸表,とりわけ運営状況とサービス成

果情報を公衆に報告する必要性を認識していたのは，1973年のFASB創設のはるか前に遡るという．FASBやGASBが概念フレームワークを開発する前から，運営およびサービス成果情報を含む非財務情報（Nonfinancial information including operational and service performance information），またはサービスの努力および結果（SEA）報告の重要性は，既に会計専門家にしっかり植えつけられていた．以下，その歴史を簡潔に振り返る．

(1) SEA報告前史：GASB成立以前

1936年，全米市町村会計委員会（NCMA）は，市町村の会計報告を議論した際，政府の財務報告は2つ——財務報告と統計表——に分かれることが想定されるとした．統計表は，市民に対する一般的利益——たとえば政府に関する基礎情報やサービスの努力に関する選択された情報（雇用者数，サービス供給水準，固定資産）量——に関する統計的事実が，後に含まれるようになった．

NCMAの後継組織である全米政府会計委員会（NCGA）は，1951年に「市町村会計および監査」——政府会計，監査，会計報告または「青書（"Blue Book"）」——の先例集を公にした．「青書」とは，1968年版までを通じて政府会計学者にとって権威があると考えられていた書物だが，「これ」は，財政報告の一部として統計表を一貫して用いていた．

1971年，アメリカ会計学会（American Accounting Association）の「政府会計へ適用可能な会計概念に関する委員会（Committee on Concepts of Accounting Applicable to the Public Sector）」の報告書は，政府が説明責任を有するのは，①財政資源，②誠実な法令厳守または法令および理事者の政策に対する遵守，③効率性および運営の経済性，④政府の計画および活動の結果（反映された成果，利益，効果）の4点であるとした．

1972年，アメリカ公認会計士協会（The American Institute of Certified Public Accountants：AICPA）は，会計報告の目的を明らかにする研究グループ（トゥルーブラッド委員会）を設置した．トゥルーブラッド委員会報告は，FASB，GASB概念書の起点になっているとされるが，同報告では政府および非営利組織の業績を評価する上で稼得能力指標はごく限られた役割しか果たさないとした．同報告は，「政府および非営利組織財務報告の目的は，組織の目標達成に

対する資源管理の効率性を測定するための，利便性の高い情報を供給することにある．成果指標は特定された目標を定量化するものと考えられる」と表明したのである．つまり，政府や非営利組織の最優先目標に対する達成度に関する情報は，より利便性の高い成果指標によって供給すべきとしたのである．

1978年，FASBは「非営利組織の財務報告」と題する研究報告を公表した．同報告は非営利組織の財務報告の概念と組織管理の成果（management performance）――「資金がうまく使われたか」を含む――に関して，必要とされている情報の識別を論じた．

同年，FASBは概念書第1号，「営利企業財務報告の目的」を公表した．この概念書では，財務報告は「財務諸表に基づく情報に拘束されない」ことを指摘し，財務報告の範囲を「財務諸表のみならず，会計システムから直接・間接に導かれる関連する他の伝達情報をも含んでいる」と規定した．

1980年，FASBは非営利企業のSEA報告に関する研究レポートを公表した．同報告書の結論として，一般目的財務報告書の目的は，組織の成果に関する情報を供給することにあり，そのためにはSEA報告が財務報告の一部に含まれるべきであると述べた．

同報告書はFASBの概念書第4号「非営利組織の財務報告」を引用している．この概念書第4号では，「非営利組織では，営利企業の利潤と比較し得る単一の成果指標というものは存在しない」と述べている．さらに，「財務報告は一期間における組織の成果に関する情報を供給しなければならない」とし，組織に関するSEA情報は，成果を測定する最も便利な指標の重要な部分であるとしていたのである．

1981年，GASBの直接の前身である全米政府会計協議会（NCGA）は，「政府に対する会計報告および財務報告の目的」を公表した．同研究報告では，会計と財務報告の究極の目的を，①経済・政治・社会的意思決定および会計責任・受託責任に資する財務情報，②経営・運営の成果の測定に資する情報の提供と規定している．その上で，②の情報の提供については財務情報に限定しないと論じている．

1982年に公表されたNGCA概念書第1号「政府に対する会計報告および財務報告の目的」は，81年の研究報告を引き継いだものである．同概念書は，

①経営・管理成果に関する情報, ②計画, 機能および活動に関する費用の決定（期間及び他政府との比較）, ③組織の計画, 活動, 機能に関する運営の効率性, 経済性の測定, ④計画, 成果, 活動および組織の目標および目的達成の効率性に関する結果の測定, ⑤政府活動に伴う資源負担水準と純資産（equity）の測定を一般的目的として示した.

(2) GASB 成立後の SEA 報告の形成と発展

　GASB 成立後の 1984 年, GASB は州・地方政府に対し, SEA 報告の実験を呼び掛けることを決議した. GASB の概念書第 1 号「財務報告の目的」は, 1987 年に公表された. 同概念書では, 財務報告の第一の目的は, 公的に説明を要する政府の任務を助けると共に, 財務報告の利用者がこの会計責任を果たしているかを精査することができるようにすることにあるとした. この目的は複数の下位目標を含んでいた. その一部として, 財務報告は, 利用者が政府のサービスの努力, 費用, 成果を精査することを助ける情報を供給しなければならない, としていたのである.

　1989 年から, GASB は「SEA 報告：時は来た」と題する研究報告書を発表した. 報告者達は, SEA 指標が一般目的外部財務報告書の一部になることを要求していた. しかし, 当時はそれらの指標が, 一般目的外部財務報告書に含まれる必要性を有する特徴を持っているとは言えなかった. 報告者達は, GASB が SEA 報告書に対する実験的研究を継続することを要求した. その後, GASB は SEA 成果指標開発と SEA 報告書に関する試行研究を奨励する新たな決議を採択したのである.

　1994 年, GASB は概念書第 2 号, 「サービス努力と成果に関する報告」を公表した. その中で, 「一般目的外部財務報告における（SEA 報告の——筆者注）情報提供は, 財務報告の利用者が, 会計責任及び意思決定目的のために成果を精査することを助けるだろう」とし, 「GASB は SEA 情報が一般目的外部財務報告の不可欠な一部であると確信している」と結んでいる.

　1996 年, GASB は SEA 研究の一環として 5,000 の州・地方政府に対し, SEA 成果指標の利用および報告に関するサーベイ調査を行った. 調査に寄せられた 900 通の回答の過半数が, 何らかの SEA 成果指標を開発していること,

過半数近くがSEA成果指標を何らかの形で意思決定に利用していることが分かった．しかしながら，アウトプット指標，アウトカム指標を用いていると答えたのは，回答者の僅か3分の1に過ぎなかった．

1997年，スローン財団はGASBのSEA研究プロジェクトに対し資金提供を伴う表彰を行った．同プロジェクト[15]は表2-3に掲げた6つの段階を持っている．

重要なのは，SEA研究プロジェクトの目的を，①業績情報に関する外部報告の試行を奨励すること，②業績情報の伝達に関する強制力のない指針（non-authoritative guidance）を提供すること，および③州・地方政府が効果的に運営結果を伝達するのに，この指針がどれだけ成功したのかを評価することにある，としていた点である．

1999年，GASBの研究者は26の州・地方政府を訪れたが，その目的は，①予算，運営，報告における実際のSEA成果指標の利用状況の深さおよび幅，②（SEA成果指標）利用による効果，③政府がSEA成果指標の信頼性および

表2-3　Slone財団の資金提供によるSEA研究プロジェクトの段階

段階	プロジェクトの目標	進捗度および研究成果
1	GASBのウェブサイトで政府の業績測定に関する情報センターを開設，維持する	完了．1998年に情報センター<www.seagov.org>が開設され，現在も維持されている
2	インタビューおよびサーベイを行い，予算管理，マネジメント，および報告のための業績指標の利用方法および効果を分析・評価する．その結果をケーススタディの報告書にまとめる	完了．ケーススタディの報告書が<www.seagov.org>に掲載（2000年4月）〜
3	各地で，市民グループの討論を行うことにより，業績指標に対する利用者の反応を分析・評価する	完了．「業績報告についての市民グループによる討論に関する報告書」（2002年7月）
4	業績情報を効果的に伝達し，報告するために役立つ1組の基準案を策定する	完了．「業績情報の報告：効果的な伝達のために提案された諸基準」（2003年8月）
5	外部業績報告のために提案された諸基準の試行を奨励する	現在進行中．なし
6	業績情報を報告するために提案された諸基準の有効性を評価するとともに，その後の研究について判断する	未着手．なし

（資料）陳・大峠（2005），51頁．一部訳語については筆者．
（原典）Fountain et al.（2003），p.8.

妥当性をどれだけ確保しているかの程度についてのケーススタディのためであった．また，次の2年間に渡り，GASBのスタッフは政府のSEA報告に対する19名の市民からなるディスカッショングループも運営した．

2002年，GASBは1996年サーベイに関するフォローアップ報告を行い，州・地方政府のSEA業績評価指標の利用が拡大していること，SEA業績評価指標の利用を拡張することを計画していることが分かった．しかし，1996年のサーベイ調査の時と同様，利用される指標のうち，アウトカム指標よりも投入，活動，アウトプットに関する指標がより多く用いられている傾向は未だに存在していた．

2003年，GASBは特別レポート「成果情報に関する報告：効果的な伝達のために提案する基準（Suggested Criteria for Effective Communication）」を発表した．この特別レポートは州・地方政府が，どのようにすれば効果的なSEA報告を作成することができるかに関する強制力のない指針として発出された．

同レポートでは，州および地方政府がSEA成果情報に関する外部報告を準備した際に用いることのできる16の基準が提案された．基準の主なものとして，大目標の設定と組織の明確化，複数の詳細度レベル毎の情報の公開，組織の目標および目的に関連を有する妥当性を持つ指標の設定，市民および消費者の視点からの情報の公開，定期的かつタイムリーな報告などの勧告等があった．

2005年，GASBはこの特別レポートに対するフォローアップレポートを行っている．このレポートは，利害関係者（interested individuals）が，GASBの16の評価基準をある程度まで理解して，SEA報告情報の利用者（informed consumers）となることを助けるために行われた．

主な内容としては，SEA報告に関する「ユーザーツアー」がある．GASBの評価基準に関する読者の理解を助けるためのもので，読者が報告の中から何を発見できるか，政府の業績を測定するためにSEA業績評価指標をどのように用いればよいか，が記述されている．

2006年，GASBのスタッフは16の評価基準の利用状況をモニタリングし，これらの意義およびSEA報告に関するGASBの介入の重要性を調査した．この調査は聞き取り調査（〔SEA指標の〕作成者，保証者〔attesters〕，上級管理職，〔議員など〕公選職の特別公務員および市民に対するもの）と無作為の電話調査（政

府の財務担当者に対するもの）によって行われた．聞き取り調査の結果，評価基準はこれまで使われており，SEA 報告の作成にあたり価値のあるものと受け取られていることが示された．さらに，回答者は，GASB が新たな指針を提案することを望んでいることも示した．また，電話調査の結果として，40％の回答者が幾つかのアウトカム情報または結果情報を頻繁に市民に対して開示していること，また他の 30％も折に触れて開示していることが分かった．GASB のスタッフは，GASB 委員会に調査結果と将来の行動を要求する資料を提出した．

　2007 年，政府財務会計基準諮問委員会（Governmental Accounting Standards Advisory Council：GASAC）は，SEA 報告の将来に関するプロジェクトに対する趣意書を審理した．GASAC は，GASB の諮問機関として設置されており，財務諸表の作成者，監査主体および利用者の代表 25 名以上から構成されているが，各委員から肯定，否定がおりまざった，さまざまな観点からの意見が表明された．

　委員会に提出されている全ての検討議題の中で，SEA 報告プロジェクトに関する各委員の平均優先順位は高かった．しかし，委員達は，現時点では，提供されるあらゆる SEA 報告に関する指針の採用については任意とすることも要求した．

　同年，GASB においては，SEA 報告プロジェクトが GASB の現在の課題として取り上げられていた[16]．GASB 委員長は SEA 業績情報および報告に関するタスクフォースに，19 名からなる専門家を任命した．2007 年 10 月，タスクフォースは協力してプロジェクトを遂行するための会合を開いた．タスクフォースの委員は 16 の基準以外に新たな基準を付け加える必要がないことで大筋合意した．SEA 報告の最も基礎的な要素に焦点を絞ることに対する強い支持が表明された．GASB 概念書第 5 号「サービス努力および成果に関する報告，概念書第 2 号に対する修正案」は，2008 年 11 月に公表された．留意すべきは，SEA 報告は，指針案，研究報告，概念書と進化してきたが，基準書にまで格上げされていない点である．

(3) SEA 報告「基準」化の挫折とその所以

 以上から確認される通り，アメリカにおいては，1930 年代より，SEA 報告の歴史は連綿と存在する．その中で，州・地方政府の SEA 利用状況が，当初はサービスの努力（投入量としての雇用量等）としてのインプット情報からはじまり，アウトプット情報，アウトカム情報へと利用が拡大していく様を見てとることができる．

 また，1972 年のトゥルーブラッド報告書に見られるように，政府の業績評価には民間企業の利潤に該当する単一の評価指標が存在しないという認識を，GASB 成立前に会計専門家が幅広く共有していたこと，このために SEA 報告を一般目的外部財務報告の不可欠の一部として公表するべきとの考え方が一貫して存在したこと，も注目に値する．

 しかし，一貫した思想にも関わらず，現実には SEA 報告を一般目的外務財務報告に載せるための基準書は策定されず，「強制力のない指針」として扱われるに至っている．それはなぜなのか．

 これに対しては，まず，GASB の提案を「肯定的・否定的」に審理した GASAC とはいかなる組織なのかを確認することが有益である．GASAC は，GASB の諮問機関として設置されており，財務諸表の作成者，監査主体および利用者の代表 25 名以上から構成される．FASB の「スポンサー機関」と異なり，GASAC は諮問機関であり，GASB の活動（基準設定等）に介入する能力は限定されているが，GASB に対し一定の監視機関としての機能を有しているという評価もある[17]．表 2-4 は構成員を具体的に確認したものである．

 表 2-4 で網がけにしたのは，GASB の SEA 報告の「基準化」に反対し，後に全米業績マネジメント諮問委員会（National Performance Management Advisory Commission：NPMAC）の設置を支援した団体である．ここに見られるように，財務諸表の作成者，つまり州・地方政府側の団体の大半である[18]．

 SEA 報告の「基準化」の挫折を詳細に検討した吉本（2009）は，反対運動の中心的な勢力は政府財務担当者協会（Goverment Finance Officers Association：GFOA）であり，その強固な反対は，1994 年の概念書第 2 号の策定過程に遡ると論じる[19]．GFOA の反対理由は，主に以下の 3 点である．

 第 1 に，GASB が権限領域を逸脱しているとの主張である．GFOA は 1993

表2-4 GASAC委員構成（2011年）

National Association of State Auditors, Comptrollers & Treasurers (NASACT)	全米州監査人・会計検査官・財務官協会
American Accounting Association (AAA)	アメリカ会計学会
American Institute of CPAs (AICPA)	アメリカ公認会計士協会
American Public Power Association (APPA)	アメリカ公益電気事業協会
Association for Budgeting and Financial Management (ABFM)	予算・財務担当者協会
Association of Government Accountants (AGA)	政府会計士協会
Association of Local Government Auditors (ALGA)	地方政府監査人協会
Association of School Business Officials International (ASBOI)	国際学校経営者協会
Bond Rater（※ S&P）格付け機関	
Council of State Governments (CSG)	州政府評議会
Governmental Research Association (GRA)	全米政府調査学会
Government Finance Officers Association (GFOA)	政府財務担当者協会
Healthcare Financial Management Association (HFMA)	医療財務管理者協会
Insurance Industry Investors	保険会社
International City/County Management Association (ICMA)	国際市・カウンティ支配人協会
Investment Company Institute (ICI)	投資会社協会
National Association of Bond Lawyers (NABL)	全米公債法律家協会
National Association of College & University Business Officers (NACUBO)	全米大学管理者協会
National Association of Counties (NACo)	全米カウンティ協会
National Association of State Budget Officers (NASBO)	全米州予算担当者協会
National Association of State Retirement Administrators (NASRA)	全米州退職者管理協会
National Conference of State Legislatures (NCSL)	全米州議会議員連盟
National Federation of Municipal Analysts (NFMA)	全米州研究者連盟
National Governors' Association (NGA)	全米州知事会
National League of Cities (NLC)	全米都市連盟
Native American Finance Officers Association (NAFOA)	全米先住民財務担当者協会
Securities Industry and Financial Markets Association (SIFMA)	証券業および金融市場協会
U.S. Census Bureau (USCB)	合衆国統計局
U.S. Conference of Mayors (USCM)	合衆国市長会

（資料）GASB, *Governmental Accounting Standards Advisory Council 2011 Membership*.
(http://www.gasb.org/jsp/GASB/Page/GASBSectionPage&cid=1176156726962)

年6月のSEA報告書に対する「方針声明書（public policy statement）」の中で，「GASBの委員は会計および財務報告の専門知識で選出されている」のであり，SEA業績評価指標の設定はGASBの権限領域を超えると主張したのである．

第2に，GASBが公選職員と任命職員の権限を侵犯しているとの主張である．GFOAは2002年6月の「方針声明書」において，公共部門の基本目標および

到達目標は，民主主義における政策の具体的な理解および反映であり，政策決定は公選職員と任命職員にしかできない権限であるとし，GASB が具体的な業績評価指標の報告を要求するならば，公選職員，任命職員の権限を侵害することとなると主張した．

第 3 に，監査コストが増大するとの主張である．GFOA は，2002 年 6 月の「方針声明書」において，仮に財務報告の一部として業績評価指標を含めるならば，政府の独立監査人が関わることが要求され，コスト上昇に繋がる，と主張した．

これに加え，やや別の視点から州・地方政府等の財務諸表作成者側の懸念に触れておかなければならない．ひとつは，SEA 報告が基準化されると不公平性が惹起されてしまうとの懸念である．州・地方政府等には，SEA 報告がひとたび導入されると，政府の個体差を無視して，まったく異なる民間との比較などが行われ，独り歩きしてしまうのではないかとの懸念があるという[20]．第 2 節で述べた 1991 年の SEA 報告指針案が，この点について指摘をしていながら，十分に懸念を払しょくできなかった項目そのものである．もう一つは，SEA 報告を基準化すると，それが政治問題化してしまうとの懸念である．州・地方政府等には，SEA 報告が財務的な報告の範疇を超えて，政治的に影響を与えてしまうのではないかとの懸念があるという[21]．

こうした流れの中で，2006 年には，GFOA は，自身のホームページ上に，「GFOA は GASB の役割を見直すことを望む（The GFOA Wants to Reassess the GASB's Role）」と題する小論を公表した．前述の GASAC における「反対」は，会計情報作成者側の GASB に対する強い不信感・反発の蓄積の現れとも言えよう．

他方，GASAC の他の構成員は，概ね GASB の姿勢を歓迎していると言って良い．GFOA の声明を「特定の私的利益の優先」と切って捨てた財務会計財団（FAF）の姿勢に象徴されるように，公認会計士は SEA 報告の重要性を一貫して主張してきた．また，投資家層も，判断材料が増えることを歓迎している[22]．ただし，公認会計士側も，SEA 報告を一般目的外部財務報告に掲載し，公認会計士の監査対象となった場合の備えはないという[23]．

以上から確認できるように，財務諸表作成者側の強固な反対と公認会計士側

の監査手法の蓄積不足が，GASB 創設以来の宿願──SEA 報告の一般目的外部財務報告書「基準化」を阻んでいると考えられる．

第4節　アメリカ州・地方政府公共企業体における業績評価指標
──MTA を事例に

これまでアメリカ州・地方政府公共企業体の業績評価指標に関する一般的な議論をしてきた．ここではニューヨーク大都市交通局（MTA）の事例を紹介してみたい．

(1) MTA の統制環境

MTA は，ニューヨーク公共企業体法（New York Public Authorities Law）に基づいて設立された公益法人であり，ニューヨーク州の1部局となっている．(2008 年度時点の MTA グループの組織構造は第1章図1-4 を参照)．

MTA に対しては，図2-1 のようなさまざまな形で統制が行われている．

GASB（1985）のような形で業績評価指標の利用者を想定すると，①市民グループ（メディア，財政研究者，市民団体〔Citizen advocate and information groups〕等），②議会および公的監視機関（Oversight Officials）グループ（州，郡，市の各議会および連邦，州の監視団体，州・地方公共事業体の委員会等），③投資家および債権者グループ（地方債アンダーライター，地方債購入者としての保険会社，貸出機関〔Lending Institutions〕，債券格付機関および保険者，地方債発行時に債権者を代理する法律家〔municipal bond attorneys〕を含む）の3つに分けることができる．しかし，ここでは MTA に対する監査（検査）に着目し，主たる3つの監査（検査主体）について確認しておきたい[24]．

第1に，公認会計士の監査である．公認会計士は外部，独立の監査人である．主に財務監査を行い，監査対象は財務諸表（financial statements）に関連する領域であるが，業績評価指標を利用した監査も行う．ただし，先に指摘したように，アメリカ州・地方政府の公会計基準において，SEA は会計基準ではない．そのため州・地方政府や公共事業体が SEA に関連する指標を年次報告書で開示していたとしても，監査対象外となり，監査意見には影響を与えない．

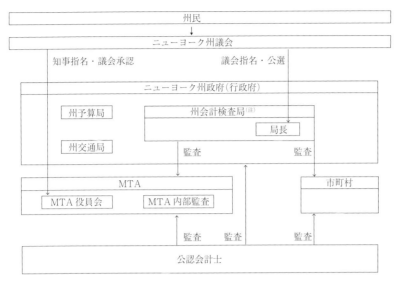

(注) 会計検査局は行政府に属するが，実質的には独立の機関である（議会に属する連邦GAOとは異なる）．
(資料) ニューヨーク州会計検査局ヒアリングより筆者作成．

図2-1　ニューヨーク州（New York State：NYS）の統制環境におけるMTAの位置づけ

　第2に，ニューヨーク州会計監査局（State Comptroller）の検査である．ニューヨーク州会計監査局は形式的には行政府に属する機関ではあるが，局長が議会から指名されているという点で，実質的には行政府からは独立した機関として活動している．そのため，MTAから見た場合，州会計検査局の監査は外部監査となる．主な監査対象は，法的適合性（Broad oversight by law）に関連する領域であり，業績評価指標を利用した監査も行う．

　第3に，組織上MTA本部の1部局に属する内部監査室（auditor general）の監査である．内部監査室ではMTA委員会および執行部からの指示を受けず，独自に監査を行う．主に業務監査を行い，監査対象は内部統制に関連する領域であるが，付随的に業績監査も行う．

　一般的な監査論でも指摘されるように，これらの監査対象は，明確に区分されているわけではなく，重複している．このため，MTAの監査においても監査主体同士で監査に関する情報を相互に交換することは日常的に行われてい

る[25]).

　民間部門の監査と比較した場合，MTAのようなニューヨーク州の公共企業体に対する監査の特徴は，公認会計士監査による外部監査に加えて，州監査局による監査が加わることで，独立した第三者による統制が比較的強化されている点にあるといえる．後に章末参考資料1で確認するように，これらの監査ではMTAの業績評価指標を利用した監査を行っている．

(2) MTAの目標と業績評価指標の設定プロセス：ニューヨーク州との関連

　一般的に予算編成過程で目標を設定し，予算執行過程から決算までの間に導出された財務・非財務データによって，目標達成度を測る指標が業績評価指標である．

　ニューヨーク州の公共企業体であるMTAの予算編成（会計期間1月1日-12月31日）は，例年7月に予備的予算を策定・公開し，10月に予算案が提出され，12月にMTA委員会で採択される[26])．この予算案をニューヨーク州に提出して承認を受ける義務はない[27])．

　これに対して，MTAの決算は法律上決算日から90日以内にニューヨーク州政府に提出する義務があるが，罰則規定がないため，通常4月下旬に年次報告書が提出される[28])．第1章で確認したように，その決算数値は，ニューヨーク州の年次報告書（4月1日-3月31日）において，構成単位（Component unit）の項目に掲載され，議会報告がなされる．

　このような流れの中で，ニューヨーク州の予算過程における目標設定や業績評価指標プロセスとMTAの予算編成における目標設定や業績評価指標プロセスとの関連は，どのようなものか．あらかじめ結論を先取りすれば，補助金の受払等の関連があるものの，目標設定や業績評価指標という観点では，両者の間に必ずしも強い関係があるわけではない．

　というのはMTAが，ニューヨーク州公共企業体法により，経常的運営について広範な権限（例えば予算提出権，サービス水準の決定，料金収入の決定，起債権限．ただし州，市の補助金額確定は除く）が付与されていることに起因している．具体的には，Chief ExecutiveをはじめとするMTA執行部は，MTA委

員会の承認があれば，ニューヨーク市，ニューヨーク州議会の直接の制約を受けず，サービス水準（路線敷設および廃止等），人件費拡充および削減，運賃引き上げおよび引き下げなどの政策手段を自由に行使することができる[29]．このような統治構造を反映し，MTA は，ニューヨーク州，ニューヨーク市の拘束を受けず，独自に経営目標，業績評価指標を設定することができるのである[30]．

具体的には，MTA 委員会が経営目標を定め，ターゲットとすべき業績評価指標（一例は表2-8に示される）を選定した上で，MTA 執行部が定量的なターゲット水準を決めるという[31]．このため，MTA 委員会が営業収支改善のためにサービスカットを決定し，これに合わせるために MTA 執行部が定時性指標に見られるような業績評価指標を下方修正した提案を行い，MTA 委員会の承認を得る，という決定プロセスを経ている．このようなプロセスを経て，決定されるのが MTA 予算の経営目標と業績評価指標である．

(3) MTA の業績評価指標

MTA の業績評価指標には，政府の規制によって受動的に作成しているものと MTA が独自に決定したものがある．

①政府の規制による業績評価指標

先に指摘したように，MTA のような公共企業体が，連邦政府から助成金を受ける場合には，連邦政府に対し指標を報告する必要がある（UMTA, Section15）．第1章表1-11に示したように，MTA は連邦政府からインフラ投資に関する補助金を受けている[32]．

そのため，MTA も連邦政府に指標を報告している[33]．この点に関し，GASB 研究報告（1991）を参考に作成したのが，表2-5である．

これらの指標について，序章で紹介した IPSASB の分類（図序-4）を用いて確認してみると，産出（アウトプット）と成果（アウトカム）との関連性を測定する有効性指標が見受けられない．その一方で，これらの指標の中には，年次報告書を通じて MTA によって外部に公表されているものもある．

ただし，どちらかと言えば，年次報告書では，基礎的な財務数値を組み合わせた財務指標を積極的に外部に開示する姿勢は見受けられない．むしろ，これ

表 2-5　UMTA, Section 15 に記載義務がある指標

投入	産出	成果
当期のサービス費用（ドル建て） 　営業費用 　職員1人あたりの営業費用 　機能別運営費（車両運行費、営繕費、販売費および一般管理費、その他） 利用済み非財務資源 　平均的な平日最大車両運行数 　検査および保守管理労働時間 　車両1台あたり検査および保守管理時間 　車両1台あたり検査および保守管理労働時間	総達成作業量 　車両運行距離 　年間乗客マイル 　乗客増減数 　延べ乗客総数 　ロードコール数（技術的理由対その他の理由） 　全有償運行距離 　総運行時間	計画と結果 　平均故障間隔距離 　100万マイルあたりの乗客事故件数 　1000マイルあたり事故件数 　延べ乗客1000人あたりおよび車両あたりの死亡者および負傷者数 　事故，死者および負傷者数（衝突事故および非衝突事故――駅およびその他） 　予算効率性指標：実際の車両運行距離と予定車両運行距離の差異 　過剰資本指標：実際の車両運行距離と運行許容距離との差異
効率性 投入／産出 　運行距離1マイルあたりの営業費用 　乗客1マイルあたり営業費用 　平均的ウィークデー最大サービス車両運行毎雇用者数 投入／成果 　なし	生産性 産出／投入 　営業費用あたり営業利益 　営業費用あたり有償運行時間 　路線別収入対費用 　運行時間毎収入 　総収益路線距離あたりの総乗客輸送距離 　最大サービス時での車両あたり総乗客輸送距離 　有償運行時間あたり総乗客輸送距離 　雇用者あたり総乗客輸送距離 　無償運行距離あたり総乗客輸送距離 　雇用者あたり運行時間	生産性 産出／投入 　ピーク時所要車両あたり総運行距離 　整備士あたり総運行距離 　年間整備費用あたり年間総運行距離 　燃料または発電量あたり年間総乗客運行距離 　総収益路線距離あたりの総乗客輸送距離
過程変数 　延べ乗客数あたり収入 　乗客あたり補助金額（運賃収入に対する営業費用の補填指標） 　収入種別（運賃、非移転収入、租税および他の資源）の対総収入比率 　連邦，州，地方別の対総収入比率：UMTA，一般財源，特定目的税，その他		

（資料）GASB（1991），pp.6-13.

らの指標は MTA への監査や内部管理上の指標として利用されている傾向がある．さらに，非財務指標については，年次報告書とは別の形で開示している．

② MTA の公表する業績評価指標（1）：SEA 指標

　そこで，MTA が独自に外部公表している指標について確認してみよう．表 2-6 は，MTA グループの子会社であるニューヨーク市都市交通局（New York City Transit Authority：NYCTA）が現在公表している重要成果指標（NYC

表2-6 ニューヨーク市交通局重要成果指標（NYC Transit Performance Dashboard）

	Year-to-Date 目標（Target）	Year-to-Date 実績（Actual）	目標と実績の乖離（％）
サービス指標（Service Indicator）			
定時性（ターミナル）	91.9	85.6	-6.3
地下鉄待ち時間調査	79.0	78.2	-0.8
利用可能エレベーター	96.5	96.3	-0.2
利用可能エスカレーター	95.2	93.0	-2.2
全乗客数（地下鉄）	1,069,405,000	1,075,978,767	0.6
平均故障間隔距離（地下鉄）	168,000	171,492	2.1
平均故障間隔距離（スタッテン島鉄道）	180,000	295,628	64.2
定時性（スタッテン島鉄道）	96.0	96.0	0.0
旅行完了比率（ニューヨーク市バス）	99.36	97.96	-1.4
補完的交通手段総利用者（ニューヨーク市バス）	N/A	5,179,142	
バス利用者ホイールチェアーリフト利用者	N/A	696,925	
総利用者（バス）	406,313,000	387,807,939	-4.6
平均故障間隔距離（バス）	3821	3225	-14.8
安全性指標（Safety Indicator）			
顧客負傷比率（地下鉄）	3.00	2.99	-0.3
顧客事故負傷比率（バス）	0.97	1.13	16.5
負傷者発生衝突事故比率（バス）	7.41	5.81	-21.6
雇用者損失時間および職務達成比率	N/A	3.32	

（資料）MTAホームページ．

Transit Performance Dashboard）である．先に指摘したように，この開示は年次報告書で行われているものではなく，ホームページ上での開示，あるいは別冊の顧客満足度調査結果（MTA Customer Satisfaction Research Results）といった，「別の」方式での開示である．

　これらの指標は，主として非財務指標である．このような数値をあえて公表するのは，投資家層のためというよりも，利用者である市民のためであり，交通機関管理者による交通システムの運営管理に資するためであることに他ならない．

　サービス指標における定時性，待ち時間，利用可能エレベーター，平均故障間隔といった指標や，安全性に関する指標は，全て利用者向けの成果指標である点において，MTAがGASBの指針案の方向性に沿っているように見える点が注目される[34]．

次に，目標値に対する実績値が，Year-To-Date（年初から今日までの累計）で示され，両者の比較が行われている．と同時に，実績のみが掲載されている例も興味深い．

さらに，これらの指標は，すべて月次の情報としてタイムリーな形で公表されている．最も重視されている時間の正確性（ターミナル）について確認したものが図2-2である．

ここでは，月次について前年度と比較をすることで，月次特有の交通事情を考慮した比較が可能になっている点，目標値に対し実績値が大幅に乖離し続けている点，そして目標値が2011年9月に低下している点が注目に値する．

特に，目標値の低下について述べれば，前節で触れたように，MTA執行部はMTA委員会の承認を得て指標のターゲット値を自由に変更できる．MTAの危機的な財務状況を反映したリソースの低下を受け，MTA執行部がターゲットを引き下げたと考えられる．

③ MTAの公表する業績評価指標（2）：ECR情報

基礎的政府である州においては，連結年次財務報告書中の統計情報において，財政トレンド，収入能力，債務負担能力，人口動態および経済情報，運営情報が開示されている．これはGASB基準書第44号（経済的状況報告）に沿った開示となっている．

しかし，MTAの連結年次財務諸表を確認しても，これらの統計情報を確認することはできない．基準書第44号は，ECRを報告する際の記述形式について記載したものであるが，報告を行う必要があるのは一般目的および単一目的地方政府であり，MTAはニューヨーク州の構成単位として扱われているからである．

ここでは，基準書44号内で開示を求めるべきか否かが議論されている将来予測情報も意識する形で，MTAの開示状況について，以下の2点を指摘しておこう．

第1に，MTAに関しても，地方債種別の債務償還情報に関する年次情報は，2015年までの年次および2040年までの5年ごとに開示が行われている[35]．この開示は，MTAが州政府から独立した市場からの資金調達主体であり，地方

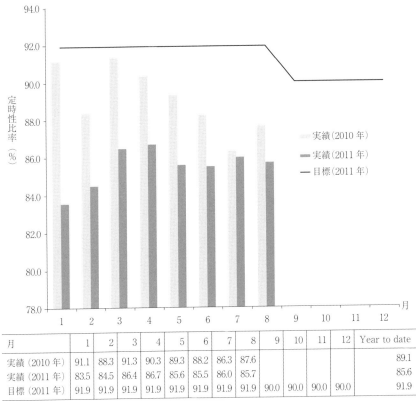

図 2-2　NYCTA の時間の正確性：(ターミナル) 月次目標および実績

月	1	2	3	4	5	6	7	8	9	10	11	12	Year to date
実績 (2010年)	91.1	88.3	91.3	90.3	89.3	88.2	86.3	87.6					89.1
実績 (2011年)	83.5	84.5	86.4	86.7	85.6	85.5	86.0	85.7					85.6
目標 (2011年)	91.9	91.9	91.9	91.9	91.9	91.9	91.9	91.9	90.0	90.0	90.0	90.0	91.9

(資料) MTA ホームページから筆者作成.

債市場において投資家から目論見書の発行を求められていることにも関連しているものと推察される.

　第 2 に，監査対象外であるものの，MTA の年次報告書の必要記載事項 (Requirement) の項目に，年金資金の資金充当一覧表 (Schedules of Pension Funding Progress)，年金外退職給付計画への資金充当一覧表 (Schedules of Funding Progress for the MTA Postemployment Benefit Plan) などの情報が掲載されている．興味深いのは，年金資金への資金充当一覧表，年金外退職給付の資金充当一覧表は将来ではなく，過去 3 年間となっている点である．つまり，ニューヨーク州と同様，MTA に関しても，地方債の債務償還情報は長期で掲載されて

いるが，年金などのそれ以外の情報は，将来の充当予測は行われていない．

(4) 業績評価指標の利用者の実態

本章では，企業体内部で利用する業績評価指標（内部管理目的）のみならず，内部情報にアクセスできない外部のステークホルダーが利用する業績評価指標にも着目することを意識している．しかし，年次報告書において積極的に業績評価指標を開示しているとは言い難い．そこで，監査において利用している業績評価指標を紹介しておこう．

①公認会計士監査

まず，公認会計士に対して利用する業績評価指標を確認してみよう．公共部門監査を担当するベテラン会計士2名は，公共企業体タイプに用いられる業績評価指標を強いてあげるとすれば，当座比率，流動比率，現金消耗率とする点は共通していた．

しかし，支払利息に関連する業績評価指標では，支払利子対税引前・利払前利益回収率（Interest coverage ratio）とするものと，返済前キャッシュフロー対元利金返済金率（Debt service coverage ratio：DSCR）とするものとに割れた[36]．後者の返済前キャッシュフロー対元利金返済金率を挙げたのは，公共部門で直接の指標としない利益率ではない形で，負債率（償還確実性）のチェックをする際に用いるためであるという[37]．

②州監査局監査

次に，ニューヨーク州会計監査局が監査の際に利用する業績評価指標を確認してみよう[38]．公共事業体等の事前的な財務リスク査定の際に用いる財務指標を，強いてあげるとすれば，表2-7のものを用いているという[39]．

MTAへの具体的監査事例として2つの説明を受けた．1つはMTAの残業時間に対する人件費の監査である．彼らは分析的手続により，残業代の総額についての期間比較，人員別人件費の期別比較等を行い，ある年から次の年に実際の残業時間の動向，特定の職員の残業時間の動向を確認したという[40]．もう1つは，MTAがインフラ修理を行うプロセスの妥当性を検証する監査であ

る．彼らは，修築工事が必要とされてから実際に修理されるまでの経過年数，修復開始からの経過日数等について，2年間の傾向を検討したという[41]．

以上のように，年次報告書における基礎的な財務数値やその元となるデータを組み合わせた財務指標等は，MTA から連邦政府への報告のために作成され，結果として内部管理上の指標として利用されたり，MTA に対する監査の過程で算定されたりしている状況にある．

特に，年次報告書で財務指標が積極的に開示されない要因には，MTA に対する州からの要請は MTA 連結収支の均衡程度であること[42]，政府の活動は非営利であり，利益等の財務指標よりも非財務指標のほうが重要であるという考え方があること[43]，MTA のレベニュー債（ニューヨーク州保証）の発行時に別の資料（目論見書等）で投資家向けに財務指標関係を公表していること等が考えられる．

表2-7 ニューヨーク州会計監査局が利用していると回答した財務諸表誘導の業績評価指標

主要成果指標
自己資本比率
現金比率
流動比率
債務自己資本比率
経常損益

（資料）ニューヨーク州会計検査局ヒアリングより筆者作成．

第5節 むすびにかえて

本章の目的は，経常的に租税資金（補助金）を受け入れている公益企業の利害関係者が，どのような業績評価指標を用いているかに着目し，業績評価指標の歴史，目的，利用状況等を把握することにあった．本章の叙述をまとめると，下記の通りとなる．

第1に，歴史的にアメリカにおける業績評価指標は，公益企業の管理者が，事業の運営状況を管理するために用いていた．これに対し，GASB においては，業績評価指標を企業体内部ではなく，外部のステークホルダー，なかんずく企業に対する監視者及び市民のために作成するべきとの考え方を持って SEA 指針案を提示したこと，これに付随して財務情報から誘導される指標を，SEA 報告の対象から除いたことが特徴的である．

第2に，にもかかわらず，あるいは，そうであるが故に，GASBにおけるSEA指標の一般目的外部財務報告書への記載（「基準化」）は，州・地方政府側の反対もあって挫折しており，現在でも州・地方政府の自主的な情報提供に委ねられているのが実情である．特に「基準化」への反対理由において，仮にSEA指標を導入した際には，比較の際に不公平となってしまう恐れがあること，SEA指標を一般目的外部財務報告書に記載された際にどのように監査すればよいかに対し公認会計士側からも不安があるとされている点には留意が必要である．

　第3に，SEA報告とECRの関係については，SEA報告が外部利用者のうち，特に一般市民を対象にしたものであるのに対し，ECRは，主に投資家に対する情報提供方法として考えられている．ECRに対しては，現在の財政状況に関する財政トレンド，収入能力，債務負担能力，人口動態および経済情報，運営情報の5点について報告様式が基準書第44号によって与えられている．また，ECRを将来予測および財政の持続可能性にまで拡大し，連結年次報告書の補足情報として掲載するという動きがGASB内にあるが，これに対し懐疑的な見解も多い．

　第4に，公共企業体の内部で利用する業績評価指標の具体例として，全米では職員1人当たり営業費用，機能別運営費用などの投入指標や，運転手数，整備士数，残業時間，欠勤，座席清掃時間など利用済み非財務資源指標，車両運行距離（マイル），年間乗客マイルなどの産出指標，輸送完了比率や定時運行率などの成果指標に加え，乗客1人当たり費用，運転手1人当たり時給など投入／産出指標，事故あたり運行距離など投入／成果指標，車両当たり乗客数，平均修理距離感覚時間など産出／投入指標などを用いていた．

　ニューヨーク州の公共企業体であるMTAは，内部的にはこれらの指標を利用しているが，ニューヨーク州から独立して目標を自由に設定できるというMTAの統治構造を反映して，指標の選定，ターゲットの設定は，それぞれMTA委員会，MTA執行部によって行われている．このため，ニューヨーク州がMTAに対する統制のために利用する財務指標は，現金比率，流動比率や連結収支の長期的均衡などの一部にとどまっている．

　第5に，内部情報にアクセスできない外部のステークホルダーの利用を想定

した業績評価指標案として，GASBはサービス頻度，乗客待ち時間，平均自己間隔など近接性・信頼性指標，警察官または警備員終了循環後の経過分数など安全性指標，有償座席利用率（混雑率）など乗客指標環境指標，標識設置比率など情報供与指標を指針案に掲げた．これらの非財務指標の一部は，MTAのサービス指標，安全性指標にも取り上げられている．ただし，MTAの年次報告書とは別の形での開示である．

第6に，MTAは直接資本市場から資金調達を行う．このため，市場から直接評価対象となるのはMTA自身である．そこでMTAは業績評価指標によってニューヨーク州からモニタリングされるよりも，市場からのモニタリングを重視せざるを得ない．

そこで，MTAが目的税租税抵当（Dedicated Tax Fund）地方債やレベニュー債を発行する際には，目論見書によって詳細な情報提供を行うと共に，年次報告書において地方債の銘柄別の借入残高，銘柄別格付け機関からの格付け，40年間にわたる地方債の償還見通しを開示している．年次報告書では会計数値を組み合わせた財務指標も積極的には開示していない点が特徴ともいえる．

内部 or 外部監査 監査の独立性	外部監査 独立監査	内部監査	外部監査	外部監査 独立監査
監査主体	公認会計士 CPA	MTA監査人 Auditor general	州会計監査局 State Comptroller	州査察官 Inspector General
監査の主対象	財務監査 Financial statements	業務監査（内部監査） Internal Control	法的適合性 Broad oversight by law	不正経理および制度乱用 Fraud and abuse
付随的監査対象	内部監査 Internal Control	第三者との契約監査 Contract with 3rd parties	州法に対するコンプライアンス Compliance with state laws	
	財務に関連した法的関連事項に対するコンプライアンス Compliance with finance related to legal matters	政策，手続き，法，規制に対するコンプライアンス Compliance with policies procedures,laws and regulations	業績および計画に対する監査 Performance and program audits	
	不正経理 Fraud	業績監査 Perfomance auditing	業務監査（内部監査） Internal controls	
	一般に公正妥当と認められる会計原則への準拠 Account balances for compliance with GAAP	不正経理および制度乱用 Fraud and abuse		
	連邦財政援助計画 Federal financial assistance programs			

（資料）Deloitte ヒアリング（2011年11月4日）での教示を元に筆者作成．

参考図1　MTAにおける監査主体および監査内容

ヒヤリング調査
 ニューヨーク州監査局（NY State Comptroller）　Steven Stowits Elliott 氏，David Hasso 氏，Andrew Sanfilippo 氏（2011年10月31日）
 ニューヨーク州大都市交通局（NYMTA）Avoline P. Simon 氏，Sophia La-France Brooks 氏，Christian F. Bastian 氏（2011年11月1日）
 KPMG　Gregory Driscoll 氏（2011年11月1日）
 Deloitte　David B. Jones 氏（2011年11月4日）
 ニューヨーク州監査局ニューヨーク事務所（NY State Comptroller NYC Office）Tom Marks 氏（2011年11月4日）

注

1) 前年度決算が確定する頃には，当年度予算は既に執行されている．したがって，前年度決算が予算編成にリンクするのは，当年度の「次以降の」年度予算となる．つまり，前年度の状況を当年度予算に反映できるのは，決算以前の月次・四半期・半期等の執行状況からの情報であることに，留意する必要がある

2) GASB（1991），Research Report, *Service Effort and Accomplishment Reporting : Its Time Has Come Mass Transit*, GASB. なお，実際の執筆者は Wanda A. Wallace（Texas A&M 大学会計学教授・博士・公認会計士，公認管理会計士，公認内部監査人）である．

3) アンケート調査では 573 の自治体に発送し 215 の回答があり，さらに 126 の自治体から年次報告書および現在の資料に基づく評価を行った予算書の提供を受けた．

4) 現在の連邦交通局（Federal Transit Administration）の前身である．

5) GASB は，ニューヨーク州大都市交通局（Metropolitan Transportation Authority, MTA）の独立監査部（Office of the Inspector General）や，MTA 内のニューヨーク都市交通局（New York City Transit Authority, NYCTA）の顧客環境サーベイなど，年次報告書の収集および当事者へのヒアリングで得られた事例から引用したと考えられる（GASB（1991），pp.16-17.）

6) GASB（1991），p.35.

7) 以下は GASB（2005），*Summary of Statement No. 44 Economic Condition Reporting : The Statistical Section--an amendment of NCGA Statement 1.*（GASB ホームページ）より引用した．

8) 例えば消防，警察，学校など単一目的のために設定される単一目的地方政府（Single purpose district）などが想定されている．

9) KPMG ヒアリング（2011 年 11 月 1 日）．

10) さらに，GASB は 2009 年から「経済的状況調査：政府財政の将来予測（Economic Condition Reporting : Financial Projections）」に関するプロジェクトを立ち上げている．同プロジェクトは，これまで提供してきた政府に関する統計情報（過去と現在）に加え，将来の財政予測および財政の持続可能性（Fiscal sustainability）に関する報告に拡張しようとする試みである．2011 年 11 月に公表された予備的見解（Preliminary views）では，将来に関する統計情報を連結年次財務報告書の補足情報（Required supplementary information, RSI）に記載することを義務づけるとしている．

同予備的見解によれば，2009 年以降の GASB の調査により，ユーザーは，もし可能であるならば，政府の財政持続可能性を測定するために以下の 8 つの情報を要求している．すなわち，①必要な将来資源の生成（generate necessary future resources），②サービス供給の維持・拡充，③金融債務への対処（meet financial obligation），④世代間平衡性の達成に関する政府の能力と，⑤複数の政府間における政府間相互依存性，⑥経済構造（underlying economy），⑦人口動態の変化に関する潜在的な効果，および⑧財政状況を維持するための政治的決定を行う政府の政治的能力および意欲である．

GASBは，こうしたユーザーの声に応えるべく，財政の持続可能性に関する情報を提供しようと試みている．GASBの定義によれば，まず，経済的状況（Economic condition）とは，財政状況（financial position），財政余力（fiscal capacity），サービス供給余力（service capacity）の3つに分かれる．財政状況とは，ある時点での政府の資産，繰延アウトフロー（deferred outflow），負債，繰延インフロー（deferred inflow），および純計（net position）である．財政余力とは，金融負債に継続的に対処する政府の能力および意思のことである．サービス供給余力とは，サービス供給に継続的に対処する政府の能力および意思のことである．
　そして，財政の持続可能性とは，将来的見地（forward-looking aspect）から見た経済的状況と定義される．換言すれば，財政の持続可能性は，現在のサービス水準および金融負債支払いに対処するための必要なインフローに関する政府の能力および意思である．ただし，政府の意思に関する測定は困難であるため，実際には政府の能力に関する測定を行うとする．
　以上の定義の下で，ユーザーが財政の持続可能性を予測するために必要な予測情報を以下の5点とした．
　第1に，総キャッシュインフローおよび主要（10％以上）なキャッシュインフロー項目および総キャッシュフローに占める比率予測，およびその変動に関する理由説明である．キャッシュインフローの代表的なものとして，租税収入が挙げられている．また，租税項目別課税ベースも関連性が高いものとして記載が要求されている．
　第2に，総キャッシュアウトフローおよび主要なキャッシュアウトフロー項目および総キャッシュアウトフローに占める比率予測，およびその変動に関する理由説明である．
　第3に，総金融負債および主要負債項目（地方債，年金債務，年金外退職給付債務，長期契約）およびその変動に関する理由説明である．
　第4に，年次債務償還費（元本および利息）である．
　第5に，政府間相互依存性の存在による主要政府間サービス供給およびサービスの政府間相互依存性の性質に関する議論（narrative discussion）である．
　このうち，第4の年次債務償還費に関しては，既にGASBは基準書第38号によって将来5年間に渡る債務償還費に関する記載が義務付けられている．しかし，年次報告書の中で分散しており，ユーザーが利用しにくいとしている．また，これらの情報について，キャッシュインフロー，キャッシュアウトフローについては現金主義，金融負債については発生主義で将来予測することを求めている．
　なお，報告義務対象は，基礎的政府（市民からの一般的な選挙で選ばれる公職によって統治される政府主体）に限定されている．

11）　前掲「予備的見解」(Prelimary View, Economic Condition Reporting：Financial Projections), p.30.
12）　KPMGヒアリング（2011年11月1日）．
13）　Deloitteヒアリング（2011年11月4日）．
14）　GASBホームページ．(http://www.seagov.org/sea_gasb_project/history.shtml)

15) 以下のGASBのSEA研究プロジェクトに関する記述は，Fountain et al.（2003）を検討した陳・大坪（2005），49-62頁により既に大意が訳出されている．本章は同論文の翻訳に拠っている．ただし，一部異なる訳語を充てた部分がある．
16) プロジェクトは2つのパートから構成された．すなわち，①概念書第2号に対する将来の修正（potential amendment），②SEA業績情報報告に関する強制力のないガイドライン（suggested guidelines for voluntary）である．
17) 古市（2002），173-175頁，GASBホームページ．
18) SEA指針案に対する反対組織については吉本（2009）．
19) 以下の叙述は，特に断りのない限り吉本（2009：2-9）を参照している．
20) KPMGヒアリング（2011年11月1日）
21) Deloitteヒアリング（2011年11月4日）．
22) Deloitteヒアリング（2011年11月4日）．
23) Deloitteヒアリング（2011年11月4日）．なお，吉本（2009：8）によれば，SEA報告に関する監査を誰が実施するかについても幾つかの提案が見られる．例えば，AGA（政府会計士協会）の執行委員長は，SEA報告が会計士に頼りすぎたとし，AGA（Academy for Government Accountability：政府アカウンタビリティ・アカデミー）を設置し，公認会計士以外の他の専門職（人文科学や心理学など）を巻き込んだアカウンタビリティの専門家の要請を試みているという．
24) 第4に，ニューヨーク州査察官（Inspector General）があげられる．ニューヨーク州査察官は独立性を持っており，MTAから見た場合は外部監査となる．主な監査対象は，不正経理および制度乱用（汚職）に関連する領域で，特別な場合に検査を行う．以上の4つの主体は，主な監査対象以外にも，付随的な監査や補完的な監査を行っている（参考資料1を参照）．
25) 州監査局ヒアリング（2011年10月31日），KPMGヒアリング（2011年11月1日），Deloitteヒアリング（2011年11月1日）．
26) MTAヒアリング（2009年9月10日）およびMTAヒアリング（2011年11月1日）．2月に最終案が開示される．
27) 州監査局ヒアリング（2011年10月31日）
28) 州監査局ヒアリング（2011年10月31日）
29) 第1章を参照．
30) 州監査局ヒアリング（2011年10月31日），MTAヒアリング（2011年11月1日）．
31) MTAヒアリング（2011年11月1日）．ただし，回答者は必ずしも当該目標管理に知悉しているわけではないという断りがあった．
32) MTA財務諸表等の内容および分析については，第1章を参照．
33) MTAヒアリング（2011年11月1日）．
34) というよりも，GASBがMTAグループからのヒアリング等で得られた事例から引用しているともいえる（GASB（1991），pp.16-17）．
35) Metropolitan Transportation Authority（2011），pp64-65．
36) KPMGヒアリング（2011年11月1日），Deloitteヒアリング（2011年11月1日）．
37) KPMGヒアリング（2011年11月1日）．

38) 州監査局ヒアリング（2011 年 10 月 31 日）．
39) 州内の市町村等に対しては，財務指標（流動性比率のトレンド分析等）を利用して財務状況をモニタリングし，危機的事態になる前に自治体に警告を発するという．州監査局ヒアリング（2011 年 10 月 31 日）
40) 残業にかかる人件費支払が社内手続きに基づいて処理がされているかを確認し，MTA の内部監査資料を閲覧し，内部監査が有効に行われているか，マネジメント担当の監理官（supervisor）が取り締まっているかといった統制手続，そして支払プロセスに不正があるかどうかをチェックしたという．州監査局ヒアリング（2011 年 10 月 31 日）．
41) ただし，州監査局ニューヨーク支所では，1975 年のニューヨーク市破産時点では，MTA を含めたニューヨーク市に関連する諸機関の監査を積極的に行っていたが，現在はニューヨーク市や MTA の財務状況を調査する報告書を作成するのみに留まっているという．州監査局ニューヨーク支所ヒアリング（2011 年 11 月 4 日）．
42) MTA ヒアリング（2011 年 11 月 1 日）．
43) KPMG ヒアリング（2011 年 11 月 1 日）．

［執筆担当：関口（第 4 節），木村（第 2, 3 節）］

第3章
ドイツ州・地方政府と公企業の公会計・予算・監査制度

関口智・木村佳弘・伊集守直

第1節　はじめに

　本章では，ドイツ州・地方政府と公企業の公会計・予算・監査制度について検討する．特に，ベルリン州（Land Berlin）とベルリン州が100％出資する公法人で，地域交通を支えているベルリン運輸公社（Berliner Verkehrsbetriebe：BVG）を具体的事例として取り上げる．ドイツ州・地方政府と公企業の公会計・予算・監査制度に関する，日本における先行研究には，以下のようなものが確認できる．

　第1に，会計学の領域からのアプローチである．亀井（2004，2012）は，ドイツ公会計制度の生成と改革の歴史を，簿記法，認識基準，測定対象，計算形態等を踏まえながら紹介している．連邦政府レベルでの議論を中心に州・地方政府を論じているとはいえ，予算制度との関連を意識しているという点で，本書の問題意識に近接している．また，ドイツ市町村の公会計制度改革に関する近年の業績には，テッスマン（2013），山本（2014）がある．

　第2に，財政学の領域からのアプローチである．室田（2000）は，ドイツの州・市町村における予算・公会計改革について，事例を挙げつつ紹介している．武田（2003）は，EUによる各種制度・規格の標準化圧力を指摘しつつ，自治体を直撃した財政難への対応として，NPM型改革のドイツ版である「新制御モデル」（Neues Steuerungsmodell：NSM）に立脚しながら，自治体・州が複式簿記会計を導入する経緯を論述している．ドイツにおける公会計制度改革が，都市連盟の要望を契機としており，「下からの改革」が一定の進展を見ている

との指摘は重要である．

　第3に，公営企業論からのアプローチである．土方（2005），阪井（2008），渡邉（2010），谷口（2013），高峯（2015）等は，公共近距離旅客運送の現状を，連邦政府や州政府の公的助成制度に着目しながら紹介している．ツィーコー（2014）は，民営化されたドイツ地方自治体サービスが再民営化している現状を，行政学の視点から論じている．宇野（2015）も，ドイツ公営企業の種別を概観しながら近年の動向を跡づけ，本章の分析対象であるベルリン州（ただし水道事業）における「機能民営化」と「再国有化」について紹介している．

　本章もこれらの先行研究に依拠しつつ叙述する．しかし，これらの先行研究は，以下の3点において十分な検討が施されているとは言い難い．

　第1に，公会計の重層性に関する検討である．州政府，連邦政府における公会計制度改革の影響には多様性があることに留意するならば，日本と同様に，公企業（公営企業）会計における複式簿記と，州政府本体レベルにおける単式簿記（正確には拡張カメラル簿記）が併存するケースが生まれる．カメラル簿記を採用している州において，州政府の財務情報と，企業会計が適用されている公法人の財務会計との連結財務諸表の作成可能性や開示情報の特性を分析し外部利用者の視点から有機的に連携しているかを確認することは，ドイツにおける予算循環を考察する上で，また，公会計制度が果たし得るアカウンタビリティを考察する上で重要である．

　第2に，ドイツにおける公会計情報および業績評価指標の利用主体に対する検討である．いかなる主体が，どのような目的で公会計情報を利用しているのか，特に，州政府の統制手法として，業績評価指標がいかなる役割を果たしているかを把握することは，ドイツにおける公会計改革の意義を理解するポイントとなる．

　第3に，公会計基準および公会計情報と，公企業の資金調達の関係に関する検証である．この点は資本市場からみた公会計情報の意義や有用性を測る上で焦点となる[1]．以上のような問題意識の下で，本章では以下の4点について検討する．

　第1に，ドイツの政府間財政関係と公企業について確認しつつ，量的な業績指標を作成する際の前提となるドイツの公会計の体系・会計制度を把握する．

第2に，ドイツにおける公企業概念を経済的，法的に整理しつつ，州政府-公法人-公法人出資子会社との階層関係と，階層間における会計制度の相違点を概説する．その際，BVG を事例として経常的に租税資金を受け入れる公企業の特徴，州政府所有公法人の財務諸表と会計処理等を明らかにする．また，近年注目されている欧州司法裁判所の判決やベルリン州と BVG との間の交通契約が，BVG の租税資金の受入様式をどのように変容させ，会計上の区分や財務指標の作成にいかなる影響を与えたのかも分析する．

　第3に，ベルリン州政府の予算・決算（予算会計）と BVG の財務会計（GAAP 会計）との関係を明らかにする．

　第4に，BVG に対する諸統制——BVG による内部統制，州政府都市開発省による業務統制，財務省による財務統制，会計検査院による財務監査，州議会による業務・財務統制——を概説する．

　なお，本章の叙述にあたり，公会計制度と予算制度との関連，監査制度との関連にも留意する．

第2節　ドイツにおける政府間関係と公法上の公企業

(1) 行政機構と歳出構造[2]

①行政機構

　図 3-1 のように，連邦国家であるドイツの政府階層は，上位から連邦政府，州政府，地方政府である市町村を中心として構成されているが，州と市町村の中間に位置する団体として，県と郡が存在する．また，これらの区分のなかで，人口規模の大きい大規模独立市や，郡と同等の権限をもつ郡独立市があり，さらに，複数の市町村で構成され自治権を備えた公法人である市町村連合も存在する．

　州政府は 16 団体存在しており，そのうち，ベルリン，ハンブルク，ブレーメンは，1 つの都市が州を形成する，いわゆる都市州となっている．各州は単に法人格をもつ地方公共団体ではなく，それぞれ主権をもち，独自の州憲法，州議会，州政府および州裁判所を有する国家として捉えられる．基本法第 30 条において，国家の権能の行使および国家の任務の遂行は，基本法に特に規定し

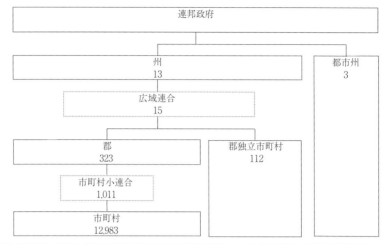

(資料) 半谷俊彦 (2009)「ドイツ地方財政における課税自主権について」第4回あり方研究会提出資料.

図 3-1　ドイツの行政機構

ていない限りにおいて州の任務であるとされ，外交，連邦財政，国防，連邦水路，船舶航業，航空交通などを除いては，行政権は基本的に州に帰属している．

州の任務は，固有行政（連邦法の執行と州法の執行）と共同任務に区分されている．連邦法の執行による固有行政には，鉄道行政や水路・道路，自動車道などがあり，州法の執行による固有行政には，教育・文化行政，地方自治行政，警察行政，地域的消費税・奢侈税の租税管理が含まれる．共同任務には，地域経済政策や大学における研究の企画などがある．また，基本法第70条において，基本法が連邦に立法権限を与えない限りにおいて州は立法権を有すると規定される．

次に，市町村への事務配分について見てみよう．基本法第28条第2項はドイツにおける地方自治の保障を規定している．同法によると，市町村は「法律の範囲内において地域的共同体に関するすべての事項を自己の責任において規律する権利」を有しているとされる．このように，地方自治が基本法において根拠づけられていることから，各州は州憲法において，これを遵守しなければならない．市町村における事務は，任意的自治事務と義務的自治事務のほか，連邦や州の指示による義務的事務（道路交通監視，建築確認など）と委託事務

(戸籍登録事務，州・連邦・ヨーロッパ議会選挙，教育費助成金の交付など）に分かれる．

　任意的自治事務は，自己の責任により，法の権限の枠内で実施するものをさし，自治体の条例に基づいて実施される．具体的には，児童公園，美術館，劇場，青少年（社会福祉）施設および公民館の設置並びに運営管理，企業誘致などがあげられる．これに対し，義務的自治事務は，州の立法に基づいて，市町村が自己の責任において実施するものであり，具体的には，学校建設・運営管理，下水処理，廃棄物処理，建設計画，公営住宅の建設，生活扶助および住宅手当の支給，幼稚園の設置および運営管理などがあげられる．

　本章の考察対象となる公共交通に関しては，州によっては市町村の所轄事務とされるが，郡によって担当される場合もある．郡は，個々の市町村の処理能力を超える事務事業の処理について権限を持つ自治組織としての側面と，州の下級行政官庁として市町村及び市町村小連合の監督機関としての側面をもっている．具体的な事務として，道路建設，広域文化行政，環境保護，警察および公共の安全，上下水道，廃棄物処理，公共交通，初等中等教育，市民大学，消防・救急，社会扶助等がある．また，複数の郡や郡独立市にわたる事務事業について，関係自治体が市町村連合（広域組合）を組織することがあり，広域組合によって公共交通が担当されることもある．

②歳出構造

　表3-1は，政府階層別の目的別純支出を確認したものである．総支出1兆1,101億6,500万ユーロに対し，連邦政府の純歳出は3,166億4,300万ユーロ（28.5％)，州は2,379億2,400万ユーロ（21.4％)，市町村／市長村連合は1,169億7,900万ユーロ（10.5％)，社会保険が39億8,983万ユーロ（35.9％）となっている．

　目的別に見ると，広義の社会保障費である社会保障・戦争に伴う社会的支出・保障が6,249億1,500万ユーロ（56.3％）と大きな比重を占め，このうち3,974億7,100万ユーロ（63.6％）が社会保険による支出となっている．

　政府階層別支出を見ると，州の役割は，治安・秩序維持，権利保護，財務行政，普通教育・職業学校，大学で特に高い．また，連邦に比べ州・地方の役割が高い分野として文化・教会業務，保健・環境・レクリエーション，住宅・総

表 3-1　政府階層別・目的別純支出（2011 年）

	計	内訳					
		連邦	連邦特定資産	EU 持分	州	市町村／市町村連合	社会保険
合計（100 万ユーロ）	1,110,165	316,643	16,285	23,348	237,924	116,979	398,983
（参考　内訳シェア）		28.5%	1.5%	2.1%	21.4%	10.5%	35.9%
政治的指導・中央行政管理	35,600	4,714	746	-	9,349	20,791	-
外交	26,454	8,551	54	17,815	34	-	-
防衛	27,095	27,008	87	-	-	-	-
治安・秩序維持	25,952	3,343	30	-	14,619	7,960	-
権利保護	12,014	384	4	-	11,626	-	-
財務行政	10,003	2,639	10	-	6,056	1,298	-
普通教育・職業学校	61,063	4	1,980	-	47,689	11,390	-
大学	25,612	3,195	632	-	21,785	-	-
学生・生徒等の育成	6,100	2,221	121	-	2,102	1,656	-
その他教育	2,057	605	18	-	946	487	-
大学以外の科学研究振興	13,427	9,561	544	-	2,978	344	-
文化，教会業務	9,306	488	42	-	3,964	4,812	-
社会保障・戦争に伴う社会的支出・補償	624,915	148,466	533	-	27,786	50,658	397,471
保健・環境・スポーツ・レクリエーション	15,137	1,335	437	-	5,971	7,394	-
住宅・総合地域再開発計画・市町村共同体サービス	19,792	1,259	103	-	2,743	15,686	-
食糧確保・農林業	10,255	914	60	5,533	3,255	492	-
エネルギー・治水・商工業振興	19,196	4,735	6,442	-	6,006	2,013	-
交通・放送	20,475	11,670	-5,718	-	5,236	9,287	-
うち道路	19,547	7,450	406	-	3,876	7,814	-
うち鉄道・公共旅客近距離輸送	2,867	348	10	-	1,035	1,473	-
公営企業	15,637	10,966	-1,995	-	1,936	4,730	-
不動産・資本財産・特別財産一般	8,179	4,910	88	-	1,444	1,737	-
一般財政経済	121,897	69,675	12,067	-	62,399	-23,756	1,512

（資料）Statistisches Bundesamt, *Statisches Jahrbuch 2015*, p.259.

合地域開発，道路開発などを挙げることができる．

　交通分野において連邦政府の支出は 70.1% に達するが，連邦特定資産への繰入（マイナス表記）等を含んでいる[3]．交通分野の中でも鉄道・公共旅客近距離輸送分野を見ると，連邦支出 3 億 4,800 万ユーロ（12.1%）に対し，州 10 億

3,500万ユーロ (36.1%), 市町村／市町村連合は14億7,300万ユーロ (51.4%) となっている[4].

ベルリン州の場合は，1つの都市が州を形成する都市州であるため，州行政と市行政が分離されておらず，州と地方政府双方の性格を有する特殊な地方政府と位置づけられる．そのため，本来，市町村あるいは郡レベルで担当される公共交通を州レベルで実施することになっている．

(2) 公法上の公企業の位置づけ
①公企業の分類とその変遷[5]

公企業の分類には大きく分けて2つのものがある．第1に，第3節において触れる法形態に基づく分類であり，法的に独立していない①直営によるものと，法的に独立した②公法人，③私法人という3つの形態がある．①には，収入および支出がすべて行政の予算のなかで扱われる「純粋な」官庁企業と，運営の結果のみが行政の予算に関連する地方公営企業に分かれる．さらに，法的には独立していないが，経済的・組織的には独立している形態として，連邦鉄道や連邦郵便のような特別財産も区分される．公法形態による②には，公法上の法人格をもつ営造物法人（公社）が公法上の公企業と分類され，私法形態による③には，株式会社や有限会社という私法上の公企業が分類される．

第2に，公的持分権者の違いに基づく分類であり，①連邦企業，②州企業，③市町村企業，④複合的公企業，⑤公私混合企業，となる．複合的公企業とは，連邦と州，複数の州，あるいは州と市町村というように，複数の公的持分権者を有する公的共同企業をさす．また，公私混合企業においては，CEEP (Centre Européen de l'Enterprise Publique, Brüssel) の統計基準によれば，持株比率が50%超のものを公企業に含め，50%以下のものは参加企業と分類されている．

州を含む地方レベルに注目した場合，州レベルでは，とくに，電力事業，ガス事業のようなエネルギー供給企業において，その事業内容の性格上，多くの州において公私混合企業または複合的公企業の形態がとられている．また，比較的小規模の空港，港湾，運河などのインフラといった領域において州の関与が見られる．さらに，多くの州企業または州の参加企業が担当しているのが住宅企業である．これらの企業は，州の過半数所有が支配的であり，州と市町村

による複合的公企業または公私混合企業の形態がとられている．

　市町村企業は，市町村および市町村連合の経済的企業に属するものであり，独自の法人格をもたない．主要な事業範囲は，電力，ガス，上下水道などの供給企業，路面電車，バス，産業用鉄道などの交通事業，および金融機関になる．

②ベルリン州の公企業[6]

　ベルリン州は，2003年時点で6つの造営物法人（公社）を含む63の企業に直接的に出資し，240の企業に間接的に出資している．これらの企業は，政策領域に基づいて，①信用・保険，②住宅，③都市開発，④交通，⑤産業・農業・廃棄物処理，⑥文化・余暇，⑦学術，⑧医療・福祉，の8部門に整理されている．

　これらの州政府が所有する公企業は私法上の公企業形態をとるものが大半であるが，営造物法人（公社）は公法上の公企業に位置づけられる．いずれも法人格をもつ独立した経営体であることから，制度上，経営の自由を享受する立場にある．これらの法的に独立した公企業について，州政府がいかなる影響力を行使しうるかという点について，本章の考察対象であるベルリン運輸公社（BVG）も属する公社形態を例にとり検討してみよう．

　公社は，ベルリン州企業法を根拠とする組織形態であり，内部組織や権限配分において株式会社制度に類似している．すなわち，経営管理組織は，取締役会と監査役会の二層から構成され，このほかに株主総会に相当する保証人会議と，専門的な助言を与える諮問委員会が設けられている．取締役会が日々の経営意思決定を行う一方で，監査役会は取締役会を監視する役割を担っている．第6節（5）においてBVGを事例に分析されるように，州政府（財務省）が公社に対する影響力を確保する1つの手段として，監査役会の代表を選出，承認することがある．

　取締役会と監査役会が分離されることで，短期的な意思決定と中長期的な経営戦略に関わる意思決定が区別される．監査役会は，経営計画の決定や料金決定などの中長期的な経営戦略に関わる意思決定権限や取締役会議長の人事権を留保している点で，公社に対する影響力を担保している．その一方で，日々の経営意思決定については取締役会の裁量が確保されている．

その上で，州政府，とくに財務省が中心となって出資，管理，譲渡という任務を行うが，財政的な目標と専門政策的な目標という複数の目標が同時に追求される公社あるいは公私混合企業では，その統制を行う上で，いずれの目標が優先されるべきか，という点が重要になる．その判断には，対象となる企業の位置づけが明らかにされることが重要であると指摘される．

　ベルリン州では，州政府が所有する公企業を，①本来的な経済活動，②間接的な州の公共任務としてのインフラストラクチュア，③文化と学術，④その他，に分類している．①の例としては，ベルリン銀行のほか，住宅に関わる企業などが含まれる．以前は公営住宅の供給自体が公共任務と捉えられてきたが，現在では，良好な住宅が供給される状況を保証することが公共任務と捉えられる，という位置づけの変化が見られる．②の事例として，ベルリン運輸公社やベルリン水道公社が含まれる．これらは，実際に輸送手段や水を供給することからインフラとしての位置づけが与えられている．また，③には，ベルリン社会科学学術センター，④には，病院や観光・マーケティング会社が含まれる．

　以上のように，ドイツにおける公企業は法的独立や経済的独立性から整理されるが，とくに法人格をもつ公企業においては，その事業内容の特徴もあり，経営の裁量性が重視される．ただし，同時に公企業としての位置づけから，財政的な目標だけでなく，専門的政策の観点から目標を達成することが求められる．とくに，公共交通や水道事業における公社形態の公企業は，公法上の公企業と位置づけられ，2つの目標の間でバランスをとることが重視されていると言えよう．

第3節　ドイツ公会計制度

(1)　ドイツ会計制度の全体像[7]

　ドイツの会計制度は，大きく分けて公会計制度と企業会計制度に区分される（図3-2）．

　ドイツでは基本的には規則はすべて法律等によって機能させるという制定法主義の方法をとっている．このような方法は会計制度，とりわけ公会計制度にも深く影響を与えており，本節（3）に見るように，慣習法主義をとるアメリ

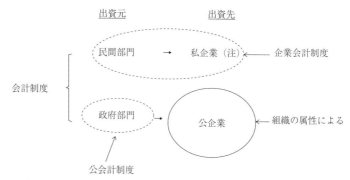

(注) 民間・政府両者の出資のある私企業は，公私混合企業．
(資料) ロットマン教授およびＰＷＣヒアリング（2010年6月22日）に基づき筆者作成．

図3-2　ドイツの会計制度

カ等における会計制度とはやや異なった，階層的な法体系のもとで運用されている．

　まず，ドイツの企業会計制度について見ておこう．ドイツにおける民間部門の企業会計制度は，商法典に基づくものと慣習に基づくものとの2つのレベルがあるが，会計制度自体は法律ではない[8]．

　一方，ドイツの公会計制度については，各政府レベルでの財政法，会計規定，税法などの法的関係が含まれたものとされている[9]．特に公会計を改革する際には，階層的な法体系の改正が必要となり，時間がかかる特徴を指摘する．

　さらに，連邦・州・地方政府が関係する組織である「公企業」に適用する会計制度の選択は，出資元（所有元）の属性（政府か民間か）に依存して決まるものではなく，出資先自体の法的組織形態によって決定される[10]．そこで問題になるのが，「公企業」の概念である．

(2)　公企業の概念と分類

①公企業の概念

　亀井（2004）は，公企業とは，有償で外部の需要を満たすような独立した生産経営体であり，その自己資本が国また自治体に帰属するものと整理している．これに，生産主体の収入成果と加え，私企業との比較において図示したものが，

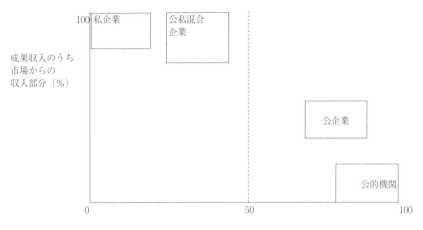

(資料) 亀井 (2004), 120頁.

図3-3 企業形態と財務構造

図3-3である．

まず，公的機関と私企業を両極に取る．一般行政機関が想定されている公的機関は，自己資本に占める公的主体の持ち分が高く，市場からの収入部分が極めて小さい．他方，私企業は，自己資本に占める公的主体の持ち分が少なく，市場から獲得できる利益に収入を依存している．これら両極との中間に，2つの類型を定置する．

第1に，公私混合企業である．これは，自己資本に占める公的主体の持ち分が若干高いものの，基本的には市場から獲得できる利益に収入の過半を依存するものである．

第2は，公企業である．亀井は，公企業について，上述のCEEP基準を援用し，自己資本に対する公的資本の持ち分が50%超であり，成果収入が必ずしもすべてが市場からのものに限定されない，と定義している．

②公企業の分類

公企業の概念を法形態に基づいて分類すれば，大きく分けて法的に独立していない①直営によるものと，法的に独立した，②公法人[11]，③私法人という3

つの形態がある[12]．

直営の場合，政府が直接業務を行う．公法人による場合，政府が法を制定して公法人に業務を委託する[13]．私法人による場合，政府が相対的に厳しい条件を提示して私法人に業務を委託する．

本章で取り上げるBVGは公法上の公企業である法人（公法人）の分類に該当する．公法人の場合には，一方でEU法によって競争が求められ，他方で公益サービスの供給義務があるという中で業務を行っている点に注意が必要となる[14]．

(3) 公会計制度の準拠法・規則

ドイツの公会計制度の特徴は，連邦・州・市町村のいずれにおいても，アメリカのGASB（General Accounting Standards Board）のような外部の基準設定主体はなく，議会に承認に基づく法律等によって，階層的に規制されている点にある（図3-4）[15]．

また，各政府の関連する公企業の場合には，①直営であれば，政府の準拠する予算関連法規が適用され，②私法上の法人であれば，原則として民間部門と同じ私法上の法人に適用される商法典が適用され，③公法上の法人であれば，原則として公法上の法人に適用される法律が適用される．

例えば，本章で取り上げる「公法上の公企業」であるベルリン運輸公社（BVG）では，直接的にはベルリン州企業法の適用を受け，商法典を準用する形をとっている．

（資料）亀井（2004）55頁の記述をもとに作成．

図3-4　ドイツ公会計の関連法の階層

(4) 本章の対象企業との関連

①ドイツ公会計制度の政府間関係との関連

本章の主たる対象は，ドイツ州・地方政府とドイツ州・地方政府所有の「公法上の公企業」の会計制度と業績評価の手法である．しかし，「公法上の公企業」に焦点を絞った会計制度のみの紹介では，「公法上の公企業」の会計上の論点すら把握することは難しい．というのは，所有者である政府からの統制をも把握する必要があるのみならず，近年では「公法上の公企業」と所有者である政府等の他の会計単位との連結問題等もあるからである．

この点を意識して，第2節でドイツの政府間財政関係（交通政策を担当する政府階層〔事務配分〕）を把握したが，ここでは図3-5を用いて「公法上の公企業」の位置づけについて概観しておきたい．そうすることで，「公法上の公企業」の個別財務諸表が，それぞれの財務諸表作成の中でどのように利用されるのか，そしてその統制関係をあらかじめ確認しておくことが目的である．

図3-5は，連邦政府が州・地方政府（ラントまたはライヒ）に支援金を交付し，州・地方政府が「公法上の公企業」に出資（または支援金を交付）し，「公法上の公企業」が関係会社（子会社や関連会社等）に出資している状況を示している．

このような場合，連邦政府，州・地方政府は，それぞれの公会計制度に基づいて予算・決算報告を行う[16]．また，「公法上の公企業」と公法上の公企業の関係会社は，法律に基づいて個別財務諸表を作成している．その後，出資者である「公法上の公企業」は，公法上の公企業グループの連結財務諸表を作成する（連結）．問題は，所有者である州・地方政府が，公法上の公企業の計算書類を用いて決算報告を行うか否かである．

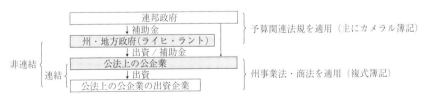

(資料) ロットマン教授（2010年6月22日），アダム教授（2010年6月23日）およびベルリン州財務省（2010年6月25日）におけるヒアリングに基づき筆者作成．

図3-5　ドイツにおける公法上の公企業の位置づけと適用法規

この点に関し，現在までのところ，ドイツの州・地方政府が「公法上の公企業」を含んだ連結財務諸表を作成することは例外的である[17]（非連結）．

というのは，公法上の公企業では複式簿記による記帳が行われているのに対し，州・地方政府ではカメラル簿記である場合が多く[18]，仮に連結貸借対照表によって開示する場合には，カメラル簿記によるデータからマニュアルによる手作業で開示データを作成する必要であり，手続きが非常に煩雑になるためである[19]．

②ベルリン運輸公社（BVG）の歴史的変遷[20]

本節の最後に，次節以降，具体的に取り上げるベルリン運輸公社（BVG）という公法上の公企業の歴史的変遷について紹介しておきたい．

BVGは3つの株式会社の合併によって，1928年に設立された．その後，38年には，ベルリン州の直営企業となり，担当省の支配下に置かれることとなった．ただし，予算外特殊財産として位置づけられ，法的には行政から独立しており，会計制度も独立したものとなっていた．一方で，借入規制があったため，欠損調整が一般会計から行われていた．この直営企業形態は93年まで続くこととなる．

その間，1949年には東西ドイツ分離によって，東ドイツに独自交通機関（BBB）が設立されていたが，92年に東西の交通機関が合併し，再びベルリン州直営企業となった．その際には，交通網の再構築や再接続が課題となっていた．また，それまで，28,000人いた従業員は，10,950人まで減少した．

1994年1月に，BVGは直営企業から公法人という現在の形に転換する．直営企業から公法人に転換したことで，借入規制の適用が除外された．また，ベルリン州側が業務遂行に十分な財源を確保する義務が生じることとなった．さらに，公法人化することで，担当省（都市開発省）が直接に業務を担当するのではなく，保証人会議を経由して運営が行われるようになった．その結果，BVGの欠損した赤字を州側が一部しか補償しなかった場合には，BVGに債務が残ることとなったのである[21]．

そこで，2000年にBVG再建計画が立てられることとなった．その内容は，BVGの構造上の見直しと経済性の改善であったが，その背景の1つには，民

間企業と同じような競争ができるようにするというEU法の存在があった．BVGは従業員が非常に多い企業であるため，再建計画の実施には，従業員側の納得を得る必要があった．そこで，計画の執行を担保するため，ベルリン州とBVGの間で，「企業契約」が締結されることとなった．この契約は，2007年で期限切れとなり，2008年1月1日からは，従来の赤字補てんではなく，実際の業務内容に基づく「交通契約」が新たに締結され，実施にいたっている．

第4節　州政府所有公法人の財務諸表と会計処理

本節は，公法人の財務諸表と会計処理について，ベルリン運輸公社（BVG）を事例としてみたい．

(1) BVGグループの組織構造と財務諸表の作成手順

BVGは，ベルリン州に100%所有され，ベルリン州との交通契約の開始（2008年1月1日）により，ベルリンの公共旅客近距離交通（Öffentlicher Personennahverkehr：ÖPNV）における地下鉄，路面軌道，バスの交通の供給を100%委託されている公法人である．つまり，ÖPNVのうち，地域列車と都市高速鉄道（S-Bahn）を除く，地下鉄（U-Bahn），路面電車，バスの運行を担っている．BVGは交通契約の終了（2020年8月31日）までは，ベルリン州により完全統合近距離交通企業としての存続が保証され，計画の確実性も確保されている[22]．

はじめに，2008年度時点のBVGグループの組織構造と財務諸表の作成手順について，図3-6を参照しながら確認しておこう．

BVGの組織構造は，BVG本社による2つの100%持株会社と1つの資本参加企業，100%持株会社の傘下に4つの100%子会社と1つの資本参加企業という構造になっている．

まず，持ち株会社の1つであるBVG資本参加ホールディング・管理有限会社（BVG Beteiligungsholding Verwaltungsgesellschaft mbH）は，もう1つの持ち株会社であるBVG資本参加ホールディング有限合資会社（BVG Beteiligungsholding GmbH & Co. KG：BHH）の事業統率を行っている．そして，BHH

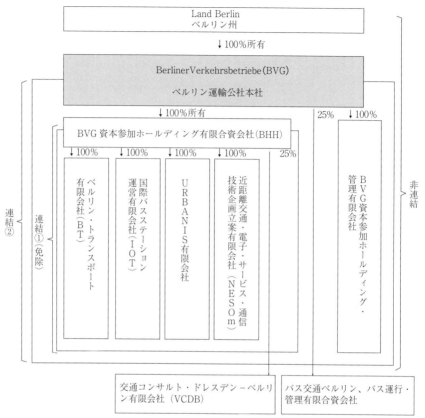

（資料）BVG（2009）"Geschäftsbericht2008" およびヒアリングに基づいて作成．

図 3-6　BVG グループの所有構造と財務諸表

は，以下 4 つの 100％子会社を所有している[23]．

　ベルリン・トランスポート有限会社（Berlin Transport GmbH：BT）は，運転サービスを行っている．国際バスステーション運営有限会社（Internationale Omnibusbahnhof-BetreibergesellschaftmbH：IOB）は，ベルリンの中央バスステーション（ZOB）を運営している．URBANIS 有限会社（URBANIS GmbH）は，主に地下鉄の駅舎にある売店スペースの賃貸と賃貸住宅の管理をしている．近距離交通・電子・サービス・通信技術企画立案有限会社（Projektierungsgesellschaft für Nahverkehrs-, Elektro-, Serviceund Kommunikationstechnik mbH：NES-

Kom）は，経済活動を停止している（非連結子会社）．

これらの全体的監督，計画，および管理を行うのがBVG本社である．表3-2でわかるとおり本社人員数は人員整理等によりここ数年減少傾向にあるものの，2008年度のBVGグループ総人員12,210人のうち本社所属社員が10,350人と，グループ全体の約85%を占めている．

このような組織構造を反映すべく，BVGグループの単体・連結財務諸表が作成される．特にBVG本社の作成する連結財務諸表，具体的には連結貸借対照表（KonzernBilanz），連結損益計算書（Konzern‐Gewinn‐und Verlustrechnung），連結キャッシュ・フロー計算書（Konzernkapitalflussrechnung）は，それぞれ以下のような手順により作成されたものである．

第1に，BVG本社が単体（der Berliner Verkehrsbetriebe, Anstalt des öffentlichen Rechts，公法機関としてのBVG）財務諸表を作成する．第2に，BVG本社が傘下の企業を連結するが，その際，4つの子会社を抱える持株会社であるBHHでは，グループ決算書とグループ状況報告書の作成が免除されている（連結①：免除）．BVG本社が持株会社とその子会社の両者を連結した財務諸表を作成するからである（連結②）[24]．

なお，現在までのところでは，ベルリン州の財政情報としてBVGの連結財

表3-2　従業員（フルタイム換算）数の推移

	2004	2005*	2006**	2007	2008
ベルリン運輸公社本社（BVG）	11,517	10,866	10,723	10,424	10,350
BVG資本参加ホールディング有限合資会社（BHH）	12	9	8	7	7
ベルリン・トランスポート有限会社（BT）	1,287	1,437	1,593	1,646	1,840
Urbanis有限会社***	145	85	8	10	10
国際バスステーション運営有限会社（IOB）	4	3	2	3	3
GHG居住有限会社	99	—	—	—	—
ベルリーナー・フェンスター（ベルリンの窓有限会社）	10	—	—	—	—
合計（BVGコンツェルン全体）	13,074	12,400	12,334	12,090	12,210

(注)　*旅行市場，ベルリーナー・フェンスター有限会社およびGHG居住有限会社の売却．
　　**VVR-Berek有限会社の売却．
　　***VVR-Berek有限会社の従業員を含む．
(資料)　BVG（2009）"Vollbeschäftigte", *Geschäftsbericht 2008*, p.29.

務諸表との連結情報は開示されていない[25]（非連結）．

(2) BVG グループの会計基準と会計処理
① BVG グループの会計基準

公法人である BVG の年度決算書とグループ決算書は，ベルリン州企業法（BerlBG）および開示法（PublG）の規定に従い，大規模資本会社に適用される商法典第 3 巻に基づいて提示されている[26]．また，交通企業年度決算書の構成に関する命令の補足規定も留意されており，その構成図式には業種特有の項目を追加している[27]．

② BVG グループの会計処理

BVG に特徴的な会計処理（2008 年時点）について取り上げてみたい．あらかじめ概要を述べれば，ほぼ企業会計制度と同様の会計基準となっている．

第 1 に，連結対象についてである．連結の対象範囲は，原則として，BVG 本社または BVG ホールディングが出資社員として 100% の株主になっている企業としている．ただし，近距離交通・電子・サービス・通信技術企画立案有限会社（NESKom）は，重要性が低いため非連結子会社としている．

また，BVG が 25% 所有しているバス交通ベルリン，バス運行・管理有限合資会社と BHH が 25% 保有している交通コンサルト・ドレスデン - ベルリン有限会社（VCDB）は，BVG が重要な影響力を行使しているため，連結決算書では持分法を採用し，「資本参加」として扱われている（ドイツ商法典第 311 条第 1 項）．

第 2 に，ベルリン州政府[28]からの公的資金[29]の処理である．公的資金の種類には，交通契約によるものと交通契約外のものに区別することができる．表 3-3 に公的資金の内容と会計処理，そしてこれらに関する 2009 年度の予算計画を示している．

ベルリン州から BVG への公的資金のうち，交通契約に基づく報酬は，交通サービスに対するものと交通インフラ維持改善に対するものに分けることが出来る．これらの報酬は，損益計算書の「その他の営業収入」の内訳にある「交通/企業契約からの払い戻し」に計上する[30]．また，交通契約外の公的資金は，

表3-3　ベルリン州との主たる資金関係および会計処理

(単位：1,000ユーロ)

		財務諸表	勘定科目	2009 (計画)
交通契約内	交通サービスにかかる経常経費分	損益計算書	その他の営業収入（交通/企業契約からの払い戻し）	75,000
	交通インフラの維持・補修にかかる投資経費分	損益計算書	その他の営業収入（交通/企業契約からの払い戻し）	175,000
交通契約外	年金基金負担金	損益計算書	その他の営業収入（交通/企業契約からの払い戻し）	37,900
	重度障害者移動支援金	損益計算書	交通による売上（収入不足額の補償）	22,200
	低所得者移動支援金（ソシアルチケット）	損益計算書	交通による売上（収入不足額の補償）	7,100
	通学支援金調整支払	損益計算書	交通による売上（収入不足額の補償）	64,700
	インフラ経費補助（路面電車等）	貸借対照表	保証機関からの債務	108,900
			合計	490,800

(資料) BVG提供資料およびヒアリングに基づいて筆者作成.

　大きく3つにわけることができる．1つ目は，ベルリン州からの年金基金負担金の受取である．「年金基金負担金」は，交通契約前の企業契約時には契約内とされていたものが，交通契約では契約外となったもので，開示上は企業契約の時と同様に，損益計算書の「その他の営業収入」（内訳では「交通/企業契約からの払い戻し」）に計上している．

　2つ目は，運賃割引に伴う損失補てんである．これらは，重度障害者への割引や失業者・社会扶助受給者への割引（ソシアルチケット）等の連邦政府・ベルリン州政府の政策に伴って運賃収入が減少するものを，連邦政府・ベルリン州政府による公的資金が補てんするもので，損益計算書上では「交通による売上」（内訳では「収入不足額の補償」）の項目に計上している．

　3つ目は，交通契約外のインフラ投資助成金である．BVGは投資のための資金調達先として，地域化法（RegG）や地域交通助成法（GVFG）に基づく連邦プログラムからの資金，解消法（EntflechtG）に基づく首都融資協定からの資金，ベルリン州からの資金を得ている．

　これらのインフラ投資助成金もベルリン州を経由して交付され，複数年度にわたり損益計算書に配分される．具体的には，助成金の受取時には，「保証機関からの債務」として貸借対照表に計上する．そして，投資実行時に貸借対照

表の「投資補助からの特別項目」に振り替えを行い，各期末に投資した固定資産の耐用年数に応じた減価償却に対応する形で損益計算書の「その他営業収入」(内訳では「投資補助からの特別項目の組み入れによる収益」) に振り替え計上している．

第3に，固定資産の会計処理である．まず，投資助成金により取得した固定資産については，圧縮記帳は行わず，通常の資金による固定資産取得と同様の処理を行っている．また，借入金等の負債によって取得した固定資産についても，負債利子を固定資産に含める処理は採用していない．さらに，固定資産の期末評価については低価法，具体的には洗替法を適用している．そのため，損益計算書上に低価法評価損と低価法評価損戻入益が計上される．

第4に，退職年金引当金の会計処理である[31]．退職年金引当金は，所得税法 (EStG) 第6a条の部分価値法 (保険数理を基礎とした算定利率6.0%) で計上している．ただし，商法典施行法 (EGHGB) 第28条の選択権を行使し，1987年1月1日以前の退職年金債務および間接的退職年金債務は計上していない．

第5に，公法人として通常の法人と同じように納税主体となっている．BVG本体では欠損金が累積しているため，所得を基準とする法人税を納付していないが，他の租税支払いは発生している．

(3) BVGグループの財務諸表分析

BVGの財務諸表には，貸借対照表，損益計算書，連結財務諸表には，連結貸借対照表，連結損益計算書，連結キャッシュ・フロー計算書がある．あらかじめ指摘すべきは，先に人員が本社に集中していることにもあるように，個別財務諸表と連結財務諸表との差異が極めて小さい．言い換えれば，個別財務諸表のBVG本社の状況が，ほぼBVGグループの状況を示しているともいえる．そこで，以下では，連結財務諸表を用いた分析を行う．

①連結損益計算書

まず，表3-4の当期損益に着目すると2005年度と2006年度では当期利益となっているが，それは非経常的な特別利益の計上によるものであり，実質的にはほぼ一貫して損失計上法人になっていることが分かる．

表 3-4　連結損益計算書

(単位：1,000 ユーロ)

	2002	2003	2004	2005	2006	2007	2008
営業収入	1,190,486	1,223,833	1,229,843	1,228,051	1,085,210	1,073,567	1,029,405
うち運賃	398,689	419,674	468,080	469,376	489,633	493,441	472,946
うち収入不足額の補償	129,211	136,901	90,655	89,571	89,363	89,212	87,399
うち交通／企業契約による報酬	418,467	416,185	412,567	412,487	306,750	308,028	272,155
うち投資補助からの特別項目の組入れ	71,279	75,521	80,605	76,417	74,074	78,149	78,514
営業費用	-1,253,006	-1,401,619	-1,281,531	-1,235,541	-1,132,953	-1,107,239	-1,093,380
うち労務費	-730,177	-843,456	-721,190	-663,504	-609,350	-586,029	-555,835
営業損益	-62,520	-177,786	-51,688	-7,490	-47,743	-33,672	-63,975
資本参加および財務による損益	-34,241	-40,309	-45,660	-40,482	-25,820	-23,838	-24,486
うち支払利息	-40,789	-47,651	-52,463	-47,398	-32,789	-30,702	-30,077
経常損益	-96,761	-218,095	-97,288	-47,972	-73,563	-57,510	-88,461
特別費用および特別収益				286,416	97,829		-156,300
所得および収益に係る租税	-297	-600	-1,934	-1,199	-14	-319	25
その他の租税	-2,031	-2,076	-1,997	-1,855	-1,308	-1,407	-1,382
当期損益	-99,089	-220,771	-101,219	235,390	22,944	-59,236	-246,118

(注) 営業収入の内訳は主要な金額のみを付属明細書等より記載．
(資料) BVG,"Konzern-Gewinn- und Verlustrechnung", Geschäftsbericht 各年度版より筆者作成．

　このことは，民間企業では主要な営業から生じる損益を表す営業損益を確認すると，一層明確になる．仮に営業収入の内訳にあるベルリン州からの「企業／交通契約による報酬」がなければ，営業損失がさらに拡大するからである[32]．確かに人員数の減少により「労務費」の削減効果もみられるが，これらの数字のみから判断する場合には，BVG グループによる交通事業は，現在の運賃収入のみでは運営が困難な状況にある．

　ただし，財務諸表を用いた評価指標は民間企業と同じものを利用しても，評価自体は公企業の特性を加味する必要もある[33]．というのは，先に指摘したように，政府所有の公法人の場合には，一方で EU 法によって競争が求められ，他方で公益サービスの供給義務があるという中で業務を行う必要もあるからである[34]．そしてこのような要望は，ドイツ国民への意識調査にも反映されている．主要な世論調査機関である DIMAP の調査によれば，ドイツ人の 62%

が公共近距離交通について公企業による供給が望ましいと回答し，特に公共による公共の福祉の追求に高い評価がある一方で，柔軟性と顧客志向の点で改善の余地がある[35]．

そこで，これまで業務と報酬の関連が不明確で損失補填的色彩の強かった企業契約から，業務と報酬との関連が比較的明確になる交通契約に変更し，現在の運営状況と統制環境の改善を試みているのである[36]．これらの手法についても，第6節で詳細に述べる．

②連結貸借対照表

次に，表3-5の連結貸借対照表に着目すると，その総資産（43億6,200万ユーロ）のうち約96%（41億7,000万ユーロ）が，交通業の主たる業務用資産である有形固定資産であることが確認できる．ここで着目するのは，有形固定資産投資に対する資金調達手法である．

第1の手法は，運賃収入による資金調達である．BVGに関しては，このような内部資金調達の手法は採用できない．というのは，営業損益段階で損失を計上しているからである．つまり，交通契約外のインフラ投資助成金等のBVG外部からの資金調達がなければ，投資資金が著しく不足している状態にある．

第2の方法は，政府資金による外部からの資金調達である．先に見たように，有形固定資産には政府からの助成金を利用して取得されているものがある．そして，政府資金による投資額は「投資補助からの特別項目」に示されており，この金額は資産項目の減価償却期間とともに減少する．つまり，「有形固定資産」に占める「投資補助からの特別項目」の割合が，概ね有形固定資産に占める政府からの助成金によって取得した資産の割合となる．その比率を算定すると，約35%前後が政府からの助成金によって取得した資産であることがわかる[37]．

そこで，累積赤字の中での投資資金の確保状況について確認しておこう．先に見たように，「保証機関に対する債務」（7,543万3,000ユーロ）はインフラ投資のための資金のうち当期までに未実施となっている金額であり，その内訳を確認すると一年以内債務が5,914万1,000ユーロであるから，少なくともそれ

だけの投資資金が即座に必要な状況にある．しかし，そのための流動性資金である「現預金」は 2,546 万ユーロとその半額程度しかなく，仮に保証機関への債権 5,507 万 2,000 ユーロ（ただし 4,559 万 2,000 ユーロは 1 年超の債権）が即座に回収できれば，投資可能という状況である．

表 3-5　連結貸借対照表

(単位：1,000 ユーロ)

	2002	2003	2004	2005	2006	2007	2008
固定資産	4,590,275	4,532,909	4,515,289	4,386,497	4,339,539	4,305,222	4,212,901
うち無形固定資産	41,866	50,128	52,844	51,672	48,088	43,939	40,051
うち有形固定資産	4,545,975	4,480,322	4,459,961	4,332,272	4,288,875	4,258,815	4,170,382
流動資産	222,534	274,853	261,530	229,897	238,972	154,111	149,631
うち保証機関への債権	119,602	181,204	144,655	130,735	80,616	62,572	55,702
うち現金および預金	19,400	11,438	19,446	28,612	79,624	14,944	25,460
繰延資産	140	215	242	303	45	54	159
総資産	4,812,949	4,807,977	4,777,061	4,616,697	4,578,556	4,459,387	4,362,691

	2002	2003	2004	2005	2006	2007	2008
自己資本	1,959,844	1,746,438	1,645,219	1,851,901	1,874,845	1,815,262	1,569,144
うち資本金	2,560,000	2,560,000	2,560,000	2,560,000	2,560,000	2,560,000	2,560,000
うち貸借対照表損失	-644,725	-865,520	-966,740	-726,996	-704,054	-763,411	-1,009,529
投資補助からの特別項目	1,424,831	1,430,853	1,443,311	1,470,329	1,494,116	1,467,477	1,467,256
引当金	361,409	473,926	436,619	381,717	363,324	345,705	518,633
うち退職年金引当金およびこれに類する債務に対する引当金	96,552	101,403	94,164	95,424	95,276	95,223	95,519
うち定年前退職および退職一時金のための引当金	201,017	299,020	276,346	222,422	201,073	175,861	151,878
債務	1,020,360	1,108,142	1,205,952	864,494	808,475	788,478	766,291
うち金融機関に対する債務	909,240	1,025,608	1,118,758	798,556	741,792	675,826	635,102
うち保証機関に対する債務	19,723	24,216	21,951	11,935	11,838	59,795	75,433
繰延収益・見越費用項目（前受収益・未払金等）	45,564	48,618	45,960	44,256	37,796	42,465	41,367
総負債・資本	4,812,949	4,807,977	4,777,061	4,616,697	4,578,556	4,459,387	4,362,691

(注)　各項目の内訳は主要な金額のみを付属明細書等より記載．
(資料)　BVG,"KonzernBilanz", Geschäftsbericht 各年度版および付属明細書より筆者作成．

このことは，ベルリン州からの契約外のインフラ投資助成金がなければ，投資資金が著しく不足していた状態であり，資本補助金を受けたものについて投資計画の実行を繰り延べる形で，経常的な資金として使用されていた可能性も否定できないことを示している．そのようなことにも配慮してか，企業契約から交通契約への変更に伴って，投資需要と現実の投資，そして経常経費への流用の有無等の検証が第三者によってなされるようになっている[38]．

BVGによれば，必要となるインフラ投資のための資金は，将来においても交通収益だけでは確保することは難しく，引き続き連邦・州からの助成金が必要と考えている[39]．しかし，従来の地域交通助成法（GVFG）の終了等により，連邦の助成策がなくなり，州が交通投資に完全に責任を負うようになると，公共旅客近距離交通への助成金はこれまでに比べて減少する恐れがある．仮にそうなると，インフラ投資資金獲得のために，交通事業のための起債が不可避となるとしている．言い換えれば，現在までのところ，BVGは資本市場志向ではなく，証券市場からの資金調達を行っていない[40]．次に見る，金融機関からの資金調達で十分確保できると考えているからである．

第3の手法は，金融機関等からの資金調達である．BVGは上に述べた新たな交通契約と，公法人としてベルリン州企業法（BerlBG）で規定されているベルリン州からの債務保証とにより[41]，倒産リスクがほとんどない．そのため，財務諸表上は繰越欠損金が累積しているにもかかわらず，銀行借入れによる資金調達は容易であり，金融機関が貸付けを要望してくるほどであるという[42]．しかしその一方で，BVGは仮に現在の法的な形態が変更され，それに伴ってベルリン州による債務保証責任が消滅した場合には，必要な債務に伴う支払金利が上昇するリスクがあることを認識しており[43]，金融機関に対する債務の規模は削減傾向にある．

第5節 ベルリン州政府の予算・決算制度との関連

本節では，BVGとベルリン州政府の予算決算の関連を整理してみたい．

(1) ベルリン州の予算会計（予算・決算）の開示

表3-6はベルリン州政府における2008年度の予算額と決算額を表示している．

ベルリン州の予算・決算における会計制度（＝予算会計）は，現金主義・カメラル簿記に基づいている．ベルリン州の予算編成では2002年度より2か年予算を採用しており，2008年度予算は2009年度予算と共に作成される．ベルリン州では歳入・歳出予算のそれぞれの中で，ベルリン州内の12地区に対する予算配分を行っている．ただし予算会計の決算額は，次年度予算の前年度実績という形で示されており，決算額そのものの開示資料を入手することは難しい．そのため，2008年度の決算額は，2010年度/2011年度の予算書の中で開示されている決算額を利用している．つまり，ここでは予算額に対する決算額という形で差異を算定したが，入手可能なデータでは，予算額と決算額の差異を一覧で把握することも容易ではない．

BVGへの支出に関連する項目は，表3-6でも網かけで示しているが，ややおおざっぱに過ぎる．そこでBVGへの支出をもう少し詳細に把握すべく，ベルリン州の2008年度歳出予算および決算のうち各項目の内訳に立ち入り，BVGに関連する公共旅客近距離交通（ÖPNV）に対する財源配分について一覧表を作成した（表3-7）．

第4節で確認したように，BVGはÖPNVのうち，地域列車と都市高速鉄道（S-Bahn）を除く，地下鉄（U-Bahn），路面電車，バスの運行を担っている．表3-6ではその金額を把握すべく，BVGに関係する州からの財源配分を網掛けで示している．

BVGに対する財源配分は，都市開発省（所管番号1270）が所管する「交通契約に基づくBVGへの支払い」，「ÖPNVに対する投資補助金」と，経済・技術・女性省（所管番号1330）が所管する「債務償還費用と各種の補償支払い」から構成されている．

「交通契約に基づくBVGに対する支払い」予算2億5,000万ユーロ（ÖPNVに対する財源配分の約31.8％）は，2008年度に新たに設けられた歳出科目であり，2007年度までの事業契約にもとづくBVGに対する資本供給を引き継ぐものと位置付けられる．

表 3-6　ベルリン州の歳出歳入予算額および決算額（2008 年度）

(単位：1,000 ユーロ)

歳入項目	予算額（①）	債務負担権限額	決算額（②）	差異（①-②）
0　租税，租税に類似する課徴金および EU 独自財源による収入	10,376,235	-	10,685,276	-309,041
1　行政収入，債務返済等による収入	2,677,586	-	2,788,185	-110,599
2　投資以外の配分や補助金による収入	7,696,848	-	7,960,944	-264,096
3　借入，投資目的の配分，補助金による収入，特別の財政収入	24,812	-	-299,281	324,093
歳入合計	20,775,481		21,135,124	-359,643

歳出項目（性質別分類）	予算額	債務負担権限額	決算額	差異（①-②）
4　人件費	6,256,416	-	6,288,466	-32,050
41　議員およびボランティア職員への支払い	22,002	-	20,696	1,305
42　給与，報酬，賃金	4,895,098	-	4,744,666	150,433
43　年金および関連給付	1,186,704	-	1,201,859	-15,155
44　給付，補助および福祉給付	297,721	-	320,273	-22,552
45　その他の人件費関連支出	1,839	-	973	866
46　人件費における一括の黒字と赤字	-146,947	-	-	-146,947
5　行政支出および元利返済支出	4,770,051	269,883	4,704,485	65,566
51　行政支出	1,044,320	41,337		
52　行政支出	462,804	30,788	2,342,667	-1,879,863
53　行政支出	14,797	585		
54　行政支出	797,484	197,173		
56　地域企業，特別資産および地域企業の合併における利払い費	9,827	-	8,606	1,221
57　信用市場における利払い費	2,379,808	-	2,294,419	85,389
58　地域企業，特別資産および地域企業の合併における返済費用	61,010	-	58,683	2,327
6　投資を除く配分，補助金支出	8,233,944	510,125	8,420,505	-186,561
63　公的部門への各種（特定）配分	431,354	-	421,338	10,016
66　各種部門への元利返済補助	649,127	77	658,539	-9,411
67　各種部門への返済	1,984,407	97,665	2,171,999	-187,592
68　各種部門への経常目的の各種補助金	5,089,045	401,288	5,086,305	2,740
69　投資目的でない資産移転	80,011	11,095	82,324	-2,313
7　建設目的の投資支出	232,606	169,870	147,273	85,333
70　建設プロジェクト，建築費用	119,968	102,478		
71　建設プロジェクト，建築費用	42,119	28,784	105,509	14,459
72　土木建設プロジェクト	57,391	32,791	36,873	20,518
73　土木建設プロジェクト	13,128	5,817	4,890	8,238
8　各種投資支出および投資促進のための支出	1,210,745	738,104	1,299,269	-88,524
81　動産の購入，開発プロジェクト	79,047	88,188	84,901	-5,854
82　不動産の購入	43,340	-	41,816	1,524
83　株式等の購入	81,140	35,890	34,203	46,937

第3章　ドイツ州・地方政府と公企業の公会計・予算・監査制度

	歳出項目（性質別分類）	予算額	債務負担権限額	決算額	差異（①-②）
86	各種部門への貸付	155,971	2,808	149,818	6,153
87	保証の利用	80,000	-	144,996	-64,996
88	公的部門の投資への配分	85,424	76,969	103,501	-18,077
89	各種部門の投資への補助金	685,823	534,249	740,034	-54,211
9	特別の財政支出	71,719	-	275,127	-203,408
91	準備金，基金，ストックへの割り当て	9,230	-	51,528	-42,299
96	前年度までの赤字補てん支出	80,943	-	220,417	-139,474
97	一括の黒字と赤字 (lump-sum surplus and deficit)	-21,510	-	-	-21,510
98	予算技術的な精算	3,057	-	3,182	-125
	歳出合計	20,775,481	1,687,982	21,135,124	-359,644

（資料）Haushaltsplan von Berlin für die Haushaltsjahre 2008/2009 および 2010/2011 より作成．

表3-7　公共旅客近距離交通（ÖPNV）に対する財源配分

(単位：1,000 ユーロ)

所管省	歳出科目番号	歳出科目	予算額	債務負担権限額	決算額
1270	54003	地域列車・都市高速鉄道（S-bahn）への支払い	279,790		277,176
	54045	都市内公共旅客近距離交通（BVG）への支払い	250,000		250,000
	54220	鉄道型地域交通の準備費用	130		199
	68235	ドイツ鉄道（DB）に対する新規建設計画の財源協定からの補助金	350	200	350
	68365	ベルリン・ブランデンブルグ交通同盟（VBB）への営業損失補償	2,500		2,500
	72018	ÖPNVにおける乗換改良のための投資支出	250	150	468
	89102	ÖPNVへの投資補助金	111,250	80,000	111,069
		財源内訳：地域交通助成法（GVFG）連邦プログラムにもとづく連邦政府からの割当	7,000		
		GVFG州プログラムの補償として解消法にもとづく連邦政府からの補償支払	40,731		
		地域化法にもとづく連邦政府からの割当	33,600		
		首都助成協定にもとづく連邦政府からの割当	1,500		
		都市高速鉄道，地下鉄，路面電車建設に対する州財源	27,419		
1330	66123	BVGによる貸付に対する元利償還	11,211		11,210
	68212	BVGの運賃欠損に対する補償（重度障害者輸送）	21,800		22,190
	68213	BVGのその他の事業外負担に対する補助金	108,950		111,772
		支出内訳：BVGによる職業訓練生・学生割引に対する補償支払	64,650		
		BVGによる以前の従業員に対する年金支払の補償	38,800		
		失業者・社会扶助受給者割引（Berlin Ticket S）に対する補償支払	5,500		
			786,231	80,350	786,934

（資料）Haushaltsplan von Berlin für die Haushaltsjahre 2008/2009 および 2010/2011 より作成．

「ÖPNV に対する投資補助金」予算1億1,125万ユーロ（ÖPNV に対する財源配分の約14.1%）の対象は，BVG だけではなく，地域列車や都市高速鉄道を含めたものとなっている．その財源内訳をみると，連邦政府からの財源移転（地域交通助成法，解消法，地域化法，首都助成協定に基づくもの）が「ÖPNV に対する投資補助金」の約75.5%と，大きな割合を占めていることがわかる．

(2) BVG内部とベルリン州政府内部での予算・決算統制と会計

①ベルリン州政府内部の予算・決算統制

ベルリン州内部において予算決算統制に用いられるのは，カメラル簿記による計算書である．カメラル簿記の特徴は，「現金および現金同等物に関する収支」のみを記録の対象とすることに加え，実際の執行額のみならず，予算額，実際の執行額と予算額との差異をもその記帳の対象としていることにある[44]．表3-8 はベルリン州のカメラル簿記による膨大な決算書類の中で，表3-7 と同様の BVG に関連する公共旅客近距離交通（ÖPNV）支出を手作業で抽出したものを示している．

予算に対する実績を示し，ベルリン州内部において両者の差異を把握できるという点で，成立した予算に対する合規性を検証する意味では優れた長所を有する．しかし，資金の拠出先合計を把握する等，内部においても他の形で利用

表3-8　ベルリン州政府のカメラル簿記と E

費目	FZ	Fkt	歳出科目	執行額	未決済（当年度）	合計（実績）5＋6
1	2	3	4	5	6	7
54045		741	都市内公共旅客近距離交通（BVG）への支払い	250,000	0	250,000
68212		831	BVGの運賃欠損に対する補償	22,190	0	22,190
68213		831	BVGへのその他の事業外負担に対する補償	111,772	0	111,772
66123		831	BVGによる貸付に対する元利償還	11,210	0	11,210
89102		741	ÖPNVへの投資補助金	111,069	490	111,559

（出典）ベルリン州財務省提供資料より作成．

第3章　ドイツ州・地方政府と公企業の公会計・予算・監査制度　　　153

する場合には，時間と労力を必要とする．そのため，適時性に欠く点は否めない．

② BVG 内部での予算・決算統制

BVG 内部では複数年度の資金計画（流動性計画）をもつ予算（経済計画）を作成し，予算と実績の乖離が生じた場合，年度内に分析し対策が講じられている．そして，資金計画は，損益計算書や貸借対照表の数値を基礎にしているが，内部情報の入手と内部統制という内部管理にのみ利用し，会計制度とは連動はしていないという[45]．

(3) ベルリン州政府の決算値と BVG 決算値との関連

本節で議論してきた BGV に関連する支出（表3-7, 3-8）をベルリン州の決算書（表3-6）に埋め込む形であえて一覧で示すと，表3-9のようになる．ただし，このような開示方法でも，政府外部の利用者が BVG 財務諸表との関連を把握することが容易になるとは言い難い．というのは，ベルリン州の支出額が BVG の財務諸表における受取額に必ずしも一致しないからである．

1つの理由は，ベルリン州での認識基準が現金主義（あるいは修正現金主義）によるもので，BVG の認識基準が発生主義によることから生じている．例えば，表3-8にある BVG との交通契約による報酬支払額を示す「事務的な行政支出」の「都市内公共旅客近距離交通（BVG）の支払い」の金額（2億5,000万ユーロ）は，BVG の連結損益計算書にある「交通／企業契約による報酬」の金

への支出（2008年度決算）　　　　　　　　　　（単位：1,000ユーロ）

予算	未決済（前年度）	合計（予算）8 + 9	超過額／差額 7 − 10	HPL より高額または新しい歳出	Er1
8	9	10	11	12	13
250,000	0	250,000	0	0	
21,800	0	21,800	390	390	U1
108,950	0	108,950	2,822	2,822	U1
11,211	0	11,211	(1)	0	
111,250	0	111,250	309	0	

表 3-9 ベルリン州財政の決算歳出と BVG への支出

(単位:1,000 ユーロ)

歳出科目	名称	2008 年度	比率
54 ×××	事務的な行政支出	799,800	3.8%
	うち都市内公共旅客近距離交通(BVG)への支払い	250,000	1.2%
66 ×××	その他の分野への債務業務補助(債務負担行為)	658,539	3.1%
	うち BVG による貸付に対する元利償還	11,210	0.1%
68 ×××	その他の分野への経常的な目的に対するその他の補助金	5,086,305	24.1%
	うち BVG の運賃欠損に対する補償	22,190	0.1%
	うち BVG へのその他の事業外負担に対する補償	111,772	0.5%
89 ×××	その他の分野への投資に対する補助金	740,034	3.5%
	うち ÖPNV への投資補助金	111,069	0.5%
	上記以外の歳出	13,850,500	65.5%
	決算歳出合計	21,135,124	100.0%

(資料) ベルリン州財務省ヒアリングおよび提供資料等に基づいて作成.

額(2億7,215万5,000ユーロ)と一致しない[46].もう1つの理由は,ベルリン州からの資金の一部を他の会社に配分する場合に,BVG が受入と配分をネット計上するときに生じる[47].

さらに,BVG のストック情報とベルリン州政府のストック情報との関連となると,その解明はさらに困難となる.というのは,カメラル簿記に基づく計算書類には帳簿組織と有機的関連を有するストック情報の計算書の作成が難しいからである.このような問題点を解消する1つの方策として,ドイツ公会計制度においても記帳方法としてカメラル簿記から複式簿記への転換,貸借対照表の作成,連結財務諸表による開示等が議論されている[48].

(4) ベルリン州決算とBVG決算との関連

最後に,決算統制のプロセスを確認しておきたい.表3-10はBVGとBVGの所有者であるベルリン州の決算のプロセスをまとめている.

BVGの12月末決算は2月末と早期に確定した後,ベルリン州政府に提出され,6月末にはベルリン州政府が議会に報告する.一方,ベルリン州政府の12月末決算は,出納整理期間の後に8月末まで検査が行われ,ベルリン州議会へ

表3-10 ベルリン州とBVGグループの決算日と監査報告書提出日（終了日）等の関係

	決算日	外部監査	監査役	州会計検査院検査	州議会に報告
ベルリン州政府	2008/12/31	-	-	2009/8月末まで	2009/9月以降
BVGグループ	2008/12/31	2009/2/27	2009/2/27	不定期	2009/6月末まで*
BVG	2008/12/31				

(注)*決算書ではなく，州政府の作成書類を議会に提出．
(資料) BVG（2009）*Geschäftsbericht 2008* およびベルリン州財務省ヒアリングに基づいて作成．

の検査結果の報告は9月以降になる．つまり，ベルリン州政府の決算に対する検査は，BVGの監査結果をも利用する形で行われるが，その報告が12月末の決算日から9か月を経過しているという点で，適時性があるとは言い難い．

第6節　統制手段の実態

(1) 総論

図3-7のようにBVGに対する外部からの統制の構図は，各省が州政府を代表して統制を行い，州政府は州議会により監督されるとともに州議会の決定にもとに執行を行うというものである．州会計検査院は，立場的には州政府や州議会と同じ位置にあり，州議会に対して検査報告を行い，州議会の州政府に対する監査基盤になっている[49]．また，州政府内部での役割分担は，都市開発省が料金認可やサービスの質の監督，財務省が財務面の監督，経済行政省は法律面の監督を行う．州議会内部での役割分担は，財務マネジメントコントロール委員会が財務面の監督，交通委員会が業務内容を監督してサービス供給のバランスについての監督をしている．

これに加えて，BVG自身による内部統制がある．本節ではまず，BVG自身の内部統制を（(2)），続いてBVGに対する外部からの統制（(3)〜(6)）を確認していこう．

(2) BVGにおける財務諸表を用いた内部統制

BVGによる内部統制は，都市開発省（および都市開発省任務担当者の委任に基

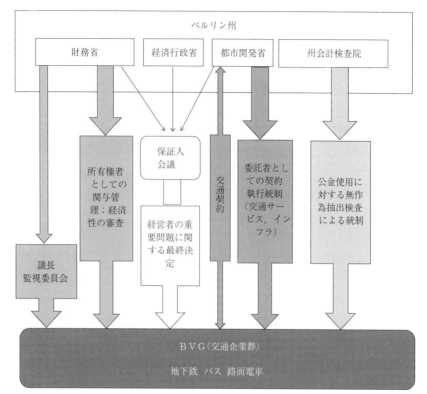

(資料) CNB"Zuständigkeiten / Aufgaben im Verhältnis Land Berlin und BVG AöR"(CNB 提供資料) より作成.

図3-7 ベルリン州およびBVG(公法上の施設)との関係における管轄領域／任務

づくCNB)の業務監督に対応する業務統制と,財務監督に対応する,財務諸表を用いた財務統制に分かれる.ここでは,主に後者について確認する.

①年次報告書に見られる財務諸表

表3-11は,年次報告書のうち,損益計算書を要約したBVGの説明資料である.注目すべきは,この資料において,BVGがあえて独自に算出したEBITDA (Earnings Before Interest Taxes Depreciation and Amortization, 利払前・税引前・減価償却前・その他償却前利益) およびEBIT (Earnings Before Interest Taxes, 利払前・税引前利益) が掲げられている点である.定義から,

第3章　ドイツ州・地方政府と公企業の公会計・予算・監査制度　　157

表3-11　「BVGの損益概観」に見られる財務諸表から誘導された指標

(単位：100万ユーロ)

ベルリン交通事業公社	BVG		コンツェルン	
	2008	2007	2008	2007
1　運賃による収益1	492.5	496.6	492.5	496.6
2　学校生徒と重度障害者の交通および社会切符による収入欠損の補填1	88.3	89.5	88.3	89.5
3　その他の収益（特別項目の取り崩し，営業外収益，資本参加からの収益，罰金としての割増運賃の債権の減額記入を含む金利収益を含まない）	74	71.3	78.6	76.2
4　企業契約が定める交通インフラに関する弁済，VBL費用，相殺支払い		263.1		263.1
5　交通契約が定める発注者報酬	235.4	−	235.4	
6　特別項目の取り崩し，営業外収益，資本参加からの収益，金利収益を含まない収益（＝1+2+3+4+5）	890.2	920.5	894.8	925.4
7　労務費（保険額，退職給与，人事措置のための費用/引当金を含まない）	383.7	397.9	440.4	449.8
8　保険額（雇用者負担分を含まない）	74.2	84.7	77	85.7
9　退職給与	38.3	40.7	38.3	40.7
10　−退職給与費用に関するベルリン市州の代替支払い	36.7	44.9	36.7	44.9
11　人事措置に関する費用/引当金設定	0	9.7	0	9.7
12　BT有限会社の給付	59.7	55	0	0
13　物件費（エネルギー，営業外費用，無賃乗車への罰金としての割増運賃債権の減額記入を含まず）	208.3	199.5	212.5	203.8
14　エネルギー	91.4	91.1	91.6	91.2
15　営業外損益	−11	7.8	−10.7	8.3
16　資本参加による損益	0.1	0.2	0.1	0.2
17　EBITDA（＝6-7-8-9+10-11-12-13-14+15+16）	60.4	94.7	61.2	97.9
18　正味減価償却費	125.7	132	126.5	132.8
19　EBIT（＝17-18）	−65.2	−37.3	−65.2	−34.9
20　特別損益	−156.3	0	−156.3	0
21　財務損益	−25.5	−24.8	−24.6	−24
22　所得および収益に係る租税	0.0.	0	0	0.3
23　総損益（ドイツ商法典による損益）（＝19+20+21-22）	−247.1	−62.1	−246.1	−59.2
24　営業外損益と特別損益を含まない総損益（ドイツ商法典による損益）（＝23-15-20）	−79.8	−69.9	−79.1	−67.6

(資料) BVG (2009) "Ergebnisübersicht der BVG AöR und Konzern", Geschäftsbericht 2008.pp.57 より筆者作成．

EBITDA から EBIT を差し引けば正味減価償却費となる．

　表3-11から，EBITDA 時点では，グループベースで2008年に6,120万ユーロの黒字が計上されている．その一方，EBIT ベースでは2008年に6,520万ユーロの赤字を計上するに至っている．つまり，BVGの経営において，正味減価償却費がいかに大きな比重を占めているかが確認できる．と同時に，BVG

が正味減価償却費を除いた状態（EBITDA）で，どれだけの収益を確保できているかについても着目していることがわかる．

　この点を裏付けるような指標として，年次報告書の中に登場し，2008事業年度で90.2％となっている「交通業務に関する発注者報酬（公費）を含めたBVGの原価回収率」がある[50]．

　ここの指標についてで注目すべきは以下の2点である．第1に，この回収率は，交通インフラストラクチュア，年金費用の還付，中立および特別損益，年金費用，人事措置のための費用／引当金を考慮していない．特に，交通インフラの減価償却部分を対象にしていない．これは，BVGが業績指標としてEBITDAを重視している姿勢と対応している．

　第2に，指標の分子に発注者報酬，つまり租税資金等をあらかじめ含めている点である．確かに租税を投入している公企業においても，租税投入以前の費用回収率，例えば運賃収入／営業費用比率（Farebox recovery ratio）を，資本市場との兼ね合いで重視する姿勢を取るケースが存在する[51]．しかし，BVGの指標作成に対する態度はこれと異なっている．

　この点について，BVGの担当者は，交通契約の成立以前には，国際的な事例と同じように，運賃収入／営業費用比率を重視していたが，交通契約の成立以後に，現在の指標に移った，と述べている．

　このように参考とする指標が移行した背景には，企業契約から交通契約への移行を促した欧州司法裁判所判断があるという．本節（3）⑤で再度確認するが，欧州司法裁判所判断は，これまでの政府支援の形態であった事後的な補填から，事前的な契約への移行を促した．これによって，それまで事前に総収入が不確定であったが故に，代理指標として示されていた運賃収入／営業費用などの指標が不要になり，契約による収入を織り込んだ「正確な」指標として，現在の指標が用いられるようになったのである．

②内部統制のために企図されている財務諸表

　BVGは，年次報告書とは別に，内部統制のために指標を作成することを検討しているという．表3-12は，その主要指標である．このうち，主に財務諸表から誘導的に作成された指標について特徴を把握すると，以下の3点となる．

表3-12 BVG 主要成果指標 (Key Performance Indicator)

指標名	算出式	導出資料
自己資本比率 Equity Ratio	自己資本／総資本 ＊100 Total Owner's Equity x 100／Capital	BS
債務比率 Debt Ratio	総負債／総資産 or 総資本 Total debts／Total asset or capital	BS
総資本固定比率Ⅰ Equity-To-Fixed-Assets Ratio (LEVEL I)	総資本／固定資産 ＊100 Equity x 100／Long-Term Assets	BS
総資本固定比率Ⅱ Equity-To-Fixed-Assets Ratio (LEVEL II)	(総資本＋長期負債)／固定資産 ＊100 (Equity + Long-term Debt) x 100／Long-Term Assets	BS
現金比率 Cash Ratio	(現金及び現金同等物)／流動負債 ＊100 (Cash + Cash Equivalents) x 100／Current Liabilities	CS + BS
当座比率 Quick Ratio	(流動資産－棚卸資産)／流動負債 ＊100 (Current Assets - Inventory) x 100／Current Liabilities	CS + BS
流動比率 Current Ratio	流動資産／流動負債 ＊100 Current Assets x 100／Current Liabilities	CS + BS
拡張流動比率 Extended Current Ratio	(流動資産＋短期借入)／流動負債 ＊100 (Current Assets + short term credit) x 100／Current Liabilities	CS + BS
債務自己資本比率 Debt-to-Equity Ratio	総負債／自己資本 Total Liabilities／Total Owners'Equity	BS (1
利払費／税引前・利払前利益回収比率 Interest Coverage Ratio	税引前・利払前利益／利払費 ＊100 EBIT x 100／Interest Expense	PL (2
現金消耗率 Cash-burn Rate	(流動性資産＋準流動資産)／純キャッシュフロー Liquid Resources (+ Near-liquid Assets)／Net Cash Outflow	内部資料
顧客獲得率 Customer Acquisition／Churn Rate	新規顧客数／当期全顧客 ＊100 Number of New／Discontinued Customers x 100／Beginning Balance of Total Customers	内部資料
人件費比率 Personnel Costs Ratio	期中総人件費／期中総費用 Gross Personnel Costs in a Period x 100／Total Costs in a Period	内部資料
労働生産性 Labor Productivity	アウトプット (期中産出量 or 付加価値)／インプット (従業員数 or 労働総時間数) Output (measured in Produced Quantity or Value Added)／Input (Number of Employees or Time at Work)	内部資料
病欠・欠勤比率 Sickness-Absenteeism Rate	期中病欠・欠勤日数／予算化済み期中総労働日数 Number of Sickness-absenteeism Days in a Period x 100／Total Number of Budgeted Work Days in a Period	内部資料
利払前・税引前利益 Earning before Interest and Taxes (EBIT)	純損益＋所得税・利潤税 (－税還付収入) ＋利払費 Net Income or Loss+Taxes on income and profits (-Tax Refund) + Interest Expense	PL + BS + CS
利払前・税引前・その他償却前利益 Earning before Interest, Taxes and Amortization (EBITA)	利払前利益・税引前＋(のれん含む) 無形固定資産償却 EBIT + Amortization of Intangible Assets, including Goodwill	PL + BS + CS

表 3-12（続）

指標名	算出式	導出資料
経常損益 Profit or Loss from Ordinary Business Operations	純損益＋特別収入－特別損失＋所得税・利潤税（－税還付収入） Net Income or Loss+ Extraordinary Income (- Extraordinary Loss) + Taxes on incocome and profits (- Tax Refund)	PL
特別損益 Profit or Loss from Extraordinary Operations		PL
現金比率 Cash Ratio	（直接法）純現金インフロー－現金支出 Revenues generating Cash Inflows-Expenses causing Cash Outflows	内部資料

(資料) BVG 資料より作成.

第1に,民間と同様の財務指標を積極的に用いている点である.既に年次報告書に登場したEBITをはじめとして,自己資本比率,現金比率,当座比率,流動比率,債務自己資本比率,インタレストカヴァレッジレシオなどは,いずれも民間企業で用いられている指標である.

第2に,第1の特徴を前提にしつつ,BVGの特徴を意識した指標が使われている.例えば,総資本固定比率を,債務自己資本比率とは別に算定している.さらに注目すべきは,総資本固定比率Ⅱ,つまり,総資本＋長期負債を分母とする指標の算出である.これは,BVGが総資本と長期外部資本で事業用長期固定資産をどの程度までカヴァーしているかを算出するものであり,BVGのファイナンスが良好であるか否かを把握するための指標である.なお,内部資料から導出されているが,通常ベンチャー企業などに用いられる現金消耗率が算出されている点も興味深い.

第3に,利潤に関連する指標は算出されていない.例えば,自己資本利益率などは算出されておらず,後述するベルリン州議会で算出されている指標とは異なっている.これは,既に分析してきたように,BVGが運賃（自己収入）では収益をあげえない公企業である特性を反映していると考えられる[52].

(3) 都市開発省による BVG への業務統制

①交通分野における計画体系

BVGの外部から業務統制を行うベルリン州都市開発省（Senatsverwaltung für Stadtentwicklung）は,ベルリンにおける公共交通機関の提供および組織に

対する責任を担っている．公共交通機関の提供義務とは，低所得者，障害者を含む全ての市民の移動性を，時間帯を問わずに確保することであるとする．なお，移動性を確保することは都市環境保護に繋がると共に，立地拠点，所得，環境に左右されない移動を通じて市民の社会参画を確保することをも企図するとしている[53]．

公共交通機関の提供義務範囲は，①交通部門都市開発計画（Stadtentwicklungsplan Verkehr）の策定，②地域化法（Regionalisierungsgesetz）に規定された公共旅客近距離交通（Öffentlicher Personennahverkher）に関するベルリン州近距離交通計画（Nahverkehrsplan）の策定において具体的に定められる[54]．

交通部門都市開発計画は，交通政策におけるヒエラルキーの最上位に位置している．同計画では，道路，線路，バスを含むすべての交通政策分野の，社会的目標を含む明確な目標，戦略および手段を包摂している．

近距離交通計画は，都市開発計画で定められた目標，基準，指針および具体策の提案を活かして，郊外鉄道（S-Bahn），地下鉄（U-Bahn），路面電車，バス，水上輸送機関および地域交通によるサービスの範囲と質を決定する法律文書であり，州議会の議決を要する．なお，地域交通助成法（Gemeindeverkehrsfinanzierungsgesetz）に基づく，鉱油税（Mineralölsteuer）を財源とする連邦政府の資金援助措置は，州政府が定めた近距離交通計画に対し交付される[55]．

ただし，近距離交通計画はそれ自体事業者に対する義務規定を伴わない[56]．近距離交通計画を具現化するのは，州政府と事業者の間で締結される交通契約（Verkehesvertrag）である．地下鉄においては，州政府とBVGの間で，2008年1月1日より新たに交通契約が結ばれている．交通契約における州政府側の責務担当者（Aufgabenträger）は都市開発省である．

②統制関係上の役割分担

既に図3-7で示したように，ベルリン州によるBVGへの統制は，保証人会議を構成する都市開発省，経済行政省，財務省の3省が主管している．都市開発省は業務内容の監督を担当し，財務省は経営（経済性）の監督を担当する役割分担が為されている．

都市開発省がBVGの統制に直接関与するようになったのは，交通契約の締

結以降である。それまで締結されていた企業契約（Finanzierungsvereinbarung）では，BVG に対する契約責務担当者は財務省であった。しかし，財務省は経済性監査のみを行うため，財務改善のために BVG がサービス削減を行っても，これを止める手段は限られている[57]。交通契約は，BVG に対し，近距離交通計画具現化を迫る政策手段を与えたと言える。

③近距離交通計画の具体例：運行計画骨子基準（Fahrplanrahmenvorgaben）

表3-13 は，企業契約時代の 2006 年 5 月から，交通契約締結後の 2009 年までの近距離交通計画において，指定時間内における路線別地下鉄運行本数を示したものである。表3-13 に見られるように，サービス提供量のかなり具体的

表3-13　2006年5月か

路線	始点 - 終着点									
	曜日	月曜日〜金曜日								
	時間帯	0.30–4.30	4.30–6.00	6–7	7–8	8–9	9–14	14–18	18–20	20–21	21–0.30
U1 Warschauer Straße <> Uhlandstraße											
	Warschauer Straße - Uhlandstraße	***	10	5	5	5	5	5	5	10	10
U2 Pankow <> Ruhleben											
	Pankow - Alexzanderplatz	***	10	5	4	4	5	4	5	10	10
	Alexanderplatz - Zoologischer Garten	***	10	5	4	4	5	4	5	10	10
	Zoologischer Garten - Theodor-Heuss-Platz	***	10	5	4	4	5	4	5	10	10
	Theodor-Heuss-Platz - Ruhleben	***	10	10	8	8	10	8	10	10	10
U3 Nollendorfplatz <> Krumme Lanke											
	Nollendorfplatz - Krumme Lanke	***	10	5	5	5	5	5	5	10	10
U4 Nollendorfplatz <> Innsbrucker Platz											
	Nollendorfplatz - Innsbrucker Platz	***	10	10	5	5	10	5	10	10	10
U5 Hönow <> Alexanderplatz											
	Hönow - Kauisdorf-Nord	***	10	5	5	10	10	5	10	10	10
	Kauisdorf-Nord - Alexanderplatz	***	10	5	5	5	5	5	5	10	10
U55 Hauptbahnhof <> Brandenburger Tor											
	Hauptbahnhof - Brandenburger Tor	***	10	10	10	10	10	10	10	10	10

（資料）Senatsverwaltung für Stadtenwicklung, *Anhang zum Nahverkehrsplan 2006-2009*, Seite 33 より筆者作成。

第3章 ドイツ州・地方政府と公企業の公会計・予算・監査制度   163

な枠組運行計画（時間毎の運行本数）が州議会議決事項である近距離交通計画に盛り込まれている．BVG は，交通契約によって，この枠組み運行計画に従わなければならない．ただし，具体的なダイヤ（分刻み運行計画）決定そのものは BVG の手に委ねられる．

④交通契約の概要

交通契約とは，BVG によって供給される交通サービスおよびインフラ供給に対する対価として都市開発省が支払う補償支払額および手法を定めた契約である．同契約を通じて，都市開発省は BVG にサービス供給を命じる権限を保持する．ただし，都市開発省はサービス提供に見合う財源を提供する義務を負

らの運行計画骨子基準（一部抜粋）

土曜日									日曜日								
0.30	2.30	5.30	7	9	10	18	20	21	0.30	2.30	5.30	7	9	10	11	19	21
2.30	5.30	7.00	9	10	18	20	21	0.30	2.30	5.30	7.00	9	10	11	19	21	0.30
15	15	10	10	10	5	5	10	10	15	15	15	10	10	10	10	10	10
15	15	10	10	10	5	5	10	10	15	15	15	10	10	10	10	10	10
15	15	10	10	10	5	5	10	10	15	15	15	10	10	10	10	10	10
15	15	10	10	10	5	5	10	10	15	15	15	10	10	10	10	10	10
15	15	10	10	10	10	10	10	10	15	15	15	10	10	10	10	10	10
15	15	10	10	10	10	10	10	10	15	15	15	10	10	10	10	10	10
***	***	10	10	10	10	10	10	10	***	***	15	10	10	10	10	10	10
15	15	10	10	10	10	10	10	10	15	15	15	10	10	10	10	10	10
15	15	10	10	5	10	10	10		15	15	15	10	10	10	10	10	10
***	***	***	10	10	10	10	10	10	***	***	***	10	10	10	10	10	10

う[58]．例えば，学生割引や障害者，高齢者に対する社会切符の供給をBVGに求める場合は，責務担当者は対応する財源を確保・提示しなければならない．

交通サービスに対しては，大別して，サービス量（交通業務供給 Erbringung der Verkersleistung）に関する規定と，サービスの質（Qualitatsmönitoring）に関する規定が置かれている．

まず，サービス量については，利用車両，利用列車運行距離（キロメートル），運行時間という3つの尺度を設定し，それぞれ交通契約によってあらかじめ合意された「価格（Preisschildern）」を掛けることで算出される（交通契約第26条第3項）．なお，「価格」の算定時には物価指数も勘案される．提供されたサービス量が交通契約で合意されたサービス量に達しない場合，比例的に補償支払額は削減される（同5項）．例えば合意されたサービス量の99%しか供給されなかった場合，あらかじめ支払われていた契約金1%分の返還がBVGに命じられる．

また，この契約を通じて，都市開発省は，交通契約で締結されているサービス（購入）価格を変更することにより，新たな財源手当てを伴わず，BVGに提供を求めるサービス内容を変更することが可能になるとしている．

次に，サービスの質に関する規定に移る．交通契約を通じて，責務担任者はBVGに対し，近距離交通計画で確定した客観的指標に基づく品質基準の遵守を義務付けている．品質基準は，定時運行，接続の確保，キャパシティー，車両のつくり，バリアフリー性，停留所の設備などの諸項目に分かれている．

このうち，定時運行，信頼性，接続の確保は，契約で協定された規定値がBVGに義務化される．規定値は上限値（ボーナス）と下限値（マルス）を持っており，ボーナス値を上回った場合は補償払いが増額され，下限値を下回った場合はペナルティーとして減額される（交通契約第26条第5項下段）．

一方，排出，騒音，エネルギー消費に関する環境基準についても規定ないし，近距離交通計画の品質標準の参照義務を含んでいる．ただし，この品質規定には，マイナス点規則は含まれていない．

また，客観指標とは別に，主観的指標（顧客満足度）も測定される．定時運行，接続の確保，車両のつくり，安全，清潔さ，バリアフリーなどについて，ベルリン市民2000人へのアンケート調査によって算出された利用者満足度の

変遷を通じて検証する．BVG は，利用者満足度に関する基準値を維持することを義務づけられ，基準値の下限値（マルス）を下回った場合は，客観的指標と同様に，ペナルティーによって補償支払いが減額される[59]．

インフラに関する契約において，交通契約は，次の2点を厳守することをBVG に求める．即ち，①協定された交通業務を供給するのが可能であり，かつ使用できる状態に保つ，②契約終了時に，過度な，またはその時までに掌握されていない投資需要の発生を防ぐ（投資抑制の防止）である．インフラに対する交付金は，双方の必要性を満たすだけに十分とされる額が供される．

BVG は，州政府責務担当者に対し，毎年，今後5年間の投資計画を説明しなければならない．さらに，3か月毎の定例会議によって，BVG による投資計画の実施状況が説明されると共に，インフラ台帳が責務担当者を含む全会議参加者に開示される．

以上の合意プロセスを経た上で，投資計画の執行はBVG に委ねられる．ただし，投資額の決定や，投資計画における優先順位が州政府責務担当者とBVG の間で著しく乖離した場合，州政府（都市開発省）はBVG 監査役会を飛び越え，州政府3省による保証人会議を招集することができる（ベルリン州企業法第14条第3項）．そして，保証人会議の決定に対しBVG は従う義務が生じる（同条第6項）．この規定は，インハウスの委託（In-House Vergabe）に関して欧州裁判所が示した前提条件，つまり地方政府が100％所有している企業を通じて公共サービスを供給する場合では，直営と同等の監査を必要とするという項目に合致させるためである[60]．

業務監督においては，これらの契約執行を監視するための質的指標も，交通サービスと同様に用いられている．例えば，バリアフリーの質に関する指標としてエレベーター，エスカレーターの運用状況（営業時間内使用可能性，運休状況，バリアフリー化された地下鉄駅数増加率）が監査される．また，設備不良に伴う運休，遅延，乗客アクセスの指標なども置かれている[61]．

⑤交通契約の特徴（1）：欧州司法裁判所判断の影響

交通契約の特徴の1つは，契約に基づく給付金額が，事前に定められた公式，指標に基づいて算定される点にある．企業契約時代においては，州政府による

欠損金の事後補てんが法的に承認されてきた．このため，ドイツにおける判例は，地方政府による欠損補てんを，「補助金」とは別個の概念として，「商法上のその他の事業収益」に区分していた．しかし，当局からの財政支援を前提としなければ輸送事業の展開が不可能となるような事業における私企業への運営認可の授与は違法であると訴えたアルトマルク・トランス裁判の係争過程において，ドイツで行われている欠損補てんの実施が特定の企業・商品に対する競争歪曲的な補助を禁じるローマ条約第87条に抵触するのではないかとの疑義が浮上し，欧州司法裁判所による司法判断に委ねられた．

2003年の決定において，欧州司法裁判所は，欠損補てん実施の適法性については，公共サービスの提供に従事する事業者への反対給付としての補償支払いと位置づけられ，当該事業者を不当に利する補助行為とは本質的に性格を異にするとし，補償支払いそのものは肯定した．しかし，公共サービス事業全般において妥当とみなし得る補償支払いの構成要件を提示したのである．すなわち，

1) 補償支払いの受取主体が従事する事業が，真に果たすべき公共サービス義務を含んでおり，かつ，その義務は明確に定義されなければならない．
2) 補償支払い額算定の基礎となるパラメーターは，事前に，客観的かつ透明性の高いものとして設定されなければならない，
3) 補償支払い額は，妥当な収入と適正な利益の獲得に配慮しつつも，公共サービス義務の遂行に要するコストの全額もしくは一部を相殺するための金額を超えてはならない，
4) 公共サービス義務を遂行する事業者の選定が，公開入札を通じて実施されない場合は，補償支払いの水準は，平均的かつ経営良好な事業者が生じさせるコストとの比較考慮の上に決定されなければならない，

とした[62]．あらかじめ客観的，透明性の高いパラメーターを事前に設定した上で補償給付を行うとした欧州裁判所の決定は，事後補償を容認するこれまでの企業契約の在り方と真逆であることは言うまでもない．交通契約における支出額事前確定の枠組みは，欧州司法裁判所の判断に対応したと考えられる．

⑥交通契約の特徴（2）：監視機関の公募入札[63]

　交通契約に付随した大きな特徴として，州政府責務担当者を補佐する監視機関を公募入札したことが挙げられる．交通契約への変更に伴い，都市開発省は州政府責務担当者として交通契約へ関与するという政策手段を得たものの，交通契約の具体的な締結，締結後の監視に関するノウハウを持たなかった．監視機関は，ダイヤの見直し，交通契約の枠組み条件の情報提供，BVG交通業務の品質監査，インフラ監査，ひいては近距離交通契約の準備開発など，幅広い業務について都市開発省にアドバイスを行う．ただし，最終決定権は都市開発省に留保されている．

　契約期間は3年間で，公募はEU全域に対してなされた．ただし応募したのは4事業者であったという．このうち，VBB（ベルリン・ブランデンブルク交通連合）と，ハンブルク交通会社を中心としたドイツ国内の交通連合によって設置された民間企業KCW（Kompetenz Center Wettbewerb）およびトラフィック・コントア有限会社（traffic-Kontor GmbH）の出資により，ベルリン近距離交通センター（Center Nahverkehr Berlin：CNB）が設立され，同社によって2008年6月1日より受託された．

　同社は，従業員10名で構成され，3名がVBB，6名がKCWからの出向である．VBBの職員はSバーンの監督に経験があるためBVGの監督を担当している．一方，KCWからの出向者は，ダイヤ，インフラ，発注の監督，評価を担当している．

　CNBによるBVGの監査は主に2つの手法がある．1つは，州政務責務担当者（都市開発省）の権限によりBVGに週毎，月毎，年次報告が義務づけられたサービス，インフラの量的，質的データにアクセスして監査を行うアプローチである（品質監査制度）．もう1つは，CNB自ら独自調査（時間厳守，確実性などでの抜き取り調査や主観満足度調査）を行い，BVGのデータと比較対照するアプローチである．この時，CNBが行った調査結果と，BVGのデータが乖離していた場合，CNB側は都市開発省を通じてBVGのデータを直接監督することができる．

　CNBが強い関心を有している項目の1つが，インフラに対する給付金の使途である．交通契約内のインフラ給付金は2010年時点で年毎1億7,500万ユ

一ロとなっているが，交通契約に定められた交通業務の運行確保，および将来過度の投資を必要としない現時点での適切な投資（最新技術の導入，部品が確保されているか）について，CNB 側では，インフラ状態を監督するシステムを開発している．

「都市開発省側」である CNB は，通常は業務監督に留まるが，このシステム開発のために，財務諸表に伴う指数を，BVG の物的資産（車両，線路）と減価償却，新規投資の必要規模を測定する際に用いているという．その一方，CNB は，会計情報で把握され資産状況は，①技術的発展を考慮せず，②取得原価が古い資産が多い（100 年前，50 年前，30 年前）③現在の物的資産の使用可能性とデータとしての減価償却が一致しないなどの理由から，今後の投資予測に役立つ範囲は限定的だとの意見を有している[64]．

⑦交通契約外の補償金支払い：特別なインフラに対する支払い

(3) ⑤において述べたように，欧州司法裁判所決定への対応によって締結された交通契約においては，交付金の給付額はあらかじめ定められた透明性の高い指標に基づく公式によって算定される．

しかし，例外がある．主要な費目は 2 つある．1 つは特定の時期における従業員への退職給付金であり，もう 1 つは特別な理由を要するインフラストラクチュアに対する補償金である．前者はドイツ統合に伴う東西ベルリン交通機関の合併に伴う過渡的な支出であり，本節では後者について叙述する．

インフラストラクチュアに対する交通契約外の特別な補償支払いは年額 1,000 万ユーロから 5,000 万ユーロに達する．これは，2 つの理由に基づく．すなわち，① BVG が設立された 1920 年代に，BVG に贈与されたインフラについて，維持管理及び更新費，②インフラに対する BVG，および BVB による不十分な投資から発生する必要投資額を事前に見積もるのは困難であるためとされている．

しかし，何が「通常でない」投資であるかの区別は困難である．CNB による例示では，地下鉄のトンネルは通常のインフラからは当然支払えないために交通契約外で負担する．あるいは，築年数の長い駅にバリアフリーの施設を設けようとする場合，その駅が建築された時点ではバリアフリー施設は想定され

ていなかったため，施設設置の負担はそれを要請する都市開発省が，やはり交通契約外で負担する．しかし，新築駅のバリアフリー施設は，BVG が交通契約内で施設設置の負担をするべきと考えている．

ただし，交通契約の2億5,000万ユーロは，BVG のみならず，州政府側にとっても確定した額であるのに対し，交通契約外の補償支払いは，ベルリン州の予算次第で動いてしまう計数であるという特徴を有している．

とはいえ，区分に曖昧さを残すため，BVG は特別補償支払い（交通契約外）に負担を拡大したいというインセンティブを持つ．CNB は，これを監視することが大きな役割であるとの立場を取っている[65]．

以上見てきたように，都市開発省は，近距離交通計画による枠組み計画に実効性を与える手段として交通契約を位置づけ，サービスの低下によって資金を回収する企業のインセンティブを抑制する役割と，必要財源について財務省と折衝して確保するという役割の双方を担っている．さらに，サービス価格の決定，ボーナス・マルス・システムによる給付額の加減を通じて BVG によるサービス供給量の下限，および（資金供給義務に伴う）上限のいずれにも大きな影響を与えている．また，CNB による専門知識の補助を受けることで，地方政府と事業体の間に生じる情報の非対称性の発生と，それに伴う事業者のモラル・ハザードを生じさせる可能性を緩和している．こうした内部業務統制改革の結果，ドイツではこれまで観察されることが少ないとされていた，事後的な事業評価に基づく業務改善[66]に繋がる可能性が確認できる．

他方，財務諸表から得られる会計情報に関しては，CNB がインフラの将来負担に関する投資額算定に用いようとしたものの，技術革新や歴史的価格，会計上の減価償却と現実の利用可能資産との乖離などから，限定的な有用性しか持たないとの立場に立っている[67]．

(4) 州会計検査院による BVG への業務統制[68]

①州会計検査院の組織構造

BVG の外部から統制を行う州会計検査院（Rechnungshof von Berlin）は，ベルリン州憲法に基づいた独立機関であり，その構成員は独立が保障されており，法律にのみ従うものとされている．その内部は行政部と監査部から構成されて

いる．行政部は，原則，法律，運営，人事に関わる部門から構成され，一方で，監査部は6つの部門から構成されており，その1つとして，公企業に対する監査を行う第4部門が存在している．

州会計検査院の理事会は，理事長，副理事長，および5名の理事から構成されている．理事長は，州議会により選出され，他の理事会構成員は理事長の提案により，州政府によって任命される．また，5名の理事は，監査部のそれぞれの部門の長となっている[69]．

現在，州会計検査院の職員は全体で250名であり，そのうち，30名が行政部，220名が監査部に配属されている．監査部においては，職員の専門性を重視しており，35歳以上で10年以上の監査職務経験があることを基準としている．実際には，官僚経験者を中心として採用しているが，そのほとんどがカメラル簿記を学んでいるため，一部には民間部門で経営学を学んできた職員を採用することもある．また，第6部門のように工事に関わる監査を担当する部門においては，建設工学といった専門知識も要求される．

②州会計検査院の監査対象と監査内容

州会計検査院の監査対象は非常に広く，ベルリン州が支出を行うすべてを監査してよいこととされている[70]．また，このような広範な監査権を執行するための資料請求権をもち，監査対象となる機関は資料提出義務を負うこととなる．ただし，懲罰権は一切有していない．

監査対象には，個別事業のほか，事業企画全体も含まれ，さまざまな規模で経済性や合法性についての監査が行われる．また，特定企業の予算計画を定期的に監査するというのは，会計検査院の任務とはされていない．そのため，例えば，BVGが新車両を購入する場合には，BVG取締役会が投資に対する需要の測定を適切に行ったか，古い車両を修理して利用する方が経済的ではないか，更新年限前の車両の利用は可能ではないのか，乗客数の変化から新車両の購入は合理的か，という観点からの監査が行われる．また，取締役会の提案や監査役会の承認の時点から監査が可能であるため，購入予定の台数を執行途中で削減する形で支出の抑制を行うことが可能となる．

このように，監査法人とは異なる観点からの監査が行われるため，決算書に

基づく監査，つまり保証型でないが，事例によっては必要に応じて決算書に基づく監査も行われる．加えて，いくつかの公企業については，年次報告に基づき支出内容の経年データをそろえることで，数値の変化を分析し，異常が見られる場合には，その点について監査が行われる．表3-14は，州会計検査院が公企業の支出内容を分析する際に基礎とする項目を示している．

州会計検査院による監査結果は，年次報告書によって州議会に報告され，その内容は，州議会にとって州政府に対する監査基盤となる．ただし，緊急性や重要性が高い場合には，年次報告書を待たずに特別報告が行われる．その際には，監査通知が対象機関に対して送付される．また監査通知を送付したという報告が財務省と経済行政省になされる．監査通知に対して，対象機関が意見表明を行い，これに対してさらに監査を

表 3-14 州会計検査院による業務監査に関わる項目

損益計算書（総費用方式）
1. 売上高
2. （未）完成品の在庫の増減
3. 他の借方に計上された自己支払（負担）額
4. その他の事業収入

総支払額
5. 物件費
   a) 原料，補助器具，機械
   b) 関連債務履行
6. 人件費
   a) 賃金と給与
   b) 社会公課，老齢扶養，補助金
7. 減価償却
8. その他の事業経費
9. 出資による収入
    うち　関連企業から
10. 金融会社の他の有価証券／借入れからの収入
    うち　関連企業から
11. その他の利子および類似収入
    うち　関連企業から
12. 流通資産の金融投資の減価償却
13. 利子および類似経費
    うち関連企業からのもの
13a. 損失引受などからの経費

総経費
14 通常業務による結果
15. 臨時収入
16. 臨時支出
17 臨時的結果
18. 所得税，売上税
19. その他の税
20 年間余剰額／年間欠損額
21. 資本準備金からの引き出し
22 法定準備金からの引き出し
23. 定款による準備金からの引き出し
24. 利益内部留保または利益繰越金からの引き出し
21. 資本準備金における調節
22. 法定準備金における調節
23. 定款による準備金における調節
24. 利益内部留保または損金繰越金における調節
25. 利益配当
26 決算上の利益

（資料）州会計検査院資料より作成．

行うこともある．特別報告において監査が終了した場合には，州議会に対する年次報告には表れないため，実際にはほとんどの場合において，州議会に対して監査報告はなされていないという．

③州会計検査院によるBVGを対象とした監査事例

以下では，州会計検査院によるBVGを対象とした監査事例をいくつか紹介したい．

第1に，取締役会役員の給与水準についての監査が行われた．役員の年収を評価するために，比較対象が求められる．BVGは倒産リスクのない企業であるため，同規模の資本金額や従業員数をもつ民間企業と比較することは無意味と判断された．また，BVGと同じような規模をもつ交通機関が存在しないため[71]，①ベルリン州内の公営企業における取締役会役員の年収の比較，②BVG取締役会役員給与額の経年変化の分析，が行われた．結果としては，適正なものと判断された．

第2に，社会扶助受給者に対するソシアルチケットについての監査である．ソシアルチケットは，社会的に不利な立場にある人に対応するための手段となっており，例えば，社会扶助受給の証明書があれば，ソシアルチケットという形で定期券をもつことができ，この費用はベルリン州によって賄われている．監査において，社会扶助，失業手当の受給については連邦レベルで財源が賄われるのに対して，ソシアルチケットの財源は州によって拠出されていることに疑義が呈され，州議会への年次報告書において会計検査院からの提案がなされた．ただし，州議会の判断によって，この仕組みは継続されている．

第3に，BVGの提供するフリンジ・ベネフィットに対する監査である．BVGは従業員のための余暇センターを3か所もっていたが赤字状態が続いていた．監査では，不動産管理の効率が悪く，有効に利用されていないために維持費が多くかかっていることからセンターの売却が勧告された．その結果，BVGは勧告に従い，3つのセンターの売却を行った．

第4に，BVGのIT化に関わる政策に対する監査である．その1つに，従来からBVGのチケットを販売している小規模商店に電子チケットの自動販売機を設置することが計画されたが，監査の結果，コストに見合わないと判断され

中止された．また，携帯電話のメール機能を用いた時刻表の表示サービスの導入が計画されたが，監査において，電子掲示板やインターネットによるサービスがすでに存在し，コストに対する十分な利用者が見込めないとの判断がなされ，これについても計画は中止された．

　以上のように，州会計検査院では，公企業に対する定期的な監査ではなく，個別の事業内容や事業計画について，監査法人や他の関係機関とは異なる観点から，事業の経済性や合法性についての監査が行われていることがわかる．

(5) 州財務省によるBVGに対する財務統制[72]
①州財務省の所有者・保証人としての責任

　BVGの外部から統制を行うベルリン州財務省（以下，財務省）は，BVGに対して，財源および財産管理者としての観点から関係を有する．財務省のBVGに対する関与について，まず重要になるのがベルリン州企業法による法的枠組みである．同法によれば，BVG役員会が商業的原則に基づき企業運営を行う責任をもつ（ベルリン州企業法第8条）．そのうえで，BVG監査役会による監査と保証人会議による監督によってBVGに対する監査および監督が行われる．とくに，重要な制御およびコントロール業務，とりわけ，財務に関連するものは，監査役会と保証人会議を通じて行わなければならない（ベルリン州企業法第11条と14条）．

　保証人会議は，無限保証責任という点で，ベルリン州に対して所有権者としての責任を引き受けている．そのメンバーは財務省，経済行政省，都市開発省から構成される．また，BVG監査役会については，会長を財務大臣が務め，その他，保証人会議が承認した7名の雇用主代表と8名の労働者代表により構成される．両組織では，多数決による決議が行われるが，ベルリン州企業法では，監査役会会長は，監査役会の決議に無制限に抗議できる権利（拒否権）を有している（ベルリン企業法第12条）．監査役会会長が拒否権を行使した場合は，保証人会議において最終的な決定が行われる．

　また，BVGは財務大臣である監査役会会長に対して，経営内容と計画過程を明らかにすることが義務づけられている．そのため，両者の間で毎月会合がもたれ，BVGの運営内容が報告されている．

このように，財務省は保証人会議と監査役会を通じて，間接的にBVGに対する統制を行うこととなる．また，監査役会の委員の任命や資産売却など重要な決定については，財務省が必ず関与するという．

以上の点が，財務省のBVGに対する所有者および保証人としての責任と統制のあり方として整理できる．次に，一般的な財政責任として，予算に対する統制のあり方を見てみよう．

② 州財務省による財務統制

予算に対する統制について，所管原則に従えば，担当する省がその予算の維持に対してまず責任を持っているが，一般的な予算に対する統制権限は財務省にある．

表3-15に示されるように，ベルリン州はBVGに対して，交通契約内の支援金と交通契約外の支援金を支出している．2020年まで有効である交通契約に基づく支援金は，年間2億5,000万ユーロが計上されており，その内訳は，インフラ整備が1億7,500万ユーロ，交通契約の実現に関わる支援金が7,500万ユーロとなっている．ただし，予算の割当，決算，監査については，都市開発省と経済行政省において行われるため，交通契約の実現そのものについては，財務省が直接的に関わることはない．また，州議会，監査役会，一般市民に対する説明も担当省によって行われる．

表3-15 ベルリン州とBVGの財務関係（2009年）

(単位：100万ユーロ)

	金額	備考
交通契約内支援金	250	2020年まで有効．
インフラ	175	
交通契約の実現	75	交通契約には調整条項があり，見直し基準も定められている．
交通契約外支援金		
障害者割引調整支援金	23	連邦法に基づく規定．
学生割引支援金	67	連邦法に基づく規定．2015年までは固定額．
年金支援金	36	州独自の旧従業員に対する支援金．
チケットS（ソシアルチケット）	12	
交通網拡張，特殊インフラ投資修復，路面電車購入など	110	

(資料) 州財務省資料より作成．

交通契約外の支援金の計上のうち，障害者割引や学生割引に関わる支援金は連邦法で定められているため，あらかじめ予算に組み込んだ形で計上される．その他の交通契約外の支援金について，毎年，協議のうえ計上される．ソシアルチケットについては，財務省と経済・技術・女性省との間で協議されるが，その際，原則として財政に見合う負担の制限が確保される．また，交通契約外支援金にあたる交通網の拡張や特殊なインフラ投資に関わる支援金の計上については，州の財政計画と投資計画の策定の枠組みの中で，財務省と都市開発省の間で協議が行われる．これらの協議の結果がBVGの年次予算に反映されることになり，BVGは供与された支援金の範囲内で企業運営を行うこととなる．

BVGに対する特定の支援金が増加する場合は，担当省のなかで優先順位を変化させることで調整し，予算総額を変化させずに処理されなければならない．ただし，交通契約期間内に総額の見直しをする場合は，財務省と都市開発省の間で協議が行われる．

以上は，BVGに対する予算決定における財務省の役割を示してものである．このほか，2008年より交通契約が実施されるにともない見られるようになった財務統制上の変化についても若干触れておこう．

表3-16はBVGに対する公的資金の支払いを示している．すでに触れたように，2007年で従来の企業契約の期限が切れたことにともない，2008年1月1日より交通契約に基づいた事業運営が行われている．学生割引（学生輸送）や障害者割引，ソシアルチケットに対する予算は，交通契約移行後，従来と同様に予算額が推移していることが読み取れる．一方，3-4億ユーロで推移してきた企業契約に基づく支払いは，交通契約によって，2億5,000万ユーロまで減少している．

従来の企業契約のもとでは，BVGの業務内容と無関係に州からの支払い額が決められていたが，交通契約に移行することで，業務内容と支援金額が関連するようになった．そのため，支払われた支援金で財源が不足する場合には，BVG自身が債務計上をすることになっている．これは，別の観点から見れば，支援金が不足する業務内容が特定されるため，その業務に関わる発注を中止することも可能にしている．その意味で，交通契約への移行は，BVGに対する支出抑制の手段として機能していることが観察される．ただし，交通政策にお

表3-16　公的資金によるBVGへの支払い

(単位：100万ユーロ)

年	州の支払い			（それぞれに対する）補償払い				総計
	企業契約		交通契約	学生輸送[2]	重度障害者の無料乗車[3]		ソシアルチケット[4]	
	計	うち老齢年金[1]			計	うち州から		
2000	420.3	66.3		75.5	25.3	24.7	12.6	533.7
2001	375.4	65.0		79.0	24.8	24.2	13.1	492.3
2002	395.7	62.8		88.1	25.4	24.9	12.4	521.6
2003	374.3	58.5		98.0	27.8	27.3	12.6	472.4
2004	420.3	53.7		64.7	28.3	27.8		513.3
2005	420.3	51.5		64.7	22.2	21.8	3.2	510.4
2006	364.5	48.2		64.7	22.6	22.3	3.7	455.5
2007	318.5	44.9		64.7	21.8	21.5	3.7	408.7
2008		36.7	248.6	64.0	23.9	23.6	5.8	379.0
2009		37.9	248.5	64.7	23.0	未決定	6.0	380.3

(注1)　2008年からは個別の老齢年金協約に従った支払いに基づいている．
(注2)　ベルリン州の支払いは，PBefGの第45条aに従っているが，2004年からは契約的基礎に基づいて一括（払い）方式になっている．
(注3)　ベルリン州と連邦による（社会法典第9編第145条による）重度障害者の無料乗車に対する支払い．
(注4)　2004年は，州財政からの補助金削減を原因としたベルリンSカードの提供が取りやめになっている．
(資料)　州財務省資料より作成．

ける政策目標の達成という観点を合わせると，評価が難しい側面をもっている．

(6)　ベルリン州議会による業務・財務統制

①ベルリン州議会の任務と会派構成の推移

BVGに対し統制を行うベルリン州議会（代議員Abgeordnetenhaus）は，州首相の選出，大臣（州参事会Senat）の認証，州の立法と州政府および州行政の監視を任務とすると共に，予算を承認する権限を持つ．また，州の予算案は予算法に従って作成され，州の歳入と歳出はこれに含まれなければならない[73]．

最初に，州首相の選出，審議に影響を与えるベルリン州議会の会派構成から確認する．表3-17はベルリン州議会の会派構成推移を確認したものである．1990年代においては，キリスト教民主同盟が第一党であり，96年の選挙においても，社会民主党との連立政権により政権与党であった．しかし，2001年選挙以降，社会民主党が第一党となり，同盟90／緑の党，自由民主党との連立を経て，2003年に現在の左翼党との連立政権が成立した．以来，2010年現在に至るまで，ベルリン州では社会民主党・左翼党の連立政権が継続している．

第3章　ドイツ州・地方政府と公企業の公会計・予算・監査制度　　177

表3-17　ベルリン州議会会派構成推移

	1996	2001	2006	2009
自由民主党（FDP）		15	13	13
キリスト教民主同盟（CDU）	78	35	37	36
社会民主党（SPD）	42	44	53	54
同盟90／緑の党（Bündins 90/Die Grüne）	18	14	23	23
民主社会党⇒左翼党（PDS⇒Die Linke）	33	33	23	22
諸派（fraktionslos）				1
議員総数	171	141	149	149

（注）太字は与党．
（資料）Der Bundeswahlleiter, *Informationsangebote der Landeswahlleiter/innen Berlin* 各年度版より作成．

表3-18　ベルリン州政府（州参事会，2010年）

職名	氏名	所属政党
知事（市長）（Reginerender Bürgermeister）	Klaus Wowereit	SPD
副知事　都市開発大臣（Bürgermeisterin und Senatorin für Stadtentwicklung）	Ingeborg Junge-Reyer	SPD
副知事　経済技術・女性大臣（Bürgermeisterin und Senator für Wirtschaft, Technologie und Frauen）	Harald Wolf	DIE LINKE
教育・科学・研究大臣（Senator für Bilding, Wissenschaft und Forschung）	Prof.Dr.E.Jürgen Zöllner	SPD
財務大臣（Senator für Finanzen）	Dr.Ulrich Nußbaum	
厚生・環境・消費者大臣（Senatorin für Gesundheit, Umwelt und Verbraucherschutz）	Katrin Lompscher	DIE LINKE
内務・スポーツ大臣（Senator für Inneres und Sport）	Dr.Ehrhart Körting	SPD
統合・労働・社会大臣（Senatorin für Intergration, Arbeit und Soziales）	Carola Bluhm	DIE LINKE
法務大臣（Senatorin für Justiz）	Gisela von der Aue	SPD

（資料）ベルリン州ホームページより筆者作成．

　なお，2010年現在のベルリン州政府（州参事会）の構成は表3-18の通りである．

②ベルリン州議会による州政府所有企業への監視[74]

　ベルリン州議会において，州政府所有企業であるBVGの監視に関与する委員会は，交通委員会と財政マネジメントコントロール委員会の2つである．

　交通委員会は交通機関のサービス水準の大枠を決める任務を担う．具体的には交通契約の上位計画である近距離交通計画の議決に携わる一方，交通契約締

結後の業務執行状況に対する業務監督を行っている．一方，財政マネジメントコントロール委員会は，ベルリン州が所有している37の公法人を全てまとめて監査するために，財務委員会の下部組織として2004年に設置された委員会であり，BVGに対する財務監督を行っている．

交通委員会は，州政府内で業務監督を行う都市開発省と，財政マネジメントコントロール委員会は同じく政府内で財務監督を行う財務省と密接にコンタクトを取っている．

BVGは，州法により，年に一度，年次報告およびBVG監査役会の監査結果を州議会に報告する義務を有する．この他，州議会議員は，BVG監査役会，保証人会議の監査データを閲覧することができる．さらに，両者から提出されたデータに齟齬があるなど，疑義を持った場合には，政府（財務省）や会計検査院に対して監査を要請することができる．ただし，州議会が直接調査に携わることは稀であり，議会に提出されるデータも評価（分析）済みデータが主となる．しかし，特別の場合には州議会特別調査委員会を設置し，州議会に選出された委員が直接調査を行うことができる[75]．

③ベルリン州議会による州政府所有企業への財務監査

ベルリン州議会（財政マネジメントコントロール委員会）は，財務の監督において，独自の指標を用いて統制を試みている．表3-19は州議会で用いられている報告様式である．

まず，縦軸に，主に財務諸表から作成される指標項目を並べている．指標項目は「基礎データ」（収入と支出の状態，債権と債務の状態）と「企業および業界特有の指数」の2区分に分かれている．

「企業および業界特有の指数」を一瞥して把握されるように，財務諸表から作成され，民間企業で利用される指標と同一である．公法人であっても民間企業と同様の商法典が適用されるドイツの会計制度上の特徴が，一覧性のある比較を可能にしているともいえる．

指標の特徴を確認しておくと，まず，付加価値との対比を強く念頭に置いていることが見出される．次いで，利益に関する指標は税引前利益率となっている．税負担を求められる黒字企業と，BVGのような赤字企業への比較可能性

第3章　ドイツ州・地方政府と公企業の公会計・予算・監査制度

表3-19　ベルリン州議会による財務監督資料様式

企業用の報告様式

・・・の報告（グループの場合　親会社へ）		報告期間：		四半期	

(1) 基礎データ
①収入と支出の状態　　　　　　　　　　　　　　　　　　　　　　　　（千ユーロ：四捨五入）

	対象	A 報告四半期	B 前年同期	C 前四半期	D 1月からの累積値(1)	E 年間暫定値(2)	F 年間予定値(3)
1	総収入（その他事業収入を含む）						
	・分野						
	・分野						
	・その他の事業収入						
	うちベルリン州からの補助						
2	人件費						
3	物件費（原料費および事業経費の合計						
4	EBT（税引前利益）						
5	純利息収支，投資，資本請求権の取得						
6	・利払						
	・利子収入						
	諸投資						
7	粗現金収入						
	公式による収入税差引前の年間剰余／欠損金						
	＋減価償却分						
	./.繰り入れ分						
	./.引当金（年金引当金を含む）の増減						
	./.引当金の増減						
8	流動的資金（短期債権と短期債務の残高を加え，資金現在高を含む）						
9	従業員数（訓練生（自社の，フルタイム換算で調べられた）を含む）						

②債務と債権の状態

10	金融負債（Kreditverbindlichkeiten，金融機関，他の金融業者に対して，1年以内のものも含む）						
11	その他の債務（出資関係にある企業を含む）						
12	債権（出資関係にある企業を含む）						

表 3-19（続）

(2) 企業および業界に特有の指数（指標）

対象	A 報告四半期	B 前年同期	C 前四半期	D 1月からの累積値(1)	E 年間暫定値(2)	F 年間予定値(3)
13 付加価値人件費比率（人件費×100／付加価値）						
14 付加価値物件費比率（物件費×100／付加価値）						
15 自己資本税引前利益率（EBT×100／自己資本）						
16 付加価値税引前利益率（EBT×100／付加価値）						
17 自己資本比率（自己資本×100／総資本）						
18 他人資本比率（他人資本×100／総資本）(4)						
19 経済性係数（経費全体との関係において，借方に計上された自己払いなしの収入の合計からなるもの：臨時収入と臨時支出は考慮に入れてはいない）						

(注1) 報告期間を含む．
(注2) 見込まれる年の暫定値．
(注3) 年の予測値（例えば，経済計画に沿って）．
(注4) 引当金，SOPO, PRAP を含む他人資本．
(資料) ベルリン州議会資料より作成．

を意識したものと考えられる．

　次いで横軸を見てみると，報告四半期，前年同期，前四半期，1月からの累積値，年間暫定値，予定値と続いている．つまり，財務指標を含む縦軸の指標に対し，年間予定（計画）値と，年間現状（暫定）値の乖離を把握することが目指されている．年間予定値と年間暫定値の乖離が激しい場合，該当公法人は州議会に対し説明の義務を負う．これは，財務マネジメントコントロール委員会が，財政危機への対応のために，いち早く公法人の経営動向を把握するために設置された目的を反映する資料であるといえよう．

　なお，同資料を議会に提出する際，公法人は付随して以下の点について報告を求められる．すなわち，

○報告期間で重要な出来事，および予定された対策

・事業運営の変化（支店拡張，資産売却等）
・企業出資（新規，既存）
・出資比率変更，傘下企業への株式譲渡および傘下企業の解散
・債務保証（特に，当該企業が出資している企業関係）
・特別な意義を有する契約（長期契約，料金契約，経営契約）
・枠外経費（寄付，贈与，一括支払い等）
・業務外臨時収支
・事業年度へ影響をもたらす係争と結果（債務承認，債権放棄等）
〇内部監査の結果
〇組織の変更
　・特に監査役会，取締役会構成員の変化
〇（企業が抱える）リスクの状況
　・企業の経済状況への影響の変化
　・企業の活動範囲から直接もたらされる変化
　・予測可能なリスク
である．

　と同時に，同資料は，州政府と公法人が年初に定める経営目標の達成状況を把握するための資料でもある．ベルリン州議会は，行政評価を州議会の最も重要な任務であると理解しているという．同資料で提示された指数を読む際には，（主に公法人同士の）比較可能性を意識しつつも，州議会が公法人を監査した長い歴史の蓄積に基づき，公法人の歴史，投資状況，補助金の流れの詳細を具体的かつ明快に把握した上で，指数の何を改善すべきか，という姿勢で望んでいるという[76]．換言すれば，公認会計士のように状況を把握するため，ではなく，改善するための裏付けとして用いているとの立場をベルリン州議会は取っている．財務指標のみならず，注記部分に当たる重要な出来事やリスク状況の管理を含めて報告を求めていることも，経営状況のタイムリーかつ継続的な把握に向けてベルリン州議会が意欲を燃やしていることが確認できる．

　その一方，公益サービスの内容については党派によって意見が異なり，政治的な基本姿勢に関わるとの認識を持っている．つまり，党派を超えて公法人の

財務監督について合意を作りだすと共に，サービス水準については，政治（州議会）の討議によって決定する，という現状把握と政治的決定の役割分担を明確に意識しているという[77]．

第7節　むすびにかえて

　本章の分析から得た結論を，さしあたり簡潔にまとめておけば，以下の3点となる．

　第1に，公法機関（公法に基づく公法人）としてのBVGの特質である．一方でEU全体での競争（≒EU全体での公募入札への勧奨）に晒され，もう一方で公益サービスの供給義務が存在する．現在のところ，経常補助金ではなく，契約に伴う報酬の形で，欧州司法裁判所の判断に抵触しない形を取りつつ，後述する業務統制を通じて，サービス供給量の確保をはかっている．

　他方，公法人であるBVGの債務は，ベルリン州企業法の規定により，保証機関会議の議決を経て州政府が保証している．このことは，資本（証券）市場からの資金調達を容易にしており，資本市場からの会計制度，財務諸表及び業績指標への影響は少ない．

　第2に，複式簿記を導入している公法人（公企業）と，カメラル簿記を維持しているベルリン州政府との関係である．複式簿記を導入している公企業は，適時性，一覧性があり，他の公企業との比較の際に質的な要素にも配慮する必要性はあるものの，少なくとも量的な比較可能性を確保している．

　他方，ベルリン州においては，公企業との簿記法の違いにより，連結した開示は困難である．監査スケジュールからみれば，複式簿記によるBVG財務諸表等の監査結果をともに利用する形で，カメラル簿記を用いているベルリン州政府の経済性監査を行う，というスタイルになっている．アカウンタビリティの視点からより深刻なことは，BVGとベルリン州政府の決算書において，両者の資金収受関係を把握することが非常に困難になっている点にある．カメラル簿記からマニュアル誘導することで財務諸表を作成できたとしても，有機的関連のある形で全てを把握することは難しい．これが，適時性のみならず，開示の一覧性に欠けていることは論を俟たない．カメラル簿記と複式簿記が併存

しているドイツの現況は，特にアカウンタビリティという観点から見て，日本における公会計制度改革の進め方に問題を投げかけている側面があるとも言えよう．

第3に，業績評価手法として，財務指標では，概ね民間企業と同様の手法による分析手続きを行っている．監査着手前の参考資料として用いる州会計検査院，他の公企業との比較可能性を意識しつつ財務の健全性を把握するために用いる州財務省など，企業外部の利用者のみならず，BVGにおいても，財務諸表から誘導して算定した民間と同様の業績指標を，内部資料から作成される指標と併用し，内部統制の重要指標としている点は興味深い．その一方，民間企業のように利潤を焦点とせず，安定的なファイナンスが確保されているかに関心が集まっている．このため，現金に関連した指標が目立っている．

他方，評価段階においては，公法に基づき公企業としての性格に配慮した分析を行っている．BVGの内部指標よりも民間に近い形の指標を用いている州議会においても，民間企業との比較を意識するというよりも，過去の公企業の歴史を踏まえた上で，当該企業内の目標を達成するための指標として用いている点は象徴的であり，日本における財務諸表の将来的な利用に際し，有益な視点を提供している．

ヒアリング調査
ライプチヒ大学　Oliver Rottmann（2010年6月22日）
Price Waterhouse Coopers　Jan Witing 氏（2010年6月22日）
ベルリン経済法科大学（PWC）　Berit Adam 教授（2010年6月23日）
ベルリン市交通局（BVG）　Thomas Unger 氏（2010年6月23日）
ベルリン近距離交通センター（CNB）　Jan Werner 氏（2010年6月24日）
ベルリン州都市開発省　Stephanie Landgraf 氏（2010年6月24日）
ベルリン州議会議員　Andreas Kohler 氏（SPD），Uwe Goetze 氏（CDU），
　　Volker Thiel 氏（FDP），Jutta Matuschek 氏（Die Linke），Tobias Kraft
　　氏（2010年6月24日）
ベルリン州財務省　Gunter Schulz 氏（2010年6月25日）
ベルリン州会計検査院　Christian koch 氏（2010年6月25日）

注

1) 以上の論点は，いずれも第1章での分析を踏まえて浮かび上がった論点であり，地方公会計制度の研究において，国際比較分析の有用性を示すものと考えられる．
2) ドイツの政府間財政関係に関する以下の記述は，自治体国際化協会（2003）に負うところが大きい．
3) 連邦特定資産（Sondervermögen des Bundes）については，財務総合政策研究所『主要国の地方税財政制度調査報告書（2001年6月）第2章 ドイツの地方税財政制度』200頁の注2が詳しい．
4) なお，交通分野は連邦・州・地方の公営企業によっても担われる．
5) 以下の記述は，亀井（2004）に負うところが大きい．
6) 以下の記述は，宇野（2005）に負うところが大きい．
7) ロットマン教授ヒアリング（2010年6月22日），PWC ヒアリング（2010年6月22日）．ドイツ会計制度と国際会計基準や国際公会計基準との関連については，Commerzbank（2007）を参照．
8) ロットマン教授ヒアリング（2010年6月22日）．
9) ロットマン教授ヒアリング（2010年6月22日）および亀井（2004）．
10) PriceWaterhouseCoopers ヒアリング（2010年6月22日）．
11) 100%の政府出資ではない場合には，公私混合法人という．
12) ロットマン教授ヒアリング（2010年6月22日），PWC ヒアリング（2010年6月22日）．
13) 公法人に業務委託する場合は，形態上の民営化といわれる．
14) ロットマン教授ヒアリング（2010年6月22日），CNB ヒアリング（2010年6月24日）．
15) 亀井（2004），55頁．
16) その詳細は，亀井（2004）を参照されたい．
17) ロットマン教授ヒアリング（2010年6月22日），アダム教授ヒアリング（2010年6月23日），ベルリン州財務省ヒアリング（2010年6月25日）．なお，ロットマン教授によれば，ハンブルク州は複式簿記を導入して，公法上の公企業を含んだ連結財務諸表を作成している．
18) 2009年に連邦予算原則法で現金主義による開示義務が削除されたため，カメラル簿記から複式簿記への切り替えが形式上は容易となった．しかし，州レベルで切り替えたのは3州，切り替え中が1州にとどまり，連邦レベル（ドイツ財務省のMHR プロジェクトグループ報告書（2007））では，カメラル簿記による修正現金主義を維持すると決定したという（アダム教授ヒアリング（2010年6月23日））．ドイツ財務省のMHR プロジェクトグループ報告書（2007）について，邦語では亀井編（2012）第2章に紹介がある．
19) アダム教授ヒアリング（2010年6月23日）．
20) 以下の記述は，ベルリン州財務省ヒアリング（2010年6月25日）による．
21) 現在では，8億ユーロ以上の債務が残っている．
22) BVG グループに関する記述は，BVG（2009）"Geschäftsbericht2008" に負うとこ

ろが大きい.
23) 2008年3月以降,ベルリン・トランスポート有限会社(BT)と国際バスステーション運営有限会社(IOB)のサービスと業務は,BVG資本参加ホールディング有限合資会社で行うことになったため,完全にBVG本部の独自管理の下におかれることになった.
24) すべての重要な関連グループの取引は,連結上は相殺されている.
25) ベルリン州財務省によれば,カメラル簿記は維持しながら将来的には事業別の連結バランスシートの作成も考えており,交通事業の連結バランスシートの中にBVGを含めて開示する構想があるとのことである(ベルリン州財務省ヒアリング(2010年6月25日)).
26) BVGヒアリング(2010年6月23日)及びBVGヒアリング時提供資料.なお,PWCによれば,商法典に従うのは,本来は株式会社だが,BVGは自主的に商法典に従っているという(PWCヒアリング(2010年6月22日)).この場合,例えば,報告期限はベルリン企業法に規定があり,商法よりも報告期限が長いと想定されるが,期限の早い商法に自主的にしたがっている可能性が考えられる.
27) 損益計算書は,総原価法に従って作成されている.項目の名称は,企業の必要に合わせて変更されている.
28) 連邦政府からの補助金は,ベルリン州を通じて拠出されているため(ベルリン州財務省ヒアリング(2010年6月25日)),このような表現にしている.
29) 補助金や支援金等言い方が様々であったため,公的資金とした.
30) なお,都市開発省が規定したサービス水準の実施をBVGが怠った場合,交通契約上,都市開発省に資金を返納しなければならない.本章第5節(3)④参照.
31) そのほかに,別途,定年前退職と老齢非常勤に関する協定の枠内で支払われる額に関する引当金(算定利率6.0%の現在価値)で「その他引当金」に計上している.
32) ドイツでは,損失補てん的な公的資金の受け入れを,特別利益や営業外収益ではなく営業収入として損益計算書に計上することができる判例が存在した(土方〔2005〕,86頁).
33) ロットマン教授,PWC,CNB,ベルリン州財務省ヒアリング(2010年6月25日).
34) 料金収入の決定およびベルリン州政府型の公的資金(主として租税資金)との関連は,木村・天羽・大島(2011)を参照されたい.
35) BVG(2009)"Bericht über die Lage der Gesellschaft und des Konzerns" Geschäftsbericht 2008, p.27. なお,ベルリン州知事は,これ以上の民営化を行わない方針で政策を遂行しているとしている(ベルリン州議会ヒアリング(2010年6月24日)).
36) 交通契約で,公的資金を交通契約が定める発注者からの報酬とすることで,EUの禁止する競争条件に影響を与える経常補助金とは異なる形態にしている.
37) ただし,分母となる有形固定資産の数字は非償却資産である土地等を含んだものであるため,インフラ投資に対する公的資金の比率として厳密に算定すると比率はもう少し高くなる.事実,BVG(2009)"Bericht über die Lage der Gesellschaft und des Konzerns" Geschäftsbericht 2008, p.44. によれば,2008年の投資額1億

4,920万ユーロに対し，公的資金により調達した投資額は7,010万ユーロと，約47%を占めている．
38) CNBヒアリング（2010年6月24日）．
39) 以下，BVG (2009) "Bericht über die Lage der Gesellschaft und des Konzerns" Geschäftsbericht 2008, pp.28-30.
40) BVGヒアリング（2010年6月23日）および提供資料．
41) ベルリン州は，債務の履行がBVGの資産では不十分な場合，BVGの債務に関して無制限に責任を負う．また，ＢＶＧは交通契約により公共交通の独占的供給が認められている．
42) BVGヒアリング（2010年6月23日）．
43) BVG (2009) "Bericht über die Lage der Gesellschaft und des Konzerns" Geschäftsbericht 2008, p.65.
44) 亀井（2008a），24頁．また，カメラル簿記と単式簿記は貸借記入の方法を取らない簿記法として共通するが，予算額の表示の有無という視点から両者を明確に区別した議論をしている．
45) BVGヒアリング資料．
46) ただし，既に指摘したように，BVGの「交通／企業契約による報酬」の項目には，交通契約後もベルリン州政府による年金基金負担金も含めて計上している点には留意する必要がある．
47) 例えば，ソシアルチケットはBVGがベルリン州から資金を受け入れ，一部をSバーンに配分している（ベルリン州財務省ヒアリング（2010年6月25日）．
48) ただし，ドイツの公会計改革では収支計算書の重要性を意識して発生主義会計を入れるべきという議論であり，貸借対照表の重要性を意識して発生主義会計を入れるべきとの議論ではないという（アダム教授ヒアリング（2010年6月23日）．
49) ベルリン州会計検査院ヒアリング（2010年6月25日）．
50) BVG (2009) p.30.
51) 第1章を参照．
52) 収益をあげていない公企業の場合，外部監査をする視点からも自己資本利益率などの指標は参考にされないという．PWCヒアリング（2010年6月22日）．
53) ベルリン州政府都市開発省ヒアリング（2010年6月24日）．
54) Bagge (2008), p.11. 土方（2005），82-83頁．
55) 地域交通助成法に基づく資金配分については鉄道建設・運輸施設整備支援機構（2005），81-84頁．
56) ベルリン州政府都市開発省ヒアリング（2010年6月24日）．
57) 企業契約下でも，近距離交通契約を根拠として，サービス削減幅に伴う給付額削減は存在した．鉄道建設・運輸施設整備支援機構（2005），92頁によるSバーンベルリン有限会社へのヒアリングを参照されたい．ただし，都市開発省が直接関与する術は少なかったと考えられる．
58) Runge und Werner (2009), p.268.
59) Runge und Werner (2009), p.270.

60) ベルリン州都市開発省ヒアリング（2010年6月24日）．
61) ベルリン州都市開発省資料．
62) 土方（2005），86-87頁．
63) 以下の記述は，特に断りのない限り，ベルリン州政府都市開発省ヒアリングおよびCNBヒアリング（2010年6月24日）に依拠する．
64) CNBヒアリング（2010年6月24日）．
65) CNBヒアリング（2010年6月24日）．
66) 土方（2005），90頁．
67) 日本における会計情報とインフラ更新投資情報の連関状況についてサーベイしたものに三宅（2009）がある．
68) 以下，特段の断りのない限り，ベルリン州会計検査院ヒアリング（2010年6月25日）に基づいて記述する．
69) ヒアリングを行ったクリスチャン・コッホ氏は，公企業を対象とする第4部門のほか，人事，IT行政，公企業でのIT制度監査を行う第3部門の長を兼任している．
70) 州議会の議員団への支援金，州憲法擁護院の監査，州知事のレセプション費なども監査対象として含まれる．
71) 公共交通機関を2つもつハンブルク州でも，その規模はベルリン州の半分程度でしかない．
72) 以下，特段の断りのない限り，ベルリン州財務省ヒアリング（2010年6月25日）に基づいて記述する．
73) 自治体国際化協会（2003）50-53頁．
74) 以下，特に断りのない限り，ベルリン州議会議員ヒアリング（2010年6月24日）に基づいて記述する．
75) BVGに対しては2010年現在では行われていない．
76) ベルリン州議会ヒアリング（2010年6月24日）における財務マネジメントコントロール委員会委員長（CDU）発言．
77) BVGに対する客観的な監査では意見が一致するが，賃金，業務内容監査では党派によって意見が一致しない，との見解であった．ベルリン州議会議員ヒアリング（2010年6月24日）．

　　　　　［執筆担当：関口（第3，4，5節），木村（第2，6節），伊集（第6節）］

第4章
スウェーデン地方政府と地方政府所有企業の公会計・予算制度

関口智・伊集守直・木村佳弘

第1節　はじめに

　本章では，スウェーデン地方政府と地方政府出資企業の公会計・予算制度について検討する．スウェーデンの地方政府に関する公会計・予算制度についての日本国内における調査・研究は，現在までのところ管見の限り見受けられない[1]．そこで本書の分析視角を意識しつつ，広域地方政府であるストックホルム・ランスティング（Stockholms läns landsting：SLL）とSLLが所有する「地方政府所有企業」で地域交通を支えている大ストックホルム圏地域交通株式会社（AB Storstockholms Lokaltrafik：SL）を具体的事例として取り上げ，以下の4点に留意した検討を行う．

　第1に，スウェーデンの政府間財政関係と地方政府所有企業について確認しつつ，スウェーデンの公会計の体系を把握する．

　第2に，地方政府と地方政府所有企業の単体財務諸表，そして地方政府所有企業を含む地方政府の連結財務諸表の作成と単体財務諸表との関連等を検討する．その際，SLとSLLを事例として取り上げ，それぞれの財務諸表で適用される会計基準や会計処理等を明らかにする．

　第3に，SLLの予算・決算制度（予算会計）と財務会計（GAAP会計）の関係を明らかにする．

　第4に，利害関係者の会計情報の利用状況を，財務諸表の利用者別に検討する．検討に際しては，地方政府や地方政府所有企業の財務諸表を利用する者が，それぞれの組織目的の遂行を踏まえながら，会計情報をどのように位置づけて

いるのかについて留意する．

　以上4点は，近年飛躍的に発展した日本の公会計に関する研究，およびそれと相前後した日本の地方政府レベルおよび中央政府レベルでの公会計改革において，相対的に知見の蓄積が乏しい領域となっている．日本に先駆けて公会計制度改革が進展したスウェーデンにおいて，これらの論点を検討することが本章の目的となる．

　なお，本章は詳細な会計基準を列挙することのみに関心があるものではない．政府間財政関係の中での公会計が適用される政府及び諸組織の位置づけを意識し，それがいかに財務諸表や予算・決算制度に反映されているか量的に把握し，統制が行われるかについて確認する．つまり，政府部門の中での公会計の位置づけを把握することに特に留意する．

第2節　スウェーデンにおける政府間関係と地方政府所有企業

(1)　スウェーデンの政府階層構造と事務配分

　スウェーデンの政府階層構造は図4-1のように示すことができる．現在，地方政府として，基礎自治体に相当する290のコミューンと広域自治体に相当する20のランスティングが存在する．

　地方政府の人口規模はさほど大きくはない[2]．最大のコミューンはストックホルムで，およそ86万人であるが，10万人以上のコミューンは全国で13団体しかなく，およそ半数のコミューンは15,000人以下である．一方で，5,000人を下回るコミューンも15団体しかなく，コミューン間の人口規模の格差は相対的に小さいといえる．ランスティングについては，最大がストックホルムでおよそ210万人，最小はイェムトランドのおよそ13万人で，多くのランスティングが20万-30万人という規模である．

　コミューンの数は，1950年代以降の合併の結果，大幅に減少してきた．まず，1952年に地方における小規模コミューンの合併が行われた（第1次合併）．この合併では，コミューンの適正規模を3,000人，最低規模を2,000人とすることが目標とされ，コミューンの数は2,498（1951年）から1,037（1952年）に減少し，平均人口は1,500人から4,500人へと増加した（自治体国際化協会2004：

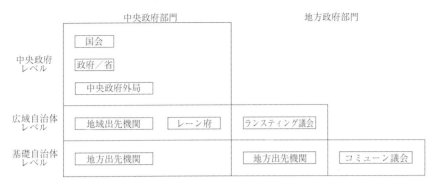

(資料) Mattisson et al. (2002), p.848.

図 4-1 スウェーデンの政府部門

13頁).しかし,その後もストックホルム,ヨーテボリ,マルメといった大規模都市への人口の集中が続き,1960年時点で約350のコミューンが最低規模を確保できていないという事態が生じた(同2004:14頁).そこで,62年から74年にかけて,すべてのコミューンが8,000人の規模をもつことを目標に第2次合併が実施された結果,74年1月時点でのコミューンの数は278と大きく減少した.これらのコミューンの合併では,人口規模を拡大することによって,課税ベースを拡大し,コミューンの財政力を強化することに目的があった(伊集2006:221-222頁).ただし,第2次合併では強制的な合併が実施されたという経緯から,その後いくつかのコミューンは再び分離したため,現在では290のコミューンが存在している.

次に,表4-1に基づいて,政府間事務配分について見てみよう.中央政府は,立法,徴税,外交,EU問題,警察,司法,経済的保障,高等教育,労働市場政策などの領域で責任を持っている.これに対して,ランスティングには,おもに医療・保健,地域発展を中心に事務が配分され,コミューンには,高齢者,障害者,児童に対する福祉サービスや,就学前教育,初等および中等教育を中心に,その他,住民に密着した事務が配分されており,分離型の事務配分を採用していることがわかる.つまり,コミューンとランスティングは,それぞれ所管する地域の広さと人口規模によって行政事務を分担している対等な関係の自治体であって,ランスティングはコミューンの上位団体とは位置づけられて

表 4-1　スウェーデンの政府間事務配分

国	ランスティング	コミューン
立法	医療，保健	福祉サービス
国家行政	歯科医療	教育
徴税	地域交通	建築
外交	地域発展	環境保護
EU 問題	文化	清掃事業
移民，難民	教育	ごみ処理
防衛	観光	上下水道
警察，司法	所有企業	救急サービス
経済的保障		民間防衛
高等教育，研究		図書館
文化		住宅
労働市場		地域交通
経済政策		文化余暇活動
農林業		技術的サービス
国有企業		所有企業

（資料）SCB（2007：31）より作成．

いない（Elander and Montin 1990：p.2）．その中で，地域交通は，例外的にランスティングとコミューンの共同事務として行われている．

　事務配分の原則としては，国は社会全般の発展とナショナルミニマムの保障に全体的に責任を持っている．したがって，国会と内閣は地方政府の事業について法的および経済的な枠組みを設定し，各分野についての目標と指針を示す．コミューンおよびランスティングは，それに沿って一般的権限および特別法に基づくそれぞれの事務を実施することとなる（自治体国際化協会 2004：6 頁）．地方政府の事務の枠組みを決定する特別法としては，教育法（Skollagen），保健・医療法（Hälso- och sjukvårdslagen），社会サービス法（Socialtjänstlagen）などが存在する．ただし，これらは行政事務の枠組みだけを規定しており，政府や関係当局からの法令あるいは規則により補完される（SCB 2007：p.13）．

　図 4-1 に示されるように，国の事務を地方レベルで遂行する機関として，レーン府（Länsstyrelse）がある．レーン（Län）は，ランスティングとその区域を同じくする国の行政区分である．レーン府はその区域内において国の事務を行うとともに，レーン内における国，コミューンおよびランスティングの活動を，包括的な環境政策および地域政策上の目的に従って調整するという責務を

負っている．

　レーン府は，交通安全，農業および牧畜業，動物保護，自然環境の保護，住宅政策（計画，建築法に関する事項），狩猟および漁労，遺跡の保全，各種のケアサービス，トナカイ飼育およびハイランド地域の管理について，域内の地方政府および民間会社などの監督の責任を負っている．また，レーン府は国の地方事務所という性質から，運転免許証や各種の許可，認可（タクシーの営業許可，薬品取り扱い許可など）の事務を行っている．

　以上のように，レーン府は，上記の事項について，制定されている法律がコミューンやランスティングによって順守されているかということを監督する立場にあり，コミューンにおける教育や福祉，ランスティングにおける医療といった主要事務についての行政指導を行うといった立場にはない[3]．

(2) 地方政府の歳出歳入構成

　表4-2に，地方政府の歳出と歳入について見ておこう．すでに述べたように，コミューンでは教育と福祉，ランスティングでは医療というように事務が明確に分離している．そのため，コミューンにおける歳出構成を見ると，就学前・基礎・中等・成人という教育分野に4割程度，高齢者・障害者福祉や個人・家族ケアを含めた福祉サービスに4割程度と，両者で歳出総額の8割を占めるにいたっている．一方で，ランスティングにおける歳出は，プライマリーケア，専門医療，精神医療，歯科医療，その他を含め，医療・保健分野が歳出総額の9割を占めている．

　次に，表4-3に従って，歳入面を確認しよう．地方政府の歳入では，それぞれの地方政府が独自の税率決定権をもつ比例所得税が重要な役割を担っている．コミューンとランスティングが課税する税目はこの比例所得税のみであり，その平均税率は，現在，ランスティングで10.73%，コミューンで20.71%であり，地方政府全体で31.44%となっている．コミューンでは，租税収入が62%程度，一般・特定を合わせた補助金収入が15%程度あり，これらを料金収入，資産・活動の売却による収入が補完する形となっている．ランスティングでは，租税収入が7割近くに達し，一般・特定を合わせた補助金収入が2割程度あり[4]，その他，活動・サービス等の売却による収入があがっている．

表 4-2　地方政府の歳出構成（2009 年）

コミューン

歳出分野	金額 (100 万クローナ)	構成比 (%)
政治活動	5,579	1.1
インフラ・環境など	35,043	7.2
文化活動	10,660	2.2
余暇活動	12,331	2.5
就学前教育	65,442	13.5
基礎・中等・成人教育	135,787	27.9
高齢者・障害者福祉	146,724	30.2
個人・家族ケア	32,509	6.7
その他の社会福祉	15,262	3.1
労働・住居	6,506	1.3
交通	5,714	1.2
エネルギー・水道・衛生	14,482	3.0
合計	486,039	100.0

ランスティング

歳出分野	金額 (100 万クローナ)	構成比 (%)
プライマリーケア	33,431	15.5
専門医療	103,685	48.1
精神医療	17,877	8.3
その他の保健・医療	14,847	6.9
保健医療に関わる政治活動	1,219	0.6
医薬品	20,960	9.7
歯科医療	4,947	2.3
地域政策	16,244	7.5
その他	2,158	1.0
合計	215,498	100.0

(注) 合計は，事業収入を除いた純歳出を示している．
(資料) Statistiska Centralbyrån (2009) より作成．

表 4-3　地方政府の歳入構成（2007 年）

コミューン

歳入項目	金額 (100 万クローナ)	構成比 (%)
税収	314,941	62.2
一般交付金	55,677	11.0
経常・投資補助金	18,976	3.7
料金収入（行政活動）	14,914	2.9
料金収入（事業活動）	14,676	2.9
地代・リース料	15,144	3.0
資産売却	27,605	5.4
利子収入	9,899	2.0
その他	34,668	6.8
合計	506,550	100.0

ランスティング

歳入項目	金額 (100 万クローナ)	構成比 (%)
税収	163,751	69.5
一般交付金	37,752	16.0
活動収入	11,513	4.9
サービス収入	5,517	2.3
物品収入	1,187	0.5
料金収入	5,851	2.5
その他の補助金	6,570	2.8
うち特定補助金	4,023	1.7
その他	3,490	1.5
合計	235,631	100.0

(資料) Statistiska Centralbyrån (2009) より作成．

　以上のことから，スウェーデンの政府間関係においては，地方政府間の事務配分が非常に明確になっている点と，地方政府の歳入が地方税によって強固に支えられている点が特徴として読み取れる．

(3)　地方政府所有企業

　コミューンやランスティングにおいては，住宅，交通，エネルギー供給，港

湾管理，上下水道，地域暖房などの分野における経済的活動やサービスが地方政府所有企業や地方事務組合により提供される場合もある．地方政府所有企業（Kommun- och landstingsägda företag）は，50％以上の株式の所有によって，地方政府がその意思決定権を持っている企業である[5]．その活動について地方自治法などの制約を受ける範囲が地方政府より小さいため，資金の借入れ，利益の使途などについての自由度が大きい（自治体国際化協会 2004：46頁）．2013年時点で，コミューンは1,780社，ランスティングは123社の地方政府所有企業を所有している[6]．また，エネルギー供給，上下水道，教育，ケア，救急サービス，通信などの領域で利益を共有する複数のコミューンあるいはランスティングにより組織される地方事務組合（Kommunalförbund）があるが，地方政府所有企業と比較するとその事業規模は非常に限定的である．

コミューンとランスティングにおける地方政府所有企業による活動の状況について見てみよう．コミューンでは企業数，雇用者数，取引高，年間収支のいずれで見ても，企業サービス・不動産とエネルギー・水道の分野における地方

表 4-4　地方政府所有企業の事業状況（2013年）

コミューン

分野	企業数	雇用者数	取引高	年間収支
エネルギー・水道	435	17,196	89,308	2,710
商業・ホテル・レストラン	30	1,091	2,436	20
交通・コミュニケーション	152	5,596	9,803	1,264
企業サービス・不動産	950	18,144	78,121	8,529
教育・福祉	22	929	881	2
その他	191	3,759	7,814	2,128
合計	1,780	46,714	188,364	14,654

ランスティング

分野	企業数	雇用者数	取引高	年間収支
交通・コミュニケーション	34	1,786	21,423	-650
企業サービス・不動産	37	860	3,169	314
教育・福祉	23	16,843	13,248	221
その他	29	1,107	1,873	137
合計	123	20,606	39,714	23

（注）取引高および年間収支の単位は100万クローナ．
（資料）SCB（2014）より作成．

政府所有企業の活動の大きさが確認できる．また，企業形態としては株式会社が1,651社と最も一般的なものとなっている．ランスティングについて見ると，企業数としては大きな特徴はないが，教育・福祉分野において雇用者数の大きさが確認できる．しかし，交通・コミュニケーション分野において取引高が最も大きい一方で，年間収支では6億5,000万クローナの赤字を計上していることがわかる．なお，ランスティングにおいても株式会社が110社と最も一般的な形態となっている．

第3節　スウェーデン公会計制度

(1)　スウェーデン会計制度の全体像[7]

まず，現在のスウェーデンの会計制度の全体像を概観する．スウェーデンの会計制度は，公会計制度と企業会計制度に大別される（図4-2）．

最初に，公会計制度について見ておこう．公会計制度には，2つの公会計基準，すなわち，中央政府に適用される基準と地方政府に適用される基準がある．近年，世界の公会計制度の研究者の間では，国際公会計（IPSAS）が注目されているが，スウェーデン研究者でも同様である．しかし，その採用の可否についてスウェーデン国内で大きな議論になっているわけではないという．

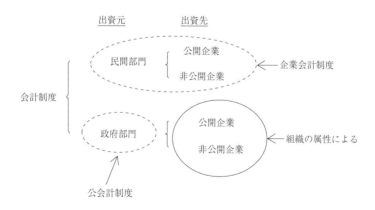

（資料）RKR（2008年9月8日）およびE&Y（2008年9月9日）におけるヒアリングに基づき筆者作成．

図4-2　スウェーデンの会計制度

次に，企業会計制度について見ておこう．企業会計制度は2つの基準，すなわち公開企業に適用される基準と非公開企業に適用される基準があり，公開企業に適用される基準は詳細な開示項目が要求されている．

スウェーデンの公会計制度の特徴は，中央政府や地方政府の出資により設立された企業に適用する会計基準にある．具体的には，「地方政府所有企業」が民間企業と同じ組織形態，たとえば株式会社であれば，原則として民間部門と同じ会計制度（企業会計制度）が適用される．つまり，スウェーデンでの出資先の会計基準の適用は，政府部門か民間部門かという出資元，ないしは所有元の属性に依存して決まるものではなく，あくまでも出資先自体の組織形態によって決定される．

(2) 公会計制度の設定主体[8]

中央政府では財務省簿記委員会（BFN）を中心に公会計制度を勧告・指令し，地方政府では地方政府会計評議会（Rådet för Kommunal Redovisning：RKR）を中心に公会計制度を勧告・指令している．一方，政府所有企業の場合，組織形態が株式会社の場合には，民間の会計基準を利用するので，民間会計基準の設定主体を中心に会計基準を勧告・指令していることになる．

(3) スウェーデン公会計制度の適用範囲と地方政府所有企業の位置づけ

図4-3は，中央政府が地方政府に補助金を交付し，地方政府が地方政府所有企業に出資，または補助金を交付し，地方政府所有企業が子会社や関連会社等の関係会社に出資している状況を示している．

（注）個別FS：個別財務諸表（Financial Statements）
（資料）RKR（2008年9月8日）およびE&Y（2008年9月9日）におけるヒアリングに基づき筆者作成

図4-3 スウェーデンの公会計制度の適用範囲

中央政府，地方政府はそれぞれの公会計基準に基づいて個別財務諸表を作成する．また，地方政府所有企業とその関係会社は共通の企業会計基準に基づいて個別財務諸表を作成している．その後，地方政府所有企業は，地方政府所有企業グループの連結財務諸表を作成し（連結①），地方政府も地方政府所有企業を含んだ連結財務諸表を作成する（連結②）．

ここで注目するのは，地方政府所有企業の個別財務諸表と連結財務諸表の取扱いをめぐる問題である．

第1に，地方政府の連結財務諸表に連結する地方政府所有企業の財務諸表の範囲である．具体的には，地方政府所有企業の個別財務諸表が連結されるのか，地方政府所有企業グループの連結財務諸表が連結されるのかという問題が生まれる．

第2に，連結対象の財務諸表がそれぞれ異なる会計基準を採用している点である．具体的には，地方政府所有企業の財務諸表は企業会計制度に基づいて作成され，地方政府の財務諸表は公会計制度に基づいて作成されているという問題が生じる．

日本の第三セクターと自治体本体の連結に類似するこの問題をどう処理しているのか．これらの点の詳細については第5節と第6節で紹介するが，この問いに十分に答えるためには，スウェーデンの公会計制度改革が，なぜ1980年代後半以降に進展したのかという経緯にも触れておくことが重要になる．

第4節 スウェーデンの地方公会計制度の変遷 [9]

(1) 1991年地方自治法改正と地方政府の健全財政主義

スウェーデンの現代的な地方公会計制度の基礎は1980年代に形成された．1983年には，国会の財政委員会において，地方政府会計に関するより統一的な規則を導入する可能性を調査することが決定された．この決定を受けて，コミューン連合（Svenska kommunförbundet）およびランスティング連合（Landstingsförbundet）という地方政府の連合組織のイニシアティブにより，より簡素で統一的な地方政府会計モデルを作成するための調査委員会が組織された．その結果，地方政府会計に関わる一般的ルールの設定と，収支計算書，財政分析，

貸借対照表に基づいた会計モデル（Kf/Lf-86モデル）が作成されることとなった．この会計モデルに採用によって，スウェーデンの地方政府会計に発生主義が導入されることとなった（Falkman and Tagesson 2006：p.2）．

その後，1991年改正の地方自治法では，地方政府会計に関する大きな変更が実施された．1953年地方自治法で示された財産保護規定は削除され，「コミューンおよびランスティングはその活動において健全な財政運営を維持しなければならない」という規定が追加された．ここでは，とりわけ長期的な収支均衡が言及され，さらに投資目的の固定資産の売却や負債の割賦償還も含まれるとされた．これらの明示的な要求により，地方政府部門は，短期的および長期的に健全な財政運営を維持するための計画を自ら決定することが求められるようになった．

また，コミューンとランスティングは年度末に収支計算を行い，これに基づいて年次会計を作成することとなった．これにより，活動と結果，財源，年度末における財政状況に関する情報開示が規定され，Kf/Lf-86モデルに法的根拠が与えられることとなった．

その他，地方政府に対する新たな要求として掲げられたのは，「良好な会計慣習（God redovisningssed）」を遵守する形で年次会計を作成することであった．その発展にとって特に重要な役割を果たしたのが，コミューン連合とランスティング連合の会計問題に関するレファレンスグループであった．同グループは「良好な会計慣習」の促進を任務とし，その勧告は非常に重要な意味をもった．なかでも特に重要とされた会計原則が，継続性の原則，保守主義の原則，公開性の原則であった．

(2) 地方政府会計法の成立

1991年地方自治法には，地方政府は健全な財政運営を維持することが規定されたが，健全な財政運営をどのように認識するのか，いかなる方法で健全財政の要求を地方政府の財政運営の基礎とできるかという点で議論が交わされた．

1990年代前半の経済および財政状況の悪化を受け，当時の財務大臣の提案により財務省内に，より明瞭な健全財政の要求を確立するための調査グループが組織された．その結果，地方政府の収支計算において均衡財政原則を適用す

ることが選択され，この原則は，歳入は歳出を上回らなければいけないという形で定式化された[10]．同時に，この収支均衡を地方政府間で比較可能な形で評価することを国会でどのように保障するのかということが議論された．その結論として，統一的な会計方式が，正確な比較と地方政府の公正な評価のために必要だとされ，その手段として新たな法律の制定により，会計原則を明確にすることがもくろまれた．1997年の地方政府会計法の成立は，このような経緯を経た地方政府会計をめぐる議論の1つの結論として位置づけられるだろう．

地方政府会計法の制定作業につながる他の条件として重要な点として，民間部門で起きたルールの変化があげられる．1997年から適用されている新たな年次会計法は，会計領域におけるEU指令に出発点があり，欧州雇用戦略（EES）における合意を具体化するものであった．そこで，地方政府会計法の制定では，この年次会計法の改正とこれまでに確立されてきた地方政府会計に関わる規範が重要な出発点となった．

そして，これらの論点を前提とした検討の結果として，1997年6月に地方政府会計法が成立した．1991年地方自治法によって示された健全な財政運営に関する規定は，地方政府会計法第3章第1条に移され，その内容は，Kf/Lf-86モデルを踏襲し，収支計算書，財政分析，貸借対照表を含む会計報告書としてまとめられた．

また，地方政府会計法の成立にともない，地方政府部門における会計基準に関わる勧告を行う組織として，RKRが設立された．RKRの任務は，地方政府会計法が示す枠組みの中で，「良好な会計慣習」という概念を解釈することにある．

(3) 小括

以上のように，地方政府会計法で採用された会計モデルは，地方政府の代表組織により示されたKf/Lf-86モデルを基礎にし，発生主義に基づく収支計算書，財政分析，貸借対照表の作成をその特徴としている．そのうえで，年次会計報告書を作成することによって，地方政府の健全な財政運営の基礎を提供しつつ，さらに地方政府間の比較や評価の手段として活用することを意図しているといえよう．ただし，その目的が現在十分に達成されているかといえば，必

ずしもそうではない.

　Falkman and Tagesson（2006）によれば，RKR の勧告が地方政府の実際の会計業務に与えているインパクトは非常に限定されている．その要因として，職員の能力不足，監査の質の低さ，おそらく罰則規定の欠如からくる職員の否定的な態度，そして相反する不明瞭な会計基準という点があげられている（Falkman and Tagesson 2006：p. 21）．これらの問題とは別に，ここで 1 つの論点に触れておく必要がある．それは，「良好な会計慣習」を RKR がどのように解釈しているか，という点である．このことを念頭に置きながら，スウェーデンの代表的な地方政府所有企業である SL の財務諸表と会計処理を確認しよう．

第 5 節　地方政府所有企業の財務諸表と会計処理——SL を事例に

(1) SL の所有構造と財務諸表の作成

2007 年度末時点の SL の所有構造と財務諸表の作成手順について，図 4-4 を

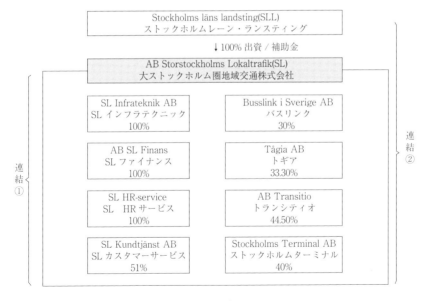

（資料）AB Storstockholms Lokaltrafik（2008），p. 36 より作成．

図 4-4　SL グループの所有構造と財務諸表

参照しながら確認しておこう．

地方政府であるSLLがグループ親会社のSLを100％所有し，グループ親会社であるSLが子会社4社，休眠中の子会社2社，および関連会社4社を所有している．

SLは所有者であるSLLが与える指令等の一定の枠組みの中で，地域交通サービスの内容，質，開発のあり方を決定している．また，SLは交通インフラに対する責任を負っており，多くの契約者からサービスの調達と発注，インフラの維持管理と再投資を行っている．

次に，財務諸表の作成手順について確認しておこう．第1に，SLの個別財務諸表とSLの関係会社の個別財務諸表を作成する．次に，SLは両者を用いてSLグループの連結財務諸表を作成する．第2に，地方政府はSLグループの連結財務諸表とSLLの個別財務諸表を連結し，地方政府の連結財務諸表を作成する．

(2) SLおよびSL関係会社の会計基準

既に第2節で明らかにしたように，会計基準の適用は，企業形態（中央政府・地方政府・株式会社）および，株式公開形態（上場・非上場）の2つの軸によって区分されている．つまり，所有形態による区分は基本的にはなされていない．したがって，地方政府が株式を保有していても，株式会社の形態を取る場合は，株式会社に適用される規制に服することになる．したがって，地方政府所有企業でも株式会社であれば納税義務が生じる点にも特色がある．

RKRの勧告および指針は，地方政府本体に対応するのみであるため，地方政府所有企業（SL）は，年次会計法（ÅRL）および財務省簿記委員会（BFN）からの勧告および指針，公認会計士協会（FAR）からの勧告および指針に従うこととなる．その上で，地方政府所有企業（SL）は，例外的に会計評議会（RR）からの勧告および指針に従う項目が限定列挙されている形式をとっている[11]．

(3) SLの個別の会計処理

SLに特徴的な会計処理（2007年時点）について取り上げてみたい[12]．あらかじめ概要を述べれば，ほぼ企業会計制度と同様の会計基準となっている．

表 4-5　SL への政府補助金

(100 万クローナ)

		連結 FS		個別 FS	
		2006 年	2007 年	2006 年	2007 年
PL	参考：チケット収入	4,049	4,476	4,409	4,476
	SLL からの営業助成金	4,588	5,346	4,588	5,346
	政府補助金	213	185	213	185
BS	レーン計画・デニス合意等による政府補助金	2,400	2,326	2,400	2,326
	鉄道設備管理庁の将来計画（車両）の補助金	1,058	1,180	1,058	1,180
	渋滞税の試験的導入に伴う追加負担補助金	90	380	90	380

(注) PL（損益計算書）：営業収益に計上．
　　 BS（貸借対照表）：長期前受収益に計上．
(資料) AB Storstockholms Lokaltrafik Årsberättelse (2008)，注記 2，注記 20 より作成．

　第 1 に，SL グループの連結財務諸表の作成である．スウェーデンの地方政府所有企業では，連結財務諸表を作成している．連結対象企業は，2003 年より支配力基準（SL が年末時点で直接あるいは間接的な支配力を有するすべての企業）により判定されている．

　連結財務諸表はパーチェス（獲得）法にしたがって作成し[13]，SL が 20％-50％の資本を所有し，グループが重要な影響力を持つ企業である関係会社については持分法によって連結財務諸表に取り込んでいる．

　第 2 に，政府から SL への補助金の処理である．SL への補助金には，SLL からの営業助成金，レーンの計画に基づいた産業補助金，デニス合意[14]に基づく補助金，新たな通勤電車についてのレーンの計画及び鉄道庁の将来計画に基づく補助金から構成されている．

　表 4-5 をみると，連結 FS と個別 FS とで金額が同じであることから，助成金や補助金は親会社である SL に交付されていることがわかる．

　SLL から SL への営業助成金は，SL の主要な事業収入である．チケット収入の不足分を SLL が補うもので，営業収益（純売上高）として損益計算書に計上される．SLL が承認した予算に従って算出された役務の執行実績に対する保証金を含み，経営の変化，あるいはこうした費用水準に対して，毎年変更するものとされる．

　政府から SL への政府補助金（産業補助金）の会計処理は，補填費用を補助する必要がある期間の収入として損益計算書の営業収益（その他の収益）に計

上される．補助金がすでに被った損失の補填を目的とする場合は全額計上する．また，政府補助金が数年間の費用の補填を目的とする場合，問題となっている複数年度にわたり配分する．特に，固定資産と関連する政府補助金は，長期前受収益として貸借対照表上に計上し，圧縮記帳を行わずに計上された固定資産の減価償却費に対応する形で，固定資産の耐用年数に応じて収益として損益計算書上に計上する．

 第3に，SLが借主となる固定資産リースの取扱いである．SLは，自己が借主となるファイナンス・リース資産を，契約日の連結貸借対照表に資産として計上している[15]．

 第4に，SLの税金・税効果会計についてである．SLは株式会社であり，民間の会計基準が適用されるので，繰延税金資産・負債の認識を資産・負債法によって行っている．

 後にみるように，SLは欠損金が累積しているが，スウェーデンでは税務上の欠損金の利用期間に制限がないため，SLは2030年度まで租税を支払うことはないと見積もっているとのことである[16]．

 第5に，キャッシュ・フロー計算書を作成し，2006年から間接法を採用している．政府補助金に着目すると，営業活動によるキャッシュ・フローでは，承認済みの政府補助金を減算している．投資活動によるキャッシュ・フローでは，政府補助金からの投資補助金を含んでいる．財務活動によるキャッシュ・フローでは，政府補助金の受取額を含んでいる．

(4) SLの財務諸表分析

 SLの財務諸表には，貸借対照表，損益計算書，キャッシュ・フロー計算書がある．貸借対照表にはリース資産を含む交通設備が計上されていることを指摘すること，キャッシュ・フロー計算書にはそうした交通設備の整備のための政府補助金が計上されていることを指摘するにとどめ，ここではSLの特色が最もよく表れている損益計算書を中心に分析してみたい．

① SLの個別損益計算書

 表4-6によって2000年からの時系列データから個別損益計算書の収入の推

第4章 スウェーデン地方政府と地方政府所有企業の公会計・予算制度

表4-6 SL個別損益計算書

	SL親会社個別（100万クローナ）							
	2000	2001	2002	2003	2004	2005	2006	2007
純営業収入	2,907	3,227	3,405	7,190	7,638	8,322	8,970	9,822
チケット収益	2,907	3,227	3,405	3,329	3,818	4,084	4,049	4,476
交通量増加に対する政府補償	-	-	-	-	-	113	333	-
SLLからの営業助成金				3,861	3,820	4,125	4,588	5,346
その他の活動収入	504	543	643	668	761	869	1,038	1,065
営業収入合計	6,318	6,997	7,453	15,048	16,037	17,513	18,978	20,709
民間委託費用（契約別費用）	(5,104)	(5,763)	(5,852)	(6,115)	(6,159)	(6,462)	(7,273)	(7,570)
運営および維持管理費用	(595)	(371)	(374)	(247)	(351)	(207)	(125)	(95)
人件費	(111)	(83)	(31)	(81)	(83)	(157)	(304)	(324)
有形・無形固定資産の減価償却および評価損	(227)	(253)	(267)	(353)	(434)	(497)	(528)	(592)
持分法投資損益							-	-
例外的費用							(956)	0
比較可能性にかかわる項目	(351)	(219)						
その他の営業費	(734)	(924)	(1,068)	(1,563)	(1,840)	(2,001)	(2,138)	(2,186)
営業費用合計	(7,122)	(7,613)	(7,592)	(8,359)	(8,867)	(9,324)	(11,324)	(10,767)
営業損益	(804)	(616)	(139)	6,689	7,170	8,189	7,654	9,942
受取利息および類似項目	130	72	71	51	24	15	23	62
支払利息および類似項目	(103)	(122)	(93)	(153)	(84)	(75)	(74)	(100)
金融資産投資による損益	27	(50)	(22)	(102)	(60)	(60)	(51)	(38)
営業損益（金融資産投資損益考慮後の損益）	(777)	(666)	(161)	6,587	7,110	8,129	7,603	9,904
法人所得税							-	
期末概要			(30)	603	659	633		
グループ補助金と配当金（純額）	1,241	979	404					
減価償却超過額	(569)	(396)	(434)					
SLLによる返還請求権付株式の引受	3,012	3,314	3,596					
税引前損益	2,907	3,231	3,375	7,190	7,769	8,762	7,603	9,904
当期損益	0	0	0	0	0	131	440	(1,367)	82

（資料）AB Storstockholms Lokaltrafik Årsberättelse 各年度より作成．

移をみると，まず目につくのが，2003年に営業収入が前年比で約2倍になっている点である．これは，2002年までSLLからの補助金をSLL引受の返還請求権付株式による増資として扱っていたものを，2003年から営業収入に組み入れることにしたためである．

この措置は，国税庁の税務調査により，出資は一時的な措置のものであり，毎年度継続的に行われる出資に対して疑義が指摘されたことに起因している[17]．SLは裁判で争ったが，結果として，営業補助金に関しては，2003年から課税対象所得である補助金として措置されることになった．

スウェーデンの地方政府所有企業の多くは料金収入などの自己収入から経費

表 4-7　SL グループ連結損益計算書

	SL 連結グループ（単位：100 万クローナ）							
	2000	2001	2002	2003	2004	2005	2006	2007
純営業収入	2,907	3,227	3,405	7,190	7,638	8,322	8,970	9,822
チケット収益	2,907	3,227	3,405	3,329	3,818	4,084	4,049	4,476
交通量増加に対する政府補償	-	-	-	-	-	113	333	-
SLL からの営業助成金				3,861	3,820	4,125	4,588	5,346
その他の営業収入	1,760	1,673	1,835	1,889	1,942	1,935	2,212	2,209
営業収入合計	7,574	8,127	8,645	16,269	17,218	18,579	20,152	21,853
民間委託費用（契約別費用）	(5,109)	(5,680)	(5,788)	(6,128)	(6,131)	(6,451)	(7,225)	(7,534)
運営および維持管理費用	(139)	(283)	(301)	(343)	(447)	(287)	(122)	(90)
人件費	(487)	(405)	(400)	(285)	(304)	(324)	(383)	(426)
有形・無形固定資産の減価償却および評価損	(444)	(396)	(458)	(637)	(782)	(993)	(1,208)	(1,278)
持分法投資損益				(5)	(3)	10	18	(1)
例外的費用							(956)	0
比較可能性にかかわる項目	(70)	(208)						
その他の営業費	(1,035)	(943)	(1,289)	(1,336)	(1,595)	(1,659)	(1,955)	(1,941)
営業費用合計	(7,284)	(7,915)	(8,236)	(8,734)	(9,262)	(9,704)	(11,831)	(11,270)
営業損益	290	212	409	7,535	7,956	8,875	8,321	10,583
受取利息および類似項目	59	161	146	117	81	77	67	80
支払利息および類似項目	(207)	(302)	(331)	(392)	(301)	(290)	(371)	(520)
金融資産投資による損益	(148)	(141)	(185)	(275)	(220)	(213)	(304)	(440)
営業損益（金融資産投資損益考慮後の損益）	142	71	224	7,260	7,736	8,662	8,017	10,143
法人所得税						0	(1)	0
SLL による返還請求権付株式の引受	3,012	3,314	3,596					
準備金	(247)							
税引前損益	2,907	3,385	3,820	7,260	7,736	8,662	8,016	10,143
少数株主損益				0	0	0	(1)	(1)
当期損益	0	158	415	70	98	340	(955)	320

(資料) AB Storstockholms Lokaltrafik Årsberättelse 各年度より作成.

を賄っており，政府からの補助金や出資を受けることは例外的である[18]．その点からすれば，SL は例外的な地位を有していることがわかる．表4-6の当期損益と SLL からの営業補助金に目を向けてみよう．いずれの年度も，SLL からの営業補助金がなければ当期損益はマイナスになることわかる．つまり，現状では本業のチケット収入のみではコストを賄い切れず，SLL からの営業補助金で補填している状況にある．SLL からの営業補助金や料金の決定過程も問題になるが，この点については第5節にて取り扱う．

② SL の連結損益計算書

表4-7は SL グループの連結損益計算書が示されている．親会社 SL の損益

表4-8 SLその他の営業収入

(100万クローナ)

	連結FS		個別FS	
	2006年	2007年	2006年	2007年
車両レンタル	1,299	1,299	23	22
レンタル収益	319	359	361	375
政府補助金等	213	185	213	185
広告収益	108	161	108	161
その他	273	205	333	322
合計	2,212	2,209	1,038	1,065

(資料) AB Storstockholms Lokaltrafik Årsberättelse (2008) 注記2.

インパクトが大きいので，個別損益計算書と連結損益計算書とで大きな違いは生じていない．純営業収入は個別損益計算書も連結損益計算書も同額である．

ここでは子会社の営業収益が連結営業収益に与える影響を確認してみたい．純営業収入は個別損益計算書も連結損益計算書も同額であるから，純営業収入以外の営業収入が子会社の営業収益として連結営業収益に影響を与えることになる．そこで，表4-8で純営業収入以外の営業収益項目であるその他の営業収入に着目すると，連結損益計算書と個別損益計算書の差額が大きいのは，車両レンタルが子会社の主要な営業損益として連結営業収益に影響を与えているためであることがわかる．

(5) SLL（地方政府）の連結財務諸表との関連

① SL連結財務諸表のSLL個別・連結財務諸表での位置づけ

ここではSLとSLLの関係について，SLグループの連結損益計算書（前出表4-7）とSLLの個別・連結損益計算書（表4-9）から見てみよう．

SLにおけるSLLからの営業助成金は，SLLの個別損益計算上は営業費用の「SLとWÅABへの補助金」の項目に含まれている．この補助金は，SLL連結グループから見れば内部取引なので，SLLの連結損益計算書では相殺されて計上されない．

また，SLの本業収益であるチケット収入は，SLLの個別損益計算書上では営業収入の「乗車賃」の項目に計上されている．乗車賃収入はSLL連結グループにとっても外部取引による収入であるため，SLLの連結損益計算書にも

表 4-9 SLL の損益計算書

(100万クローナ)

	SLL 連結 FS		SLL 個別 FS	
	2006 年	2007 年	2006 年	2007 年
営業収入	12,524	12,497	5,508	5,365
医療（患者自己負担）	517	517	406	406
歯科（患者自己負担）	585	603	0	0
乗車賃	4,194	4,644	115	142
ヘルスケア売上	1,005	1,026	897	924
歯科ケア売上	126	126	4	4
その他の初期診療サービス売上	113	127	92	91
レンタル収入・その他サービス・原材料売上	3,292	3,023	1,782	1,801
政府補助金またはその他補助金	2,080	1,894	1,862	1,708
その他収入	612	537	350	289
営業費用	-57,447	-56,773	-51,157	-51,700
人件費支出	-20,346	-21,474	-15,255	-15,847
ヘルスケア購入	-8,921	-9,069	-13,125	-13,702
歯科ケア購入	-180	-195	-629	-659
交通サービス購入	-8,088	-8,430	-751	-770
その他の初期診療サービス購入	-8	-8	-21	-20
事業関連サービスの購入（実験・放射線等）	-1,418	-1,576	-1,514	-1,644
薬剤利益計画での薬剤費	-4,129	-4,250	-4,069	-4,172
その他の薬剤費	-963	-1,044	-888	-963
その他の原材料費	-3,138	-3,320	-1,283	-1,479
補助金支出	-1,003	-1,138	-1,973	-2,073
SL と WÅAB への補助金	0	-1	-4,588	-5,346
家賃・固定資産レンタル料	-1,964	-2,049	-1,961	-2,028
その他費用	-3,954	-4,102	-2,726	-2,880
比較可能性に関係する費用	-3,335	-117	-2,374	-117
減価償却／減耗償却	-2,355	-2,514	-940	-1,004
純営業支出（①）	-47,278	-46,790	-46,589	-47,339
租税収入	43,243	45,459	43,243	45,459
一般政府補助金	4,668	4,649	4,668	4,649
財政調整交付金	-1,976	-1,396	-1,976	-1,396
租税収入・一般政府補助金・交付金（②）	45,935	48,712	45,935	48,712
金融所得	112	103	219	183
金融支出	-918	-1,018	-772	-861
純金融所得／支出（③）	-806	-915	-553	-678
当期成果（①＋②＋③）	-2,149	1,008	-1,207	695

(資料) Stockholm County Council (2008), p. 80, p. 84.

計上されている．そこで，SL の営業収入が SLL グループの営業収入に占める割合を求めると，2007年度で約 36％となっている．

最後に，SLの営業費用とSLLの営業費用との関係については，SLLの連結財務諸表の勘定科目からは必ずしも明確にはならないが，SLの営業費用とほぼ同額がSLL連結損益計算書の「交通サービス購入」に計上されている．

②連結処理上の特色

既に記したように，SLLの会計処理はRKRの勧告に従い，地方政府所有企業の会計処理は年次会計法（ÅRL），財務省簿記委員会（BFN）等の勧告に従う．そのため，地方政府と地方政府所有企業を連結する場合に，二つの会計基準が交錯してしまう．

その要因については，地方政府に対する会計基準が1997年の地方政府会計法以降，若干の修正に留まっているためであるとする見解や，反対に，地方政府所有企業に適用される民間会計基準のほうが著しい変貌を遂げているためであるとの見解も存在する．さらに，サービスに対する対価の性質の相違（租税か企業収益か）に加え，会計情報の作成目的の相違（政治家に対する情報か，投資家に対する情報か）に基づくものとの見解もある[19]．ここでは，地方政府の連結財務諸表を作成する場合に，通常の連結財務諸表の作成作業と異なる点について確認しておこう．

まず，すべての出資先について，総額法によって資産・負債を計上している．企業会計に例えると，関連会社についても持分法ではなく子会社と同じ連結方法によっているということを意味している．その理由は，財務諸表利用者の理解可能性にあるという．この処理自体は資産・負債総額が大きく出るが，純資産に与えるインパクトは持分法と変わらないので，大きな問題とは言い難い．

問題となるのは，地方政府の会計処理が地方政府所有企業と異なっているにもかかわらず，会計処理の相違を調整することなく，そのまま連結している点にある．まずは，両者の相違点を確認しておこう[20]．

第1に，年金債務の計上方法の違いである．SLでは2003年から貸借対照表に計上（オンバランス処理）することになったが，SLLでは年金債務を偶発債務として注記（オフバランス処理）するにとどまっている．

第2に，少数株主持分の計上方法の違いである．SLでは少数株主持ち分が計上されるが，SLLでは簡略化のため採用されていない．

第3に,繰延税金資産の計上の有無である.SLは納税義務者であるため繰延税金資産を計上するが,SLLは納税義務者ではなく課税主体であるため,計上しない.

これらの中で繰延税金資産については性質上の違いであり,少数株主持分も重要性の問題であるため,双方とも特に大きな問題となりにくい.

しかし,SLLの年金債務を注記とするかオンバランスとするかは大きな問題である.というのも,SLLの財務諸表のみならず連結財務諸表に与える影響も金額的に大きいからである.現在,この点について大きな議論が交わされているという.

異なる会計基準に基づく財務諸表を連結する可否について,2つの対立する主張がある.1つは,現状肯定的な立場を取る,RKRの主張である[21].つまり,地方政府に対し,「良好な会計慣習」を解釈し勧告・指令を行う機関であるRKRが,重要性の原則を理由として,両者の差異にこだわりを持たずに連結させるべきだとの見解を示しているのである.

もう1つは,会計情報として有意義でないため,両者の違いを踏まえ,より有意義な連結財務諸表を作成すべきとして理想的な立場をとる,研究者の主張である.後者の場合,これまでの財務諸表から地方政府の会計基準に適合した財務諸表への調整を,地方政府所有企業が行うべきだとの意見が示されている[22].

第6節 スウェーデン地方政府の予算・決算制度と会計制度との関係
——SLLを事例に

(1) 当年度決算値と当年度予算額との関係

ストックホルム・ランスティングの公会計制度では,GAAP会計において複式簿記・発生主義で行われると同時に,予算会計においても複式簿記・発生主義となっている(表

表4-10 SLLの予算会計とGAAP会計

	広義の公会計	
	予算会計	公会計(狭義)"GAAP会計"
認識基準	発生主義	発生主義
簿記法	複式簿記	複式簿記

(資料) 関口・木村・伊集 (2010).

第4章　スウェーデン地方政府と地方政府所有企業の公会計・予算制度　　211

表4-11　議会予算と決算の差異確認（事業の監視）

(100万クローナ)

	実績		議会予算	差異
	2006	2007 ①	2007 ②	①－②
収入	58,571	61,312	60,306	1,006
支出	-60,720	-60,304	-59,794	-510
成果	-2,149	1,008	513	495

↓

事業	差異内訳
グループ金融	-143
公共健康ケアサービス委員会	88
救急病院	-152
健康ケア供給（ストックホルムカウンティー内）	15
その他の健康ケア	-37
SLグループ	220
その他の交通サービス	41
不動産事業	151
その他事業（相殺分含む）	252
差異合計	495

(資料) Stockholm County Council (2008), p.56.

4-10)．つまり，予算会計とGAAP会計の相違が見られない．これによって，予算会計とGAAP会計が相違している国と異なり，相対的に予算額と決算額を有機的に把握することを容易にしている[23]．

この点について，SLLの「年次報告書（Annual Report）」では，財務諸表の記載の前にある行政報告（Administration Report）の中で，ランスティング議会予算における成果の総額と現実の成果の総額と差異の内訳がハイライトの形で示され（表4-11），それに続いて各事業について，ランスティング議会予算との比較を行いながら詳細な説明がなされている．

ここでは，表4-11によって，事業予算における成果の総額と現実の成果の総額と差異の内訳を確認しておこう．

議会予算よりも実績がプラスの成果となった主要な理由として，事業収入の増大と課税ベースが増加したことによる租税収入の増加，低金利による利払いの減少が寄与していることを説明している[24]．特に，連結財務諸表で取り込むことになるSLについては，決算の成果額が予算での成果額を2億2,000万クローナ上回っていることもわかる．

表 4-12 SLL の事業勘定

(100万クローナ)

	実績			予算	実－予
	収入	支出	成果（①）	成果（②）	①－②
ヘルスケア	67,752	-68,050	-299	-263	-36
公共ヘルスケアサービス委員会（HSN）	38,231	-38,143	88	0	88
ストックホルム・レーンのヘルスケア	9,345	-9,295	50	35	15
カロリンスカ大学病院	11,499	-11,857	-358	-270	-88
サーレム，ニークバーン，セーデルテリエのヘルスケア	1,081	-1,106	-25	0	-25
ティオフンドラ株式会社	630	-637	-7	4	-11
セーデル病院株式会社	2,870	-2,897	-27	-20	-7
ダンデリード病院株式会社	2,292	-2,357	-65	-30	-35
聖エリクス眼科病院株式会社	348	-345	3	0	3
ストックホルム・レーン国民歯科ケア株式会社	1,248	-1,209	39	14	25
ストックホルム救急医療株式会社	118	-117	1	0	1
ストックホルムケア株式会社	90	-87	3	4	-1
交通	13,437	-13,260	178	-84	262
大ストックホルム圏地域交通株式会社	12,113	-11,792	322	100	222
ヴァクスホルム蒸気船株式会社	106	-281	-175	-184	9
障害者交通委員会	1,133	-1,102	31	0	31
地域計画および都市交通委員会	85	-85	0	0	0
不動産	2,664	-2,147	517	366	151
ロークム	213	-207	6	4	2
ストックホルム・ランスティング不動産	2,451	-1,940	511	362	149
その他の活動	821	-1,055	-237	-24	-213
文化委員会	358	-354	4	0	4
ランスティング監査委員	33	-31	2	0	2
患者諮問委員会	16	-16	0	0	0
メディキャリア株式会社	404	-399	5	0	5
ストックホルム・ランスティング庁舎株式会社	10	-255	-247	-24	-223
金融	66	-58	8	3	5
損失勘定	13	-10	3	0	3
大ストックホルム圏地域交通株式会社内部金融	53	-48	5	3	2
グループ機能	57,091	-56,659	432	515	-83
グループ金融	53,915	-53,543	372	515	-143
ランスティング議会執行委員会行政	3,176	-3,116	60	0	60
小計	141,831	-141,229	599	513	86
比較可能性に影響する調整項目			408	0	408
子会社株式の減損の取り消し			452	0	452
営業権償却			-1	0	-1
組織再編補助金（支出認識）			-45	0	-45
その他			2	0	2
連結当期成果（合計）			1,008	513	495

（資料）Stockholm County Council（2008），p. 56, p. 99 note 25.

　もう少し，2007 年の議会予算（＝本書に言う予算会計（予算））と 2007 年の公会計の決算（＝本書に言う GAAP 会計（決算））との関係について確認してみよう[25]．表 4-12 にあるように，連結財務諸表の注記項目の中に事業勘定（operating accounts）として，各事業の成果と予算との比較の内訳が一覧表となって記載されているからである．

この一覧表の特徴は，連結 PL で行われるような内部取引を相殺する前の各事業の収入と支出を記載するが，最後に連結損益計算書の連結損益に一致させている点にある．これにより，この事業勘定が SLL に関連するすべての損益を織り込んでいることが担保されているからである．そして，この表から①ストックホルム・ランスティングの事業の主要なものが，ヘルスケア，公共交通，不動産の順になっていること，②それは第2項で確認したランスティング政府全般の事務配分の特色と同じであること，等も確認できる．

しかし，それ以上に重要なのは，どの事業において議会で承認された予算と差異があり，その差異の規模がどれだけか等が一覧でわかることであろう．

（2） 決算値と次年度以降の予算編成との関連

スウェーデンで公会計による財務諸表を作成する時点は，次年度予算の編成過程にあたる．つまり，決算が確定する頃には，次年度予算は既に執行されている。従って，決算が予算編成にリンクするのは，次年度の「次以降の」年度予算となる。

表4-13は，本章で確認してきたストックホルム・ランスティングの2007年度の実績が掲載されている，2009年度のストックホルム・ランスティングの予算書である．2007年度の成果計算書の当期成果が10億800万クローナと，2007年度の年次計算書（表4-11，4-12）と金額が一致していることがわかるであろう．

ストックホルム・ランスティングの予算書に基づき，その特徴をいくつか述べておこう．

第1に，予算書において，成果計算書（Resultaträknig），バランス予算（Balansbudget），ファイナンス予算（Finansieringsbudget），投資予算（Investeringsbudget）の4つを作成している．特にバランス予算という形で，貸借対照表まで作成している点は特徴的である．

第2に，間接法によるファイナンス計算書（キャッシュ・フロー計算書）の中で，記載があるのは，営業活動によるキャッシュ・フローと投資活動によるキ

表4-13 ストックホルム・ランスティングの予算書（2009年度）

(1) 成果報告書

(単位：100万クローナ)

	2007 実績	2008 予算	2008 予測	2009 予算	B09/B08 変化
営業収入	12,497	13,066	13,376	14,106	8.00%
税収	48,712	51,278	51,376	53,503	4.30%
収入合計（①）	61,209	64,344	64,752	67,609	5.10%
人件費	△ 21,474	△ 22,625	△ 22,762	△ 22,904	1.20%
保健・医療・歯科（サービス）の購入	△ 10,848	△ 11,231	△ 11,691	△ 13,047	16.20%
交通（サービス）の購入	△ 8,430	△ 9,039	△ 9,072	△ 9,550	5.60%
その他の費用	△ 16,021	△ 17,048	△ 16,843	△ 16,916	-0.80%
営業費用合計（②）	△ 56,773	△ 59,943	△ 60,369	△ 62,415	4.10%
営業利益（減価償却前）：③＝①－②	4,436	4,402	4,383	5,194	
減価償却	△ 2,514	△ 2,677	△ 2,659	△ 2,858	6.80%
営業利益（減価償却後）	1,923	1,725	1,724	2,335	
財務収支（純）	△ 915	△ 1,265	△ 1,224	△ 1,518	
当期成果	1,008	460	500	818	

(2) バランス予算

	2007 実績	2008 予測	2009 予算	2010 計画	2011 計画
固定資産	40,629	44,416	49,625	55,123	60,664
流動資産	7,878	6,990	6,990	6,990	6,990
資産合計	48,507	51,406	56,615	62,113	67,654
自己資本（前期末）	△ 632	376	876	1,693	2,273
当期成果	1,008	500	818	580	725
自己資本合計	376	876	1,693	2,273	2,998
引当金合計	13,260	14,160	15,096	16,006	16,933
長期負債	20,406	21,543	24,628	28,256	31,756
短期負債	14,465	14,827	15,198	15,578	15,967
負債合計	34,871	36,370	39,826	43,834	47,723
自己資本・負債合計	48,507	51,406	56,615	62,113	67,654

(3) ファイナンス予算

	2007 実績	2008 予算	2009 予算	2010 計画	2011 計画
当期成果	1,008	460	818	580	725
減価償却	2,514	2,677	2,858	3,119	3,267
実現利益，その他	△ 97	△ 50	△ 80	△ 60	△ 60
営業活動からのキャッシュフロー合計	3,425	3,087	3,596	3,639	3,932
運転資本の変化	△ 396	0	0	0	0
投資（リース含む）	△ 5,069	△ 8,099	△ 9,503	△ 10,617	△ 10,808
Citybananを含めた交通	3,540	5,491	4,464		
SL，さらなる準備	0	0	1,436		
NKS（新しい病院）を含む建物	880	1,859	2,763		
機械，棚卸資産など	649	749	841		
調整）計算された投資額	0	0	1,436	2,000	2,000
売却，その他	524	51	50	50	50
投資後キャッシュフロー合計	△ 1,516	△ 4,961	△ 4,421	△ 4,928	△ 4,826
年金，その他の引当金	1,156	812	936	911	927
外部資金調達前のキャッシュフロー	△ 360	△ 4,149	△ 3,485	△ 4,017	△ 3,899

(注) 別開示の投資予算は，ファイナンス予算の「投資の詳細」であるため，ファイナンス予算に挿入した．
(資料) Stockholms läns landsting (2008), pp.14-15より作成．

ャッシュ・フローであり，財務活動によるキャッシュ・フローの内訳は示されていない．このことは，ファイナンス計算書の主目的が，外部資金の必要調達額の総額を示すことにあることを意味している．

第3に，2009年度の予算編成という観点から見た特徴は，①2009年度予算編成で利用される2008年度の予測値は，成果計算書のみならず，貸借対照表についても作成していること，②2007年度の決算値が意識されるのは，2009年度の予算編成の時であること等があげられる[26]．

最後の特徴であるランスティングに予算編成に関する点について，もう少し正確に言えば，2009年度予算が意識している前年度（2008年度）の状況は，2008年度予測値であるが，その予測値は2007年度実績値，2008年度予算，そして2008年度の執行状況等に基づいていることがわかる．

この点について，神野（2008）は，スウェーデンでは「年次報告書（Annual Report）」を作成していく過程が，次年度予算を編成する過程となっていることを指摘している[27]．つまり，当年度の状況を，次年度予算に直接反映できるのは，当年度の決算（年次報告書）以前の執行状況（月次・四半期・半期等）などによる情報である（スウェーデン地方政府の予算統制については第5章で述べる）．

予算編成に当たっては，可能な限り正確な情報をもとに作成することが望ましいことは言うまでもない．この点に関し，表4-14でストックホルム・ランスティングに対する監査報告書（議員監査）の作成日を確認してみると，「2007

表4-14　SLLとSLグループの決算日と監査報告書等作成日の関係

	決算日	外部監査 （公認会計士）	監査役監査 （議員監査）	内部監査
ストックホルム・ランスティング	2007/12/31	なし[(1)]	2008年3月25日 （監査報告書）	なし[(2)]
SL	2007/12/31	2008年3月10日 （監査報告書）	2008年3月13日 （レビュー報告書）	なし[(2)]

(注1) 監査役の委託による特定項目監査を行うのみ．
(注2) 内部監査報告を役員会に提出．
(注3) SLLの年次報告書は5月に議会報告．
(資料) Stockholm County Council（2008），AB Storstockholms Lokaltrafik（2008）およびルンド大学経済学部Torbjörn Tagesson氏へのヒアリング（2011年9月22日）より作成．

年の年次報告書」の監査報告書の提出日が2008年3月25日となっている．

つまり，2007年度の終了後の約3か月という短さで決算に対する監査報告書が提出されるという形での適時性を有しており，情報に関する一定の正確性が担保されていることがわかる（スウェーデン地方政府の監査制度についても第5章で述べる）．

第7節　会計情報の利用者――投資家・格付機関と議会

前節で見たように，スウェーデンの地方政府所有企業の会計制度は，民間（非大企業）とほぼ同一の様式を備えている．しかし，一定の資源を投じて作成される会計情報は，それを何らかの意思決定に利用する主体が存在してはじめて意義をもつ．

ここでは，会計情報の利用者として，2つの主体を想定する．1つは，市場（投資家）であり，もう1つは，地方政府（地方議会）である．

(1) 利用者としての投資家・格付機関

まず，投資家側から見ていこう．近年，格付機関の提供する格付情報が，投資家の意思決定に大きな影響を与えていることが指摘されている[28]．そこで，ここでは，格付機関が地方政府所有企業に対してどのような手続きで格付けを行うのか，その際，地方政府所有企業に適用されている会計制度はどのような役割を果たしているのか．このことを，Standard & Poor's（S&P）の政府系機関（Government Related Entities：GREs）に関する格付基準を例にとって確認する．

①政府系機関の格付基準[29]

政府系機関への格付けは，1980年代までは出資母体である政府と同等の格付けが与えられていた．しかし，政府系機関に対する政府の関与および支援の低下，国営機関の売却や欧州連合（EU）による競争政策をはじめとする政策転換は，民営化を促進するだけでなく，政府保証やその他の形で提供される政府支援を弱めることとなった．こうした状況の変化に対応し，S&Pの分析は，

政府系機関「単体」(Stand Alone)の信用力，およびその機関と政府の関係の継続性に焦点を当てる方向へ次第に変容した．

その手順を概観すると，2段階のプロセスがある．第1段階は，政府からの支援措置など，実質的な影響力を含めた日常的な当該政府機関の経営環境を把握する「単体格付け」である．第2段階は，政府系機関に対する緊急時の特別の政府支援（あるいは政府の保有）がある場合，その程度を具体的に分析する．

はじめに第1段階について確認してみよう．まず，政府系機関「単体」の信用力が確認される．この時には民間私企業と同様に[30]，事業リスクと財務リスクがそれぞれ把握される．その際，中核的な指標として様々な比率が算定され，それぞれの指標毎の分析と，類似した政府機関，格付け等との比較が行われる．比較においては，国内の同様の政府機関比較に加え，国際比較，官民比較の観点からも行われることが好ましいとされている[31]．ただし，この時に，当該政府機関が日常的に受けている政府の支援および介入が，格付けにすでに織り込まれていることに留意しなければならない．

次に，第2段階について確認してみよう．2006年以降，政府支援（保有）の程度に応じて，「公共政策ベースの政府系機関（Public Policy Based GREs）」と，「商業ベースの政府系機関（Commercial GREs）」というカテゴリーが示されている．

「公共政策ベースの政府系機関」とは，政治的・経済的な目標を達成するために中心的な役割を果たす機関とされている．政府の影響力は政策面，法律面双方および，法律上の政府支援は債務の期日履行や最終履行の政府保証という形を取ることがある[32]．

「商業ベースの政府系機関」の事業体とは，特定の公共政策を遂行する使命が少ないか皆無の政府系機関，および政府の特別介入の影響を受ける可能性のある民間機関が含まれる．前述の具体的な政府支援の区分に照らし，政府支援の可能性はあるものの，公共政策ベースの政府系機関と比べると不確実であるという状況を反映したものだとされる．

SLについては，S&Pは同社への格付けを行っていない．しかし，これまでの格付基準に鑑み，及び病院事業に対するS&Pの格付けに対する言及を踏まえれば，SLLによる100％出資であり，日常的支援として独占的地位の確保，

運営補助金,車両リースなどの支援を行い,緊急支援として債務保証の明文化を行っている SL は,「公共政策ベースの政府系機関」扱いとなる可能性が高い.

②格付機関における会計情報の利用状況

S&P は,第1段階の格付けにおいて,民間企業の格付けで用いる指標と同様の指標を作成している.こうしたことから,地方政府,地方政府所有企業の会計基準が企業会計に近接した資料を用いている場合,①透明性,②比較可能性,③全ての政府活動を把握する一覧性の確保,④費用期間化概念の導入,⑤より多くの人によって分析が可能となることなどの理由から,好ましいとしている[33].

その一方,S&P は政府系機関と民間企業において,経済的のみならず,政治的,政策的にも異なる位置づけを明確に与えている.つまり,第2段階は無論のこと,第1段階の格付けにおいても,政府との関係,支援可能性を具体的に把握する必要に迫られている.そして,このような定性的な情報が,最終的な格付けに対して大きな影響を持つとされる[34].

さらに,特に地方政府本体における資産評価手法の相違等から,地方政府と地方政府所有企業の連結会計には,特に重きを置いていない.また,国際比較を重視しているとするが,現金主義を採用している国との比較の際,発生主義会計で作成された会計情報を,S&P 独自の計算で現金主義にいったん置き換え,現金主義ベースで比較を統一する作業を行っている[35].

以上のように,投資格付機関としての S&P が,企業会計と類似した会計情報を,格付けにおいて必須としているというわけではなく,好ましい補助資料として用いているのが実態であろうと考えられる.

(2) 利用者としての地方政府（地方議会）

次に,具体的な支援を与える地方政府（地方議会）の側からはどのように見ているのだろうか.SL を例にとり,その所有者である SLL との関係を確認したい[36].

最初に,SLL による SL への関与の方法を,その手順とともに概観しよう.まず,SLL 議会が予算を決定し,SLL 議会内部の地域計画・交通委員会が,

交通政策および補助金に対する政策決定を行う．これとは別に，SLの役員会の議席を，SLLが資本比率に基づいて独占し，政党間で議席配分を行っている．この役員会において，会社の重要方針を政治的に決定している．この方針に従って業務が遂行されたかどうか確認するのが，内部監査役による業務監査である．そして，これとは別に外部の会計士による財務監査を行っている．

こうした一連の措置により，SLLはSLを政治的に強力に統制し，地方政府所有企業が保有する経営情報を把握しながら，具体的な業務執行局面にSL管理者の役割を限定している．ただし，こうした政治的統制に対して，専門的な知識を保有する地方政府所有企業の経営者側からは不満も聞かれ，情報提供を控える動きも存在するという[37]．また，業務監査役からは，地域計画・交通委員会と，SL内に設置されている役員会の意思決定の役割分担が不明確であるとの指摘もある．

多くのスウェーデンの地方政府所有企業は，政府からの経常的な補助金を受けることなく経営されている．しかし，日本の地方公営企業法第十七条二の2に見られる独立採算制の法的規定は存在しない．SLに対しては，SL本体および子会社の現在および将来の経営をSLLが保証する旨，年次報告書の詳細情報に記載されている[38]．具体的にみると，経常的な財政支援は営業補助金，事業所有者に対する車両リース措置等である．緊急時の財政支援としては債務保証に加え，新規資本発行（増資）等の手段がある．

一方，料金決定は国法で定められる水道料金などの例外を除き，地方議会により自律的に決定できる．料金の水準については，総支出，営業補助金の差額等から料金が算定されるなどの具体的な定式はなく，政治的な討議により決定される．政治過程において，料金算定の根拠となっている情報は各政党によって異なっており，環境政策との関連から無料化を主張する政党もある．

この時，政治的に定められた料金に従った収入と営業補助金では総支出を満たすに足りないことが想定される．その場合，SLの中で経営改善を行って収支を改善すべしとの見解が所有者（地方議会）から示される．したがって，その場合は単年度赤字が計上されるが，収支の補填をすぐには行わない．これが看過しえなくなった場合，新規発行（増資）等の手段によって措置するという．

ヒアリングによれば，料金政策において会計情報を利用し，政策立案に役立

ている範囲は限定的であり，専ら予算統制および次章で確認する議員（素人）による業務監査資料が重要視されているのが実態である．「補助資料になれば良いほう」とする外部会計監査人の見解がスウェーデンにおける会計情報利用の現状を象徴的に表していると考えられる[39]．

次に，SLL 年次報告書の利用に関する質問に対する回答について記載しておこう．先に確認したように即時性と一覧性を有する年次報告ではあるものの，論者によっては損益計算書をはじめとする財務諸表で得られている情報は，予算編成過程に生かされることは少ないという意見もあった[40]．また理論的には，地方政府の損益計算書は，地方政府が利益を目指さない主体である以上，利益の算定にはそれほどの意味はないが，地方政治家が，地方政府の損益計算書を民間企業と同じような読み方をして，誤読することもしばしば生じるという意見もあった．

第 8 節　むすびにかえて

まず，本章で得られた知見は以下のように要約し得る．

第 1 に，スウェーデンの会計制度は，①政府／企業か，②株式公開／非公開の 2 つの軸によって区分される．したがって地方政府に対しては RKR の勧告および指針が適用されるのに対し，地方政府所有企業に対しては民間企業と同様に年次会計法及び財務省簿記委員会からの勧告および指針，公認会計士協会からの勧告および会計評議会からの勧告が適用される．これは，地方政府所有企業である SL の会計処理の特徴を確認した際に，ほぼ企業会計制度と同様の会計基準が適用されていたことからも確認できる．

第 2 に，地方政府に対しては，1980 年代以降，地方政府会計に関わる一般的ルールの設定と収支計算書，財政分析，貸借対照表に基づいた民間企業に適用される会計原則に近い会計モデルが作成されている．ただし，これらの会計モデルが Kf/Lf-86 モデルと呼ばれたことに象徴されるように，会計制度改革を主導したのはコミューン連合，ランスティング連合など地方政府の連合組織であった．

1990 年代にスウェーデンを襲った財政危機に対応するために，財務省が地

方政府の収支計算において均衡財政原則を明確化し，収支均衡を地方政府間で比較可能な形で評価するための手段として地方政府に対し会計制度の改正を求めた．しかし，その際にあっても，Kf/Lf-86 モデルに基づいた，すでに国内の大半の地方政府議会において採用されていた規則を適用したに過ぎない．

第3に，スウェーデンの地方公会計制度は，個別財務表を積み上げながら，重層的な形で作成された連結財務諸表を利用した決算報告がなされている点に特徴がある．具体的には，「地方政府」の連結財務諸表に連結する「地方政府所有企業」の財務諸表の範囲として，「地方政府所有企業」の個別財務諸表が連結されるのではなく，「地方政府所有企業グループ」の連結財務諸表が連結されている．

第4に，地方政府本体と地方政府所有企業の連結会計を巡っては，地方政府の会計処理と地方政府所有企業の会計処理が相違する問題がある．SLL と SL を例に検討した結果，特に年金債務が，地方政府本体の財務諸表のみならず連結財務諸表に与える影響も金額的に大きいので問題視されている．異なる会計基準に基づく財務諸表を連結する可否については，重要性の原則を論拠に現状を肯定する RKR の主張と，両者を統一的な手法で連結させることが好ましいとする研究者の見解がある．ただし，両者を統一する場合でも，地方政府の側に地方政府所有企業を合わせることが目指されている．

第5に，会計情報の利用について，資本市場における格付機関の利用状況と地方政府における利用状況を確認した．格付機関では総覧性や比較可能性の立場から公会計改革を好ましいとするものの，国際比較を行う際には現金主義に直して比較を行うことなど，会計情報は好ましい補助資料として利用している状態である．

一方，地方政府側では，予算編成過程において，会計情報以外の業務監査資料により重きが置かれており，「会計情報は補助資料として利用されれば良いほう」という実態である．この点に関して，SL を例にとると，SL は関連業務を国外の子会社に委託している．しかし，所有者である地方政府（SLL）は，親会社である SL に対して，交通委員会によるコントロールに加え，株式保有比率に従った役員会議席の政治的配分，政治的討議による料金決定を通じ，その政治的意思が反映されるよう，多様なルートで強力にコントロールを行って

いる.

これまでの叙述で明らかになったように,スウェーデンにおいては,作成者,利用者双方が,作成された財務諸表自体を意思決定のための補助資料と位置づけ,財務諸表に過大な期待を抱いていないと考えられる.その所以として,以上のような地方政府所有企業を取り巻く環境がその一端を構成する可能性がある.

ヒアリング調査

地方政府会計評議会(RKR) Anders Nilsson 氏,Kajsa Jansson 氏(2008 年 9 月 8 日)

Standard & Poor's(S&P)Carl Nyreröd 氏(2008 年 9 月 9 日)

Ernst & Young(E&Y)Pär Falkman 氏(2008 年 9 月 9 日)

ストックホルム・ランスティング(SLL)Lennart Björk 氏,Michael Haglund 氏,Kjell Öhrström 氏,Ralf Jansson 氏(2008 年 9 月 10 日)

注
1) 第 5 章で取り上げる業績評価指標についての研究も同様である.
2) 以下の人口規模に関する記述は,SCB(2012)に基づく.
3) 1990 年代後半より,ランスティングの合併により従来よりも広域なレギオン(リージョン)政府を創出し,これまでレーン府が有していた地域政策に関わる権限をレギオンに移譲する試みが取り組まれている.スウェーデンのレギオン実験の取り組みについては,伊集(2008)を参照.
4) 医療を担当するランスティングでは,補助金の中でも医薬品給付金が重要な役割を担っている.
5) 広義の公営企業については,財団,基金,株式会社などの形態がありうるが,株式会社が最も一般的に利用されている(自治体国際化協会 2004:46 頁).
6) スウェーデンの地方政府所有企業については,伊集・木村(2007a)(2007b)を参照.
7) RKR ヒアリング(2008 年 9 月 8 日),E&Y(2008 年 9 月 9 日)ヒアリング.
8) RKR ヒアリング(2008 年 9 月 8 日).
9) 本節の記述は,Brorström, Eriksson och Haglund(2008)Kap.1 によるところが大きい.
10) 地方政府に対する財源保障は,1990 年代以降の財政調整制度の改革を経て,相当程度強化されてきたと評価されるが,同時に,地方政府に対する健全財政運営の

要求が高まっているのも事実である．その1つがここで示す均衡予算原則であり，スウェーデンの地方公会計制度改革もこのような政府間財政関係の中に位置づけられる．なお，スウェーデンの財政調整制度に関しては，井手・高端（2005），伊集（2006）を参照されたい．
11) 2006年9月1日よりFARは，スウェーデン公認会計士連盟（SRS）と統合され「FAR SRS」となり，引き続き会計基準に関わる勧告を発表している（http://www.farsrs.se）．また，会計評議会（Redovisningsrådet：RR）は，2007年4月1日の財務報告協議会（Rådet för finansiell rappotering：RFR）の設立にともない廃止された。RFRでは，これまで発表してきた勧告（RR1-29）および指針（URA1-41）に引き続き，勧告および指針を発表している（http://www.radetforfinansiellrapportering.se/）．
12) 列挙したもの以外に，金融商品会計基準や固定資産の減損会計等を導入している．
13) 連結グループの資本が，親会社の資本ならびに買収および創業後に誕生する子会社の資本の一部で構成される方法．
14) デニス合意とは，1992年9月にストックホルム・レーンおよびコミューンの社民党，穏健党，国民党の間で結ばれ，後に国会，中央政府，ランスティングおよび関係するコミューンによって承認された，ストックホルム地域における道路・公共交通施設整備に関する政策合意を指す．
15) 2003年から2004年までリースにより財源調達された車両では加速度償却法を適用していたが，2005年以降は定額法に統一されている．なお，日本の企業会計では2009年3月期決算会社より資産計上が強制適用になる．
16) SLLヒアリング（2008年9月10日）．
17) 同上．
18) RKRヒアリング（2008年9月8日），E&Yヒアリング（2008年9月9日）．
19) E&Yヒアリング（2008年9月9日）．
20) 3つの点以外に固定資産や棚卸資産について異なる処理をしているが，それほど大きな問題ではないとしている（RKRヒアリング〔2008年9月8日〕）．
21) RKRヒアリング（2008年9月8日）．
22) E&Yヒアリング（2008年9月9日）．
23) スウェーデン中央政府では，予算会計は現金主義，GAAP会計は発生主義となっており．認識基準が異なっている．この点に関し，関口・伊集・木村（2015）を参照されたい．なお，ヒアリングによれば，理論的には両者は統合・調整されるべきとされているが，現実には2つの手法が並列されている状態であるという（E&Yヒアリング〔2008年9月9日〕）．
24) Stockholm County Council（2008）p.56.
25) 現実には，予算会計＝GAAP会計のため，予算額に対する決算額の比較である．
26) 表4-13には掲げていないが，SL等の地方政府所有企業に関する成果計算書も予算書に掲載されている．ストックホルム・ランスティングの2009年度予算書におけるSLに関する記述ついては，Stockholms läns landsting（2008）p.60-71を参照されたい．

27) 神野（2008）．ただし，その一方で損益計算書をはじめとする財務諸表で得られている情報は，予算編成過程に生かされることは少ないという意見（E&Y ヒアリング〔2008 年 9 月 9 日〕）もあった．
28) 本章では一般的な呼称としての「格付機関」を用いる．格付機関をめぐる研究蓄積は近年目覚しいが，国内の代表的な研究として黒澤（2007），アメリカの格付機関規制の再編については田村（2008）．
29) 以下の叙述は特に断りのない限り，Standard & Poor's "Revised Rating Methodology for Government-Supported Entities"（2001 年 6 月 5 日）（スタンダード＆プアーズ「政府系機関に対する格付け手法の見直し」〔2001 年 6 月〕），Standard & Poor's "Rating Government-Related Entities : A Primer"（2001 年 6 月 14 日）（スタンダード＆プアーズ「政府系機関の格付け基準」）に基づいている．
30) Standard & Poor's "Corporate Rating Criteria"（2008 年）．
31) S&P ヒアリング（2008 年 9 月 9 日）．ただし，実際の格付機関の民間企業への格付けと，公共部門への格付けの，同一カテゴリー間のデフォルト率には乖離が見られる．
32) ただし，政府が支援に肯定的な態度や保護的な姿勢を示すだけではなく，政府系機関のデフォルトを回避するための実施可能な施策（および，政府の財政危機に対応するために政府系機関の経営を圧迫しないこと）が格付機関サイドから見て明確になっていることが求められる．
33) S&P ヒアリング（2008 年 9 月 9 日）．
34) 定性情報は，地方政府に対する均等化（財政調整）と同様に，財務諸表に直接洗われるものではない．ただし財政調整がそうであるように，財務諸表に注記されることはある（S&P ヒアリング〔2008 年 9 月 9 日〕）．
35) S&P ヒアリング（2008 年 9 月 9 日）．
36) 以下の記述は，特段の断りがない場合，SLL ヒアリング（2008 年 9 月 10 日）に基づいている．
37) E&Y ヒアリング（2008 年 9 月 9 日）．
38) ただし，この記述は例外的なものであり，他の会社に対しては契約書等を通じて保証範囲を明確化しているという．
39) E&Y ヒアリング（2008 年 9 月 9 日）．
40) 同上．

［執筆担当：関口（第 3，5，6 節），伊集（第 2，4 節），木村（第 7 節）］

第5章
スウェーデン地方政府と地方政府所有企業の業績評価指標と予算・監査制度

伊集守直・関口智

第1節　はじめに

本章では，スウェーデンの公共部門における業績評価指標と予算・監査制度について検討する．

はじめに，スウェーデンの公共部門における業績評価指標の議論を紹介する．次に，大ストックホルム圏地域交通株式会社（AB Storstockholms Lokaltrafik：SL）を事例に，予算プロセスを意識しつつ，具体的な業績評価指標とその利用状況の実態について確認する．記述にあたっては，地方政府所有企業を統制する立場にある政府（本章では主にランスティング政府[1]）の統制手法として，業績評価指標がいかなる役割を果たしているか，そして，地方政府所有企業の借入手法の相違と業績評価指標，公会計制度と予算制度との関連，監査制度との関連にも留意したい．

第2節　スウェーデンにおける公共部門の業績評価指標の歴史

本節では，スウェーデンの地方政府部門における業績評価指標の発展の経緯を財務指標，非財務指標それぞれの観点から整理していく．

(1)　財務指標
①地方公会計制度の発展

地方政府の業績評価における財務指標の活用は，地方公会計制度の発展と関

連づけて捉えることができる[2]．

　スウェーデンの地方公会計制度の起源は，1862年の地方自治規則において，地方政府に対し予算編成と同時に，収支計算書の作成を求めたことに見出すことができるが，現代的な制度形成が行われるのは第二次世界大戦後になる．

　1953年の地方自治法改正により，地方政府は自らの財産を減少させないように管理する規定，いわゆる財産保護規定が確立された．この規定を受け，56年にはKRK-56と呼ばれる予算・会計モデルがコミューンおよびランスティングに適用されることとなった．

　その後，1983年に国会の財政委員会において，地方政府会計に関するより統一的な規則の導入に向けた調査の開始にともない，コミューン連合やランスティング連合という地方代表組織を中心として，新たな会計モデルの構築が模索された結果，86年にはKf/Lf-86モデルと呼ばれる会計モデルが導入された．これにより，地方政府会計に関わる一般的ルールの設定と収支計算書，財政分析，貸借対照表による会計モデルが作成され，これにより地方政府会計に発生主義が導入されることとなった．同モデルは1991年地方自治法により法的根拠が与えられることとなった．

　1991年地方自治法において，地方政府の財政運営の役割が「財産保護」から「健全な財政運営の維持」に改められたことで，地方政府は年度末に収支計算を行い，これに基づいて年次会計を作成することが要求されることとなった．同法では，「良好な会計慣習」を遵守する形で年次会計を作成することが示されており，1997年の地方政府会計法の制定はその具体化を図るものであった．

　この間，1990年代前半の景気後退による財政悪化も加わり，地方政府における「健全な財政運営」を具体的にどのように定式化するかという点が議論された結果，地方政府の収支計算において均衡財政原則が適用されることとなった．同時に，この収支均衡を地方政府間で比較可能な形で評価することを国会でどのように保障するのかということが議論された．その結論として，統一的な会計方式が，正確な比較と地方政府の公正な評価のために必要とされ，その手段として新たな法律の制定により，会計原則を明確にすることがもくろまれた[3]．1997年の地方政府会計法の成立は，地方政府会計をめぐる以上の議論の1つの結論として位置づけられる．

②財務指標の評価

スウェーデンでは 1990 年代以降に地方公会計制度が確立されてきたことに対応して，地方政府の会計情報を比較可能な形で入手することができる環境が整いつつあると言える．ただし，地方政府会計法の成立にともなって組織された地方政府会計評議会（RKR）では，地方政府が年次報告書においてどのような形式に基づいて報告するべきかという基準は設定しているものの，どのような財務指標に基づいて財務状況についての分析を行うべきかという基準の設定は行っておらず[4]，分析指標の設定については次節で取り上げる地方政府データベース（Kommun- och Landstingsdatabasen：Kolada）において積極的な取り組みが近年行われている．ただし，現在のところ，同データベースにおいて地方政府の財務面における分析指標として取り上げられているのは「経常損益」だけとなっており，財務指標よりも非財務指標の確立に力点が置かれているという状況にあると言える．

このように，統一的な会計手法の構築は進みつつも，その分析面においては，各団体の判断に任されている．そのため，主要な財務指標について統一的な観点からその重要性を序列づけることは難しいが，RKR の担当者の観点に従えば，地方政府および地方政府所有企業において重要となると考えられる財務指標は表 5-1 に示されるような形となっている．

同表に従えば，とくに重要と判断される財務指標は，自己資本比率，人件費比率，病欠・欠勤比率，経常損益，現金（キャッシュ・フロー）比率となっているが，これらは地方政府と地方政府所有企業において同等に重要視される指標と言える．一方で，重要度としては相対的に低いものの，地方政府所有企業と比較した場合に地方政府において重要視される比率として自己資本のみを分子に取る総資本固定比率 I が指摘されている．また，税引き前・利払い前利益については，純費用により判断されるため地方政府所有企業の場合とは異なる見方が必要となる．

(2) 非財務指標

①ベンチマーキングプロジェクトの試み

スウェーデンにおける地方政府の活動を分析・評価する取り組みはかなり最

表 5-1 主要成果指標の重要度

主要成果指標	地方政府	地方政府所有企業
自己資本比率	5	5
債務比率	2	2
総資本固定比率 I	4	3
総資本固定比率 II	1	1
現金比率	4	4
当座比率	0	0
流動比率	4	4
拡張流動比率	3	3
債務自己資本比率	2	2
利払費／税引き前・利払い前利益回収比率	0	0
現金消耗率	3	3
顧客獲得率	0	0
人件費比率	5	5
労働生産性	2	2
病欠・欠勤比率	5	5
税引き前・利払い前利益	純費用	5
税引き前・利払い前・その他償却前利益	0	0
経常損益	5	5
特別損益	3	3
現金（キャッシュ・フロー）比率	5	5

(注) 重要度は0から5までの6段階で表示している．
(資料) RKR, Kajsa Jansson 氏の回答に基づき作成．

近のものと言える．スウェーデンの地方政府は，中央政府からの自立性が相対的に高く，法律に基づいた説明責任の程度は一般的に低いとされる（Knutsson, Ramberg and Tagesson 2011）．しかしながら，近年では地方政府間のサービスの格差についての比較がメディアを通じて行われており，サービスの効率性の向上に対する地方政府の関心は高まりつつある．また財務省と地方政府連合，そして地方政府分析促進評議会（Rådet för Främjande av Kommunala Analyser：RKA[5]）が2007年に「全国ベンチマーキングプロジェクト（Det Nationella Jämförelseprojektet）」を開始したことでこの流れはさらに加速している．

同プロジェクトは，地方政府における活動のコストと成果の関係を把握するための新たな方法を確立するために着手され，サービスの向上に結び付く成果管理の手法の開発を目的としたものであった．具体的には，5～10団体の地方政府（コミューン）がネットワーク／グループを形成し，サービス実施における成果や質の測定手法を開発し，効果的な手法を他の団体にも拡充していくことが狙いとされた．2007年9月の開始以来，2010年3月までに190団体がプロジェクトに参加し，28のネットワークが形成され，初等教育，高齢者介護など14の政策分野において業績評価手法の開発が行われた．

Knutsson, Ramberg and Tagesson（2011）はベンチマーキングプロジェクトの重要な成果をまとめている．第1に，プロジェクトの実施により，業績評価指標およびそれを用いた時系列的分析の重要性について多くの地方政府の理解が進んでいる．プロジェクトに参加したコミューンのおよそ75％は地方政府連合による業績評価ネットワークの構築に参加するようになっており，これは290団体あるコミューン全体の半分に相当する数となっている．

第2に，プロジェクトにおける業績評価指標の導入に対して，地方議員が大きな関心を寄せている点である．業績の向上には，政治面（political），管理面（managerial），実施面（operational）の3つの要素が一致することが重要であるが，評価指標の導入により政策決定に対する大きなインセンティブになることを指摘している．

第3には業績評価指標の活用において注意を要する点が指摘されている．これは業績評価にもとづく団体間の比較が必ずしも業績の向上につながらない可能性があるという点である．その1つには，業績指標が相対的に低い団体において，その原因を外生的な要因に求めたり，指標自体の欠陥を問題にしたりする場合である．また，相対的に業績指標が高い団体においても，指標の比較において示される平均値が一種の「規範」となることによって，実施レベルを低下させる誘因をもつことがある点である．つまり，団体間の比較がベストプラクティスではなく，サービスの平準化につながる場合があるという指摘である．

②地方政府データベースの構築

ベンチマーキングプロジェクトの成果を踏まえつつ，地方政府連合では地方

政府活動に関する業績評価指標の作成，データ収集，分析の取り組みが行われている．中央政府と地方政府連合は地方政府分析促進評議会（RKA）を組織し，地方政府データベース（Kolada）を作成，公開している[6]．同データベースでは，コミューンおよびランスティングにおける政策分野ごとの業績評価指標とその内容が表示されるようになっている．

地方政府連合においては，これらの指標を用いて地方政府の業績を評価する取り組みが始められており，2009年より「コミューンの質」と題したレポートを公表している．同レポートでは，表5-2に示すように，「アクセシビリティ」，「安心度」，「参加と情報」，「効率性と効果」，「社会建設」の観点から38の調査項目を設定し，各団体の業績指標を公表している．業績指標の測定の際には，独自調査だけでなく，外部の調査会社への調査委託や他省庁の統計データを積極的に活用してデータ集約を行っている．

図5-1は2010年におけるルンド・コミューンの業績評価からの抜粋である．同図が示すように，38の調査項目において，業績の最高値，中位値，最低値が示されるとともに対象団体の位置づけが一覧できるようになっており，日本における地方自治体の「財政比較分析表」を非財務指標に適用したような形式となっている．

地方政府データベースはこれまでコミューンにおける取り組みを中心に指標の作成を行ってきたが，現在ではランスティングに関する指標についても人口，保健医療，地域発展，環境，労働市場などの政策分野で指標の整備が進められ

表5-2 コミューンの質に関する比較

	項目	測定単位	調査手法
アクセシビリティ			
1	Eメールで簡単な質問をして2営業日以内に回答を受け取る市民の割合	%	外部会社調査
2	簡単な質問の回答を得るためにコミューンに電話をした際に担当者と連絡が取れる市民の割合	%	外部会社調査
3	コミューンに簡単な質問を電話でしたときによい対応を受けたと感じる市民の割合	%	外部会社調査
4	コミューンの主要図書館が平日の8〜17時以外に開館している時間数	週当たり時間数	独自調査
5	コミューンのスイミングプールが平日の8〜17時以外に開館している時間数	週当たり時間数	独自調査
6	就学前学校（保育所）の入所において希望した日付（あるいはそれ以前）に入所できた割合	%	独自調査

7	希望した日付に子どもを就学前学校に入所させられなかったときの待機時間	日数	独自調査
8	高齢者住居への入居における応募から入居（提供）までの平均待機時間	日数	独自調査
9	公的扶助を受ける際の平均審査時間	日数	独自調査
安心度			
10	市民がコミューンにおいてどれだけ安心を感じているか	指数	統計局市民調査
11	14日間にコミューンによるホームヘルプサービスで1人の高齢者を訪問するケア職員の数	職員数	独自調査
12	コミューンの就学前学校における職員あたりの平均子ども数	登録児童数／年間職員数	教育庁統計
参加と情報			
13	最近の地方選挙の投票率	％	選挙庁統計
14	市民に対するコミューンのウェブ情報の良さ	％	SKL調査
15	コミューンの発展における市民の参加をコミューンがどれだけ可能にしているか	指数	独自調査
16	自分がコミューンの活動に対する影響力をもつと市民がどれだけ感じているか	満足－影響力指数	統計局市民調査
効率性と効果			
17	就学前学校における登録児童の1人あたり費用	年間費用	教育庁統計
18	国家テストにおけるコミューンの5年生の成績（スウェーデン語、スウェーデン語2、英語、数学における教育庁の要求基準に達した児童の割合）	％	教育庁統計
19	コミューンの基礎学校（小・中）の達成度（高校進学資格者の割合）	％	教育庁統計
20	基礎学校の効果（成績単位あたり費用）	教員費用／9年生の平均成績	教育庁統計
21	高校教育の効果（4年以内に高校教育課程（IV-programを含む）を修了した生徒の割合）	％	教育庁統計
22	高校中退者の費用（生徒1人あたり費用）	生徒1人あたり費用×高校中退者割合	教育庁統計
23	コミューンにより財源調達される特別住居におけるサービス供給（居住者が様々なサービスを受けることが可能な特別住居の割合についての11の質問）	％	独自調査
24	コミューンの特別住居の費用（特別住居居住者1人あたり年間費用）	年間費用	SKL資料
25	特別住居利用者の満足度	満足－顧客指数	統計局調査
26	コミューンにより財源調達されるホームヘルプサービスの内容（コミューンにおけるホームヘルプサービスのガイドラインに従ったケア／サービスについての17の質問）	ポイント	独自調査
27	ホームヘルプサービス利用者1人あたり費用（利用者1人あたり年間費用 SEK）	年間費用	SKL資料
28	ホームヘルプサービス利用者の満足度	満足－顧客指数	統計局調査
社会建設			
29	コミューンの雇用率の高さ（20～64歳の市民における割合）	％	統計局調査
30	人口1000人あたり新規企業数	企業数	新規企業センター調査
31	雇用者の増減（人口1000人あたり新規雇用者±）	雇用者数	統計局調査
32	公的扶助受給者の割合	％	社会庁統計
33	コミューンの企業環境についての企業による総合評価	ランキング	経営者連盟調査
34	住民の不健康度（疾病給付・労災給付・リハビリ給付・疾病／活動補償の日数の合計÷16～64歳人口）	年間日数	社会保険庁統計
35	ごみ収集の効果（家庭ごみ全体に対する収集ごみの割合）	％	独自調査
36	コミューン組織における全自動車台数に対する環境車の割合	％	独自調査
37	エコ食品の購入割合（費用に対する割合）	％	独自調査
38	住民が居住し生活する場所として魅力的だと感じているか	指数	統計局調査

（資料）Sveriges Kommuner och Landsting（2011）より作成．

232

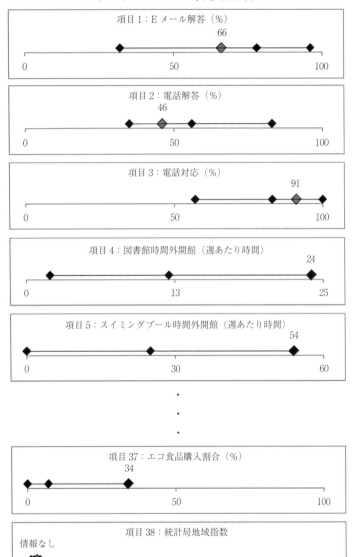

（資料）Kommunens Kvalitet i Korthet 2010 資料より作成．

図 5-1　コミューンの業績評価

つつある．本章が分析対象とする交通政策に関連した指標の整備はまだ進んでおらず，すでに発表されている指標としては，「交通およびインフラにかかる住民1人あたり費用」と「交通およびインフラにかかる住民1人あたり純費用」に限定されている．

第3節　スウェーデンにおける公共部門の業績評価指標——地方政府所有企業交通機関を中心に

本節では，スウェーデンにおける公共部門の業績評価指標のあり方について，予算編成時の目標設定と業績評価の関係，そして財務指標と非財務指標の関係について検討する．

(1) 予算編成の流れ：ストックホルム・ランスティングを事例に

まず表5-3に従って，ストックホルム・ランスティング（SLL）を事例に予算編成過程における編成作業の内容を示すとともに，議会，執行委員会，行政委員会，そして地方政府所有企業の予算編成の関わりについて整理しよう．なお，スウェーデンの会計年度は中央政府，地方政府ともに暦年を採用している．

表5-3　SLLの予算編成過程（N年度の予算編成）

編成段階	編成作業	N−1年 1	2	3	4	5	6	7	8	9	10	11	12	N年 1	2	3
1. 予算編成方針	執行委員会事務局からの提案 執行委員会における準備と決定 議会における報告			■	■	■										
2. 基礎予算	注文者と受注者による交渉 行政部局・所有企業における基礎予算の編成 行政部局・所有企業における基礎予算の決定					■	■	■	■							
3. 議会予算	執行委員会事務局による基礎予算の提出 執行委員会における準備と決定 議会における決定									■	■	■	■			
4. 最終予算	行政部局・所有企業における調整 行政委員会・役員会における最終決定 執行委員会における最終予算の決定 議会における報告												■	■	■	■

（資料）Stockholms läns landsting（2007）より作成．

予算編成過程は大きく4つの段階に分類される．第1段階は，予算編成方針の決定である．ここでは，次年度の予算編成方針の決定とその次の2か年度の計画について執行委員会において5月中に決定され，6月に議会で報告される．

　第2段階では，予算編成方針に基づき，保健医療委員会や交通委員会などの行政委員会や所有企業の役員会において予備的な予算を意味する基礎予算（budgetunderlag）が編成される．同時に，公共サービスの注文者と受注者の間で契約に関する交渉が行われる[7]．基礎予算は9月までに作成され，執行委員会に提出される．

　第3段階では，基礎予算を受けて議会において来年度予算（および2か年度計画）が11月に決定される．その前提として，執行委員会事務局は提案された基礎予算を予算編成方針に示された内容に適合しているか，あるいは経済状況や他の状況を踏まえて適切であるかを精査する．また，議会決定に移る前に執行委員会は，10月末までに来年度の地方所得税率を提案しなくてはならない．この第3段階における議会決定によって予算編成過程は本来的には終了することになる．

　第4段階では，議会による予算決定に基づいて行政部局及び所有企業において最終的な予算調整が行われ，契約交渉が終了する．行政委員会や所有企業の役員会は1月中に最終予算の決定を行い，執行委員会での決定を経て，3月に議会において最終予算が報告される[8]．

(2)　予算編成における目標および業績評価指標の設定

　上記の予算編成過程を念頭に置きながら，目標および業績評価指標の設定について具体的に検討していこう．

①予算編成方針における目標設定

　予算編成過程の第1段階となる予算編成方針では，次年度予算の主要目標（huvudmål）と全般的目標（övergripande mål）が示される．2010年のSLLの予算編成方針における主要目標は，①保健・医療におけるアクセスと質の改善，②地域交通における信頼の改善，③財政の均衡の3点である．これに対して，全般的目標は主要目標と重なりつつ，各分野で具体的な活動内容の基準となる

目標である．その内容は，①住民の満足，②財政の均衡，③職員の満足，④患者・乗客の満足，⑤地域発展の牽引，⑥持続可能な環境，⑦医療における選択の自由と多様性の拡大の7点である．表5-4は全般的目標を事業内容との関わりで示したものである．

以上に加えて，予算編成方針では個別分野ごとの特定目標（specifika mål）が設けられている．地域交通分野，その中でもSLを例にすると，表5-5のように示され，信頼性，安全性，効率性，利便性の領域において合計13項目の特定目標が設定されている．

②地方政府所有企業の予算書における業績評価指標の設定

予算編成過程では，予算編成方針の決定に始まり，行政部局と所有企業における基礎予算の編成・決定を経て，執行委員会における予算案の作成，議会での決定が行われるが，議会予算に示される目標は定性的な表現によるものが中心となっており，具体的な業績評価指標を確認するには個別の事業主体の予算の内容を検討する必要がある．

表5-4　SLLの予算編成方針における全般的目標

①住民の満足	医療における信頼の改善 地域交通における満足の改善
②財政の均衡	経常損益の均衡 再投資財源の自己調達 投資的経費のみの借入れ 最低21日分の平均経常費用に相当する支払準備
③職員の満足	職員指数の改善
④患者・乗客の満足	患者による5段階評価における4～5評価の増加 時間の正確性の改善による乗客の信頼の改善
⑤地域発展の牽引	課税所得の増加
⑥持続可能な環境	環境ステップ5の目標の充足*
⑦医療における選択の自由と多様性の拡大	自由な医療提供者選択の多分野への拡大

（注）＊2007年から2011年に適用されたランスティングの環境政策を指す．
（資料）Stockholms läns landsting（2009）より作成．

表5-5 SLLの予算編成方針における特定目標(SL)

①信頼性	質および時間の正確性の改善と渋滞の回避
	需要の増加に合わせた輸送能力の拡大
	渋滞情報の改善
	顧客への対応の改善
②安全性	乗客および職員の安全の改善
	時速70kmを超えるバス交通における座席の確保
③効率性	注文者と受注者の責任の明確化
	キセル乗車対策
④利便性	物理的利便性の改善
	僻地交通，高齢者交通の拡充
	高齢者交通の調整とSL交通全体への統合
	特別交通の質の改善
	SLと他の交通機関のチケット制度の統合

(資料) Stockholms läns landsting (2009) より作成．

表5-6 SLの全般的目標と業績評価指標

	2009（実績）	目標値			
		2010	2011	2012	2013
顧客（顧客の満足度の改善）					
顧客の満足度（％）	76	75	75	76	78
平日の乗客数（1000人）	705	722	733	744	755
時間の正確性（％）	87	89	90	91	93
契約者（事業性のある購入と契約）					
事業性指数 [1]	68	66	68	71	73
従業員（従業員の動機づけと能力）					
MPI指数 [2]	68	71	72	73	74
社会（地域の持続的発展）					
新エネルギー割合（％）	64	68	74	76	78
所有者（財政の均衡）					
租税資金比率（％）	48.6	49.3	48.9	53.3	56.1
乗客1人1kmあたり純費用（クローナ）	2.21	2.19	2.21	2.22	2.23
経常損益（100万クローナ）	414	0	0	0	0
組織運営					
GAI指数 [3]	63	66	69	70	71

(注1) 事業契約先の企業への2つの質問項目に対する回答を指数化している．
(注2) 従業員の動機づけに関する12の質問項目に対する回答の平均値で示される．
(注3) 職場での組織運営に関する10の質問項目に対する回答を指数化している．
(資料) AB Storstockholms Lokaltrafik (2010b) より作成．

ここでは，次節で検討する SL について，2011 年度の事業計画および予算（Verksamhetsplan och Budget）書から具体的な指標の設定のあり方をあらかじめ確認しておこう．

SL の予算書では前半部分に事業計画が示され，全般的目標とそれを具体化した業績指標，指標の目標値が提示される．表5-6 は 2011 年度予算における業績評価指標を示しており，2009 年の実績値，2010 年度予算における 2010 年の目標値，そして 2011 年度予算における 3 か年の目標値が掲げられている．

すでに SLL の予算における全般的目標の内容を確認したが，SL における全般的目標は，ランスティングの全般的目標および特定目標に沿う形で設定されていることが理解できる．

第4節　スウェーデン地方政府所有企業における業績評価指標の利用状況——SL を事例に

ここでは，引き続き SL を事例としながら，地方政府所有企業における業績評価指標の利用状況を検討していく．

(1) SL の組織構造と統制環境
① SL の組織構造

第4章で確認したように SL は，地方自治法に基づいて設立された地方政府所有企業[9]であり，地方政府である SLL が，グループ親会社の SL を 100％所有し，グループ親会社（SL）が子会社 4 社，休眠中の子会社 2 社，および関連会社 4 社を所有している構造にある（2007 年度時点の SL グループの組織構造については，第4章図4-4を参照）．

SL は所有者である SLL が与える指令等の一定の枠組みの中で[10]，輸送サービスの内容，質，開発のあり方を決定している．また，SL は交通インフラに対する責任を負っており，多くの契約者から輸送サービスの調達と発注，インフラの維持管理と再投資を行っている[11]．

SL の役員はランスティング議会によって選出され，役員会はマネージング・ディレクターと共に SL 事業に対して責任を負っている[12]．

② SL の統制環境

　以上のような組織構造を反映するような形で，図 5-2 のようなさまざまな形で，SL に対する統制が行われている．

　本章の主題である業績評価指標の利用者について，アメリカの GASB（1985）の分類を利用すると，①市民グループ（メディア，財政研究者，市民団体等，②議会および公的監視機関グループ（州，郡，市の各議会および連邦，州の監視団体，州・地方公共事業体の委員会等），③投資家および債権者グループ（地方債アンダーライダー，地方債購入者としての保険会社，貸出機関，債券格付機関および保険者，地方債発行時に債権者を代理する法律家を含む）の 3 つに分けることができる[13]．

　しかし，ここでは SL に対する監査（検査）に着目し，主たる 3 つの監査（検査主体）について確認しておきたい．

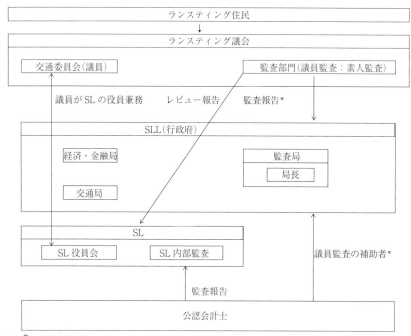

（注）＊公認会計士はランスティングの年次報告書を直接監査しない．
（資料）SLL 監査事務局・SL・SLL 議員ヒアリングより作成．

図 5-2　SLL と SL の統制環境

第1に，公認会計士の監査である．公認会計士はランスティング議会によって任命され，SLの正式な最高意思決定機関である年次総会で承認される，外部，独立の監査人である．主に財務監査を行い，監査対象は財務諸表に関連する領域であるが，SLの業績評価指標を利用した監査も行う．

　第2に，議員監査である．議員監査を行う議員は，ランスティングから任命される[14]．主な監査対象は，SLの目標適合性に関連する領域であり，業績評価指標を利用した監査も行う[15]．この監査は，SLL議員によって行われ，素人監査といわれるが，議員監査をSLL（行政府）に属しながら専門的にサポートしているのが，SLL監査局である．SLL監査局は過去とともに将来も検査しているが，将来を見る際には，議会の決定した目標がどのような影響を持つかについて検証しているという[16]．

　第3に，SL内部監査である．この監査は，組織上SL役員会の1部局に属し，SL役員会からの指示を受け，監査を行う．主に業務監査を行い，監査対象はSLの内部統制に関連する領域であるが，付随的に業績監査も行う．

　一般的な監査論でも指摘されるように，これらの監査対象は，明確に区分されているわけではなく，重複している．このため，SLの監査においても監査主体同士で監査に関する情報を相互に交換することは日常的に行われている[17]．

　民間部門の監査と比較した場合，SLのようなSLL所有企業に対する監査の特徴は，公認会計士監査による外部監査に加えて，議員による監査を加えることで，議会統制を意識している点にあるといえる．

　ただし，議員監査については批判も多い．というのは，監査を行う議員は専門的知識に乏しいこと，監査される側のSLの役員会の構成員は，議員監査する人物と重複しないが，議員という点で同じであること等である[18]．

(2) SLの目標と業績評価指標の設定プロセス：SLLとの関連

　一般的に予算編成過程で目標を設定し，予算執行過程から決算までの間に導出された定量的・定性的データによって，目標達成度を測る指標が業績評価指標である．ここではSLの予算編成における目標と業績評価指標の設定について，SLLの予算編成との関連を意識しながら確認してみたい．

一般的にランスティングの予算編成(会計期間1月1日-12月31日)は,概ね図5-3のような形で行われ,ランスティング議会が次年度予算を承認するのは,11月-12月になっている.SLLについては,前節表5-3で具体的に示したとおりである.

実は,このようなランスティング(ここではSLL)の予算編成とSLの予算編成(会計期間1月1日-12月31日)とは,相互に影響し合っている.

目標設定に焦点を当てて確認してみると,SLの全般的目標や特定目標に影響するSLLの目標は,最終的にはSLL議会で決定される.しかし,SLの目標決定のプロセスは,議会によるSLLの目標設定→SLという一方向の流れではない.SLL議会(執行委員会)がSLLの目標を決定し,それがSLの目標へと引き継がれる流れと,SLが目標を提案し,それがSLL議会で決定されるSLLの目標に引き継がれる流れの,双方向から決定される[19].

通常SLが次年度予算の策定を開始する時点では,次年度のSLLの目標も決定されていない.しかし,議会での主要政党に変更がない限り,目標項目はそれほど変更ないため,前年度の目標項目を意識した予算編成を行い,SLLに提出しているという[20].

具体的には,30部門ほどある地方政府所有企業が次年度予算を作成して,

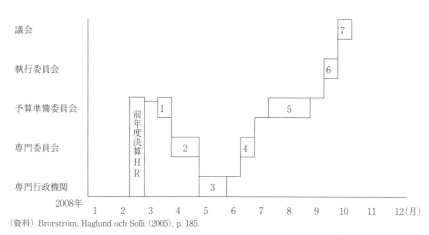

(資料) Brorström, Haglund och Solli (2005), p. 185.

図5-3 ランスティングの2009年度予算編成(2008年:イメージ)

SLLに提出する．SLLは各地方政府所有企業の予算を含んだ第一次予算案を，ランスティング議会に提出している[21]．その予算案は，SL等の地方政府所有企業の予算も含む連結予算であるため，予算策定時にも政府内部取引の照合を行っている[22]．

第4章で確認したように，SLLで作成される予算書には，SLLの連結成果予算，連結バランス予算，連結ファイナンス予算（投資予算の内訳含む）のみならず，SL等の成果予算も掲載される[23]．また，SLLの予算書にはSLLの目標や成果の説明とともに，SLの目標やこれまでの成果について，図5-4や図5-5のように，顧客満足度や時間の正確性の状況といった業績評価指標を図示しながら，説明している．

SLの目標の詳細は，SLの決算報告であるSLの年次報告書でも確認できる．2010年の年次報告書では，全般的目標として，①より多くの顧客とより満足した顧客，②企業的な調達と契約の点検，③意欲があり，熟練したスタッフ，④地域の持続的発展，⑤財政の均衡，⑥内部効率性と継続的な改善の6つを掲げている[24]．

(3) SLの年次報告書（決算）における業績評価指標

SLの年次報告書では，前半部分の大半を使って，年初に設定した目標に対する達成度を説明している．前節表5-6に示した数値が予算書における目標値であったのに対して，以下に示す年次報告書の業績評価指標は，実績値を示している．説明の際には図や表を示しながら業績評価指標を利用していることが多い．

また，年次報告書の後半部分では財務諸表が掲載され，その付属資料として非財務指標と基礎的な会計数値を組み合わせた財務指標が示されている[25]．興味深いのは，SL年次報告書における業績評価指標の掲載順序が，非財務情報を先に，財務情報を後に掲載している点である．順番に紹介しておこう．

①非財務指標

SLが年次報告書で非財務情報として開示している項目は，市場規模（ストックホルム人口），自動車数（ストックホルム市内），公共交通のシェア，完全乗

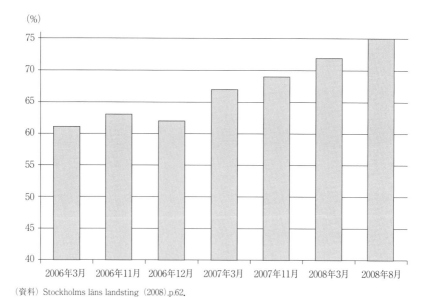

（資料）Stockholms läns landsting (2008), p.62.

図 5-4　顧客満足度（総乗客数に対する満足した乗客の割合）：実績

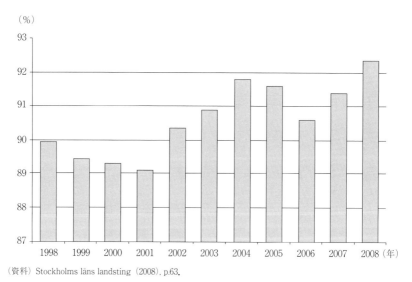

（資料）Stockholms läns landsting (2008), p.63.

図 5-5　時間の正確性（全 SL 交通における定刻出発の平均割合）：実績

客数(始発から終点までの乗客数),交通手段別の乗車人数(SL車両を利用した乗客数),交通手段別の平日乗客数,交通手段別の乗客キロメートル(乗客数×乗車距離),交通手段・路線別の時間の正確性,交通手段・路線別の出発キャンセル率,地下鉄路線別の10分以上の交通遅延,顧客満足度,交通手段別の生産高(座席キロメートル),車両数(全SL,リース車両含む)等である.

これらの指標は,先に確認したSLLの予算書においてSL予算の説明の中で掲げられた指標もある.表5-7の時間の正確性実績値や表5-8の顧客満足度の実際値である.

これらの業績評価指標の時系列推移を示すことで,目標設定の妥当性や目標達成の水準を確認することができる開示となっている.

次に確認する財務指標の数と比較すればわかるとおり,SL年次報告書で業績評価指標として積極的に開示しているのは,主としてこのような非財務指標である.

非財務指標が重点的に開示されている背景には,年次報告書の主たる対象者

表5-7 時間の正確性(実績)

路線	2004	2005	2006	2007	2008	2009	2010
地下鉄	92.8	93.1	91	92.7	94.1	94.8	93.5
緑	89.5	89.9	87.8	91.6	92.2	92.6	91.8
赤	94.9	95.1	92.9	93	94.7	95.3	94
青	97.7	97.4	95.9	95.4	97.5	98	96.9
通勤	86.4	83.3	81.1	84.5	87.7	90.4	84.8
ルースラーグ	94.5	94.6	94.3	95.4	96	95.4	90.6
リディンイェー	94.7	93.9	93.5	92.9	95.6	95.2	94.3
トバール	96.1	96.1	95	95.2	95.8	96.5	95.9
ノッケンビー	98.4	98.2	97.7	95.2	98.4	98.3	99
サルトシェ	98.7	98.2	99.1	98.6	93.6	91.7	82.9
スポールベーグ	95	92.1	94.1	94.1	-	-	96.9
バス	91.4	91.9	91.5	91.2	91	91.1	88
北	95.8	96.4	95.9	95.3	95.5	96.3	93.9
中央	88.8	89.3	88.6	88.5	88.4	88.3	83.4
うちシティセンター	83.7	84.8	84.3	83.7	82.8	82	76.7
南	96.1	96.1	95.5	95.7	95.3	95.4	93.2

(注)是認される出発(概ね時刻表の3分後または1分前)/全出発計画×100.

表 5-8 顧客およびレーン住民の満足度（実績）

(%)

		2004	2005	2006	2007	2008	2009	2010
SL	顧客満足	64	66	64	68	72	76	74
	顧客不満足	15	13	15	14	11	9	10
公共交通	顧客満足	53	58	58	60	62	68	64
	顧客不満足	9	8	9	9	6	4	5
	満足（レーン住民）	51	56	55	55	60	66	60
	不満足（レーン住民）	11	10	11	11	8	7	9

(注) SL は SL の独自調査．公共交通はスウェーデン公共交通連盟による調査．
(資料) SL 年次報告書より作成．

が民間企業のような投資家層ではないこと，利用者である市民が交通手段を選べるようにすることを重視していること，さらに交通機関管理者による交通システムの運営管理に資するためであること等に他ならない．このような非財務情報を積極的に公表するところに，公共部門の年次報告書の特徴があるものと思われる．

②財務指標

SL が年次報告書で財務情報として開示している項目は，チケット収入・純費用・SLL からの営業補助金，乗客1人あたりのチケット収入・純費用・SLL からの営業補助金，地方所得税率に換算した営業補助金（Operating subsidies per tax krona），総収入に対する租税資金比率（Tax funding Ratio），種類別チケット収入等である．

特に財務諸表の数値から算定可能なもので，あえて計上しているものは，表

表 5-9 SL の財務指標

	2004	2005	2006	2007	2008	2009	2010
地方所得税率に換算した営業補助金 [1]	1.15	1.22	1.3	1.44	1.44	1.46	1.46
総収入に対する租税資金水準 [2]	49.0	49.2	52.0	53.1	51.4	48.6	51.2
総投資（資本支出）	1,834	2,309	3,445	3,110	3533	3862	4662

(注1) 地方所得税の課税所得 100 クローナあたりの営業補助金額として示される．
(注2) Tax Funding Level：営業補助金／総収入（営業補助金・チケット収入・広告収入・外部レンタル収入）× 100
(資料) SL 年次報告書より作成．

5-9 に示す総収入に対する租税資金比率（Tax funding Ratio）と地方所得税率に換算した営業補助金（Operating subsidies per tax krona）の 2 つである．

まず，総収入に対する租税資金比率（Tax funding Ratio）は，総収入の中で租税資金（営業補助金）が占める比率を示している．時系列での推移を確認すると，その比率が概ね 50％前後で推移していることがわかる．租税収入による資金補填比率を 50％前後とする基準を定めているわけではないというが[26]，経常的に SL 総収入の 50％程度が租税資金で構成されており，残りの 50％程度が料金収入でまかなっている状態が継続していることがわかる．

また，地方所得税率に換算した営業補助金（Operating subsidies per tax krona）は，地方所得税の課税所得 100 クローナあたりどれだけの金額が SLL から SL への営業補助金に充てられているか，つまり，営業補助金の金額を地方所得税の税率に換算すると何％分に相当するかということを示している．この指標は，コミューンおよびランスティングにおける地方税が地方所得税に一本化されていることに起因したスウェーデンの地方政府に特徴的な指標と捉えられる．この指標により，住民は自らが納める地方税のうちどれだけが SL への営業補助金として投入されているかを判断できる．2010 年では，SLL の地方所得税率は 12.10％であり[27]，このうち，税率 1.46％分に相当する税収が SL への営業補助金に充てられているということになる．時系列の推移を確認すると，2004 年 1.15 であったが，最近では租税資金比率と同様に上昇傾向にあり，2009 年，2010 年には 1.46 となっている．

これらの指標はいずれも，SLL からの営業補助金，つまりは SLL の租税収入を財源としている点で共通している．これらの指標の開示には，利用者に公共料金（運賃）水準への理解を促すと同時に，運営者には過度に租税資金に依存することを戒める効果があるといえよう．このような SL の特徴を別の角度から示す指標として興味深いのは，表 5-10 である．

というのは，SL の財務指標として重要な部分を，あえて乗客 1 人あたりの金額として開示していると思われるからである．SL の営業状態が，交通サービス提供にかかるコストに照らして運賃での収入が不足し，それを SLL からの補助金で補てんしていることは，財務諸表でも明らかであるが，それを乗客 1 人あたりに換算することで，利用者により身近に SL の営業状況が理解でき

表 5-10　乗客 1 人あたりのチケット収入，純費用，補助金

(クローナ：2010 年基準)

	2006	2007	2008	2009	2010
チケット	10.12	11.00	12.39	12.52	12.43
純費用	22.40	24.10	26.20	26.80	26.30
ランスティングからの補助金	12.30	13.14	13.81	14.27	13.87

(資料) SL 年次報告書より作成．

るように工夫されている．

③業績評価指標の開示

　SL およびそれを所有する SLL では，以上に示した財務指標あるいは非財務指標をどの程度の頻度で開示しているだろうか．前節に示したように，予算編成段階においては，SLL は事業についての主要目標，全般的目標，特定目標を示したうえで予算編成を行うが，具体的な業績評価指標の設定は SL によって行われ，SL の予算書において業績評価指標の目標値が開示されることになる．

　会計年度が開始すると，SLL では月次レポート，四半期レポート，中間レポートにおいて，予算の執行状況を公表している．ただし，これらのレポートにおいては医療，交通などの政策分野における業績評価指標の経過状況は示されていない．そのため，SLL が業績評価指標についてその成果を公表するのは年次報告書においてということになる．年次報告書では，予算編成において示された主要目標，全般的目標に対応した指標についてその成果が示される．地域交通に関してみれば，SLL の主要目標のうち，「地域交通における信頼の改善」に対応して，公共交通に対する信頼度指標が示され（後掲図 5-6），全般的目標に対応して公共交通に対する満足度や時間の正確性に関する指標が示されている．

　これに対して，SL ではより詳細な業績評価指標の開示が行われている．年次報告書では，本節ですでに示したように，顧客満足度，時間の正確性などの非財務指標や乗客 1 人あたりチケット収入，純費用などの財務指標が開示されている．加えて，SL では年 2 回の顧客調査を実施している．同調査では，交通機関別，路線別，顧客の性別，年代別の満足度のほか，時間の正確性，渋滞情報，質問への対応，運転技術などの項目で顧客がどの程度の満足，不満足を

感じているかという点を分析して公表している．さらに，SL は毎月「時間厳守レポート」を作成しており，交通機関別，路線別の時間の正確性について前年の結果と合わせて月単位で発表している．

以上のように，SL を統制する SLL では設定目標に対応した指標の結果の開示を年次報告書で行うのに対して，SL では予算において設定した個別の業績評価指標の成果について年次報告書で公表している．さらに，顧客満足度や時間の正確性といったとくに重要な指標については，年度の途中においても適宜発表しているということが理解できる．

（4）業績評価指標の利用者の実態

本章では，企業体内部で利用する業績評価指標（内部管理目的）のみならず，内部情報にアクセスできない外部のステークホルダーが利用する業績評価指標にも着目することを意識している．この点に関し，すでに前項で SL の年次報告書において，SL 内部の利用のみならず，SL 外部のステークホルダーにも利用可能な業績評価指標が開示されていることを説明している．

そこで本項では，別の角度，つまり業績評価指標を利用している監査（検査）という局面から，業績評価指標の利用の実態を紹介してみたい．

①公認会計士監査[28]

公認会計士が監査の際に利用する業績評価指標を確認してみよう．SL のような地方政府所有企業の場合，地方自治法で「健全な財政運営を維持する」と規定されている．法律的に「健全な財政運営」とは何かを定義しろと要求しているが，必ずしも明確ではないという．

民間事業会社の監査で採用している分析的手続としての財務指標と同じ場合もあるが，多くの場合は少し視点が異なる．地方政府所有企業では，成果と予算の乖離の要因に注目しているという．

というのは，民間企業は売上の変動が激しいため，予算を策定することは非常に難しいのに対し，地方政府所有企業は法律に基づいて毎年詳細な予算を作成する必要があり，基本的には大きな変動があるようなサービスはないためである．

例えば，SLのような交通業は，基本的には大きな変動のあるサービスではないため，総収入に対する租税資金比率（Tax funding ratio）といった財務指標の変動が大きい場合には，その要因をフォローしている．

ただし，同じ事業には同じ予算を付与されるので，その場合には指標が策定しやすくなる．つまり，同じ交通事業には同じ予算が付与されるので，その予算の下でそれだけ満足度が得られているのか，時間が厳守されているのか，1人あたりの旅客費用はどの程度かといった指標を利用している．

②議員監査（SLL事務局を含む）[29]

議員監査がSLL監査局とともに監査の際に利用する業績評価指標を確認してみよう．例えば議会の設定した公共交通利用者を増加させるといった交通計画の目標について，実際の乗客数等を確認し，議会の設定した目標を具体化できているかを検証している．また，時間厳守という目標に対する業績評価指標として，顧客満足度の資料をSLから入手し，検討分析することもある．

監査のプロセスで重視しているのは，SLの内部統制がどのように機能しているかである．たとえば，路面電車復活計画に関し，注文者としての契約内容について，その妥当性を検証したという．

財務指標については，主として会計士監査が中心にする範囲ではあるが，例えば，総収入に対する租税資金比率の推移をフォローしているという．ただし，租税資金の投入については議会決定であることから，政治的判断であるとして，価値判断しない[30]．また，会社としての継続性を分析する際には，流動性分析を行っているという．

③SL内部監査[31]

SL内部監査で監査の際に利用する業績評価指標を確認してみよう．SL内部監査では，開発的目標を達成するまでのプロセスにリスクがないかをチェックしている．開発的目標とは，SLL議会の設定する概要的な目標の部分的な目標とし，CEOと取締役会が提案し，SL役員会で決定された目標である．

これまでSLの内部監査で多くの時間を費やしているのが，交通チケットの偽造，発注者としてのサービス委託先（購入先）の監査であるという[32]．年初

の内部監査計画を策定する際に，時間厳守の状況，種類別チケット収入等について SL の他部署が行った調査を利用してトレンドを把握し，リスクの有無を判断している．

(5) SL と SLL の目標・業績評価指標の関連

SL の目標が SLL の目標と関連があったように，SL の業績評価指標は，SLL の業績評価指標と関連している．そのため，SLL の年次報告書においても，SL の業績評価指標が SLL の目的との関連で説明されている．

SL の年次報告書によれば，SL の全般的目標は，6つであり，年次報告書ではそれに関連する説明が行われている．これに対して，2009年度の SLL の年次報告書を確認すると，SLL は主要目標として，①健康・医療ケアにおけるアクセスと質の改善，②地域交通への信頼の改善，③財政の均衡，という形で3つを掲げている．

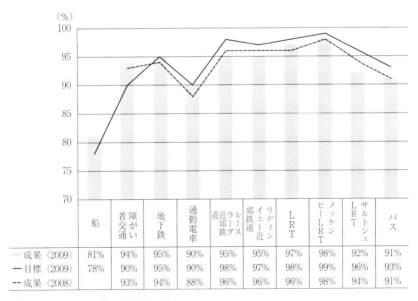

	船	障がい者交通	地下鉄	通勤電車	近郊鉄道ルーラルグス	近郊鉄道イェーデン	リディンLRT	ノッケンヒーLRT	サルトシェLRT	バス
成果 (2009)	81%	94%	95%	90%	95%	95%	97%	98%	92%	91%
目標 (2009)	78%	90%	95%	90%	98%	97%	98%	99%	96%	93%
成果 (2008)		93%	94%	88%	96%	96%	96%	98%	94%	91%

(資料) Stockholm County Council (2010), p. 14.

図 5-6　公共交通の信頼性

3つの目標のうち，②の地域交通への信頼の改善や③の財政の均衡は，SLとも関連していることは言うまでもない．ここでは，SLL年次報告書における地域交通の信頼性の改善という目標に対する成果の説明を紹介してみよう．

　SLL年次報告書では，図5-6を掲げ，2009年度の目標と成果との関連，さらに2009年度の成果と前年度（2008年度）成果を比較している．

　SLの年次報告書での時間厳守という目標と成果の説明が，SLLの年次報告書でほぼ同じ形で利用されていることが確認できる．

　このような形でSLLの年次報告書にSLの年次報告を利用できるのは，スウェーデンでは発注者（注文者）- 生産者（受注者）モデルによる交通契約によって，SLLが目標設定や大枠を管理し，それに沿った形でSLがサービス提供を行う形で，交通サービスの責任主体を明確化していることが影響しているものと思われる．

第5節　むすびにかえて

　本章の目的は，経常的に租税資金（補助金）を受け入れている公益企業の利害関係者が，どのような業績評価指標を用いているかに着目し，業績評価指標の歴史，目的，利用状況等を把握することにあった．本章の叙述をまとめると，下記の通りとなる．

　第1に，歴史的にスウェーデンにおける業績評価指標は，個別の地方政府の活動の成果を測定する手段として，財務指標のみならず，非財務指標の開発にも力点が置かれてきた．ただし，第2章で分析したアメリカのGASBのSEA指針案に見られるような集約的な視点からの指標の開発は遅れていた．業績評価指標を団体間の比較資料として活用する動きは，1990年代以降になって活発化してきた．財務指標については，地方公会計法の制定および会計基準の設定主体としてのRKRの設立を経て，地方団体の財務情報の開示手法が統一化されてきたことにより，財務指標を用いた比較が豊富化される可能性が見てとれる．非財務指標については，「全国ベンチマーキングプロジェクト」の成果を踏まえ，地方政府連合が主体となって，指標の開発，集約化が近年になって大きく進みつつある．RKAの設立とともに，地方政府データベース（Kolada）

を作成し，非財務指標を中心に時系列的な業績評価および団体間の比較が開始され数年が経過しているが，その効果についての分析が今後期待される．

　第2に，地方所有企業の業績評価指標について，本章で分析対象としたSLを例にとれば，顧客の満足度，時間の正確性などの非財務指標や，租税資金比率や乗客1人1kmあたり純費用などの財務指標が分析において重要視されている．個別の指標の設定や目標値の設定はSL役員会の決定に委ねられるが，その内容はあくまでもランスティングが設定する主要目標，全般的目標，特定目標に沿う形で業績指標が設定されており，個別事業主体に対する議会統制という観点から非常に興味深い仕組みとなっている．

　第3に，SLLの所有企業であるSLは，発注者（注文者）―生産者（受注者）モデルによる交通契約によって，SLLが目標設定や大枠を管理し，それに沿った形でSLがサービス提供を行う形で，交通サービスの責任主体を明確化している．そのため，SLの目標がSLLの目標と関連し，SLの業績評価指標もSLLの業績評価指標と関連している．つまり，SLで利用される業績評価指標が，SLLによるSLへの統制手段として利用される業績評価指標にもなっている．

　第4に，SLの業績評価指標は，財務情報と非財務情報がともに年次報告書において積極的に開示されている．SLが年次報告書で非財務情報として開示している項目は，市場規模（ストックホルム人口），自動車数（ストックホルム市内），公共交通のシェア，完全乗客（始発から終点までの乗客数），交通手段別の乗車人数（SL車両を利用した乗客数），交通手段別の平日乗客数，交通手段別の乗客キロメートル（乗客数×乗車距離），交通手段・路線別の時間の正確性，交通手段・路線別の出発キャンセル率，地下鉄路線別の10分以上の交通遅延，顧客満足度，交通手段別の生産高（座席キロメートル），車両数（全SL，リース車両含む）等である．

　SLが年次報告書で財務情報として開示している項目は，チケット収入・純費用・SLLからの営業補助金，乗客1人あたりのチケット収入・純費用・SLLからの営業補助金，地方所得税率に換算した営業補助金（Operating subsidies per tax krona），総収入に対する租税資金比率（Tax funding Ratio），種類別チケット収入等である．

SL 年次報告書で業績評価指標として特に積極的に開示しているのは，主として非財務指標である．非財務指標が重点的に開示されている背景には，年次報告書の主たる対象者が民間企業のような投資家層ではないこと，市民が交通手段を選べるようにすることを重視していること，さらに交通機関管理者による交通システムの運営管理（内部管理目的）に資するためであること等に他ならない．特に，このような非財務情報を積極的に公表するところに，スウェーデンの年次報告書の特徴があるものと思われる．

　第5に，SL の資金調達は，市場からではなく，SLL から間接的に行っている．このため，市場から直接評価対象となるのは SL ではなく，SLL である．そのような資金調達構造が，SL の SLL への内部報告資料（業績評価指標含む）の一部が，SL 年次報告書の中で外部に公表されるのみならず，SLL の年次報告書においても SL 情報が外部に公表されるという形で，報告形式にも影響を与えているものと思われる．

　ヒアリング調査
　地方政府会計評議会（Rådet för Kommunal Redovisning）Anders Nilsson 氏，Kajsa Jansson 氏（2011 年 9 月 20 日）
　ストックホルム・ランスティング議員監査（交通部門）Gunilla Jerlinger 氏（2011 年 9 月 20 日）
　大ストックホルム圏地域交通株式会社（SL）内部監査 Maria Brenner 氏（2011 年 9 月 21 日）
　ストックホルム・ランスティング経済・金融局 Ingrid Bergman 氏（2011 年 9 月 21 日）
　ルンド大学経済学部　Torbjörn Tagesson 氏（2011 年 9 月 22 日）
　監査法人アーンストアンドヤング（E & Y）Mikael Sjölander 氏（2011 年 9 月 23 日）
　ストックホルム・ランスティング内部監査 Ralf Jonsson 氏（2011 年 9 月 27 日）

　注
1)　スウェーデンの地方政府構造や事務配分については，第 4 章を参照．

2) スウェーデンの地方公会計制度の歴史については，第 4 章を参照されたい．
3) 地方政府会計法の成立にともない，地方政府部門の会計基準を設定する組織として，地方政府会計評議会（RKR）が設立された．同評議会の任務は，地方政府会計法が示す枠組みの中で，「良好な会計慣習」という概念を解釈することにある．
4) RKR ヒアリング（2011 年 9 月 20 日）．
5) RKA は中央政府と地方政府連合をメンバーとする非営利団体として組織されている．
6) データベースは以下の URL で閲覧できる（http://www.kolada.se/）．
7) 交通分野を例にとれば，交通委員会と SL が注文者－受注者の関係となると同時に，SL とその子会社も注文者－受注者の関係となる．
8) 2012 年度予算より予算編成の時期がこれまでより早い時期に変更され，議会における予算決定（第 3 段階）は 6 月に行われることになっている．この変更は議会決定後の調整の時間を十分に取ることが狙いとされている（ストックホルム・ランスティング HP）．
9) スウェーデンでは，地方自治法第 3 章第 16 条により，コミューンおよびランスティングは，議会の決定により，地方政府の事業の経営権を，当該事業の経営について特別な手続きが定められていない場合には，株式会社，財団，非営利団体，基金又は個人に委任することができると定めている．このうち，50％以上の株式などの所有を通じて，地方政府がその意思決定権を持っている企業を，地方政府所有企業と位置づけている．
10) SLL は，会社の定款，SLL 指令（SLL が所有するすべての会社に有効な一般的指令がある），SL 役員会，予算につき，ランスティング議会の決定に基づいて SL を管理している（AB Storstockholms Lokaltrafik〔2008〕, p. 27）．
11) SL は株式会社であるため，SL が営む事業は国内の会社法に従う必要がある．また公営企業でもあるため，情報公開の原則を遵守する義務があり，いわゆる公益セクターの調達においては，公共調達法が適用される．さらに SL の事業には，メトロやライトレールおよび鉄道輸送に係る安全法などの特別法が適用されている（AB Storstockholms Lokaltrafik（2008）p.27）．
12) 議員監査ヒアリング（2011 年 9 月 20 日）．
13) アメリカ GASB（1985）の分類に基づいた業績評価指標の利用者の分析については，第 2 章を参照．
14) 議員監査ヒアリング（2011 年 9 月 20 日）．
15) 交通委員会の業務内容も対象になっている（議員監査ヒアリング〔2011 年 9 月 20 日〕）．
16) SLL 監査局ヒアリング（2011 年 9 月 27 日）．
17) SL 内部監査ヒアリング（2011 年 9 月 21 日），議員監査ヒアリング（2011 年 9 月 20 日），E&Y ヒアリング（2011 年 9 月 23 日）．SLL 監査事務局は，議員監査と公認会計士監査との間を調整することもあるという（SLL 監査事務局（2011 年 9 月 27 日）．
18) ターゲソン教授ヒアリング（2011 年 9 月 22 日），E&Y ヒアリング（2011 年 9

23日）．
19) SLL監査局ヒアリング（2011年9月27日）．SLL議会の設定する目標は概要的であり，SLではその部分的な目標として，開発的目標を設定している（SL内部監査ヒアリング（2011年9月21日））．
20) SLL経済・金融局ヒアリング（2011年9月21日）．SLは，SLLの予算と目標を基本に，独自の目標と予算を計画する．例えば，SLLの目標が乗客へのサービス向上であれば，SLは乗客へのサービス向上を行うための具体的な目標を策定する．
21) SLL経済・金融局ヒアリング（2011年9月21日）．
22) 同上．
23) Stockholms läns landsting（2008），pp14-15, p3. 60.
24) AB Storstockholms Lokaltrafik（2010a），p. 2.
25) 年次決算についても，SLの決算がSLLの年次決算に取り込まれる．SLLの年次決算は，準備委員会に提出された後，3月に執行委員会，5月に議会で報告されている．議会に提出する時点が5月とやや遅いが，準備委員会や執行委員会を経由する間に，既に目にしているため，議員たちは内容を知っている状況にあるという（SLL経済・金融局ヒアリング（2011年9月21日））．
26) SLL監査局ヒアリング（2011年9月27日）．
27) 2010年のランスティングの地方所得税の平均税率は10.82％となっている（SCB〔2010〕）．
28) E&Yヒアリング（2011年9月23日）．
29) 議員監査ヒアリング（2011年9月20日），SLL監査局ヒアリング（2011年9月27日）．
30) SLL監査局ヒアリング（2011年9月27日）．
31) SL内部監査ヒアリング（2011年9月21日）．
32) SLL監査局ヒアリング（2011年9月27日）．

［執筆担当：関口（第4節），伊集（第2，3節）］

第6章
イギリス地方政府の公会計・予算制度と業績評価指標

関口智・木村佳弘

第1節　はじめに

　本章では，イギリス地方政府の公会計・予算制度と業績評価指標について検討する．その際，特に地域政府であるグレーター・ロンドン・オーソリティー（Greater London Authority：GLA）の実務機関で，都市交通（地域交通）を支えているロンドン交通局（Transport for London：TfL）を具体的事例として取り上げる．イギリス地方政府の公会計・予算・監査制度と業績評価指標に関する，日本における先行研究には，以下のようなものが確認できる．

　第1に，公会計の概念，特に実務規範に焦点を当てた一連の研究がある．酒井（2006），酒井・石原（2012）や，遠藤・石原（2010）らは，実務規範である勧告実務書（Statements of Recommended Practice：SORP）の特徴や，国際財務報告基準（International Financial Reporting Standards：IFRS）導入以後に制定された地方政府の会計実務規範書（Code of Practice on Local Authority Accounting in the United Kingdom——A Statement of Recommended Practice：COPLAA）の制度と実態を分析している．また，公会計基準設定主体である勅許公共財務会計協会（The Chartered Institute of Public Finance and Accountancy：CIPFA）の歴史的生成と活動については，石原（2009）による紹介がある．これらの研究は基本的にGAAP会計に関連するものである．

　第2に，実際に開示されている財務書類を紹介または分析する研究がある．この点に関するGAAP会計の領域での業績には，若林（1987），隅田（1998），石田（2006），鵜川（2007）等がある．また，予算会計の領域では，稲沢（2006）

の地方公会計・財政改革の歴史的変遷を踏まえた優れた研究があり，兼村 (2010) はイングランド地方財政のデータ，バーミンガム市の決算報告書を紹介している．そして，トーマツ (2015) は自治体の予算制度，予算過程，財務書類の活用状況，財務書類を紹介している．さらに，交通政策の領域では阪井 (2008)，高峯 (2015) 等が，地域公共交通に関する公的補助制度等を意識する形で論じている．

第3に，地方政府の公会計を利用した業績評価に関する研究がある．木村成志 (2006) は，業績評価指標に関する制度を紹介し，内貴 (2009) は，政府間関係を意識しながら業績評価制度を用いた中央政府による介入実態を報告している．

以上の先行研究のうち，公会計の実務規範に焦点をあてた研究では，遠藤 (2012) による地方自治体での適用事案数の紹介があるものの，基礎概念や実務勧告書が，実際の会計情報にどのような形で現れてくるのかについて，正面から分析したものとは言い難い．

また，実際に開示されている財務書類や業績評価指標を検討，分析する研究では，予算制度／決算制度と，予算会計／GAAP 会計の概念が整理されていない．このため，予算会計と GAAP 会計間の調整に関する意識，予算会計と GAAP 会計とで財務情報および業績評価情報の開示に異同や差異がみられる実態への理解等が必ずしも十分ではない．加えて，政府部門における権限委任関係を意識する形で作成される，地方公会計の重層性（たとえば公会計および業績評価における実務機関と GLA の関係）への意識が希薄であるように思われる．以上のような問題意識の下で，本章では以下の6点に留意して検討を行う．

第1に，イギリスの政府間財政関係および GLA の行政上の位置づけを確認しつつ，イギリスの公会計の体系を把握する．

第2に，イギリス財政における地方財政の位置づけについて把握する．その際，特にイングランド地方政府の財政規模や GLA の位置づけ等について留意する．

第3に，イギリス公会計制度における GAAP 会計と予算会計の位置づけについて把握する[1]．その際，地域政府と実務機関の単体財務諸表，そして実務機関を含む地域政府の合算財務諸表の作成と単体財務諸表との関連等を検討す

る（GAAP 会計）．

　第4に，会計目的上，地方政府として取り扱われる TfL の財務会計制度（GAAP 会計）について取り上げ，財務諸表で適用される会計基準や会計処理等を明らかにする．

　第5に，TfL の予算・決算制度（予算会計）について検討する．そのことを通じて，予算・決算制度（予算会計）と財務会計（GAAP 会計）の関係を明らかにする[2]．

　第6に，中央政府や GLA から経常的に補助金を受け入れている TfL が，どのような業績評価指標を用いているかについて，具体的な業績評価指標とその実態について予算会計（予算）と GAAP 会計（決算）を意識する形で確認する．

第2節　イギリスの地方財政

(1)　地方財政の規模
①全地方政府

　イギリス地方財政は，全政府レベルで相対的に比較した場合，金額的な規模が小さく，そのような財政規模の下で，移転財源の割合が著しく大きいという特徴を有している．全政府部門のフローとストックを示した表 6-1 を用いて確認してみよう．

　まず，連結収益・費用計算書（フロー）における総支出に着目すると，全中央政府の総支出は 8,242 億ポンドに対して，全地方政府の総支出は 2,023 億ポンドと，全中央政府の総支出の 24.5% である．全中央政府から全地方政府への財政移転等による重複額を加味すべく，全政府の総支出額の 6,249 億ポンドに占める地方政府の総支出の占める割合を確認しても，その割合は 32.3% に過ぎない．

　このような状況は，連結財政状態計算書（ストック）からも確認できる．有形固定資産が大半を占める非流動資産に着目してみよう[3]．全中央政府の非流動資産は 9,075 億ポンドに対して，全地方政府の非流動資産は 3,162 億ドルと，全中央政府の非流動資産の 32.5% である．総支出の場合と同様に，全中央政府から全地方政府への財政移転等による重複額を加味すべく，全政府の非流動資

表 6-1　全政府部門に占

		全中央政府	中央政府の組織	国営保健サービス内の組織
連結収益・費用計算書	総収入（①）	△ 751.9	△ 691.6	△ 60.3
	租税収入	△ 551.4	△ 551.4	
	その他の収入	△ 200.5	△ 140.2	△ 60.3
	総支出（②）	824.2	761.4	62.8
	人件費（Staff costs）	122.8	82.2	40.6
	年金過去勤務費用および物価調整	△ 93.8	△ 93.8	
	その他の支出	795.2	773.0	22.2
	金融費用控除前・純黒字（赤字）①－②	72.3	69.8	2.5
	金融費用（純）	68.7	67.2	1.5
	その他の（包括）利益	△ 2.6	△ 2.6	-
	年間純赤字（Net deficit for the year）	138.4	134.4	4.0
連結財政状態計算書	非流動資産	907.5	865.7	41.8
	流動資産	313.2	305.3	7.9
	流動負債	△ 608.2	△ 600.7	△ 7.5
	総資産（流動負債控除後）	612.5	570.3	42.2
	年金債務（純）	△ 781.2	△ 781.2	-
	その他の非流動負債	△ 890.6	△ 880.1	△ 10.5
	純資産（負債）	△ 1,059.3	△ 1,091.0	31.7

(注)　イングランドのデータは，DCLG（2013）を挿入している．
(資料)　HM Treasury（2012），Note 2 および DCLG（2013）

　産の 9,489 億ポンドに占める地方政府の非流動資産の占める割合を確認しても，その割合は 33.3％に過ぎない．

　さらに，総収入に着目し，全地方政府の特徴を確認すると，全地方政府の租税収入は 498 億ポンドで，中央政府からの財政移転がその大半を占める「その他の収入」が 1,572 億ポンドとなっている．つまり，租税収入が地方政府の総収入に占める割合は 24.1％にすぎない一方で[4]，中央政府からの財政移転がその大半を占める「その他の収入」が地方政府の総収入に占める割合は 75.9％もの規模にある．

　つまり，イギリス地方財政は，全政府レベルで相対的に比較した場合，金額的な規模が小さく，そのような財政規模の下で，移転財源の割合が著しく大きいという特徴を有している．

第6章　イギリス地方政府の公会計・予算制度と業績評価指標　　259

める地方政府 (2010年度)

(単位：10億ポンド)

全地方政府	うち イングランド	非金融公共企業体	金融公共企業体	連結調整	全政府
△207.0	△186.6	△26.4	△0.2	371.5	△614.0
△49.8	△47.5			85.8	△515.4
△157.2	△139.1	△26.4	△0.2	285.7	△98.6
202.3	179.2	26.2	0.3	△428.1	624.9
81.7	68.1	10.4	0.2	△22.0	193.1
△32.1	△26.5	△0.1			△126.0
152.7	137.6	15.9	0.1	△406.1	557.8
△4.7	△7.4	△0.2	0.1	△56.6	10.9
13.8	11.5	0.6		0.1	83.2
3.3	3.3	△0.5	0.1		0.3
12.4	7.4	△0.1	0.2	△56.5	94.4
316.2	271.9	59.8	5.6	△340.2	948.9
40.9	22.9	9.9	230.8	△316.0	278.8
△33.7	△26.0	△8.1	△224.2	286.6	△587.6
323.4	268.8	61.6	12.2	△369.6	640.1
△172.2	△146.3	△6.1		-	△959.5
△88.0	△69.7	△9.6	△203.8	318.0	△874.0
63.2	52.9	45.9	△191.6	△51.6	△1,193.4

②イングランド地方政府

　これまで全地方政府として数値を確認してきたが，これらの数値はイギリス財務省によって集計・作成された，全政府財務諸表（Whole of Government Accounts）に基づいている[5]．

　全政府財務諸表の連結対象は，表6-2に示すとおりである．全地方政府の値は，イングランド，スコットランド，ウェールズ，北アイルランドという4つの地域内の地方自治体のデータを集計し，内部取引を相殺することで作成されている．

　地方政府の4つの地域の中で，表6-1に数値が示してあるのは，イングランドである．一見して，全地方政府の中ではイングランドが，地方財政の規模という点で，突出した規模にあることがわかる．

　イングランドの収益・費用（フロー）と資産・負債（ストック）の金額が，

表 6-2 政府全体決算書の連結範囲

全中央政府	中央政府の省庁（権限委譲行政機関を含む）	非省庁型公共機関（Non-departmental public bodies） 国営保健サービス（NHS）信託 国営保健サービス（NHS）基金 アカデミー（Academies）
全地方政府	イングランド	地方自治体，警察，消防本部，ロンドン交通局を含む.
	スコットランド	地方自治体，警察，消防本部を含む.
	ウェールズ	地方自治体，警察，消防本部を含む.
	北アイルランド	地方自治体，警察，消防本部を含む.
公共企業体	トレーディングファンド（Trading funds） 公共企業体（Public corporations） その他の団体（Other bodies）	

（資料）HM Treasury（2012），Chart 2.1.

　全地方政府のフローとストックに占める比率を確認しても，総収入では90.1％，総支出では88.5％，総資産（流動負債控除後）では83.1％，純資産では83.7％と，イングランドがその大半を占めている．

　また，イングランド以外のスコットランド，ウェールズ，北アイルランドについては，地域議会の設置等の形でイギリスの地方分権改革として紹介されているが[6]，現時点での財政規模は極めて小さく，中央政府からの移転財源の形で運営されている姿にあるといえる[7]．

（2）政府間行政関係

①イングランド

　全地方政府の中で金額的な規模が突出して大きい，イングランド地方政府の行政機構について確認してみよう[8]（図6-1）．

　イングランドにおいては2層制と1層制が混在している[9]．2層制の自治体は，カウンティ（County Council）とディストリクト（District Council）で構成される．1層制の自治体としては，大都市圏に存在する「大都市圏ディストリクト（Metropolitan District Council）」，非大都市圏の「ユニタリー（Unitary Council）」が挙げられる．これらはカウンティとディストリクトの機能を併せ

第6章 イギリス地方政府の公会計・予算制度と業績評価指標 261

(資料) 自治体国際化協会 (2013), 図表2-1を加工.

図 6-1 イングランド地方政府の行政区分

持った自治体である.

ロンドンは,グレーター・ロンドン・オーソリティーと33の基礎自治体(32のロンドン区〔London Borough Council〕とシティ・オブ・ロンドン・コーポレーション〔City of London Corporation〕)の2層構造となっている.

②グレーター・ロンドン・オーソリティー(GLA)

グレーター・ロンドン・オーソリティー(GLA)について,もう少し確認しておこう[10](図6-2).

GLAは,英国の地方自治制度上,特別な法律(Greater London Authority Act 1999, 1999年GLA法)により,ロンドン全体を広域的に担う地域政府として位置づけられており,厳密には地方自治体(local authority)ではない.

GLAは,直接選挙で選ばれるロンドン市長(Mayor of London)と,同じく直接選挙で選ばれる25人の議員からなるロンドン議会(London Assembly),双方を補佐する事務部局,さらには市長を補佐する市長室(Mayor's Office)で構成される.

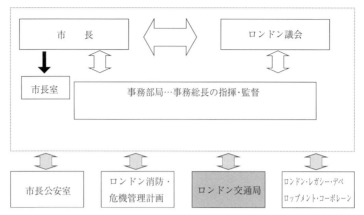

図 6-2　GLA グループの構成

（資料）自治体国際化協会（2013），図表 2-4 を加工．

　GLA はロンドン全域にわたる企画・調整と戦略策定のみを担い，具体的な行政サービスの提供は行わないほか，条例制定の権限も有していない．GLA 本体の職員数はわずかに 600 名ほどである[11]．また，GLA 本体以外に，4つの実務機関があり，GLA と4つの実務機関を合わせて GLA グループと呼ばれている．

　4つの実務機関とは，市長公安室（Mayor's Office for Policing and Crime：MOPAC），ロンドン消防・危機管理計画局（London Fire and Emergency Planning Authority），ロンドン遺産開発法人（London Legacy Development Corporation），そして本章で取り上げるロンドン交通局（TfL）である．

　つまり，交通サービスの提供等を除くと，住民に対する教育，清掃などの実際の行政サービスの提供を GLA はほとんど提供していない．それらは GLA の基礎自治体である 32 のロンドン区とシティが行っているという構造にある．

第3節　イギリス地方政府の公会計制度

(1)　広義の公会計：予算会計と GAAP 会計の区別[12]

　今度は，イギリス地方自治体における広義の公会計について，イングランド

表 6-3　イギリスの予算会計と公会計（イングランド地方政府の事例）

	広義の公会計	
	予算会計	公会計（狭義）"GAAP 会計"
認識基準	発生主義（注）	発生主義
簿記法	複式簿記	複式簿記

(注) 予算の視点から法令上の制約がある．
(資料) CIPFA における現地ヒアリング（2014 年 6 月 9 日）に基づき筆者作成．

を事例に全体像を確認しておこう．イングランドにおける広義の公会計は，大別して予算会計と GAAP 会計がある[13]（表6-3）．

イギリス地方自治体でも予算会計と GAAP 会計は同じではない．両者は統合の方向にあるとの評価も可能だが，後に確認するように，現状では両者はその目的に従って認識基準も，会計単位も，勘定科目も異なっている[14]．

この点に関し，イギリスの地方自治体公会計基準の設定に責任を有している唯一の職業会計士団体である勅許公共財務会計協会（The Chartered Institute of Public Finance and Accountancy：CIPFA）も，財務諸表による開示情報を「予算の視点（Budgetary Perspective）」と「会計基準の視点（Accounting Standards Perspective）」という形で区別し，それぞれの目的，利用者，利用者の関心事項の相違について，解説を行っている[15]．この点に関し，もう少し確認してみよう．

①予算会計

イギリス地方自治体における予算会計は，複式簿記・発生主義であるが，認識基準である発生主義は，法的規制に従った発生主義であるという点で，GAAP 会計によるものとは異なっている．イギリスの地方自治体は，次年度のカウンシル税の必要額を算定するための基礎資料等として利用している．

CIPFA（2013）では，「予算の視点では，地方自治体のマネジメントに関する受託責任（stewardship）を評価することを意識にしている．というのは，一般的に，サービス利用者，議員，そして納税者は，地方自治体のマネジメントに関する受託責任を評価することに関心があるからである．サービス利用者，

議員，納税者にとって，受託責任またはアカウンタビリティは，予算に対する成果に関連している．カウンシル税の納税者は，サービスを受けるために資金を提供し，それゆえに，提供されたサービスが成果目標を満たしているか，予算の範囲内で提供されたのかに興味がある．予算の視点はこのような利用者にとって重要である[16]」としている．

日本のイギリス地方財政の研究において，従来から用いられてきたデータは，予算会計による予算額または決算額である．つまり，イギリス地方自治体の予算書の予算額に対応する決算額は，予算会計の決算額として作成されている統計資料を確認する必要がある[17]．

② GAAP 会計（狭義の公会計）

イギリス地方自治体における GAAP 会計の数値は，決算数値として複式簿記・発生主義によって作成されている．日本におけるイギリス公会計制度の紹介で，複式簿記・発生主義を過度に強調する論者もいるが，その際に参照しているデータは狭義の公会計である GAAP 会計によるものであることが多い．

CIPFA（2013）によれば，会計基準の視点では，経済的意思決定を行うことを意識している．というのは，一般的に，貸し手（lenders）や投資家（investors）は，経済的意思決定を行うことに関心があるからである．会計基準の視点は，地方自治体の経済環境を真に反映した情報を提供するので，貸し手や投資家は，会計基準の視点に一層関心をもつ，ということになる[18]．

後に確認するが，イギリス地方自治体の予算書の予算額に対応する決算額の表示方法等は，GAAP 会計の決算額の表示方法等とは異なっており，対応関係を見出すことは容易ではない．また，そのような状況にあるも，CIPFA（2013）が以下のような形で，両方の視点が必要であることを述べている点は，傾聴に値する．

「両者の視点ともに，地方自治体の財政状況に関する完全な見解を提供するものではない．予算の視点に集中することは，きわめて重大な情報——たとえば所得が提供されているサービスの真の経済的コストを賄えているか——を見落とす危険がある．会計基準の視点に集中することは，地方自治体の意思決定に関する法令上または政治上の制約に関する情報を見落とす危険がある[19]．」

(2) イギリス公会計制度の設定主体：GAAP 会計

　ここでは，イギリスの狭義の公会計制度（GAAP 会計）を，イギリスの会計制度の中に位置づけておこう．イギリスでは公会計基準も企業会計も EU で採用された国際財務報告基準（Adopted International Financial Reporting Standards，以下 EU 版 IFRS）を基にしている．ただし，中央政府や地方政府は EU 版 IFRS を完全適用しているわけではない．イギリスの公的部門向けに修正している部分がある．

　公会計の領域では，中央政府，地方政府においてそれぞれ公会計基準を設定している．そして，公会計基準の設定手続に関し，いわゆる「デュー・プロセス」と呼ばれる公開主義に基づく適正手続によるべきことなど，設定手続が明確に定められている．ここでは，政府機関である中央政府と地方政府の会計基準の設定主体について述べておこう[20]．

　中央政府の会計基準である政府財務報告マニュアル（Government Financial Reporting Manual：FReM）の設定主体は財務省である．2000 年政府資源会計法（Government Resources and Accounts Act 2000）において，中央政府の会計基準を財務省が設定する旨が記載されている．財務省は基準設定・改訂に先立って，財務省に設置された財務報告諮問審議会（Financial Reporting Advisory Board：FRAB）への諮問を行い，助言を受ける必要がある．FRAB のメンバーは，主に財務省以外のメンバーにより構成されており，運営規約で定められた指名委員会や関連各省庁等により指名される（2012 年時点では公務員委員 15 名〔局長・課長クラス〕，民間専門家委員 6 名である）．

　本章で着目する，地方政府の会計基準である実務規範（Code of Practice：Code）の設定主体は，CIPFA とスコットランド地方自治体会計諮問委員会（Local Authority Scotland Accounts：LASAAC）の合同委員会である CIPFA/LASAAC 地方自治体会計規範審議会（CIPFA/LASAAC Local Authority Accounting Code Board）である[21]．

　CIPFA は，イギリスにおける職業会計士の諸団体の中で，地方自治体会計基準の設定に責任を有している唯一の団体であり，LASAAC は，CIPFA のスコットランド支部が事務局を担っている委員会組織である．

　CIPFA 自体に対して会計基準設定を付与する法令はないが，CIPFA が定め

る実務規範（Code）に対して，2003年地方自治法（Local Government Act 2003）において基準としての強制力が付与されている．また，2010年度からCIPFA/LASAACも基準設定・改訂に先立って，FRABへの諮問を行い，助言を受ける仕組みに移行している[22]．

以上のように，会計基準の設定に際してFRABへの諮問を行って助言を受けること，設定した会計基準が法的強制力を持つ点は，中央政府と地方政府の両者で共通している[23]．

(3) イギリス公会計制度の構造

図6-3において，イギリス公会計制度における地方政府の位置づけを概観している．

ここでは，中央政府がGLA（地域政府）に補助金を交付し，地域政府が実務機関（ロンドン交通局等）に影響力があり，実務機関もその関連グループ（子会社等）に影響力がある状況を前提にしている．

中央政府，地方政府はそれぞれ財務省による「政府財務報告マニュアル」とCIPFA/LASAACによる「実務規範」に基づいて，個別財務諸表を作成する．本章で着目するのは，GLAやその実務機関等を含む，地方政府の財務諸表の作成方法である．

まず，実務機関と実務機関の関連グループは，それぞれ実務規範と会社法等に基づいて個別財務諸表を作成する．その後，実務機関とその関連グループは，実務機関グループの連結財務諸表を作成する（連結）．この場合，それぞれの個別財務諸表の作成が異なる会計基準に従っているため，基本的には実務機関

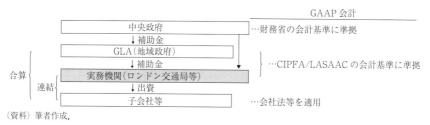

（資料）筆者作成．

図6-3 イギリス公会計制度の政府間関係（GLA）

グループに合わせる形で調整する．

そして，GLA（地域政府）自体も「実務規範」に基づいて個別財務諸表を作成する．ただし，ロンドン交通局等の実務機関グループを含んだ GLA グループの連結決算書は作成せず，合算数値を開示するのみである（合算）．

第4節　イギリス地方政府の GAAP 会計（決算）――TfL を事例に

本節では，イギリス地方政府の公会計（狭義の GAAP 会計）について把握する．特に，グレーター・ロンドン・オーソリティー（GLA）の実務機関で，都市交通（地域交通）を支えているロンドン交通局（TfL）の財務諸表と会計制度を具体的事例として取り上げてみたい．

(1)　TfL の組織構造と決算財務諸表の構造

はじめに，2013 年度（2013/14）時点の TfL グループの組織構造と財務諸表の作成手順について確認しておこう．

TfL は，1999 年 GLA 法の 154 節で創設された特殊法人（statutory corporation）であり，GLA の実務機関として位置づけられている．

TfL 取締役会の議長（Chairman of TfL's Board）はロンドン市長であり，市長が取締役メンバーを指名する．また，ロンドン市長は TfL の料金決定，カウンシル税要求額，借入限度額に対して責任を有している．

法的構造は TfL 法人と TfL 子会社をあわせて TfL グループとなっており，多くの地方自治体や企業と比較すると複雑である．TfL 法人（TfL Corporation）は，ロンドン道路，タクシー・個人ハイヤー，法人センターで構成されている．また，TfL グループは，図6-4 のように，TfL 法人と複数の 100％子会社で構成されている[24]．

このような組織構造を反映すべく，財務諸表が作成される．TfL の作成する財務諸表は，TfL 法人財務諸表と TfL グループ財務諸表がある．

TfL グループ財務諸表は，グループ包括収益・費用計算書（Group Comprehensive Income and Expenditure Statement），グループ貸借対照表（Group Balance Sheets），グループ準備金変動計算書（Group Movement in Reserve State-

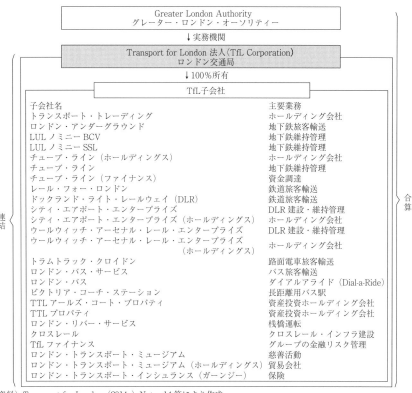

(資料) Transport for London (2014a), Notes 14 等により作成.

図 6-4 TfL グループの所有構造と財務諸表

ment), グループキャッシュ・フロー計算書 (Group Statements of Cash Flows) の4つで構成されるが[25], それぞれ以下のような構造になっている.

第1に, TfL の連結財務諸表では TfL 法人とその100%子会社を連結している (連結). 第2に, TfL のグループ財務諸表は, GLA の合算財務諸表の TfL の項目に掲載される (合算). TfL グループは, GLA の実務機関 (Functional Body) と位置づけられているからである.

(2) TfLグループの会計基準と会計処理

① TfLグループの会計基準[26]

TfL法人は，1999年GLA法の下で，会計目的上，地方自治体として取り扱われている．TfLが年次決算書の作成をするのは，適切な会計慣行に従うことを求める2011年会計監査規則（イングランド）（Accounts and Audit〔England〕Regulations 2011〔the 2011 Regulations〕）に基づいている．

決算書は国際財務報告基準（IFRS）を基礎にした，イギリス地方自治体会計の2013/14年実務規範（Code of practice on Local Authority Accounting in the United Kingdom 2013/14）に従っている．実務規範は，財務報告諮問審議会（FRAB）の助言の下で，CIPFA/LASAAC地方自治体会計規範審議会が開発したものである．これは会計監査規則の目的である，適切な会計慣行を構成している．

実務規範は，EU版IFRSを基礎にしており，自らが解釈した国際会計基準審議会（IASB）の「表示の枠組みと財務諸表の表示」に従って財務諸表を作成することを地方自治体に求めている．しかし，実務規範は①資本補助金および拠出金（Capital grants and contributions），②歴史的遺産（Heritage assets），③資産の減損（impairment of assets），④確定給付年金プラン（Defined benefit pension plans）という4つの事項の会計処理については，EU版IFRSに従っていない[27]．

またTfL子会社は，2006年会社法（the Companies Act 2006）の会計要求に従っており，個々の法的決算書（Separate statutory accounts）はそれぞれの子会社と持株会社のTransport Trading Limited groupで作成している．これらの決算書は，国際財務報告基準（IFRS）を基礎にしている．

② TfLグループの会計処理

TfLの会計処理は，基本的には民間会計基準にほぼ準拠している．というのは，TfLの準拠する2013/2014年実務規範は，EU版IFRSを基礎にしているからである．しかし，先の4つの事項の会計処理については，実務規範はEU版IFRSに従っていない．その点も踏まえながら，TfLグループの会計処理の特徴を明らかにしておこう．

第1に，資本補助金および拠出金の受入れ時の処理である[28]．実務規範では，資本補助金を条件が満たされたと合理的に証明された場合には，直ちに包括収益・費用計算書に計上している[29]．

この点に関し，EU版IFRSでは受け入れた資本補助金は貸借対照表の負債項目として繰延収益（deferred income）に計上し，資本補助金を利用した取得した資産の耐用年数を通じて（over the useful life of the asset），減価償却費と対応する形で収益を認識するが，TfLではこの処理は採用していない[30]．

第2に，資本補助金を包括収益・費用計算書に計上した後の会計処理である．資本補助金を用いてインフラ資産を取得した場合，適用資本補助金（Applied capital grants）として準備金変動計算書の利用不能準備金である資本調整勘定（Capital adjustment account）に振り替える[31]．また，包括収益・費用計算書に計上した年度に未使用の場合には，次年度以降の適用のために，非適用資本準備金（Capital grants unapplied account）として準備金変動計算書の利用可能準備金に振り替える[32]．

第3に，資本補助金によって取得した固定資産に関連する会計処理である．TfLグループでは補助金で取得した資産も，圧縮記帳は行わずに，減価償却を行っている．また，補助金受取時に収入計上しているため，補助金収入と減価償却費との対応はみられない[33]．

この点に関し，EU版IFRSでは，補助金収入を繰り延べて，固定資産の減価償却に対応する形で収益計上するという処理を行っているが，TfLではこの処理は採用していない．

第4に，TfLグループ職員の年金債務の会計処理である[34]．確定給付年金プランにおいて，年金資産・負債割合の特定ができない場合には，実務規範の6.4.1.8段落の複数事業主免除（multi-employer exemption）を利用して，確定拠出年金のように法人拠出時に包括収益・費用計算書に計上している．

この点に関しEU版IFRSでは，十分な情報を入手できる場合とできない場合とに分け，十分な情報が入手できない場合には，通常の確定拠出制度として会計処理し，一定の事項を追加開示するとしているが，TfLではこの処理は採用していない．

第5に，遺産資産の処理である[35]．TfLでは，取得価格から減価償却等を

控除した価格を保持する規定に対する免除を選択し，イギリス財務報告協議会（FRC）の会計基準審議会（Accounting Standards Board：ASB）による ASB 報告基準 30 号（FRS30）によって要求された追加的開示を行うことにしている．

というのは，実務規範では，公的セクターに適合させる解釈や適応が詳細な場合を除いて，FRS30 に従うことを推奨しており，「IFRS は有形遺産資産について扱っておらず，国際公会計基準 17 号（IPSAS17）有形固定資産（property, plant and equipment）の 9 から 12 段落は，非常に限定されたガイドラインを提供しているにすぎない」と指摘しているからである．

第 6 に，資産の減損処理である[36]．TfL では，国際公会計基準 21 号（IPSAS21）の非資金生成資産の減損（Impairment of Non-Cash-Generating Assets）や国際公会計基準 26 号（IPSAS26）の資金生成資産の減損（Impairment of Cash-Generating Assets）に含まれているガイダンスに従っている．

というのは，実務規範は公的セクターに適合させる解釈や適応が詳細な場合を除いて，IFRS の国際会計基準 36 号（IAS36）を採用するとしているが，公的セクターに適合させる解釈や適応が詳細な場合に国際公会計基準 21 号（IPSAS21）や国際公会計基準 26 号（IPSAS26）が相当すると考えているからである．

(3) TfL グループの決算財務諸表

TfL の決算財務諸表は，貸借対照表，包括収益・費用計算書，キャッシュ・フロー計算書，準備金変動計算書の 4 表で構成されている．これらの財務諸表間のつながりは，包括収益・費用計算書→準備金変動計算書→貸借対照表の期末純資産となっている．準備金変動計算書については，第 6 節で検討するため，ここでは，包括収益・費用計算書と貸借対照表について，確認しておこう[37]．

①包括収益・費用計算書（決算）

包括収益・費用計算書は，サービス提供年度に受け取った収益と発生した費用の両者を，一般に公正妥当と認められる会計基準に従う形で示している．包括収益・費用計算書の特徴を確認してみよう（表 6-4）．

第 1 の特徴は，総収入と総支出の区分から算定される純営業費用（収益）に

表 6-4　包括収益・費用計算書：GAAP 会計（決算）

（単位：100万ポンド）

	TfL グループ		TfL 法人単体	
	2014	2013	2014	2013
高速道路および交通サービス				
総収入	4,789.6	4,495.5	359.8	365.1
運賃	3,807.4	3,539.0	-	-
高齢者および障害者向け自由乗車（free travel）関連の収入	308.7	294.6	-	-
混雑料金	234.6	222.0	-	-
ロンドン橋交通料金	15.2	14.1	-	-
運送業に対する料金	9.2	8.9	-	-
道路ネットワーク準拠性収入（Road Network compliance income）	48.6	47.8	-	-
広告収入	152.2	139.3	-	-
賃貸料収入	61.2	58.3	-	-
運営費に対する第三者からの拠出金	13.2	37.5	-	-
タクシー免許料	18.6	19.8	-	-
チケットおよび写真カードの手数料収入	17.1	15.6	-	-
ATM および駐車場収入	9.9	10.4	-	-
博物館収入	8.3	7.6	-	-
訓練および専門家サービス	11.7	11.3	-	-
自転車ハイヤー計画（Cycle hire scheme）	13.1	12.9	-	-
その他	60.6	56.4	-	-
総支出	(6,773.8)	(6,490.0)	(970.7)	(1,104.8)
給料および賃金	(1,351.5)	(1,263.0)	(249.8)	(222.3)
社会保険費用（Social security costs）	(124.8)	(122.5)	(23.6)	(21.9)
年金費用（Pension costs）	(309.3)	(240.8)	(59.1)	(54.9)
その他サービス支出	(3,966.1)	(3,861.6)	(458.8)	(613.7)
減価償却費	(986.6)	(951.6)	(162.8)	(158.5)
ソフトウェア無形資産の減耗	(35.5)	(50.5)	(16.6)	(33.5)
純役務費用（Net cost of services）	(1,984.2)	(1,994.5)	(610.9)	(739.7)
工場設備・無形資産の純売却損失（その他純役務支出（operating expenditure））	(121.9)	(121.8)	(2.7)	(0.2)
財務および投資収入	214.5	186.0	273.1	228.8
銀行預金の受取利息	21.2	18.3	20.7	17.8
子会社貸付金の受取利息	-	-	247.0	204.6
投資資産の公正価値の変動額	177.6	131.5	3.5	3.5
投資資産の純売却益	15.2	35.9	1.9	2.8
その他の投資収入	0.5	0.3	-	0.1
財務および投資支出	(484.1)	(466.0)	(337.7)	(291.7)
借入金およびデリバティブに係る支払利息	(321.7)	(288.4)	(295.8)	(271.0)
子会社借入金に対する支払利息	-	-	(1.3)	(5.4)
ファイナンスリース債務に係る支払利息	(56.0)	(63.5)	(8.4)	(8.5)
PFI 契約に係る条件付支払賃借料	(12.3)	(13.3)	(4.0)	(3.7)
借入金とファイナンスリース債務の期日前返済に係る割増金（Premiums）	(30.2)	(23.0)	(23.2)	-
確定給付債務に係る純支払利息	(121.8)	(107.8)	(4.3)	(3.0)
その他財務および投資支出	-	(1.4)	(0.7)	(0.1)
控除：適格資産への資本化額	59.3	31.4	-	-
補助金所得	5,312.3	5,463.6	5,241.7	5,451.6
収入に配分された補助金総額	1,484.8	2,178.6	1,484.7	2,178.6

第6章 イギリス地方政府の公会計・予算制度と業績評価指標

	TfL グループ		TfL 法人単体	
	2014	2013	2014	2013
経常費用をまかなうために利用される交通省（DfT）からの一般補助金	632.8	2,026.8	632.8	2,026.8
その他の経常補助金（Revenue grant）受入額	846.0	145.8	845.9	145.8
カウンシル税の課税徴収命令額（Council tax precept）	6.0	6.0	6.0	6.0
資本に配分された補助金総額	3,827.5	3,285.0	3,757.0	3,273.0
資本費用をまかなうために利用される交通省（DfT）からの一般補助金	1,578.4	1,211.0	1,578.4	1,211.0
クロスレール関連資本費用をまかなうために利用される特定補助金	2,022.8	1,904.0	2,022.8	1,904.0
クロスレール関連資本費用をまかなうために徴収されるビジネスレイト留保額	75.0	120.0	75.0	120.0
その他の資本補助金および拠出金受入額	151.3	50.0	80.8	38.0
子会社への補助金積立（Grant funding of subsidiaries）	-	-	(2,172.2)	(1,835.1)
役務提供に係る剰余金（税引前）	2,936.6	3,067.3	2,391.3	2,813.7
租税所得（費用）	(0.1)	0.2	-	-
役務提供にかかる剰余金（税引後）	2,936.5	3,067.5		
その他の包括収益・費用合計	563.1	(538.9)	(3.5)	0.5
有形固定資産再評価剰余金	48.6	21.4	-	-
確定給付年金計画に関する純再評価益（損失）	460.2	(448.4)	(3.2)	0.2
後に利潤又は損失に振り替えられない項目	508.8	(427.0)	(3.2)	0.2
デリバティブ商品の公正価値の変動	48.1	(117.0)	-	-
売却可能金融資産の公正価値の変動	(0.3)	0.3	(0.3)	0.3
所得や支出に振り替えられたデリバティブ公正価値損	6.5	4.8	-	-
後に利潤又は損失に振り替えられる可能性のある項目	54.3	(111.9)	(0.3)	0.3
包括収益・費用合計	3,499.6	2,528.6	2,387.8	2,814.2

（資料）Transport for London（2014a）．

ついて確認してみると，営業収入と営業費用の差額である純役務費用は 2014 年度（以下同）△19 億 8,420 万ポンドとなっている点にある．つまり，営業費用 67 億 7,380 万ポンドが，料金収入 38 億 740 万ポンドを中心とする営業収入ではまかなえていない．料金収入は営業費用の約 56.2% をまかなっているに過ぎない．

第 2 の特徴は，純営業費用（収益）に金融・投資損益と補助金収入（Grant income）を加味した役務提供に係る剰余金を確認してみると，29 億 3,650 万ポンドの黒字になっており，一見するとそれほど問題を抱えないようにも見える点にある．

しかし，もう少し丁寧に受け入れた補助金の内容について確認してみると中央政府等からの経常補助金収入 14 億 8,480 万ポンドを受け入れても依然として営業費用をまかなうことが困難な状況にあり，資本補助金収入 38 億 2,750

万ポンドを考慮することで，やっと29億3,650万ポンドの「役務提供に係る剰余金（Surplus on the provision of services）」が生じている構図であることがわかる．

そもそもTfLに対する補助金（経常補助金，投資補助金）は，基本的にはTfL法人で受け入れてグループ会社に流す構造となっている．もう少しTfL法人に対する経常補助金や資本補助金について詳細に確認してみると，それらは大きく3つに分ける事ができる．

1つ目は，交付財源を中央政府交通省（Department for Transport）に依拠するものである．この財源の主なものに，交通補助金（Transport grant）がある．交通補助金は，1999年GLA法第101条の規定に基づき，交通省からGLAに交付されるが，GLAからTfL法人への再交付が義務づけられている．

交通補助金は，経常補助金と投資補助金の双方を含んでいる．交通省が現実に資金を交付する際には，中央政府のSpending Reviewに基づく資金交付協定書（funding agreement letter）に付属する主要施設整備計画の達成時期に対応させているという[38]．交通補助金は，交通サービスの維持や資本支出に利用されていれば，その目的を特定しない[39]．なお，一般財源としての交通補助金とは別に，幾つかの特定補助金や資本補助金が存在する[40]．

2つ目は，交付財源をGLAに依拠するものである．この大宗は，2012年地方財政法（Local Government Finance Act 2012）第1条の規定に基づく事業用レイト留保制度（Business Rate Retention：BRR）に拠るものである．これに加え，ごく僅かながらカウンシル税による充当が存在する[41]．

3つ目が，交付財源を交通省とGLAの双方に依拠するものである．この大宗が，クロスレールに対する投資補助金によるもので，特定補助金である[42]．

先に確認したように，すべての一般補助金（非特定補助金）は，受入時に包括収益・費用計算書に収入として計上する[43]．そして，受け入れた資本補助金を用いてインフラ資産を取得した場合，適用資本補助金として準備金変動計算書の利用不能準備金である資本調整勘定に振り替える[44]．また，受け入れた資本補助金がその年度に未使用となる資本補助金は，次年度以降の適用のために，非適用資本準備金勘定として準備金変動計算書の利用可能準備金に振り替える[45]．

表6-5 資本補助金の配分：GAAP会計（決算）

(単位：100万ポンド)

	TfLグループ		TfL法人単体	
	2014	2013	2014	2013
子会社への資本補助金積立	-	-	1,395.1	1,142.1
適用資本補助金	3,262.1	2,699.2	1,796.5	1,545.1
非適用資本補助金	565.4	585.8	565.4	585.8
資本補助金合計	3,827.5	3,285.0	3,757.0	3,273.0

(資料) Transport for London (2014a).

　このことを踏まえて，資本補助金の配分（表6-5）を確認すると，①TfL法人単体では受け入れた資本補助金37億5,700万ポンドのうち，TfL法人単体での資本支出が17億9,650万ポンド，TfL法人単体からTfL子会社への資本補助金として振り替えられた額が13億9,510万ポンド，残りが未使用の資本補助金5億6,540万ポンドであること，②TfLグループでは，TfL法人単体の執行状況に加えて，TfL子会社がTfL法人単体から受け入れた補助金のうち，資本支出に使用したものと資本支出に利用していない額が加わる．そうすることでTfLグループ全体では，当期に受け取った資本補助金38億2,750万ポンドのうち，実際に資本支出を行った金額が32億6,200万ポンドであり，5億6,500万ポンドが未利用となっていることがわかる．

　このようなTfLの会計処理とIFRSの会計処理との比較を意識してみよう．このような比較をあえて行うのは，受け入れた資本補助金で固定資産を取得した場合の両者の処理が異なることにより，「役務提供に係る剰余金」の金額の解釈に留意すべき事項があることを明らかにするためである．

　IFRSでは，資本補助金受入時に貸借対照表の繰延収益に計上し，資本補助金を用いて取得した資産の耐用年数を通じて，減価償却費と対応する形で収益を認識している．仮に包括収益・費用計算書上の減価償却費9億8,660万ポンドがすべて過去に資本補助金によって取得した資産に係る当期の減価償却費だとすれば，IFRSの会計処理では当期に繰延収益から所得（資本補助金による収益）に計上される金額は，9億8,660万ポンドにすぎない．しかし，TfLの会計処理では当期に資本補助金として収益計上される金額は38億2,750万ポンドにもなる．

つまり，TfL の会計処理は IFRS の会計処理に比較して，補助金受入時点では TfL グループに多額の剰余金を発生させる要因となりうることが分かる．

包括収益・費用計算書の第3の特徴は，包括収益・費用計算書上の「役務提供に係る剰余金」は，「その他の包括収益・費用」を加減算した後に，「包括収益・費用額」となっている点にある．

「その他の包括収益・費用」の区分には，有形固定資産の再評価益を含む未実現利益および損失，金融派生商品の公正価値の変動，確定給付年金スキームの実現損失で構成されている．つまり，地方政府の通常の役務提供にかかる所得や支出とは性質の異なる者が区分計上されている．

第4の特徴は，TfL 法人は会計目的上は地方政府とされているため，法人税が免除されており，納税額が生じていない点にある．これに対して，TfL 法人の子会社は，現行租税法に従って個別に判定されるため，納税額が生じている[46]．

② TfL グループのセグメント分析（決算）の注記

図 6-4 で確認したように，TfL グループの財務諸表は TfL 法人とその子会社を連結している（連結）．しかし，TfL グループの財務諸表は連結されているため，財務諸表を見ただけではその業務内容の内訳が明確ではない．この点に関して，TfL グループでは，財務諸表の注記項目として，4つのセグメントに分けてセグメント分析を記載している[47]．

セグメントの1つ目は，ロンドン地下鉄であり，旅客鉄道サービス，鉄道ネットワークの部分的な改修と維持を提供している．2つ目は，ロンドンレールであり，旅客鉄道サービスを提供している．3つ目は，地上交通であり，バスその他の地上交通，ロンドンの道路維持と自転車ハイヤーを提供している．4つ目は，法人総局（Corporate Directorate）であり，TfL のサービス全般（資産取得，商業広告，法人の戦略と政策の開発〔美術館運営のために作られた補助金を含む〕）を行っている．表 6-6 は，包括収益・費用計算書（表 6-4）とのつながりを意識して，網かけしている．例えば，表 6-6 の「純役務費用（Net cost of service）」の△19億8,400万ポンドと表 6-4 の「純役務費用」の金額が一致している．

表 6-6 セグメント分析：GAAP 会計（決算）

(単位：100万ポンド)

	2014					2013				
	ロンドン地下鉄	ロンドンレール	地上交通	法人総局	合計	ロンドン地下鉄	ロンドンレール	地上交通	法人総局	合計
所得	2,491	323	1,888	57	4,759	2,316	286	1,782	81	4,465
支出	(2,475)	(383)	(2,791)	(161)	(5,810)	(2,219)	(345)	(2,661)	(357)	(5,582)
純営業所得（支出）	16	(59)	(903)	(104)	(1,050)	97	(59)	(879)	(276)	(1,117)
セグメント分析に含まれない純サービス支出					(3)					(4)
グループ項目					-					(0)
博物館の純経常費用（net revenue cost）					(3)					(4)
セグメント分析に含まれないが包括収益・費用計算書に含まれる金額					(1,320)					(1,241)
減価償却費					(987)					(952)
減耗償却					(36)					(51)
年金サービス費用					(298)					(239)
包括収支計算書に含まれないがセグメント分析に含まれる金額					389					368
PPP および PFI 計画の下での資本および利息支払					109					102
営業費用となる年金支払					275					260
博物館の補助金積立（Grant funding of museum）					6					6
純役務費用					(1,984)	純役務費用				(1,995)

（資料）Transport for London（2014a), p. 121 および p. 125 より作成．

 ただし，セグメント分析は，内部経営報告の会計手法（accounting methodologies）に従っているため，財務諸表の会計基準とは異なる場合がある[48]．中でも大きな相違は，減価償却，減耗償却，減損損失（impairment charges），退職給付費用等である．これらの項目はセグメント分析には含まれていないため，セグメント区分の純営業費用（Net operating expenditure）△10億5,000万ポンドにそれらの費用△13億2,000万ポンド等を加える形で，財務諸表での純役務費用△19億8,400万ポンドに調整されている．

 この点に留意しつつ，減価償却，減耗償却，減損損失，退職給付費用等を考慮する前の時点の TfL グループの純営業費用△10億5,000万ポンドに着目すると，主たる純営業費用を占めるのは，バスその他の地上交通の営業損失△9億300万ポンドであること，その損失を純営業利益で若干補填しているのがロンドン地下鉄の純営業利益1,600万ポンドであることが確認できる．

 本来は減価償却，減耗償却，減損損失，退職給付費用等をセグメント別に配賦した後の金額で判断すべきであるが，配賦前の金額で判断する限り，TfL グ

ループの部局間で内部相互補助が行われている可能性を示している．

③ TfL グループの貸借対照表（決算）

包括収益・費用計算書上の「役務提供に係る剰余金」は，その他の包括収益・費用を加減算した後に，「包括収益・費用額」となり，準備金変動計算書を通じて貸借対照表の純資産の部に計上される．ここでは表 6-7 の貸借対照表の項目について，その特徴を確認しておこう（準備金変動計算書については第 6 節で検討する）．

第 1 に，TfL グループの有形固定資産 292 億 6,940 万ポンドは，TfL グループの総資産 358 億 6,320 万ポンドの 81.6％と，その大部分を占めている（2013/14 年度）．そのうち，TfL 法人単体の保有は 34 億 8,520 万ポンドと 10％にも届かず，その大半を TfL 子会社が保有していることもわかる．

TfL グループの有形固定資産の中には，PFI に基づくものもある．TfL では PFI に基づく資産を有形固定資産の項目として計上し，支払い債務と共に認識している（当該契約に基づいて提供された役務の公正価値は，営業費用として記録される）[49]．また，有形固定資産のうち，子会社の保有するオフィスビルについてのみ，公正価値で保持している[50]．

第 2 に，TfL グループの総債務残高 136 億 8,880 万ポンドの約 57.5％を占める借入残高 78 億 6,730 万ポンド（短期借入残高 7 億 920 万ポンドと長期借入残高 71 億 5,810 万ポンド）の大部分は，特殊法人である TfL 法人単体を通じて行われた資金調達によっている．

TfL は地方自治体と同じように，2003 年地方財政法の下で，財務管理目的のための借入権限を有している．この法律に従って，ロンドン市長は，TfL と協議して，外部債務（含む直接借入とその他長期負債）のための返済可能な借入限度額（affordable borrowing limit）を定める[51]．2013/14 年度の借入限度額は 91 億 7,700 万ポンドである[52]．

この借入限度額の設定の中で，ロンドン市長と法人は，規則により健全性保持規範（Prudent Code）に従うことが要求されている[53]．それゆえ，ロンドン交通局の取締役会は，健全性を保持した返済可能な（prudent and affordable）借入れのための指標を毎年承認する．TfL は中央政府との間で，TfL 自身

第 6 章　イギリス地方政府の公会計・予算制度と業績評価指標

表 6-7　貸借対照表：GAAP 会計（決算）

（単位：100 万ポンド）

	TfL グループ		TfL 法人単体	
	2014	2013	2014	2013
固定資産	30,678.1	28,109.1	15,124.7	13,136.5
無形資産	122.6	103.6	35.7	28.4
有形固定資産	29,269.4	27,091.1	3,485.2	3,410.7
インフラ資産およびオフィスビル	17,425.2	16,908.3	–	–
車両	2,544.8	2,308.2	–	–
工場設備（Plant and equipment）	515.5	431.3	–	–
建設仮勘定	8,783.9	7,443.3	–	–
投資不動産	592.5	427.8	16.4	13.7
子会社投資	–	–	3,932.5	2,332.5
長期投資	203.4	209.2	203.4	209.2
長期売掛金	490.2	277.4	7,451.5	7,142.0
流動資産	5,185.1	4,211.0	4,696.0	3,984.1
棚卸資産	47.7	42.0	5.1	3.8
売掛金	568.3	484.8	266.5	390.0
短期投資	4,432.8	3,583.8	4,415.1	3,583.8
現金および現金同等物	136.3	100.4	9.3	6.5
流動負債	(3,007.0)	(3,361.4)	(1,451.2)	(1,952.7)
買掛金	(2,020.4)	(1,991.8)	(614.1)	(654.1)
短期流動租税債務	(0.1)	–	–	–
短期借入金および当座借越	(709.2)	(1,138.4)	(709.2)	(1,138.4)
短期ファイナンスリース債務	(75.8)	(68.9)	(7.9)	(8.6)
短期デリバティブ債務	(0.3)	–	–	–
短期引当金	(201.2)	(162.3)	(120.0)	(151.6)
固定負債	(10,681.8)	(10,283.9)	(7,589.6)	(6,775.8)
長期債務	(73.4)	(60.0)	(14.0)	(10.2)
長期借入金	(7,158.1)	(6,393.2)	(7,167.1)	(6,409.8)
長期ファイナンスリース債務	(746.0)	(821.8)	(175.5)	(183.3)
長期デリバティブ債務	(67.5)	(116.3)	–	–
長期引当金	(154.6)	(79.4)	(126.7)	(69.1)
退職給付債務	(2,482.2)	(2,813.2)	(106.3)	(103.4)
純資産	22,174.4	18,674.8	10,779.9	8,392.1
利用可能準備金	4,675.8	3,892.0	4,675.8	3,892.0
一般基金	156.6	158.1	156.6	158.1
目的準備金	1,969.6	1,751.9	1,969.6	1,751.9
街路活動準備金（Street works reserve）	2.5	0.3	2.5	0.3
非適用資本準備金勘定	2,547.1	1,981.7	2,547.1	1,981.7
利用不能準備金	17,498.6	14,782.8	6,104.1	4,500.1
資本調整勘定	18,669.3	16,254.2	6,434.5	4,814.7
年金準備金	(2,434.4)	(2,733.0)	(106.3)	(103.4)
累積休暇準備金	(6.0)	(5.8)	(6.0)	(5.8)
子会社内部留保準備金	1,079.3	1,165.3	–	–
再評価準備金	117.1	70.7	–	–
ヘッジ準備金	(174.7)	(229.3)	–	–
売却可能準備金	–	0.3	–	0.3
金融商品調整勘定	(218.1)	(205.7)	(218.1)	(205.7)
合併準備金	466.1	466.1	–	–
準備金合計	22,174.4	18,674.8	10,779.9	8,392.1

（資料）Transport for London（2014a）．

の年間最大増加借入限度額（incremental borrowing capacity）に同意している[54]．

　TfL法人単体による資金調達の形態は，地方自治体への融資を行う法定の独立機関である公共事業資金貸付協会（Public Works Loan Board：PWLB）からの借入れ，ヨーロッパ投資銀行（European Investment Bank）からの借入れ，50億ポンド建TfLユーロ中期債券計画に基づく中期債券，50億ポンド建TfLユーロコマーシャルペーパー計画に基づく短期コマーシャルペーパーである[55]．

　残念ながらこれらの借入先別の残高内訳は明らかにされていないが，ここではイギリスの地方債市場で圧倒的シェア──イングランドの地方債市場で約75％（2012年3月末）──を占めている公共事業資金貸付協会（PWLB）について触れておこう[56]．

　PWLBは，地方自治体への融資を行う法定の独立機関[57]として，中央政府の国債整理基金からの借入れを行い，地方自治体に融資している．つまり，PWLBの貸付資金は，中央政府による国債資金によって流動性が確保されていると同時に，間接的にTfLの流動性を確保しているといえる．TfLの年次報告書の記載を見る限り，TfLが中央政府やGLAから直接的に債務保証を受けている等の記載は見られない[58]．その背景にはこのような融資制度を有していることも影響しているものと思われる．

　第3に，TfLグループの退職後給付年金債務残高24億8,220ポンドは，TfLグループの長期債務残高106億8,180万ポンドの約23.2％を占めている（2013/14年度）．そのうち，TfL法人単体の残高は1億630万ポンドと長期債務の4.2％にすぎず，その大半はTfL子会社の計上額である．なお，第1章でアメリカのMTAで議論されていた従業員の退職後医療給付の債務計上問題について，TfLでは大きな会計問題として議論されていない．その背景にはイギリス国営医療制度（National Health Services：NHS）の存在がある．

　第4に，TfLグループの純資産額221億7,440万ポンドは，総資産額358億6,320万ポンドと総負債額136億8,880万ポンドの差額と一致し，その内訳は利用可能準備金46億7,580万ポンド（純資産の約21.0％），利用不能準備金174億9,860万ポンド（純資産の約78.9％）という形で示されている．利用可能準備

金と利用不能準備金という2つの準備金の年間変動は，準備金変動計算書で示されている（第6節を参照）．

利用可能準備金は，慎重な準備金の水準（prudent level of reserves）に維持したうえで，TfL がサービスを提供するために使用できる．これに対して利用不能準備金は，TfL がサービスを提供するために使用できない．利用不能準備金は，未実現保有ゲイン（ロス）や準備金変動計算書の「会計基準と規制にもとづく基金基準との間の調整（Adjustment between accounting basis and funding basis under regulations）」に示されている一時差異（timing differences）を含んでいるからである．

特徴的なのは，利用可能準備金は TfL 法人単体の残高 46 億 7,580 万ポンドがそのまま TfL グループの残高となっていること，TfL グループの利用不能準備金の大部分が，受け入れた資本補助金でインフラ資産を取得した場合等に生じる資本調整勘定 186 億 6,930 万ポンドであり，その多くが TfL 子会社で生じていることにある．

④ TfL グループのキャッシュ・フロー計算書（決算）

表6-8 にあるように，キャッシュ・フロー計算書（決算）は「役務提供サービスに係る剰余金（税引後）」29 億 3,650 万ポンドから加算・減算を行うことで営業活動に伴うキャッシュ・フローの金額を算定する，間接法を採用している．

一見して，営業活動によるキャッシュ・フローで生み出した資金を用いつつ，投資活動，財務活動を行い，当期のキャッシュ・フローの純増を生み出していることがわかる．しかし，その過程では特に補助金の影響も意識しておく必要がある．

例えば，営業活動に伴うキャッシュ・フローの金額を算定する過程で加算・減算額の中で大きな割合を占めるのが，固定固定資産に関連する2つの項目になっている．1つの項目が，有形固定資産の減価償却と無形固定資産の減耗償却の金額 10 億 2,210 万ポンドである．この項目は，非資金項目として役務提供に係る剰余金（税引後）に加算している．もう1つの項目が，資本補助金の受入額 38 億 2,750 万ポンドである．

表 6-8　キャッシュ・フロー計算書：GAAP 会計（決算）

(単位：100万ポンド)

	TfL グループ		TfL 法人単体	
	2014	2013	2014	2013
役務提供に係る剰余金（税引後）	2,936.5	3,067.5	2,391.3	2,813.7
非現金変動の調整	(2,345.6)	(1,906.0)	(1,964.8)	(2,099.8)
有形固定資産の減価償却および無形固定資産の減耗	1,022.1	1,002.1	179.4	192.0
有形固定資産の除却損	121.9	121.8	2.7	0.2
投資不動産の売却益	(15.2)	(35.9)	(1.9)	(2.8)
投資不動産の価値変動	(177.6)	(131.5)	(3.5)	(3.5)
財務所得	(21.7)	(18.6)	(267.7)	(222.5)
財務支出	484.1	466.0	337.7	291.7
資本補助金受入	(3,827.5)	(3,285.0)	(3,757.0)	(3,273.0)
子会社への資本補助金支払額	-	-	1,395.1	1,142.1
退職給付費用の戻入	297.7	239.0	1.8	2.6
税額控除の還付	0.1	-0.2	-	-
非現金変動の調整（運転資本の増減前）				
買掛金の増加	54.4	25.8	18.4	17.5
売掛金の減少（増加）	(78.6)	1.0	135.2	(269.6)
棚卸資産の増加	(5.7)	(4.4)	(1.3)	(0.9)
準備金の増加（減少）	90.8	(11.7)	2.7	(2.1)
非現金変動の調整（運転資本の増減後）				
確定給付年金基金への雇用主拠出金の純現金支払（受入）および退職者への直接支払	(290.3)	(274.6)	(6.4)	28.5
租税受取（支払）	(0.1)	0.2	-	-
営業活動に係る純キャッシュ・フロー	590.9	1,161.5	426.5	713.9
投資活動に係る純キャッシュ・フロー	(401.8)	(1,008.5)	(347.5)	(871.4)
受取利息	24.2	17.9	270.2	221.7
資本補助金受入	3,782.9	3,320.4	3,708.3	3,298.1
子会社への資本補助金支払	-	-	(1,395.1)	(1,142.1)
有形固定資産および投資不動産の購入	(3,154.7)	(3,028.2)	(190.3)	(170.2)
無形固定資産の購入	(56.6)	(39.7)	(25.8)	(9.7)
有形固定資産および無形固定資産の売却収入	2.5	2.8	0.4	0.6
その他投資資産の純購入額	(843.5)	(1,209.8)	(825.8)	(1,218.4)
クロスレール計画への第三者への前渡つなぎ融資	(199.9)	(89.8)	-	-
子会社への貸付金（返済控除後）	-	-	(307.6)	(643.1)
関連会社への貸付金	-	-	-	-
投資不動産の売却収入	43.3	19.4	18.2	1.7
子会社取得（子会社による投資）に対する支払	-	(1.5)	(1,600.0)	(1,210.0)
財務活動に係る純キャッシュ・フロー	(153.2)	(131.4)	(76.2)	156.5
ファイナンスリースおよびオンバランス PFI 契約に関連する債務発行額減少のための現金支払	(68.9)	(136.8)	(8.5)	(3.0)
新規借入金	435.1	428.5	435.1	438.9
借入金の返済	(107.1)	(21.3)	(107.1)	(21.3)
借入金とファイナンスリース債務の期日前返済に係る割増金	(23.2)	(23.0)	(23.2)	-
デリバティブ決済に係る現金支払	(0.5)	(81.9)	-	-
支払利息	(388.6)	(296.9)	(372.5)	(258.1)
年間現金および現金同等物の純増加額	35.9	21.6	2.8	(1.0)
期首現金および現金同等物	100.4	78.8	6.5	7.5
期末現金および現金同等物	136.3	100.4	9.3	6.5

(資料) Transport for London (2014a), p. 99 及び Notes 31 より作成。

後者の項目は，営業活動によるキャッシュ・フローではないため，役務提供サービスに係る剰余金（税引後）から減算し，投資活動に伴うキャッシュ・フローの項目に加算している．この減算処理の意味するところを把握してみると，資本補助金受入額を加算した「役務提供サービスに係る剰余金（税引後）」の金額でその成果を判断することに危険が伴うことが，再認識できる（(3) ①を参照）．

⑤ TfL の資本支出（決算）の注記

　これまで確認してきたように，資本補助金を伴う支出は，TfL にとって留意すべき金額である．確かに第5節でも確認するように，資本支出の金額は TfL の予算編成（予算会計）においても重視されるものである．この点に関し，GAAP 会計（決算）では，本表ではなく，TfL 法人単体の資本支出に関する注記として開示している（表6-9）．

　資本補助金の配分（表6-5）では，TfL 法人単体では受け入れた資本補助金

表6-9　資本支出および資金源泉：GAAP 会計（決算）

(単位：100万ポンド)

	TfL 法人単体	
	2014	2013
無形資産の追加	25.9	9.8
有形固定資産の追加	239.8	137.1
年間投資	1,600.00	1,210.00
資本目的のための子会社への年間貸付	333.6	643.1
子会社への資本補助金の年間支払額	1,395.10	1,142.10
資本支出合計	3,594.40	3,142.10
資本目的に利用される交通補助金	1,578.40	1,211.00
ビジネスレイト留保額	75	120
クロスレール計画の特定補助金	2,022.80	1,904.00
控除：非適用資本補助金勘定への振替額	-565.4	-585.8
慎重な借入額（Prudential borrowing）	333.6	421
第三者拠出金	80.8	38
資本収入	4.5	14.7
ファイナンスリースの純返済	-8.5	-3
運転資本（Working capital）	73.2	22.2
資金調達源泉合計	3,594.40	3,142.10

（資料）Transport for London (2014a), Note 35.

表6-10 包括収益・費用計算

	総支出（①）					
	GLA	ロンドン遺産開発法人（LLDC）	ロンドン消防・危機管理計画（LFEPA）	市長公安室（MOPAC）	ロンドン交通局（TFL）	GLA
本部公共サービス	0.6	-	-	-	-	-
文化および関連サービス	74.5	-	-	-	-	(1.5)
環境・規制サービス	3.6	-	-	-	-	(0.2)
計画および開発サービス	151.8	-	-	-	-	(5.3)
児童および教育サービス	10.8	-	-	-	-	(5.2)
高速道路および交通サービス	1,684.6	-	-	-	6,773.8	(1.1)
住宅および土地サービス	466.3	-	-	-	-	(36.0)
オリンピック遺産	213.6	53.7	-	-	-	-
公衆衛生	3.4	-	-	-	-	(1.8)
警察サービス	9.4	-	-	3,456.2	-	-
消防および救助サービス	272.4	-	394.0	-	-	-
組織管理・議会関連費	22.5	-	2.0	10.2	-	(0.5)
配分不能費用	-3.6	-	1.1	5.3	-	-
役務費用（Cost of Services）	2,910.0	53.7	397.2	3,471.7	6,773.8	(51.6)

その他の営業支出
財務および投資支出（収入）
投資不動産の公正価値変動
ジョイントベンチャー投資の減損
租税収入および一般補助金収入
法人税
繰延税金
役務提供に係る欠損（剰余金）
ジョイントベンチャーによる役務提供
子会社の租税費用
グループ欠損金（剰余金）
その他の包括支出（収入）
固定資産再評価に係る損失（剰余
固定資産の再評価に係る減損
売却可能金融資産の再評価に係る
デリバティブ金融商品の公正価値
欠損（剰余金）に振り替えられた
欠損（剰余金）に振り替えられた
金利準備金の共有のために計上さ
確定給付債務の再評価
その他の包括収入に対する租税
包括支出（収入）合計

（資料）The Greater London Authority（2014a），Summary of Statement of Accounts 2013-2014.

第6章 イギリス地方政府の公会計・予算制度と業績評価指標　　285

書：GAAP 会計（2013/2014 年決算）

(単位：100万ポンド)

	総収入（②）				純支出（①-②）			
ロンドン遺産開発法人（LLDC）	ロンドン消防・危機管理計画（LFEPA）	市長公安室（MOPAC）	ロンドン交通局（TFL）	GLA	ロンドン遺産開発法人（LLDC）	ロンドン消防・危機管理計画（LFEPA）	市長公安室（MOPAC）	ロンドン交通局（TfL）
-	-	-	-	0.6	-	-	-	-
-	-	-	-	73.0	-	-	-	-
-	-	-	-	3.4	-	-	-	-
-	-	-	-	146.6	-	-	-	-
-	-	-	-	5.5	-	-	-	-
-	-	-	(4,789.6)	1,683.5	-	-	-	1,984.2
-	-	-	-	430.3	-	-	-	-
(43.9)	-	-	-	213.6	9.7	-	-	-
-	-	-	-	1.6	-	-	-	-
-	-	(667.0)	-	9.4	-	-	2,789.2	-
-	(36.6)	-	-	272.4	-	357.4	-	-
-	-	(0.6)	-	22.0	-	2.0	9.6	-
-	-	-	-	(3.6)	-	1.1	5.3	-
(43.9)	(36.6)	(667.6)	(4,789.6)	2,858.4	9.7	360.6	2,804.1	1,984.2
				691.4	-	15.4	115.5	121.9
				103.0	(6.1)	225.7	1,008.4	269.6
				-	168.1	-	-	-
				-	23.9	-	-	-
				(2,790.5)	(190.4)	(422.8)	(2,818.7)	(5,312.3)
				-	(0.3)	-	-	-
				-	(0.1)	-	-	-
				862.4	4.9	178.9	1,109.3	(2,936.6)
剰余金または欠損金のシェア				0.1	-	-	-	-
				1.0	-	-	-	0.1
				863.5	4.9	178.9	1,109.3	(2,936.5)
				2.2	3.9	277.4	1,367.9	(563.1)
金）				(3.0)	0.0	(0.7)	(92.6)	(48.6)
				-	-	0.1	-	-
損失（剰余金）				(9.6)	-	-	-	0.3
変動				-	-	-	-	(48.1)
デリバティブ公正価値の損失				-	-	-	-	(6.5)
売却可能資産の純変動				2.6	-	-	-	-
れたファイナンスリース収入				(2.6)	-	-	-	-
				14.6	3.9	278.0	1,460.5	(460.2)
				0.2	-	-	-	-
				865.7	8.8	456.2	2,477.2	(3,499.6)

37億5,700万ポンドのうち，TfL法人単体での資本支出が17億9,650万ポンド，TfL法人単体からTfL子会社への資本補助金として振り替えられた額が13億9,510万ポンド，残りが未使用の資本補助金5億6,540万ポンドであることを確認した．

表6-9においても，TfL法人単体で受け入れた資本補助金のうち，子会社に13億9,510万ポンドを振り替えていることが確認できる．それとともに，TfL法人単体で行った資本支出のための借入れ3億3,360万ポンドは，全額（3億3,360万ポンド）が子会社の資本支出のために貸し付けられていることも確認できる．

(4) TfLグループ決算財務諸表のGLAグループ要約決算書での位置づけ

TfLは，4つの実務機関の1つとして，GLAグループを構成しているが，1999年GLA法の134節は，GLAグループの要約決算書（GLA Summary of Statement of Accounts）の作成を求めている．

GLAグループの要約決算書には，GLA，TfLを含む4つの実施機関，そしてロンドン年金基金（London Pension Fund Authority：LPFA）の個々の決算財務書類が含まれている．

GLAグループの要約決算書には，①包括収益・費用計算書，②準備金変動計算書，③資本支出について，それぞれの個別値と合算値が示されている．ここでは，包括収益・費用計算書（合算）と資本支出（合算）について，確認してみよう．

①包括収益・費用計算書（合算）

表6-10はGLAグループの要約決算書の中の包括収益・費用計算書を示している．一見して，GLAとその4つの実務機関の個別数値とを合算値を示していることが分かる．

この表6-10には，TfLグループの包括収益・費用計算書（表6-4）とのつながりを意識して，網かけをしている．2014年（2013/2014）のTfLグループの包括収益・費用計算書（表6-4）におけるTfLの包括収益・費用合計額34億9,900億ポンドが，表6-10のTfLグループの包括収益・費用合計額34億

9,900億ポンドに一致している．

このことから，GLAグループの包括収益・費用計算書がTfLの作成しているTfLグループの包括収益・費用計算書を取り込んでいることが確認できる．また，合算額で見てみると，GLAグループの所得額や支出額の大半が，TfLグループによるものであることがわかる．

ただし，その合算額はGLA[59]とその実務機関の間で生じた内部取引や残高は相殺していない[60]．言い換えれば，合算対象となる個別数値をすべて開示することで一覧性を確保しているものの，民間企業の連結財務諸表のように，合算対象となる実施機関等の財務諸表の連結数値（内部取引相殺後）を開示する方式ではない．

②資本支出（合算）

表6-11はGLAグループの要約決算書の中の資本支出を示している．包括収益・費用計算書と同様に，GLAとその4つの実務機関の個別数値とを合算値を示している[61]．

この表6-11には，(3) で確認したTfLの資本支出の注記（表6-9）とのつながりを意識して，網かけをしている．2014年（2013/2014）のTfLの資本支出の注記（表6-9）でのTfLの資本支出合計額35億9,440万ポンドが，表6-11のTfL法人の資本支出合計額に一致している．

表6-11　GLAグループの資本支出：GAAP会計（2013/2014年決算）

（単位：100万ポンド）

	GLA	ロンドン遺産開発法人（LLDC）	ロンドン消防・危機管理計画（LFEPA）	市長公安室（MOPAC）	ロンドン交通局法人（TFL Corporate）
無形固定資産の追加	–	0.0	0.5	0.7	25.9
固定資産の追加	0.4	0.8	9.5	149.7	239.8
投資不動産	–	196.8		0.0	–
投資	1.9	22.8	–	–	1,600.0
資本補助金支出	625.6	8.2	–	–	1,395.1
TfL子会社への貸付	–	–	–	–	333.6
資本支出合計	627.9	228.7	10.0	150.3	3,594.4

（資料）The Greater London Authority（2014a）．

このことから，GLA グループの資本支出が，TfL の作成している資本支出の注記の金額を取り込んでいることが確認できる．一見して GLA グループの資本支出についてもその大半が，TfL によるものであることがわかる．

第5節　イギリス地方政府の予算会計（予算）——TfL を事例に

本節では，イギリス地方政府の予算・決算制度（予算会計）の事例として，ロンドン交通局（TfL）の予算書類について取り上げてみたい．

(1) TfL 予算会計の予算と決算

Jones（2003）は，イギリス地方政府の予算会計（Budgeting）や GAAP 会計（Accounting）についての慣行を一般化することは難しく，そうすることで誤解を招きうるとしている．というのは，複数年度予算にするか，予算をどの程度を詳細にするのか，予算は責任部局（responsibility centres）に基づくべきかプログラムに基づくべきか，予算はインプットの観点か，インプットとアウトプットの観点か，発生主義に関連する特定問題を採用するか等，多くの予算会計の原理は，それぞれの地方政府が決定する問題となっているからである[62]．

つまり，地方政府の予算編成過程は，組織構造と一般的手続の相違を反映して，異なっている[63]．そのためか，Jones（2003）は，イギリス地方政府の GAAP 会計についての調査は存在しているが，予算については存在していないとも指摘する[64]．

とはいえ，4月に年度開始の場合，通常は2月の地方議会における予算承認によって予算編成過程が終了する点は共通している．また，中央政府によってまたは中央政府を通じて提供される資金の重要性を反映して，各地方政府に配分される財政移転額が前年の11月または12月に合意に至る点も共通している[65]．

本節は，1999年 GLA 法の下で，会計目的上，地方自治体として取り扱われている TfL 法人の予算会計における予算に着目してみたい．

(2) TfL グループの予算書類

 イギリス地方政府の予算会計は複会計制度であり，一般的には2つの大区分，すなわち経常会計（Revenue Account，具体的には一般基金経常会計〔General Fund Revenue Account〕，商業会計〔Trading Services Revenue Account〕，住宅会計〔Housing Revenue Account〕等）と資本会計（Capital Account）に区分されている[66]．公共支出計画の中でも，経常会計と資本会計とは，それぞれ別個に計画が策定される[67]．

 TfL の予算会計（予算）における予算書類には，当年度中の動きを示す①経常予算（Operating Budget），②資本予算（Capital Budget）と，ストック情報としての③貸借対照表，そして④現金要約（Cash Summary）がある．

①経常予算

 経常予算の主眼は，経常支出と経常収入を見積もり，地方税であるカウンシル税必要額の算定することにある．ただし，経常予算の会計的基礎（accounting basis）は，2つの異なるものが同時に存在しているため，複雑である[68]．

 1つの会計的基礎は，地方自治体のアカウンタビリティを意識した予算会計であり，もう1つの会計的基礎は，経済的意思決定を意識した GAAP 会計である[69]．経常予算が着目するのは，第一義的には次年度予算にある．

 表6-12にあるように，営業収入（Income）と営業支出（Operating expanditure）の差額により純営業支出（Net operating expenditure）11億5,600万ポンドを算定し，さらにグループ項目および第三者（Group item and third parties）の項目を控除することで，純経常支出（Net revenue expenditure）15億3,400万ポンドを算定する．これに資本予算に繰り入れる経常予算での経常収入剰余金4億1,400万ポンドを加えることで，資金調達必要額19億4,800万ポンドを算定している．

 資金調達必要額19億4,800万ポンドは，GLA からの交通補助金10億9,100万ポンド，特定補助金4,900万ポンド，ビジネスレイトの留保額8億300万ポンドによって資金調達がなされることが想定され，最後に地方税であるカウンシル税必要額が算定されている．

 このような予算会計の経常予算と第4節で確認した GAAP 会計での包括収

表6-12 TfL グループの経常予算：予算会計（予算）

(単位：100万ポンド)

	2013/14		2014/15
	当初予算＊	予測	当初予算
営業収入	(4,741)	(4,738)	(5,017)
運賃収入	(4,083)	(4,093)	(4,331)
混雑料金（混雑税）	(148)		(171)
執行収入（Enforcement income）	(127)		(138)
タクシー・個人ハイヤー・VCS 料金	(30)		(26)
広告収入	(147)		(164)
レンタル収入	(61)		(59)
その他の収入	(144)	(645)	(128)
営業支出	5,897	5,939	6,345
人件費	1,836		1,970
賃料（Premises）	294		319
PFI 支払	263		235
バス契約支出（BSOG 含む）	1,810		1,948
CCS およびその他の道路契約サービス	280		307
資産維持および地方自治体支払	574		616
専門家およびコンサル料	72		110
経営コンサル・開発料	102		156
チケット手数料	53		55
顧客情報料	43		53
ナショナル・レールへの支払	7		7
フランチャイズ料支払	228		247
情報・コミュニケーション技術料	202		223
保険料	38		36
電気機関車電力料（Traction current）	105		103
その他の支出	(61)		(97)
貸倒引当金	52		58
純営業支出	1,156	1,201	1,328
基金（Treasury）		326	347
グループ項目		0	11
グループ項目および第三者合計	378	326	358
純経常支出（純役務支出）	1,534	1,527	1,686
資本利用のために繰り入れる経常収入剰余金	414	446	17
資金調達必要合計額	1,948	1,973	1,703
GLA 交通補助金（一般補助金）	(1,091)	(1,094)	(835)
地上鉄道補助金（Overground grant）		(29)	(28)
その他経常補助金		(42)	(6)
その他の特定補助金	(49)		
ビジネスレイト留保額	(803)	(803)	(828)
カウンシル税必要額（GLA 課税徴収命令）	6	6	6

（資料）Transport for London（2013）および Transport for London（2014c）．

益・費用計算書（表6-4）の勘定科目とを比較すると，両者の勘定科目が必ずしも同じ分類ではない点は，特徴的である．

②資本予算

　資本予算の主眼は，資本支出の計画を立案し，必要資金額（借入および準備金）を算定することにある．資本予算の会計的基礎は一本化されており，現実には，運転資本の変化のために調整された支出と収入に基づいている[70]．資本予算では，その性質上，1年以上を範囲にしている傾向がある[71]．

　近年のイギリス資本会計にとって特に大きな変更は，2004年度における自主決定方式（Prudential Limit）の導入である[72]．この方式は，これまで長く資本支出財源統制の枠組みとされてきた1989年地方自治・住宅法（The Local Government and Housing Act 1989）の中で，基本起債許可（BCA）や特別起債許可（SCA）の方式は継承しつつも，起債発行額の上限については事実上撤廃し，自治体自らが起債発行額の上限を決定するように変更したものである．

　資本会計に関し，TfLが記載しているのは，1989年地方自治・住宅法における最低経常収入引当金に関する記述である[73]．1989年地方自治・住宅法では，債務返済引当金（Provision for credit liability）の創設が義務づけられていた．最低経常収入引当金（Minimum revenue provision）は，この引当金への主な引当方法の一つで，経常会計の資金で強制引当を行う規定であった．この最低経常収入引当金の規定も自主決定方式の下で緩和された[74]．

　TfLの方針は，①返済の期限到来する前に，債務返済のための引当金は計上しない，②債務返済は，元本返済を含めて，当年度の営業費用として取り扱い，債務返済が要求される年度の収入によって充当する，というものであった．つまり，最低経常収入引当金に関するTfLの方針は，事業計画における元利償還費を，当年度の経常予算の営業費用として取り扱う，というものである[75]．

　表6-13で純資本支出33億7,700万ポンドのための資金調達手法を確認してみよう．経常予算からの経常剰余金（元利償還費控除後）4億1,400万ポンドの受け入れ，クロスレール基金や投資補助金といった資本補助金の合計31億3,000万ポンドの受け入れ等によって，最終的な「借入および準備金の純変動額（Net borrowing and reserve movements）」が2億8,600万ポンドと算定され

表6-13 TfL グループ資本予算:予算会計(予算)

(単位:100万ポンド)

	2013/14		2014/15
	当初予算	Forecast	当初予算
資本支出	1,896	1,673	2,055
第三者拠出金-資本	(70)	(86)	(36)
不動産およびその他資産の売却	(64)	(55)	(42)
純資本支出(クロスレール除く)	1,762	1,533	1,977
クロスレールの資本支出	1,615	1,692	1,689
純資本支出(クロスレール含む)	3,377	3,225	3,666
経常予算からの欠損金(剰余金)	(415)	(446)	(17)
クロスレールの基金(Crossrail funding sources)	(2,051)	(2,053)	(1,687)
投資補助金	(895)	(895)	(909)
メトロネット補助金(Metronet grant)	(184)	(184)	0
その他の資本補助金	–	(100)	(141)
運転資本(Working capital)の減少	453	222	529
借入金および準備金の純変動額	(286)	230	(1,442)
資金調達源泉合計	(3,377)	(3,225)	(3,666)

(資料) Transport for London (2013) および Transport for London (2014c).

ていることがわかる.資本予算においても,第4節で確認したGAAP会計での包括収益・費用計算書(表6-4)の勘定科目と必ずしも同じ分類ではない.

③現金要約

表6-14に示した現金要約は,経常予算と資本予算における現金支出(Cash spend)と資金調達額(Funding)との差額から,当期現金増加高を求める直接法によって作成されている.

といっても現金支出は,表6-12に示した経常予算会計(予算)の「純経常支出(純役務支出)」15億3,400万ポンド,表6-13に示した資本予算会計(予算)の「純資本支出(Net capital expenditure)」33億7,700万ポンド,資本予算会計(予算)の「運転資本の減少額(Working capital movements)」4億5,300万ポンドの合計額として算定され,2013/14年度の当初予算では53億6,400万ポンドになっている[76].

一方,現金支出のための資金調達額は,交通補助金(資本・経常補助金)30億2,200万ポンド,カウンシル税必要額600万ポンド,純借入額およびその他の資金調達3億400万ポンド[77],クロスレール資金20億5,100万ポンドの合

表 6-14 TfL グループの現金要約:予算会計(予算)

(単位:100万ポンド)

(£m)	2013/14 当初予算	2013/14 Forcast	2014/15 当初予算
純経常支出	(1,534)	(1,527)	(1,687)
純資本支出	(3,377)	(3,225)	(3,666)
運転資本の減少額	(453)	(222)	(529)
現金支出合計額	(5,364)	(4,974)	(5,882)
交通およびその他補助金	3,022	3,146	2,747
カウンシル税必要額	6	6	6
純借入およびその他の資金調達	304	333	929
クロスレールの基金(Crossrail funding sources)	2,051	2,053	1,687
資金調達合計額	5,383	5,538	5,069
現金の純変動	19	564	(813)
クロスレール主催者の基金口座	1,419	1,457	1,972
その他の TfL 現金残高	2,421	2,436	2,485
期首現金	3,840	3,893	4,457
クロスレール主催者の基金口座	1,792	1,972	1,726
その他の TfL 現金残高	2,067	2,485	1,918
期末現金	3,859	4,457	3,644
期末現金 - 期首現金	19	598	(813)

(資料)Transport for London (2013), Table 8 および Transport for London (2014c).

計53億8,300万ポンドによって構成されている.なお,料金収入等の営業収入は,純経常支出の算定時に控除されているため,資金調達額には計上されない.

最終的には,当期現金純増加高1,900万ポンドである.これに期首現金残高38億4,000万ポンドを加え,期末現金残高38億5,900万ポンドである.この金額は,次に見る貸借対照表の「現金および投資(Cash and investments)」に一致している.

④貸借対照表

以上の動きを反映する形で,ストック情報としての貸借対照表が作成される(表6-15).予算会計(予算)における貸借対照表の純資産総額(Total net assets)は,一般基金(General fund),目的準備金(Earmarked reserves)とその他の準備金(Other reserves)で構成されている.固定資産は減価償却費も加

表 6-15　TfL グループ貸借対照表：予算会計（予算）

（単位：100万ポンド）

	2013/14 当初予算	2013/14 予測	2014/15 当初予算
有形資産	29,859	29,857	32,608
無形資産	161	168	172
長期投資	-	260	-
長期売掛金およびデリバティブ資産	505	480	875
固定資産合計	30,525	30,765	3,655
棚卸資産	41	50	50
売掛金および前渡金	580	522	548
現金および投資額	3,859	4,197	3,644
流動資産合計	4,480	4,769	4,242
買掛金	(2,148)	(2,136)	(2,148)
ファイナンスリース債務	(853)	(829)	(750)
借入金	(7,836)	(7,867)	(8,495)
引当金	(140)	(219)	(129)
年金債務	(2,256)	(2,798)	(2,785)
負債合計	(13,233)	(13,849)	(14,307)
純資産合計	21,772	21,685	23,590
一般基金	(162)	(158)	(158)
目的準備金	(3,525)	(4,375)	(3,437)
その他の準備金	(18,085)	(17,152)	(19,995)
基金合計（Total Funding）	(21,772)	(21,685)	(23,590)

(資料) Transport for London (2013), Appendix 2 および Transport for London (2014), Appendix 2.

味していることから[78]，発生主義により作成されている．ただし予算会計の貸借対照表は，第4節で確認したGAAP会計での貸借対照表の勘定科目（表6-7）と必ずしも同じ分類ではない．

第6節　決算値をめぐるGAAP会計と予算会計の関係

(1)　概観

第4節ではTfLのGAAP会計（決算）について検討し，貸借対照表，包括収益・費用計算書，キャッシュ・フロー計算書，準備金変動計算書の4表があることを確認した．

これに対して第5節では，TfLの予算会計（予算）について検討した．しかし，表6-16のように，予算会計の決算値については，その把握が難しい．次

表 6-16　イングランド地方財政・公会計における開示資料

	予算会計		GAAP 会計	
	TfL	GLA（合算）	TfL	GLA（合算）
予算額	あり	あり	－	－
決算額	限定	－	あり	あり

(※注）予算会計の決算額は，イングランド等の集計額の形で，中央政府の統計資料において開示されている．
(資料）筆者作成．

年度予算編成時に GLA に提出した資料（Transport for London〔2014b〕）が入手できる年度で，前年度決算額としての開示がある，経常予算の決算値と貸借対照表の一般基金に関する準備金残高についてのみ，辛うじて把握できるという状況である．

つまり，イギリス地方政府の公会計制度の構造は GAAP 会計は決算額を重視しており，予算会計は予算額を重視しているといえる．

この点に関し，Jones（2003）は，予算が均衡していなければならないとする法律上の規定は，予算会計（Bugdeting）と GAAP 会計（Accounting）の原理の両者を支配しているとする．そのうえで，財務諸表（GAAP 会計）は詳細な予算数値を提示しない傾向にあり，予算書（予算会計）は予算の数値を強調する傾向があり時には実績値を除くこともあるため，GAAP 会計と予算会計は，過去 30 年に渡り，ますます分離しつつあるとしている[79]．

このような分離傾向にある GAAP 会計と予算会計への対応について，さらに Jones（2003）は，以下のように述べる．

> 「多くの議論がなされてきたのは，均衡予算のための法律上の会計（引用者：予算会計）は，役務提供費用の経済的に望ましい尺度を提供しないため（法律は減価償却費の計上を排除するため），法律改正をすべきということであった．法律は改正されていないが，会計専門家による対応は，均衡予算のための法律上の会計（引用者：予算会計）が同時に実行できるように，予算会計と GAAP 会計の追加的な処理を推奨するというものであった．[80]」

(2) TfL の GAAP 会計（決算）と予算会計（決算）の関係

いったいどのような対応であったのか．本節で焦点となるのは，分離傾向にあった GAAP 会計（決算）と予算会計（決算）について，TfL の GAAP 会計（決算）と予算会計（決算）においてどのような対応がなされているかにある．

この点に関し，あらかじめカギとなるものを述べれば，フローとストックを関連づける，準備金変動計算書となる．その大枠は，予算会計（決算：経常予算）の数値が，GAAP 会計（決算：包括収益・費用計算書と準備金変動計算書）を通じて，予算会計（決算：貸借対照表）に組み替えられるというものである．個別に検討してみよう．

①経常予算（決算）と包括収益・費用計算書の関係

表 6-17 にあるように，予算会計（決算）の決算値がわかる経常予算の金額を示している．経常予算で資金調達必要額の金額は，19 億 8,400 万ポンドである．

この金額は，第 4 節で確認した表 6-4 の GAAP 会計（決算）の包括収益・費用計算書の純役務費用の金額 19 億 8,400 万ポンドと一致している．

②包括収益・費用計算書から準備金変動計算書，貸借対照表残高へ

そして，GAAP 会計（決算）の包括収益・費用計算書の「役務提供に係る剰余金（税引後）」や「包括収益・費用合計」とリンクするのが，準備金変動計算書である．とはいえ，CIPFA（2013）も以下の形で述べるように，その解読のための作業は容易とは言い難い[81]．

> 「準備金変動計算書による詳細な説明は，知識のある財務諸表の利用者にとって有用なものであるが，知識の少ない利用者が意思決定を行う際に有用なものとはいえない．
> 　地方自治体のマネジメントに関する受託責任（stewardship）を評価するために，情報を利用しようとしているサービス利用者，議員，納税者にとっては，2 つのカギとなる情報がある．
> 　1 つは，地方自治体の財務実績（financial performance）が予算と比較し

表 6-17　TfL グループの経常予算：予算会計（予算と決算）

(単位：100万ポンド)

	2013/14			2014/15
	予算案	当初予算*	決算	予算案
営業収入	(4,773)	(4,741)	(4,772)	(5,017)
運賃収入	(4,089)	(4,083)	(4,095)	(4,331)
混雑料金（混雑税）	(148)	(148)	(151)	(171)
執行収入（Enforcement income）	(129)	(127)	(132)	(138)
タクシー・個人ハイヤー・VCS 料金	(32)	(30)	(26)	(26)
広告収入	(147)	(147)	(150)	(164)
レンタル収入	(54)	(61)	(61)	(59)
その他の収入	(174)	(144)	(156)	(128)
営業支出	5,984	5,897	5,848	6,345
人件費	1,810	1,836	1,865	1,970
賃料（Premises）	301	294	318	319
PFI 支払	257	263	180	235
バス契約支出（BSOG 含む）	1,817	1,810	1,835	1,948
CCS およびその他の道路契約サービス	305	280	259	307
資産維持および地方自治体支払	598	574	575	616
専門家およびコンサル料	83	72	50	110
経営コンサル・開発料	97	102	126	156
チケット手数料	55	53	53	55
顧客情報料	40	43	48	53
ナショナル・レールへの支払	8	7	6	7
フランチャイズ料支払	227	228	233	247
情報・コミュニケーション技術料	220	202	238	223
保険料	38	38	36	36
電気機関車電力料（Traction current）	103	105	97	103
その他の支出	(31)	(61)	(126)	(97)
貸倒引当金	56	52	54	58
純営業支出	1,211	1,156	1,075	1,328
基金（Treasury）			325	347
グループ項目			(4)	11
グループ項目および第三者合計	400	378	321	358
純経常支出（純役務支出）	1,611	1,534	1,396	1,686
資本利用のために繰り入れる経常収入剰余金	348	414	588	17
資金調達必要合計額	1,959	1,948	1,984	1,703
GLA 交通補助金（一般補助金）	(1,102)	(1,091)	(1,094)	(835)
地上鉄道補助金（Overground grant）	(29)	(28)		
その他経常補助金	(53)	(6)		
その他の特定補助金	(48)	(49)		
ビジネスレイト留保額	(803)	(803)	(803)	(828)
カウンシル税必要額（GLA 課税徴収命令）	6	6	6	6

(資料)　The Greater London Authority(2013a), Transport for London(2013)およびTransport for London (2014c), Transport for London（2014b）.

表 6-18　TfL グループ準備金変動計算書：GAAP 会計（決算）

	Note	一般基金	目的準備金	街路活動準備金	非適用資本準備金勘定
残高（2013 年 3 月 31 日）		158.1	1,751.90	0.3	1,981.70
役務提供に係る剰余金（税引後）		2,391.30	–	–	–
その他の包括収支		–	–	–	–
包括収支合計		2,391.30	–	–	–
会計基準と規制に基づく基金基準との間の調整	34	(2,175.10)	–	2.2	565.4
目的準備金へ移転する前の純増加		216.2	–	2.2	565.4
目的準備金への（からの）振り替え		(217.70)	217.7	–	–
2013/14 における増加		(1.50)	217.7	2.2	565.4
残高（2014 年 3 月 31 日）		156.6	1,969.60	2.5	2,547.10

（資料）Transport for London（2014a）.

てどうであったのか．もう 1 つは，法令上の調整（statutory adjustments）が，地方自治体の将来支出のための資金を調達する能力に対して，どのような影響を与えているのか．

　準備金変動計算書は，少なくとも高次元のレベル（例えば，一般基金や住宅基金〔Housing Revenue Account〕の財務実績）では，前者の予算と実績との比較に関する疑問に回答可能な情報を提供している．しかし，予算そのものに関する情報は，たいていは他の場所，しばしば説明的序文（explanatory foreword）の中に記載されている．後者の疑問に対して準備金変動計算書を用いて回答するは，多くの努力を要する．」

　ここでは，実際の TfL グループの準備金変動計算書を用いながら，その内容を確認してみよう（表 6-18）．あらかじめ準備金変動計算書の注目すべき特徴を示せば，GAAP 会計（決算）の包括収益・費用合計額（や役務提供に係る剰余金〔税引後〕）と純資産の関係を示すと同時に，予算会計（決算）の純資産の項目に組替えるプロセスをも示すものになっているという構造にある．

　まず，包括収益・費用計算書における「役務提供に係る剰余金（税引後）」29 億 3,650 万ポンドは，一般基金残高に加算することが法令で要求されている

および予算会計(決算)

(単位:100万ポンド)

利用可能準備金	利用不能準備金	準備金合計
3,892.00	14,782.80	18,674.80
2,391.30	545.2	2,936.50
–	563.1	563.1
2,391.30	1,108.30	3,499.60
(1,607.50)	1,607.50	–
783.8	2,715.80	3,499.60
–	–	–
783.8	2,715.80	3,499.60
4,675.80	17,498.60	22,174.40

金額23億9,130万ポンドとは異なっている。そのため,まずその金額を一般基金と利用不能準備金5億4,520万ポンドとに区分している。

次に,「会計基準と規制に基づく基金基準との間の調整(Adjustment between accounting basis and funding basis under regulations)」において,GAAP会計と予算会計の認識基準の相違に関する組替えを行い,予算会計の金額に組み替えている。たとえば,一般基金では,GAAP会計での包括収益・費用額の計上額が,予算会計の剰余金計上額よりも21億7,510万ポンド大きく計上されていることから,21億7,510万ポンドを減算している[82]。

以上によって計算される「目的準備金へ移転する前の純増加(Net increase before transfer to earmarked reserves)」の行は,裁量的に目的準備金へ移転する(または目的準備金から移転する)前の,法令で要求された一般基金残高(Statutory General Fund Balance)の期中増加額を示している。たとえば,一般基金では,2億1,620万ポンドである。

一般基金では,その後,目的準備金に2億1,770万ポンドの移転を行い,結果として予算会計(決算)における年間フローが150万ポンド(=2億1,620万ポンド-2億1,170万ポンド)の減少となっている。また,予算会計(決算)における一般基金の当期末残高は,150万ポンドの期中減少額に期首の1億5,810万ポンドを合算した1億5,660万ポンドになっている。

結果として,GAAP会計(決算)の包括収益・費用額の金額34億9,960万ポンドが,GAAP会計(決算)の貸借対照表の純資産額221億7,440万ポンドへと変化するプロセスが示されるとともに,予算会計(決算)の貸借対照表において注目している一般基金1億5,660万ポンドと目的準備金19億6,960万ポンドの項目が,純資産の内訳項目として示されている。この金額は,辛うじて入手できた表6-19にある予算会計(決算)の貸借対照表の一般基金と目的準

表 6-19 TfL グループ貸借対照表の準備金残高（2013/14年度）：予算会計（決算）

準備金	決算（単位：100万ポンド）		
	残高	目的準備金	一般基金
期　首	1,910.0	1,751.9	158.1
期中変動	216.2	217.7	(1.5)
期　末	2,126.2	1,969.6	156.6

（資料）Transport for London（2014b）．

備金の残高に一致している．

このような差異の開示が可能となるのは，GAAP 会計と予算会計の両者に複式簿記が導入されている影響が大きい．

(3) 決算値と外部監査の関連

TfL グループの決算値をめぐる財務諸表や財務書類の構造は，監査やレビュー等のプロセスにも一定の影響を与えているものと思われる．ここで主に GAAP 会計（決算）の監査やレビュープロセスの完了を示す，報告書作成日に着目して確認してみたい（表 6-20）．

まず，TfL 法人と TfL グループ内部の100％子会社の財務諸表の「監査手続」を行っている．次に，TfL グループの連結財務諸表の「監査手続」を行う[83]．最後に，TfL グループの連結財務諸表を含んだ GLA の合算財務諸表の「合意された手続（Agreed upon procedures[84]）」を行っている．2013年度の報告書の日付を見れば，確かにそのようなプロセスで，外部監査人等の手続が実施されたことが確認できる．

注目すべきは，TfL の連結財務諸表が，おおむね決算後3か月で外部監査人の監査も終了している点である．このことは，公会計基準に従った決算に適時性があることを示している．

しかしそれ以上に着目すべきは，第1に，TfL 等の実務機関を含む GLA の要約決算書では，連結財務諸表は作成されず，各実施機関等の決算の単純合算

表 6-20 GAAP 会計（決算）：決算日とチェック手続，報告書作成日等の関係（2013/2014年度）

	決算日	検査人	チェック手続	報告書作成日
GLA グループ（単純合算）	2014/3/31	E&Y	合意された手続	2015/2/9
TfL グループ（連結）	2014/3/31	KPMG	監査手続	2014/7/11
100％子会社	2014/3/31 等	各監査人	監査手続	2014/7/11 以前

（資料）The Greater London Authority（2014a），Transport for London（2014a）より作成．

値に過ぎないこと，第2に，監査人による報告書は監査報告書ではなく，合算財務諸表の作成が「合意された手続」に従っていたことを示す報告書であること[85]，第3に，「合意された手続」に従っていることを示す報告書の作成が，決算後ほぼ1年後という極めて遅い時期であることであろう．

最後に，若干ではあるが，予算会計（決算）に対するチェックについて触れておきたい．これまで確認してきたように，TfL の予算会計（決算）も GLA の予算会計（決算）についても，意識的にその数値が開示されているわけではない．そのような開示を反映して，そのチェックも意識的になされているわけではない[86]．このような状況において推察されるのは，GAAP 会計（決算）における監査・レビュー等のチェック手続きそのものが，予算会計（決算）の監査も兼ねているという関係である[87]．

第7節　イギリス地方政府における業績評価指標——TfL を事例に

本節では，はじめにイギリスにおける近年の業績評価指標の動向を概観する．そして，中央政府や GLA から経常的に補助金を受け入れている TfL が，どのような業績評価指標を用いているかに着目し，業績評価指標の特徴を把握してみたい．その際，特に GLA と TfL の関係等に留意する．

(1)　イギリスの業績指標評価に関する近年の動向[88]

1980年代のサッチャー政権による強制競争入札制度（Compulsory Competitive Tendering）は，公営部門に市場原理を浸透させたものの，サービス水準の低下や労働環境の悪化などが顕在化した．こうした事態への反省が，サービスの質に関する評価を加味した業績評価指標によって地方政府のサービスを測定する動きへと繋がった．以下では，労働党政権下に試みられた3つの業績評価指標制度，すなわちベスト・バリュー制度（Best Value：BV），包括的業績評価制度（Comprehensive Performance Assessment：CPA），包括的地域評価制度（Comprehensive Area Assessment：CAA）について概観する．

①ベスト・バリュー制度：2000-2001年

1997年に成立したブレア労働党政権は，地方自治法の改正（1999年）にあたり，ベスト・バリュー制度を導入し，イングランドおよびウェールズの全地方自治体（GLA，TfL，ロンドン開発公社などを含む[89]），警察などの地方公共機関で実施した．

国が公式に定めた224項目の業績指標（Performance Indicators：PIs）のほか，各地方自治体が独自に設定した業績指標が用いられた．ベスト・バリュー制度の理念に基づいて設定された業績指標は特にベスト・バリュー業績指標（Best Value Performance Indicators：BVPIs）と呼ばれた．

なお，地方自治法第1条に基づく地方自治体業績評価令（The Local Government（Best Value）Performance Indicators Order 2000)[90]によれば，交通に関する指標は13にのぼった．すなわち，①主要幹線高速道路100キロあたりの高速道路維持費用，②バス乗客1人あたりの費用，③街路灯平均維持費，④主要幹線道路の状態，⑤非主要道路の状態，⑥計画通り稼働していない街路灯比率，⑦道路の安全性（Road safety）／（a）交通事故死傷者数，（b）道路利用者分類，⑧自治体による道路工事による交通脆弱道路キロあたりの道路封鎖・交通規制日数，⑨地方バスサービス・年間輸送キロ数，⑩地方バスサービス・年間旅客数，⑪公共交通機関情報に対する顧客満足度，⑫地方バスサービスに対する顧客満足度，⑬道路・歩道のダメージ，であった．

しかし，地方自治体側からは制度実施の負担が大きく，業績指標の簡素化が要望された．これを受け，政府は，2001年度にBVPIsを166項目にまで減少させた．しかし，2007年10月に，新たに198項目の全国統一指標（National Indicators Set：NIS[91]）を発表した．この指標は，地方自治体が中央政府に業績を報告する際の唯一の指標であり，2008年4月以降地域協定（Local Area Agreements：LAAs）や，2009年4月以降の包括的地域評価制度（CAA）にも利用された．

なお，全国統一指標（NIS）の交通に関する主要な業績指標を抽出すれば，交通事故死傷者数（指標番号47），児童交通事故死傷者数（指標番号48），渋滞／午前ピーク時の1マイルあたり平均通過時間[92]（指標番号167），メンテナンスが考慮された幹線道路（指標番号168），メンテナンスが考慮された幹線道路

（指標番号 169），公共交通機関，徒歩，自転車でのアクセス（指標番号 175），公共交通機関等により雇用地域へのアクセス可能な生産年齢人口（指標番号 176），当該自治体領域を源とする地方バスおよびライトレールの旅客数（指標番号 177），バスサービスの定時運行（指標番号 178）等を挙げることができる[93]．

②包括的業績評価制度（CPA）：2001-2009 年

　2001 年，監査委員会は新たな自治体評価システムとして包括的業績評価制度（CPA）を導入した．CPA は，BV の枠組みを利用して個別政策に対する評価を加えつつ，地方自治体全体の組織運営能力・政策形成能力に対する評価を統合して，5 段階（優秀／良好／普通／弱体／劣悪）の総合評価を行った．政府は，CPA の最終評価に応じて，規制緩和や地方自治への裁量の付与を行うとともに，評価が劣悪な自治体に対しては直接介入措置を講じていた．

③包括的地域評価制度（CAA）：2009 年以降

　包括的業績評価制度（CPA）が地方自治体を対象としていたのに対し，包括的地域評価制度（CAA）は消防，警察，保健当局など地域の全ての公共機関のパフォーマンスを査定した．CAA は，監査委員会，ケア・クオリティ委員会，警察検査局，刑務所検査局，保護観察サービル検査局，教育・児童サービス・職業基準技術局の 6 つの異なる公的サービスの監査・規制機関が評価を行ったうえで，監査委員会が全体のまとめ役を担っていた．

　CAA は，現場の行政サービスの質の向上に重点を置き，公共機関が地域コミュニティをどれだけ理解し優先事項を反映しているか，地域住民がどれだけ恩恵を受けているかを評価する制度であったとの評価がある．

　なお，2010 年に成立した保守党・自由民主党連立政権により CAA は廃止された．2013 年 1 月に施行された「2012 年公共サービス（社会的価値）法」は，公共サービス契約が行われた際に追加された社会的価値（Social value），すなわち地域の社会的経済（Social economy）と環境にプラスの効果を与えるかを考慮することを，地方自治体を含む公共団体に義務付けたものである．社会的価値の定義を厳密にしておらず，自治体の裁量が大きいとされている．

(2) GLA による TfL の統制環境

① TfL の組織構造

　図 6-2 に示したように，TfL は，1999 年 GLA 法に基づいて設置された法人である．

　TfL を管理する委員会（Board）は，市長が指名する 8 名以上 17 名以下（市長が委員の場合は 7 名以上 16 名以下）の委員によって構成される．市長は，自らが委員の場合は議長となる．委員でない場合は議長を指名する．どちらのケースでも市長は副議長を指名しなければならない．市長は，委員の指名にあたり，交通（ビジネスおよび環境への知見を含む），財務・商事，中央・地方政府，組織マネジメント，労働組合または労務関連の経験を持つ者を選出するよう配慮する義務を有する．また，GLA 以外に居住・通勤・通学しながら TfL の乗客となる利害を代表する者を少なくとも 2 名選出する[94]．

　TfL 委員会は，付属機関として 3 つ（財務・政策，会計・保険，給与）の委員会を組織する．また，3 つ（安全・アクセシビリティ・持続可能性，鉄道・地下鉄，地上交通）の諮問委員会を組織する[95]．

② GLA 市長によるビジョン・事業計画・業績評価指標と TfL

　ロンドン市長は，2013 年に，「2020　ビジョン——地球上で最も偉大な都市へ」と題する抱負を発表した．同ビジョンは 6 つのアジェンダ（交通，生活の質，住宅・土地，スタンディング・アップ，国際競争，生活）に加え，開発予定エリア（opportunity areas）が掲げられている．このうち，交通は，12 項目にわたる概括的な規定に加え，TfL が諸事業（特定路線の創設，特定の駅の改良，特定線の輸送量の増強，新しいバス台数の手配）を行うための 10 年分の資金を安定的に手当するとしている．

　市長のビジョンを受けて策定されるのが GLA の事業計画（Business plan）である（表 6-21）．2013 年に策定された 2016 年までの GLA の事業計画では，ビジョンに列挙されたアジェンダの実施状況を監視するために 20 の主要業績指標（Key performance : Indicator）を設け，四半期ごとに結果をアップデートしている．こうした事業計画の性格は，中央政府各省で策定される府省事業計画，事業計画四半期データ要約書類と同様である[96]．

表 6-21　GLA 事業計画　主要業績指標

経済・地区再生
  1　雇用総数
  2　新たな研修機会数
  3　公共空間の改善・創設面積（平方メートル）
  4　ロンドン生活賃金採用使用者（employers）数

若者
  5a　GLA が活動を支援した若年ロンドン市民数
  5b　GLA が活動を支援し，改善・維持された若年ロンドン市民数
  5c　GLA の支援により取り組みを改良した学校数
  6　承認したフリースクール数

コミュニティ
  7　チームロンドン（ウェブサイト）を通じたボランティア機会の総数
  8　スポーツレガシープログラムによるスポーツまたは運動へのロンドン市民参加者数

環境・改装
  9　市長街路樹イニシアチブに基づく街路樹植樹数
  10a　小公園設置数
  10b　大緑地基金（Big Green Fund）に基づく緑地設置・改良地域面積
  11a　市長住宅効率化プログラムの直接的成果による二酸化炭素削減トン数
  11b　市長事業所エネルギー効率化プログラムの直接的成果に基づく二酸化炭素削減トン数
  11c　市長エネルギー供給計画の直接的成果に基づく二酸化炭素削減トン数

住宅・土地
  12　購入／賃貸可能住宅供給総数
  13　適格（decent）住宅プログラムにより改良された住宅総数
  14　GLA が手当した「二晩目の野宿回避（No Second Night Out）」基金による野宿回避者の新規野宿者に占める比率
  15　開発協定（Development Agreement）または土地譲渡契約（Land Sale Contract）による GLA 保有用地の譲渡面積ヘクタール数

効率性
  16　市長再生基金，ロンドン域外基金を通じた GLA 投資額の結果，公私のパートナーシップから確保したマッチ・ファンディングの価値
  17　ロンドン域外への流出を避けるための投資による回収比率（The return on investment made to secure outside sponsorship）
  18　中小企業からの 10 日以内のインボイス発行比率
  19　労働者あたりの平均病欠日数
  20　20 労働日以内の文書返信比率

(出典) The Greater London Authority (2013b), pp.6-7, Greater London Authority, Key Performance Indicators (GLA DATASTORE, 2015 年 10 月 28 日閲覧）より作成。

なお，GLA の事業計画には市長による交通優先事項（The Mayor's transport priorities）により，地下鉄，鉄道，道路，バス・タクシー，自転車，運河，料金・チケット，アクセシビリティについての 2―3 点の項目が掲載されてい

る[97]．

しかし，表6-21から分かるように，主要業績指標の中には，交通に関する指標は置かれていない．また，事業計画の中には，市長の抱負を果たすためのGLAの役割を列挙した項目のうち，交通については，「21世紀の交通ネットワークの創造と，雇用創出・地区再生を支えるためのロンドンへの交通投資を，ロンドン交通局と協働して実施する」[98]と記されている．

③ロンドン交通戦略とロンドン交通局

なぜGLAの事業計画における主要業績指標の中に，交通に関する指標が置かれていないのか．それは，ロンドン市長は，市長によるロンドン交通戦略（Mayor's Transport Strategy for London：MTS）[99]によって，ロンドン交通局に対して直接命令を行っているためである．

まず，図6-5から全体像を確認する．

市長交通戦略は，5つのサブリージョナル交通計画と，33の基礎的自治体（バラ）による地方実施計画によって実施される．市長交通戦略に関して興味深いのは，①サブリージョナル計画，実施計画に強い線が引かれていること，その一方で②中央政府・他の機関はもとより，交通戦略の実施にあたる「モーダル供給」にまで弱い線が引かれていること，③交通成果に対するモニタリング・レビューが明示されていることである．

では，2010年5月10日に策定された市長によるロンドン交通戦略（MTS）を確認しよう．まず，MTSでは，6つの「目標（Goal）」を設定している．すなわち，①経済開発・人口増加を支える，②すべてのロンドン市民の生活の質を向上させる，③すべてのロンドン市民の安全・治安を改善する，④すべてのロンドン市民の交通機会を改善する，⑤交通による気候変動要因を減少させると共に，レリジエンスを改善する，⑥2012年ロンドンオリンピック・パラリンピックによる輸送需要を支える，である．

その上で，「目標」ごとに3—5項目の「挑戦（Challenge）」を示す．さらに，「挑戦」ごとに5—6項目の「戦略に対する産出」（Output of the strategy）を掲げる．以上の取り組みにより，2006年に比較した2031年の想定される成果を掲げる[100]．そして，「挑戦」を達成するために，36の政策（Policies）と130

第6章 イギリス地方政府の公会計・予算制度と業績評価指標　　307

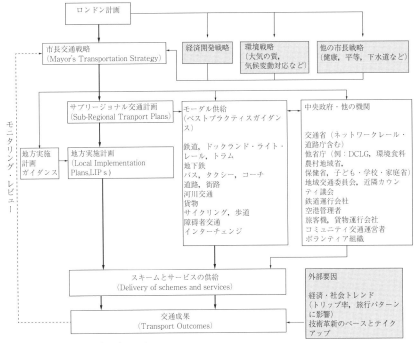

(資料) Mayor of London (2010), p. 310.

図6-5　ロンドン計画と市長交通戦略 (MTS), 実施計画

の公約 (Proposals) を掲げる[101]．

　政策・公約が達成されているかを市長が確認する手法が図6-5で登場したモニタリング・レビューである．まず，市長は，交通戦略の執行において定められた法律上のターゲット（モードシェア，二酸化炭素，道路の安全性，サイクリング，テムズ河の利用，良い街路，大気の質）を設定する．

　交通戦略における戦略的成果指標（MTS strategic outcome indicators：SOIs）は，基本的に成果をベースにするが，特定のプロジェクト，政策については産出量を，特定の指標（資金投入量など）には投入指標を設けるとしている．表6-22は，戦略的成果指標の一覧である．「コンテクスト上の指標」を除く6つの目標は，ロンドン交通戦略の目標と一致しており，目標と指標がひとまずリンクしている．

表 6-22 交通戦略における戦略的成果指標

目標	戦略的産出指標	定義要約（Brief definition）
コンテクスト上の指標（Contextual indicators）	旅行需要	ロンドンへ，から，またはロンドン内の暦年旅行数（または旅行ステージ）
	モードシェア	ロンドンへ，から，またはロンドン内の暦年旅行プロモーション数
経済開発と人口増加への支援	人々の仕事へのアクセス	雇用者アクセシビリティ地図——通勤時間45分以内の雇用量（3年間）
	スムーズな交通流量——旅行時間の信頼性	特定の典型的な旅行時間における選定した主要幹線道路の回廊（key road corridors）において5分以内に通過（completed）した旅行者比率
	公共交通の信頼性	公共交通毎に別々に存在する信頼性指標
	公共交通輸送量	様々な要素を運行キロメーターで除した（multiplied）計画輸送量
	旅行キロあたり運営費	公共交通機関ごとの旅客運行キロ毎運行費用
	資産のコンディション	マルチモーダル指標で測定した良好なコンディションであると考えられる資産比率
すべてのロンドン市民の生活の質を向上させる	窒素酸化物排気量	ロンドン内の認識可能な地上交通資源から発生する年間排出量．窒素酸化物トン数で表示
	PM10排出量	ロンドン内の認識可能な地上交通資源から発生する年間排出量．PM10トン数で表示
	公共交通顧客満足度	運行されている公共交通機関を利用し旅行した顧客の全体的な満足度
	道路利用者顧客満足度	道路ネットワークの運用・修繕状況に対する民間道路利用者の満足度
	公共交通機関混雑度	公共交通機関を利用し旅行した顧客の車両混雑度に対する満足度
	旅行経験認識	ロンドン市内の旅行の全般的な経験についてのロンドン居住民の認識
	騒音認識	居住しているエリアの騒音レベルについてのロンドン居住民の認識
	都市地域への認識	居住しているエリアの都市地域の質についてのロンドン居住民の認識
すべてのロンドン市民の安全・治安を改善する	交通事故数	ロンドン内での交通事故による年間死傷者数
	公共交通機関での犯罪率	公共交通機関別の旅行者1万人あたりの犯罪率
	犯罪／安全認識	市内を旅行した際の安全／犯罪への恐怖に関するロンドン居住者の認識
すべてのロンドン市民の交通機会を改善する	サービスへのアクセス	通勤，通学，健康サービス，食料購入，広場への公共交通機関，徒歩，自転車エリア別の平均旅行時間スコア
	交通システムへの物理的なアクセシビリティ	公共交通機関，道路ネットワークへのエレベーター・移動式階段の整備（step-free access）状況
	実質運賃水準	代表的な旅行の「バスケット」費用
交通による気候変動要因を減少させると共に，レジリエンスを改善する	二酸化炭素排出量	ロンドン内の認識可能な地上交通資源から発生する年間排出量．二酸化炭素トン数で表示
2012年ロンドンオリンピック・パラリンピックによる輸送需要を支える	オリンピック開催バラとそれ以外の地域の社会経済的成果を収斂させる	収斂の測定は交通レガシーアクションプランにより決定する

（資料）Mayor of London (2010), pp. 323-324.

第6章 イギリス地方政府の公会計・予算制度と業績評価指標　　309

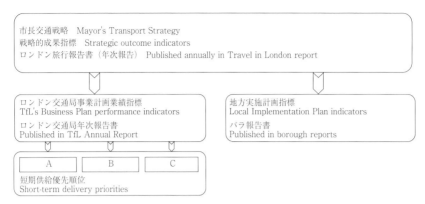

（資料）Mayor of London（2010），p. 322.

図6-6　市長交通戦略とロンドン交通局事業計画指標・地方実施計画指標

ここで，図6-6から，交通戦略策定サイドから見たTfL業績指標・年次報告書との関係を確認しておこう．

交通戦略により定められた戦略的成果指標に基づき，ロンドン交通局は事業計画の中で業績評価指標を設定し，年次報告書に記載する．一方，地方実施計画の中でも指標を設置し，バラ報告書に記載する．両者による実施の成果がロンドン市長によるロンドン旅行報告書（Travel in London Report）により年次報告される．

(3)　TfLの業績評価指標

TfLの業績評価指標について，予算会計とGAAP会計を意識する形で確認してみると，予算会計の経常予算と，GAAP会計上の年次報告書において，それぞれ業績評価指標を掲載している．興味深いことに，両者に掲載される業績評価指標の内容，開示手法には異同が見られる．

①予算会計（予算）に掲載される業績指標

まず，予算会計上の経常予算に掲載される業績指標は，表6-23の通りである．予算会計（予算）における業績指標の特徴は，以下の2点である[102]．

第1に，業績指標を大きく3つのカテゴリーに分割している．すなわち，①

表6-23 予算会計上の TfL 経常予算に掲載される業績指標

表1 経済開発と成長への支援

業績評価指標	単位	予算 2012/13	予測 2012/13	予算 2013/14 対予測 2012/13	予算 2013/14
サービス量（運行キロ）▲ 高指標ほど良好					
ロンドン地下鉄	100万キロ	75.3	75.8	1.4 上昇	77.2
ロンドンバス	100万キロ	492	491	維持	491
ドックランド・ライト・レール	100万キロ	5	5.7	0.4 低下	5.3
ロンドン地上鉄道	100万キロ	6.9	7.6	0.1 上昇	7.7
ロンドントラムリンク	100万キロ	3	3	0.2 上昇	3.2
旅客数 ▲ 高指標ほど良好					
ロンドン地下鉄	100万人	1,177	1,215	24 上昇	1,239
ロンドンバス	100万人	2,356	2,349	38 上昇	2,387
ドックランド・ライト・レール	100万人	93.3	100.4	0.3 低下	100.1
ロンドン地上鉄道	100万人	106.2	122.1	7.2 上昇	129.3
ロンドントラムリンク	100万人	29.8	29.8	1.4 上昇	31.2
ダイアル・ア・ライド	100万人	1.4	1.4	維持	1.4
ケーブルカー（エミュレーツ・エアー・ライン）	100万人	-	2	0.5 低下	1.5
定時運行率 ▲ 高指標ほど良好					
ロンドン地下鉄	%	97	97.2	維持	97.2
ロンドンバス	%	97.6	97.5	0.1 改善	97.6
ドックランド・ライト・レール	%	98	98	維持	98
ロンドントラムリンク	%	98	98	維持	98
信頼性 ▼ 低指標ほど良好					
ロンドン地下鉄：総顧客喪失時間数（地下鉄信頼性ターゲットに基づく）	万時間	-	-	-	25
ロンドン地下鉄：超過運行時間	分	5.9	5.68	維持	5.68
ロンドンバス：超過待ち時間	分	1.1	1.1	0.1 改善	1
ロンドン交通局道路ネットワーク：深刻かつ重大な渋滞	時間	2,110	2,110	80 改善	2,030
信頼性 ▲ 高指標ほど良好					
ドックランド・ライト・レール：定時運行業績率	%	97.2	97.2	0.2 悪化	97
ロンドン地上鉄道：公共業績指標（Public performance measure）	%	95.8	95.8	1.6 悪化	94.2
ケーブルカー：供給能力（Availability）	%	-	96.5	維持	96.5
ロンドン交通局道路ネットワーク：午前ピーク時の信頼性	%	89.2	89.2	0.3 改善	89.5
ロンドン交通局道路ネットワーク：良好に修繕されている自動車道比率	%	90	90	1 改善	91

表2 生活の質

顧客満足度調査 ▲ 高指標ほど良好					
ロンドン地下鉄	Score	80	81	維持	81
ロンドンバス	Score	80	81	維持	81
ドックランド・ライト・レールウェイ	Score	82	82	維持	82
ロンドン地上鉄道	Score	80	80	維持	80
ロンドントラムリンク	Score	86	86	維持	86
ケーブルカー（エミュレーツ・エアー・ライン）	Score	-	85	維持	85
ダイアル・ア・ライド	Score	92	92	維持	92
混雑税スキーム（Congestion Charge scheme）	Score	82	82	維持	82

第 6 章　イギリス地方政府の公会計・予算制度と業績評価指標　　311

業績評価指標	単位	予算 2012/13	予測 2012/13	予算 2013/14 対予測 2012/13	予算 2013/14
サイクリング　▲高指標ほど良好					
ロンドン交通局道路ネットワークサイクリング指標（TLRN – cycling index）	指標	288	287	8 改善	295
大気の質　▲高指標ほど良好					
低廃棄ゾーン（Low emission zone）－フェーズ 3 適合車両（Phase 3 compliant vehicles）	%	91	95	維持	95
低廃棄ゾーン（Low emission zone）－フェーズ 4 適合車両（Phase 4 compliant vehicles）	%	90	92	維持	92

表 3　安全・治安

	単位	予算 2012/13	予測 2012/13	予算 2013/14 対予測 2012/13	予算 2013/14
安全・治安　▼低指標ほど良好					
ロンドン地下鉄・ドックランド・ライト・レールウェイ　摘発件数（recorded crime）	旅客1万人に対し	9.6	8.9	0.3 改善	8.6
ロンドンバス　摘発件数	旅客1万人に対し	9.3	9	0.3 改善	8.7
公共交通機関を利用したロンドン市民の重大犯罪被害者数	%	29	29	1 改善	28
ロンドン地域における殺人・重傷者の累積削減比率（2005-2009 年を基準として）	%	-32.8	-18.2	3.1 改善	-21.3

（資料）Transport for London（2013c），pp. 19-22.

経済開発・成長支援（サービス量，旅客数，定時運行〔時間の正確性〕，信頼性），②生活の質（顧客満足度，サイクリング，大気質指数），③安全・治安である．

　第 2 に，前年度予算，前年度における予測値，当年度予算，トレンドの 4 つの指標が置かれている．このうち，比較対象となっているのは，前年度における予測値と当年度予算である．この予測値は，前年度における実績値（out-turn）ではない．また，後述するように，GAAP 会計で示されている計数とも異なっている．

② GAAP 会計（決算）に掲載される業績指標

　次に，GAAP 会計の年次会計報告書（決算）に掲載される業績指標は，表 6-24 の通りである．

　GAAP 会計（決算）の年次会計報告書における業績評価の開示上の特徴は，以下の 2 点である．

　第 1 に，業績評価を事業別に分割している．すなわち，①バス，②道路網，③地下鉄，④ドックランド・ライト・レールウェイ，⑤トラムリンク，⑥地上鉄道，⑥ロープウェイである．

表 6-24　GAAP 会計の TfL 年次会計報告書に掲載される業績指標

バス	2009/10	2010/11	2011/12	2012/13	2013/14
旅客数（100万人）	2,257	2,289	2,344	2,335	2,405
運行キロ数（100万キロ）	483	486	490	490	491
定時運行比率（％）	97.1	97.4	97.6	97.6	97.7
超過待ち時間（高頻度）（分）	1.1	1	1	1	1
顧客満足度（スコア）	79	80	80	82	83

注：2011-12 年のバス利用者の変化は子どもを算入した影響によるもの．
　　2009-10 年に子どもを算入した場合は 22 億 6,500 万旅客数となる．

ロンドン交通局道路ネットワーク	2009/10	2010/11	2011/12	2012/13	2013/14
運行時間の信頼性（午前ピーク時）	89.3	88.8	88.9	89.2	89
深刻な渋滞時間	2,344	2,176	1,994	2,249	2,263
交通流量比率（対 2006-07 年）	94.3	93	91.9	92.9	94.6
ロンドン交通局ネットワークに対する顧客満足度	n/a	72	75	76	75

注：2010-11 年以前に利用できる顧客満足度データはない．

ロンドン地下鉄	2009/10	2010/11	2011/12	2012/13	2013/14
旅客数（100万人）	1,065	1,107	1,171	1,229	1,265
運行キロ数（100万キロ）	69.4	68.9	72.4	76	76.2
定時運行比率（％）	96.6	95.6	97	97.6	97.5
超過旅行時間（ウェイト）（分）	6.4	6.5	5.8	5.3	5.2
顧客満足度（スコア）	79	79	80	83	83

ドックランド・ライト・レールウェイ	2009/10	2010/11	2011/12	2012/13	2013/14
旅客数（100万人）	69.2	78.3	86.2	100	101.6
運行キロ数（100万キロ）	4.6	4.7	4.9	5.7	5.8
定時運行業績（％）	94.8	97.4	97.5	98.8	99.3
顧客満足度（スコア）	91.9	81	83	87	87

注：2010-11 年に顧客満足度システムを変更．以前のシステムの場合，2010-11 年は 94.9 となる．

ロンドン・トラムリンク	2009/10	2010/11	2011/12	2012/13	2013/14
旅客数（100万人）	26.5	27.9	28.5	30.1	31.2
運行キロ数（100万キロ）	2.6	2.7	2.7	2.9	3
計画キロ輸送比率（Planned kilometres delivered）	98.6	98.6	99	98.2	98.8
顧客満足度（スコア）	86	85	86	89	89

ロンドン地上鉄道	2009/10	2010/11	2011/12	2012/13	2013/14
旅客数（100万人）	34.3	57.2	102.6	124.6	135.7
運行キロ数（100万キロ）	3.4	5.2	6.9	7.5	7.9
定時運行業績（％）	93.2	94.8	96.6	96.6	96.1
顧客満足度（スコア）	73	80	82	82	82

ケーブルカー（エミュレーツ・エア・ライン）	2012/13	2013/14
Availability（per cent）	94.2	95
顧客満足度（スコア）	93	93
利用者数（100万人）	2	1.5

注：2013-14 年の利用者減は 2012 年のオリンピックによる追加需要が終わり，通常年次に戻った事による影響．

（資料）Transport for London（2014a），pp. 12-13.

第2に，過去5年分の業績値の推移が，予算会計上の経常予算と異なり，計数で記載されている．

③予算会計（予算）とGAAP会計（決算）に掲載される業績指標の比較

予算会計の予算における業績指標と，GAAP会計の年次報告書（決算）による業績指標は，双方とも非財務指標である点は共通している．しかし，両者を比較してみると，興味深い異同が見られる．以下，大きく3点にわたり確認する．

第1に，掲載されている両者の指標の総数が同じではない．予算会計の予算に掲載されている業績指標の総数は40であるが，GAAP会計の年次報告書（決算）による業績指標は29に留まる．このうち，GAAP会計のみにある指標は僅か2つ（交通流量Traffic flow，ロンドン交通局道路ネットワークに対する顧客満足度Customer satisfaction with TfL's road network）に留まるが，予算会計のみにある指標は実に12にのぼる．

細かく見ていくと，①GAAP会計に事業が掲載されないもの（サイクリング，混雑税，ダイアル・ア・ライド，大気の質指数Air quality，安全・治安），②GAAP会計の他事業には記載があるが，当該事業に指標が見られないもの（ロンドン・トラムリンクにおける定時運行比率Scheduled services operated），③予算会計とGAAP会計に同じ事業が記載されているが，記載されている業績指標が異なっているもの（ロンドン交通局道路網における良好補修比率（予算）と顧客満足度（GAAP））に分類できる．このうち，最も多いのは①であり，実に10指標にのぼっている．

第2に，予算時の目標と決算時の実績値との比較という観点から同一指標に着目すると，予算会計（予算）とGAAP会計（決算）で指標との間に差異が生じているものが多い．例えば表6-23と表6-24の2012/13年度における予算会計（予算）とGAAP会計（決算）の指標を比較してみると，目標値と実績値の間に最大で17.3％のずれ（ロンドン地上交通旅客数）があり，5％以上のずれがある指標が8つに達している．

第3に，同一年度のGAAP会計（決算）での実績値と予算会計（予算）での目標値に大きな差異が生じていても，次年度予算の業績目標値に大きな変更は

見られない項目が存在する．

　たとえば，2012/13年度予算のロンドン地下鉄における「超過旅客運行時間（Excess journey time）」は，5.9分となっている．この2012/13年度予算会計での目標値は，GAAP会計（決算）の2012/13年の実績値では5.3分となり，目標を大きく達成したと言える．ところが，次年度の2013/14年度予算では，予算会計の2012/13年度の予測値の5.68分が，業績評価目標値として採用されている．つまり，前年度のGAAP会計（決算）の実績値5.3分と次年度の予算会計の目標値5.68分を比較すると，次年度予算の目標値5.68分は保守的な見積りであると言える．

　ただその要因は，次年度予算（2013/14年度）の策定時には当年度（2012/13年度）の実績が確定しておらず，当年度予測等を基にせざるを得ないことがあることに留意する必要がある．予算循環を意識すれば，次年度目標値は，未確定の当年度実績値というよりも，前年度実績値や当年度の実施状況の影響を受けて設定されると考えられるからである．

　つまり，次年度予算（2013/14）の目標値5.68分の設定の際には，当年度（2012/13）実績値は確定していないため，当年度（2012/13）予測値5.68分が影響を与えているといえる．そして，その予測値5.68分の設定は，前年度（2011/12）実績値5.8分，当年度（2012/13）の実施状況等の影響を受けていると考えられる．

④財務指標・財務指標と非財務指標の組み合わせについて

　すでに述べたように，予算会計の経常予算，GAAP会計の年次会計報告書に掲載されているのは非財務指標である．

　財務指標の開示は，予算会計の資本予算においても見ることができない．ただし，ロンドン市長による資本支出計画（The Mayor of London's Capital Spending Plan）の中で，TfLの借入計画が「実行可能（affordable）であり，持続可能」と説明する資料の中に，「借入計画の水準はヨーロッパの他の地域と比較して良好であり，経常収入対債務返済比率（Debt service ratio）は関連交通企業と比較して同水準である[103]」との記述がみられる．

　また，市長によるロンドン交通戦略（MTS）においても，「ロンドンのバス

ネットワークは他の主要国際都市に比べ費用効率性が20％ほど高い[104]」と記している。積極的に開示がなされているわけではないものの，内部では財務諸表と非財務諸表を組み合わせた業績評価指標を用いていると考えられる．

第8節　むすびにかえて

　イギリス地方政府の公会計・予算・監査制度と業績評価指標に関する本章の叙述は，以下のようにまとめられる．

　第1に，イギリスの公会計制度においても，予算・決算制度（予算会計）と財務会計（GAAP会計）の双方が利用されており，両者はその目的に従って認識基準も，会計単位も，勘定科目も異なっている状況にある．

　会計目的上，地方自治体と同様の扱いを受けるTfLでも，予算会計の予算数値とGAAP会計の決算数値との比較という作業は，容易ではない．その一方で，予算会計とGAAP会計の決算値については，準備金変動計算書において，GAAP会計の決算値を予算会計の決算値に調整するプロセスが開示される．そうすることで，両者に有機的な関連を持たせている．これは，予算制度との関連を強く意識しているからである．そして，こうした比較を可能としているのが，会計インフラとしての複式簿記の存在である．しかし，CIPFAも指摘するように，そのプロセスを理解するのは専門的な知見を必要とする．

　第2に，TfLやGLAのGAAP会計についてみると，TfLグループでは，個別財務諸表を積み上げながら，重層的な形で作成された連結財務諸表を利用した決算報告がなされ，一覧性が確保されている．この一覧性の確保によって，個別財務諸表と，連結された財務諸表間に有機的な関連が，利用者から確認できるという特徴を持つ．

　さらに，TfLは，4つの実務機関の1つとして，GLAグループを構成している．GLAグループは，GLAとTfLを含む4つの実務機関を集計した要約決算書の作成を求められている．GLAグループの要約決算書には，GLAとTfLを含む4つの実務機関それぞれの個別値と，すべての合算値が示される．

　ただし，その合算額はGLAとその実施機関の間で生じた内部取引や残高は相殺していない．つまり，TfL等の実務機関を含むGLAの連結財務諸表は作

成されず，各実施機関等の決算の単純合算値に過ぎない．

　言い換えれば，合算対象となる個別数値をすべて開示することで一覧性を確保しているものの，民間企業の連結財務諸表のように，合算対象となる実施機関等の財務諸表の連結数値（内部取引相殺後）を開示する方式ではない．

　第3に，TfLやGLAの監査制度についてみると，まず，TfLの連結財務諸表は，おおむね決算後3か月に外部監査人の監査も終了している．このことは，公会計基準に従った決算に適時性があることを示している．これによって，決算報告が予算編成過程での意思決定プロセスに資するようなっている．他方，GLAの要約決算書への監査人による報告書は，監査報告書ではなく，合算財務諸表の作成が「合意された手続」に従っていたことを示す報告書であること，「合意された手続」に従っていることを示す報告書の作成が，決算後ほぼ1年後という極めて遅い時期であることに留意が必要である．

　なお，予算会計（決算）の開示の状況を確認すると，TfL，GLA双方とも，決算の数値を意識的に開示しているわけではない．こうした開示状況を反映し，予算会計（決算）のチェックは，外部監査という形では，行われていない．GAAP会計（決算）における監査・レビュー等のチェック手続きそのものが，予算会計（決算）の監査も兼ねているという関係が推察される．

　第4に，TfLの業績評価指標についてみると，事業計画（予算会計）での業績指標と，GAAP会計による年次会計報告書（決算）での業績評価指標との間には，業績評価指標の種類，開示手法の双方に大きな異同が見られる．

　特に，事業計画では前年度予算との比較を，年次会計報告書では前年度実績値の比較を行う形で，双方の時点における前年度（トレンド）との比較を行っているにすぎない点には留意が必要がある．換言すれば，目標値と実績値との比較を意識する形で，事業計画（目標）と年次報告書（産出）自体の比較を行ってはいない．

　さらに，事業計画，年次会計報告書に載せられた業績評価指標はいずれも非財務指標が用いられている．ただし，資本支出計画における借入計画の説明や，「戦略的産出指標」の説明の中には，財務諸表に基づく指標や，財務指標と非財務指標を組み合わせた指標が用いられている．

ヒアリング調査

CIPFA (The Chartered Institute of Public Finance and Accountancy) Ian Carruthers 氏　2014 年 6 月 9 日

CLAIR ロンドン事務所　Andrew Stevens 氏（2014 年 6 月 9 日）

DCLG (Department of Communities and Local Government) Mike Young 氏（2014 年 6 月 10 日）

INLOGOV (Institute of Local Government Studies) University of Birmingham　Chris Game 氏，Peter Watt 氏（2014 年 6 月 12 日）

Birmingham 市財政課　Peter Woodall 氏，Michael Furnes 氏（2014 年 6 月 13 日）

注

1) イギリスにおいて地方政府の GAAP 会計は，中央政府の GAAP 会計と連結されて政府全体財務諸表（WGA）が作成される．政府全体財務諸表はマクロ会計である国民経済計算（SNA）との差異が把握される．この点については，大森（2012）を参照されたい．
2) トーマツ（2015）や兼村（2010）では，GAAP 会計の決算情報や業績評価指標が現実には利用されていないことを指摘している．上記の先行研究の欠落点を補うことは，予算循環における決算情報や業績評価情報の意義を正確に理解するための一助となりえる．
3) 中央政府からの財政移転による地方政府の経常的な支出は，各年度のフローとしてあらわれ，ストックとして把握されることが少ない．
4) イギリス地方財政における税収という点で指摘すべきは，全国事業用レイトとカウンシル税という 2 つの税目である．現在，全国事業用レイトは地方政府に譲与税として移転されていることから，表では地方財政の税収として表示されている．しかし，法律上の地方税はカウンシル税のみであり，全国事業用レイトは国税として全国一律の税率となっている．租税収入に占める地方税収入の割合は，全国事業用レイトとカウンシル税を合計しても 10.2%（2010 年度）であり，カウンシル税のみでは 5.9%（2010 年度）と，極めて低い水準にあることがわかる．
5) マクロ統計である国民経済計算（SNA）とこれらのミクロ会計の関係については，改めて別の機会に論じる．イギリスについては大森（2012），スウェーデンについては関口・木村・伊集（2013）を参照．
6) 2012 年 5 月に成立した「2012 年スコットランド法（Scotland Act 2012）」により，2016 年 4 月から所得税の税率の決定権が一部付与されるなど，更なる権限委譲が決定されている（自治体国際化協会〔2013〕70 頁）．
7) 地域議会の設置されたスコットランド，ウェールズ，北アイルランド等の公会計について，民主的アカウンタビリティー観点から論じたものに，Ezzamel, M., Hyn-

dman, N., Johnsen, Å. and Lapsley, I., eds.（2008）がある．
8) 以下，自治体国際化協会（2013），7頁．
9) ウェールズ・スコットランド・北アイルランドにおいては一層制に統一されている．ウェールズ，スコットランドの一層制自治体はユニタリー，北アイルランドではディストリクトと呼ばれている．
10) 以下，自治体国際化協会（2013），11頁．
11) 所管業務は，①公共交通（地下鉄，バス，タクシー，ドックランズ・ライト・レイルウェイ（DLR），主要道路計画など），②地域計画および住宅政策，③経済開発および都市計画，④環境保全（ロンドン区と協働し，公害や廃棄物対策にあたる），⑤警察，⑥消防および危機管理計画，⑦文化，観光，メディアおよびスポーツ，⑧保健衛生といった分野で，ロンドン全域に係る企画・調整と戦略策定を行うことである．
12) 関口（2011）での定義をもとに，イギリスの状況を加えて述べている．
13) イギリスでは，予算会計が基づく会計基準もGAAPであるとされているため，予算会計もGAAP会計であるということもできる（CIPFAのIan Carruthers氏へのヒアリング〔2014年6月9日〕）．しかし，本章では予算額の算定に強く関係している会計として予算会計をとらえ，GAAP会計を開示目的と強く関係している会計としてとらえている．
14) CIPFAでは両者の関係は簡素化されるべきであると考えているという（CIPFAのIan Carruthers氏へのヒアリング〔2014年6月9日〕）．
15) CIPFA（2013），pp.47-48．
16) CIPFA（2013），pp.47．
17) イギリスの地方自治体の予算会計に関し，邦語では稲沢（2006）を参照されたい．
18) CIPFA（2013），pp.47-48．
19) CIPFA（2013），p.48．
20) 以下は，公認会計士協会編（2013）の第2部のイギリスに関する記述に負う部分が大きい．
21) 指針等はCIPFAの審査会（Panel）の1つである地方自治体会計審査会（Local Authority Accounting Panel）が設定している．指針は強制力があるものではなく，法的裏付けもない．
22) イギリス地方自治体会計基準の体系や基準設定に関する動向については，石原（2009）第3章を参照されたい．
23) この点に関し，公認会計士協会編（2013：40頁）は「中央政府と地方自治体に公会計基準の足並みをそろえることができるようになった」と評している．このような姿は，アメリカと相違する．たとえば第1章で指摘したように，アメリカでは連邦の行政機関であるSECは州政府に対してGASB基準の採用に関して直接的な強制はできない．そこでSECは，州に対して規制をかけるのではなく，引受機関に規制をかけ，間接的に州政府にGASB基準の採用を促している．
24) Transport for London（2014a），Notes 14．なお，TfL100％出資の子会社の2013年度の財務諸表は，すべて無限定適正意見（unqualified audit opinion）になっている

(The Greater London Authority〔2014a〕, p.5).
25) なお，財務諸表の前に「説明的序文と財務レビュー（Explanatory Forward and Financial Review）」が掲げられている．
26) Transport for London（2014a), p.100.
27) Transport for London（2014a), p.100.
28) Transport for London（2014a), p.100.
29) 資本補助金を受け入れたが，適用時期に条件がある場合には，当初は貸借対照表の買掛金のセクション内（within payable section）に前受資本補助金（capital grants received in advance）として計上する．そして条件が満たされた時に，包括収支計算書に計上する（Transport for London〔2014a〕, p. 106.)
30) Transport for London（2014a), p.100. なお，第1章で検討したMTAとの相違点は，MTAが経常補助金受入までの損益と資本補助金受入とを区別しているのに対し，TfLはそのような区分をしていない点にある．
31) Transport for London（2014a), p.205. その後，資産補助金に伴う資産取得部分の減価償却費が包括収益・費用計算書の計上された時に，準備金変動計算書において資産調整勘定の減少と減価償却費の減少を把握する．
32) Transport for London（2014a), p.106.
33) なお，第1章で検討したMTAもTfLと同様の会計処理をしている．
34) なお，第1章で検討したMTAでは問題となっていた退職後医療給付債務の問題は生じない．その背景には，国営医療制度の存在がある．
35) Transport for London（2014a), p.100.
36) Transport for London（2014a), p.100.
37) Transport for London（2014a), p.86.
38) Transport for London（2014a), p.217. なお，同頁によれば，TfLは，GLAを経由する交通補助金も「中央政府の補助金」と観念している．
39) Transport for London（2014a), p.106.
40) たとえば，TfLのホームページ「How we are funded？」(https://tfl.gov.uk/corporate/about-tfl/how-we-work/how-we-are-funded?intcmp=2685）によると，以前は混雑緩和，主要路線の信頼性向上，イギリス交通政策全体との調和を図るための単独投資補助金が存在した．中央政府は2020/21年度まで資金援助を行うとしている．
41) The Greater London Authority（2013b), p.34.
42) Transport for London（2014a), p.106.
43) Transport for London（2014a), p.106. 一般目的補助金（non-specific grants）が当該年度に未使用の場合には，一般基金残高又は将来の特定利用のため目的準備金（earmarked reserve）の，いずれか適切な場所に貸方記入する．
44) Transport for London（2014a), p.205.
45) Transport for London（2014a), p.106.
46) Crossrail Limitedを除くすべての企業は，グループ免除規定（group relief）を要求することができる（Transport for London〔2014a〕, p. 141.).

47) Transport for London (2014a), p.106.
48) Transport for London (2014a), p.122.
49) Transport for London (2014a), p.166.
50) Transport for London (2014a), p.147, p.151.
51) Transport for London (2014a), p.179, Notes 29.
52) Transport for London (2014a), p.77.
53) Transport for London (2015) によれば, TfL は, CIPFA が定める財務管理実務規範 (Treasury Management Code of Practice) その他のガイダンスを考慮することが求められる (p.6). また, CIPFA が定める地方政府の借入健全性保持レジーム (Local Government Prudential Borrowing regime) に従う (p.8).
54) Transport for London (2014a), p.179.
55) Transport for London (2014a), p.178, Notes 29.
56) PWLC の歴史と現状については, 三宅 (2014) 第3章を参照されたい.
57) 2002年に財務省の英国債務管理局 (UK Debt Management Office) に統合された (自治体国際化協会〔2003〕67頁).
58) なお, TfL は第三者等に対して債務保証をしている (Transport for London〔2014a〕, pp.172-173, Notes 27).
59) GLA の数値は, GLA の GAAP 会計 (決算) の数字を用いているが, GAAP 会計 (決算) では含まれている London Legacy Development Corporation (LLDC) の数字を除き, LLDC を独立開示している.
60) The Greater London Authority (2014a), p.7.
61) ただし TfL についてはグループではなく, TfL 法人単体の金額として示されている.
62) Jones (2003), p.989.
63) Jones (2003), p.997.
64) 日本におけるイギリス地方財政の予算編成に関する先駆的研究として, 西山 (1988) を参照されたい. そこではイギリス地方自治体にアンケート調査を行うことで, 地方自治体の予算編成を明らかにする試みがなされている. やや古いが西山 (1996) では, 日本とイギリスの地方自治体の予算編成過程について比較検討している.
65) Jones (2003), p.997.
66) 自治体国際化協会 (2013) 50頁. ほかに, 徴収基金会計 (Collection fund), 年金基金会計 (Pension Funds Account) がある.
67) 財務総合政策研究所 (2001) 55頁.
68) Jones (2003), p.996.
69) Jones (2003) は, 2つの会計的基礎を「均衡予算という法令上の定義を反映しているもの」と, 「役務提供費用という会計専門家の定義を反映したもの」としている (Jones (2003), p.996).
70) Jones (2003), p.996.
71) Jones (2003), p.990.

第6章　イギリス地方政府の公会計・予算制度と業績評価指標　　　321

72)　以下の記述は，稲沢（2006）112頁以降の記述に負うている．労働党政権が2002年に導入した単一資本資金制度（Single Capital Pot）は2004年度で終了となった
73)　予算会計の書類における記述ではなく，GAAP会計の注記事項として記載している．
74)　自主決定方式による資本支出の取り扱いやその歴史的変遷の変遷については，稲沢（2006），石原（2009）112-115頁を参照．
75)　Transport for London（2014a），p. 214, Notes 36. 同じ箇所でTFLはこのような取り扱いが出来る理由を，「TfLは均衡予算にする法的な要求がなされており，このアプローチを全ての事業計画に拡張しているためである」としている．つまり，「TfLでは年度予算（Annual Budgets）と事業計画（Business Plans）がバランスしているかを判定するときに，債務返済のコストを考慮する」としている．
76)　最低経常収入引当金の部分で述べたように，TfLの元利償還は当年度の営業費用として取り扱われ，債務返済が要求される年度の収入によって充当するとしている．TfLの現金要約で，発生主義に基づく経常予算の「純サービス支出（減価償却費控除後）」をそのまま加算しているのは，TfLが営業費用に計上している減価償却費が，元利償還費に等しいと考えているためであるものと推察される．
77)　結果的には資本予算の純借入及び準備金必要額2億8,600万ポンドに当期現金増加額1,900万ポンドを加算した額3億500万ポンドに近似している．
78)　Transport for London（2013），p. 26.
79)　Jones（2003），pp.988-989.
80)　Jones（2003），p.989.
81)　CIPFA（2013），p. 55.
82)　その詳細な内訳については，注記34に「GAAP会計（Accounting Basis）と予算会計（Fund Basis）の調整」という項目を設けて記載している（Transport for London〔2014a〕, pp.211-212, Notes 34）．
83)　KPMGによるTfL監査報告書（2014年7月11日）において，グループの全政府財務諸表（WGA）の連結パッケージへのassurance statementの発行が終了していないが，TfLグループの財務諸表に重大な影響を与えるものではないとしている（Transport for London〔2014a〕, p. 99.）イングランド内の地方政府への外部監査についてはトーマツ（2015）246-250頁を参照．
84)　作業の依頼者と受嘱者で，手続きを具体的に決定して実施する業務．
85)　GLAグループに対しては監査手続きを行っているわけではない．独立監査人（Independent Auditors：E&Y）による報告（Report：2015年2月9日）では，EYの手続きは，合意された手続に従っているかを確認するもので，監査でもレビューでもないため，要約決算書への保証（assurance）は行わないとしている（The Greater London Authority〔2014a〕, p. 7.）．
86)　この点に関し，バーミンガム市の予算会計（決算）のレポート（outturn report）も「管理目的で作成されるものあり，GAAP会計（決算）の年次報告書（Statement of Accounts）の外部監査プロセスの中で利用されるが，直接の監査はなされていない」という（バーミンガム市財政課のPeter Woodall氏とMichael Furness氏への

ヒアリング〔2014年6月13日〕).
87) とはいえ,予算会計(決算)については,一般基金は明確であるが,その他の基金については必ずしも明確ではない等の状況にある.さらなる検討を要する.
88) 以下の記述は,自治体国際化協会(2014),93-94頁に拠っている.
89) 1999年地方自治法(Local Government Act 1999)第1条第1節.
90) http://www.legislation.gov.uk/uksi/2000/896/made
91) Communities and Local Government, National Indicators for Local Authorities and Local Authority Partnerships : Handbook of Definitions (http://webarchive.nationalarchives.gov.uk/20120919132719/www.communities.gov.uk/documents/localgovernment/pdf/735112.pdf)
92) TfL,大都市圏,ブリストル,レイチェスターを対象とする.
93) このほかに,交通と間接的に関係を持つものとして,地方政府の運営による二酸化炭素削減量(CO_2 reduction from local authority operations 指標番号185)などがあった.
94) Transport for London, Standing Orders, p.4
95) Transport for London, Subordinate Bodies of TfL From 1 April 2014 (Last Updated : 26 March 2014), pp.1-2
96) ブラウン政権期,キャメロン政権期におけるイギリス中央政府各省の事業評価の流れについては,東(2012),152-160頁に詳しい.
97) The Greater London Authority (2013b), p.43.
98) The Greater London Authority (2013b), p.5.
99) GLA法第142条に基づき,市長には今後20年間に渡る交通戦略の策定が義務付けられている.
100) Mayor of London (2010), pp.273-293.
101) 政策,公約の一覧はMayor of London (2010)のAnnex B – Cross-reference of policies, proposals and London Plan policies (pp.333-358) に掲載されている.
102) Jones (2003) は,アウトプット尺度は,現在,イギリス地方政府では珍しくない(commonplace)が,典型的なのは,そのようなアウトプット尺度が予算プロセスの外で報告されている点にあるとする.しかし,次第に予算(Budget)が2～3の重要な成果指標を含むようになっているとも述べている(Jones (2003), p.995).
103) Mayor of London (2013), p.12.
104) Mayor of London (2010), pp.140-141.

〔執筆担当:関口(第2, 3, 4, 5, 6節),木村(第7節)〕

終章

総括および課題：日本への示唆

関口　智

第1節　はじめに

　本書は，財政学の予算論の系譜を意識しつつ，各国の予算・決算統制がどのような「仕組み」となっているのかを明らかにすることを目的にしてきた．そのような目的を設定したのは，従来の予算論・公会計研究に対して，とりわけ財政学と会計学の領域において，下記のような問題点があると思われたからである．

　第1に，従来の予算論・公会計研究では，政府間財政関係に対する意識が薄弱であることから，ともすれば各政府内部の問題のみを取り扱い，中央政府から地方政府への補助金統制や公債発行統制といった政府間関係（債務保証等も含む）を意識した議論が希薄になっていた．そこで，各国の公会計制度に基づいて作成される情報と事業体統制，地方財政統制との関係（地方債統制や料金設定と租税資金との関係等を含む）に着目した．

　第2に，従来の予算論・公会計研究において，財政学では中央政府と地方政府での予算の議論が重視され，会計学の領域では中央政府と地方政府での公会計による決算情報（財務情報・非財務情報）が議論される傾向にあり，決算情報の予算制度へのリンクに関する議論が十分であるとは言い難い．そこで，各国の予算制度と公会計制度との関連，つまり，予算制度と公会計制度の態様の相違と調整様式に着目した．

　第3に，従来の会計学での公会計研究では，概念フレームワークといった抽象論と個別の会計処理に関するミクロ的な具体論が多く，現実の政府部門の財

務諸表や予算決算額を用いたメゾレベルの研究は，ほとんど見受けられない．監査制度についても，概念論を議論することは多いが，中央・地方政府それぞれの外部監査と内部監査の関係や運用状況を議論しているものは少ない．そこで，各国の現実の財務諸表・監査制度の現状と課題に着目した．

第4に，従来の会計学での公会計研究において，会計学では会計情報の計算構造を明らかにしようとする視点に重きが置かれており，中央政府・地方政府の業績評価指標そのものに関する意識は，必ずしも十分であるとは言い難い．そこで，各国の中央・地方政府における業績評価指標の活用のあり方に着目した[1]．

終章では，これまでの記述を2つの視点，すなわち，地方政府と政府系企業体[2]の単体での取扱いと，政府系企業体と本体の関係という形で2つに分け，各国の特徴と日本への示唆を導き出す．そのうえで，今後に残された課題を述べてみたい．

第2節　地方政府や政府系企業体の単体での取扱い

(1) GAAP会計と予算会計

①アメリカ

アメリカのニューヨーク州では，大きく分けて予算・決算で用いる予算会計と，GAAP会計の2つの会計がある（表終-1）．GAAP会計では，修正発生主義に基づく財務諸表が基金財務諸表（Fund Financial Statements）として作成され[3]，発生主義に基づく財務諸表が全政府財務諸表として，外部報告目的で

表終-1　ニューヨーク州の予算会計とGAAP会計

	広義の公会計		
	予算会計	公会計（狭義）"GAAP会計"	
	基金会計	基金会計	
認識基準	現金主義	修正発生主義*	発生主義
簿記法	複式簿記	複式簿記	複式簿記

(注)　*通常は政府基金と信認基金で適用．
(資料) 関口・木村・伊集（2010）を加工して作成．

作成される．

　ニューヨーク州政府の財務書類で注目すべきは，認識基準の相違に対し調整表が開示されている点にある．GAAP会計内部では発生主義と修正発生主義の差異調整表を開示している．また予算会計（現金主義ベース）の決算情報と，GAAP会計（修正発生主義ベース）とでは，その差異調整表を公表することで，外部報告目的のGAAP会計（発生ベース）と予算統制に用いてきた予算会計（現金ベース）に有機的な関連を持たせている．さらに，概略ではあるが予算会計における予算数値と決算数値の差異についても，開示している．

　これは，外部報告目的のGAAP会計（発生主義）も予算制度との関連を強く意識しているからである．さらに，ニューヨーク州の公共企業体であるニューヨーク州都市交通局（MTA）も，基本的にGAAP会計の枠内で予算数値と決算数値の差異を開示している．こうした比較を容易にしているのが，会計インフラとしての複式簿記の存在である．

② ドイツ

　ドイツのベルリン州では，予算で用いる予算会計のみ存在し，開示目的で用いるGAAP会計は存在しない．そして，予算会計では複式簿記ではなく，カメラル簿記・現金主義（あるいは修正現金主義）によっている（表終-2）．

　一方，ベルリン運輸公社（BVG）では開示目的のGAAP会計（複式簿記・発生主義）を利用している．アカウンタビリティの視点から深刻なことは，BVGとベルリン州政府の決算書において，両者の資金収受関係を把握することが非常に困難になっている点にある．カメラル簿記からマニュアル誘導することで

表終-2　ベルリン州の予算会計とGAAP会計

	公会計（広義）	
	予算会計	公会計（狭義）"GAAP会計"
認識基準	現金主義 [1]	—
簿記法	単式簿記 [2]	—

(注1)　正確には修正現金主義．
(注2)　正確には拡張カメラル簿記．
(資料)　筆者作成．

表終-3　ストックホルム・ランスティングの予算会計とGAAP会計

	広義の公会計	
	予算会計	公会計（狭義）"GAAP会計"
認識基準	発生主義	発生主義
簿記法	複式簿記	複式簿記

（資料）関口・木村・伊集（2010）．

財務諸表を作成できたとしても，有機的関連のある形で全てを把握することは難しい．このため，適時性のみならず，開示の一覧性に欠けている．

③スウェーデン

スウェーデンのストックホルム・ランスティング（SLL）では，予算で用いる予算会計と，開示目的で用いるGAAP会計の2つの会計が，ともに発生主義である（表終-3）[4]．むしろ両者の会計方式に区別がないと言って良い．この点は，大ストックホルム圏地域交通株式会社（SL）においても同様である．このことは，アメリカのように，GAAP会計の決算値と予算会計の決算値の調整が不要なことを意味している．

SLLの決算報告で特徴的なのは，予算と決算の差異の説明がさまざまな切り口でなされている点にある．これは，予算制度との関連を強く意識しているからである．その1つの方式が事業別の開示であり，そこにSLの予算と決算に関する数値がそのまま反映されている．こうした比較を容易にしているのが，会計インフラとしての複式簿記の存在であると言える．

④イギリス

イギリス勅許公共財務会計協会（CIPFA）は，本書でいう予算会計を財務諸表による開示情報を「予算の視点（Budgetary Perspective）」とし，本書に言うGAAP会計を「会計基準の視点（Accounting Standards Perspective）」という形で区別し，それぞれの目的，利用者，利用者の関心事項の相違を説明している[5]．両者はその目的に従って認識基準も，会計単位も，勘定科目も異なっている状況にある[6]．つまり，イギリスにおいても，予算会計とGAAP会計がある[7]（表終-4）．

表終-4 イギリスの予算会計と公会計（イングランド地方政府の事例）

	広義の公会計	
	予算会計	公会計（狭義）"GAAP 会計"
認識基準	発生主義*	発生主義
簿記法	複式簿記	複式簿記

(注) *予算の視点から法令上の制約がある．
(資料) CIPFA における現地ヒアリング（2014 年 6 月 9 日）に基づき筆者作成．

　会計目的上，地方自治体と同様の扱いを受けるロンドン交通局（TfL）でも，予算会計の予算数値と GAAP 会計の決算数値との比較という作業は，容易ではない．その一方で，予算会計と GAAP 会計の決算値については，準備金変動計算書において，GAAP 会計の決算値を予算会計の決算値に調整するプロセスが開示される．しかし，CIPFA も指摘するように，そのプロセスを理解するのは専門的な理解を必要とする．

⑤日本への示唆：GAAP 会計と予算会計のリンクをどうするのか
　以上のように，アメリカ，スウェーデン，イギリスでは GAAP 会計には発生主義を適用している．しかし，アメリカやイギリスのように，予算会計は必ずしも発生主義とは限らない．また，アメリカ，スウェーデン，イギリスでは 1980 年代以降の公会計制度改革以前に，予算会計と狭義の公会計の両者で複式簿記が導入されている．
　これに対し，これまで日本では，東京都などの例外を除けば，予算会計でも狭義の公会計でも，単式簿記をベースとしてきた．その結果として，バランス・シート等を決算統計から誘導的に作成する作業が必要となっていた．そのことが，財務諸表の作成や利用を制約しているのみならず，内部管理情報を柔軟に産み出すことをも困難にしてきたことも事実である．近年，総務省・今後の新地方公会計の推進に関する研究会報告書（2014：32 頁）において，「複式簿記の導入が不可欠である」との方向性が示された背景は，そこにある．
　ただし，簿記法としての複式簿記を採用することが，ただちに認識基準として発生主義を採用することに繋がることを必ずしも意味してはいない．アメリカやイギリスでは，予算会計では，簿記法としては複式簿記によりながらも，

表終-5　改革前の日本の予算会計と公会計改革論

	公会計（広義）	
	予算会計	公会計（狭義）"GAAP 会計"
認識基準	現金主義[1]	発生主義[2]
簿記法	単式簿記	複式簿記[2]

(注1) 厳密には修正現金主義．
(注2) 総務省改訂方式は，予算会計の数値を基礎に，決算統計からGAAP会計に近似した開示情報を作成．
(資料) 関口 (2009)．

認識基準は，原則として，現金主義（または法的に規制された発生主義）を採用している．

つまり，従来の日本における公会計[8]制度改革論議の問題は，基礎となる簿記法に関する議論を正面から行うことは少なく，複式簿記と発生主義を同一視し，さらに予算会計と狭義の公会計を混同し，主として現状の現金主義の予算会計を否定する形で，発生主義によるGAAP会計の立場から議論がなされてきた点にある．

表終-5は，総務省・今後の新地方公会計の推進に関する研究会報告書（2014：32頁）において，「複式簿記の導入が不可欠である」とされる以前の状態を示している．今後の複式簿記の導入とは，GAAP会計と予算会計の両者に対するものであると理解したほうが良い．

そこでは，予算会計の認識基準は現金主義で，GAAP会計の認識基準は発生主義となることを許容している．今後議論になるのは，両者の差異をどのような形で開示するかになるであろう．

また，決算数値の予算へのリンクという議論では，前年度決算が確定する頃には，当年度予算は既に執行されているという当然の事実から出発する必要がある。前年度の確定した決算が予算にリンクするのは，当年度ではなく，当年度の「次以降の」予算となるからである。もしも，前年度の状況を当年度予算に反映することを指しているのであれば，議論すべきは，前年度の決算が確定する以前の月次・四半期・半期等の情報と予算編成との関連である．

(2) 業績評価指標の動向

①アメリカ

　歴史的にアメリカにおける業績評価指標は，公益企業の管理者が，事業の運営状況を管理するために用いていた．これに対し，全米政府会計基準委員会 (GASB) においては，業績評価指標を企業体内部ではなく，外部のステークホルダー，なかんずく企業に対する監視者および市民のために作成するべきとの考え方を持って SEA 指針案を提示したが，財務情報から誘導される指標は，SEA 報告の対象から除いた．しかし，GASB における SEA 指標の一般目的外部財務報告書への記載（「基準化」）は，州・地方政府側の反対もあって挫折しており，現在でも州・地方政府の自主的な情報提供に委ねられている．なお，MTA のサービス指標，安全性指標といった，非財務指標の一部は MTA の年次報告書とは別の形で開示している．

②ドイツ

　ドイツにおける BVG のような公企業の財務業績指標は，概ね民間企業と同様の手法による分析手続きに従っている．監査着手前の参考資料として用いる州会計検査院，他の公企業との比較可能性を意識しつつ財務の健全性を把握するために用いる州財務省など，企業外部の利用者のみならず，BVG においても内部統制の重要指標としている．他方，評価段階においては，公法に基づき，公企業としての性格に配慮した分析を行っている．例えば，BVG の内部指標よりも民間に近い形の指標を用いている州議会においても，民間企業との比較を意識するというよりも，過去の公企業の歴史を踏まえたうえで，当該企業内の目標を達成するための指標として用いている．

③スウェーデン

　歴史的にスウェーデンにおける業績評価指標は，個別の地方政府の活動の成果を測定する手段として，財務指標のみならず，非財務指標の開発にも力点が置かれてきた．ただし，第 2 章で分析したアメリカの GASB の SEA 指針案に見られるような集約的な視点からの指標の開発は遅れていた．財務指標については，地方公会計法の制定および会計基準の設定主体としての地方政府会計評

議会(RKR)の設立を経て,地方団体の財務情報の開示手法が統一化されてきたことにより,財務指標を用いた比較が豊富化される可能性が見てとれる.非財務指標については,「全国ベンチマーキングプロジェクト」の成果を踏まえ,地方政府連合が主体となって,指標の開発,集約化が近年になって大きく進みつつある.地方政府分析促進評議会(RKA)の設立とともに,地方政府データベース(Kolada)を作成し,非財務指標を中心に時系列的な業績評価および団体間の比較が開始され数年が経過しているが,その効果についての分析が今後期待される.

なお,SL では年次報告書において業績評価指標を開示しているが,特に積極的に開示しているのは,主として非財務指標である.非財務指標が重点的に開示されている背景には,年次報告書の主たる対象者が民間企業のような投資家層ではないこと,市民が交通手段を選べるようにすることを重視していること,さらに交通機関管理者による交通システムの運営管理(内部管理目的)に資するためであること等に他ならない.

④イギリス

イギリスにおける業績評価指標は,サッチャー政権による強制競争入札制度がもたらしたサービス水準低下などへの反省から,労働党政権下において,行政の金銭的効率性(Value for Money)の理念に沿って指標の開発が進められた.中央政府が自治体に対して作成を義務づける業績評価指標を用い,中央政府の監査機関と化したとも批判された監査委員会等が,地方自治体の個別業績/全体的な業績を監査した.

業績評価指標は,社会サービス水準の自治体間比較や,議会・住民への開示にも役立ったとされるが,自治体による事務負担も大きかったという.連立政権に入ると,業績評価指標を用いた中央政府による統制は緩和されているが,交付金総額が低下する中で,業績評価指標は予算削減に用いられているのが現状である.

なお,TfL の業績評価指標では,事業計画(予算会計〔予算〕)と年次会計報告書(GAAP 会計〔決算〕)とで,業績評価指標の種類,開示手法の双方に大きな異同が見られる.また,事業計画では前年度予算との比較を,年次会計報告

書では前年度実績値の比較を行う形で，双方の時点における前年度（トレンド）との比較をおこなっているにすぎない．すなわち，目標値と実績値との比較を意識する形で，事業計画（目標）と年次報告書（産出）自体の比較は行われていない．

さらに，事業計画，年次会計報告書に載せられた業績評価指標は，いずれも非財務指標が用いられている．ただし，資本支出計画における借入計画の説明や，「戦略的産出指標」の説明の中には，財務諸表に基づく指標や，財務指標と非財務指標を組み合わせた指標が用いられている．

⑥日本への示唆

以上のように，アメリカでは，財務情報からの財務指標に加えて，非財務指標としてはGASBのSEA指標が示されている．ドイツでは，さまざまなルートを通じた業務統制を通じて，財務指標が利用されている．また，スウェーデンでは，RKAの設立とともに，地方政府データベース（Kolada）を作成し，非財務指標を中心に時系列的な業績評価および団体間の比較が開始され数年が経過している．さらにイギリスでは，中央政府による業績評価指標が，社会サービス水準の自治体間比較や，議会・住民への開示にも役立ったとされる一方で，項目数が多く自治体による事務負担も大きい等の理由により，更なる変革の途上にある．

これに対して，日本では現行の地方自治法上，業績に関する情報を地方公共団体が議会に報告するための書類としては，地方自治法第233条に規定される「主要な施策の成果を説明する書類」が想定される[9]．この「主要な施策の成果を説明する書類」は，議会が決算の認定を行う基礎資料であり，本来的には地方公共団体の運営にあたり極めて重要な意味を持つものである．しかし，現状では，この書類の様式は定められておらず，何を主要な施策と判断するか，実績の測定方法や表示方法等は，各地方公共団体の任意となっている．そのため大部分の地方公共団体において，関連する何らかの数値指標等の簡単な概要を記載している程度となっている．また，住民への報告という意味等を込めて当該公共団体のウェブページ等で公表しているとも限らない．

現在，地方公共団体において，業績を測定評価する統一的なシステム（仕組

み）は発展途上にあり，各公的機関等において，独自に進化・発展している状況にある．地方6団体や国が一定の統一的な業績指標を収集し，それを例示・集約化することが今後一層求められる[10]．

第3節 政府系企業体と地方政府本体の関係について

本書では，政府部門の機能拡大（中央→地方→地方内部→外部委託）の中で，経常的に租税資金（補助金）を受け入れている政府系企業体と地方政府との関係に着目してきた．

(1) 政府系企業体への統制

①アメリカ

ニューヨーク州の公共企業体であるMTAは，内部的には業績指標を利用しているが，ニューヨーク州から独立して目標を自由に設定できるというMTAの統治構造を反映して，指標の選定，ターゲットの設定は，それぞれMTA委員会，MTA執行部によって行われている．つまり，ニューヨーク州がMTAに対する統制のために利用する財務指標は，現金比率，流動比率や連結収支の長期的均衡などの一部にとどまっている．

②ドイツ

ベルリン州の公法機関（公法に基づく公法人）であるBVGは，一方でEU全体での競争（≒EU全体での公募入札への勧奨）に晒され，もう一方で公益サービスの供給義務がある．現在のところ，経常補助金ではなく，交通契約に伴う報酬の形で，欧州司法裁判所の判断に抵触しない形を取りつつ，ベルリン州政府機関による重層的な業務統制を通じて，サービス供給量の確保をはかっている．その際，多くの業績指標が利用されている．

③スウェーデン

ストックホルム・ランスティング（SLL）の所有企業であるSLは，発注者（注文者）－生産者（受注者）モデルによる交通契約によって，SLLが目標設定

終章　総括および課題　　333

や大枠を管理し，それに沿ってSLがサービス提供を行うことで，交通サービスの責任主体を明確化している．

　そのため，SLの目標がSLLの目標と関連し，SLの業績評価指標もSLLの業績評価指標と関連している．つまり，SLで利用される業績評価指標が，SLLによるSLへの統制手段として利用される業績評価指標にもなっている

　たとえば，個別の指標の設定や目標値の設定はSL役員会の決定に委ねられるが，その内容はあくまでもSLLが設定する主要目標，全般的目標，特定目標に沿う形で業績指標が設定されており，個別事業主体に対する議会統制という観点から非常に興味深い仕組みとなっている．また，所有者である地方政府（SLL）は，親会社であるSLに対して，交通委員会によるコントロールに加え，株式保有比率に従った役員会議席の政治的配分，政治的討議による料金決定を通じ，その政治的意思が反映されるよう，多様なルートで強力にコントロールを行っている．

④イギリス

　GLAの実施機関であるTfLは，GLA法の規定により，市長からの統制を受ける．GLA法に基づき市長が策定する交通戦略に戦略的成果指標が盛り込まれる．TfLは，議長を市長が務めるTfL委員会の議を経て，毎年度の事業計画，年次報告書に，交通戦略の戦略的成果指標に対応した業績指標を盛り込んでいる．

⑤日本への示唆

　以上のように，アメリカのMTA，ドイツのBVG，スウェーデンのSLは，ともに州・地方政府本体とは切り離された組織である．これに対して，イギリスのTfLは会計目的上，地方政府と同様の取扱いを受ける．留意すべきはそのような法的形態の相違によって，地方政府本体との関係が遠くなるものではない点にある．言い換えれば，法形式は株式会社となっているが，地方公共交通という公共サービスという観点から見れば，議会統制等の多様な統制手段のルートを通じて，実質的には州・地方政府による統制が行われる状況にある．

　このような状況から，日本の地方公営企業への統制を意識してみると，日本

では内部統制を除いては，議会統制がほぼ唯一のルートとなっているのが実情であるように思われる．しかも，業種ごとに業績指標の数が多様であり，どの指標を参考にどのような目標設定をすべきかを意識することが難しい状況にある．それが非財務指標になると，議論の段階で意見の集約ができずに，挫折してしまっている傾向すら見受けられる．

さらに，業績指標の外部利用者の見方についても，公共サービスを提供している公営企業の業績指標という意識の低さや極端な解釈等によって，その指標が有効に機能しているとは言い難い状況にある．

仮に，このような状況下にある公営企業が提供しているサービスを，外部委託等によって効率化を図ることを検討する場合には，単に公共部門の委託に伴うメリットを考えるのみならず，民間部門が受託するメリットは何かについても考えるとともに，スウェーデンやドイツの交通契約にみられるような，多様な統制ルートの確保が重要になる．特に，収益性は低いが，社会的必要から公共部門によって提供されているようなサービスについて，外部委託等を検討する場合には，なおさら注意が必要である．

(2) 地方政府・政府系企業の行政サービスと地方公会計制度：料金収入の決定と公費との関係

①アメリカ

料金の決定権限はMTA（Headquarter）がもち，州議会の決定を要さないが，利用者の代表と公聴会を開かなければならないと決められている．料金決定に関して決められた手順があるわけではなく，状況に応じてMTA幹部の判断で対応する．MTAは法律で収支均衡義務を負うなかで，料金値上げ，コストカット，州議会からの資金（補助金）を増やす，という手段がある．

②ドイツ

BVG取締役会が，都市開発省に対して料金案を提示する．都市開発省と財務省で交渉して決定する．理論的にはベルリン・ブランデンブルク交通連合（VBB）に拒否権はあるが，事例はない．料金決定について州議会は公式にはかかわらないが，非公式に財務省と協議する．料金決定において，特定の費用

と料金は関連させることはなく，また，インフラの将来負担と料金引き上げの関係もないとするが，長期計画では債務削減要求への対応として，収益を確保する際に議論となる状況にある．

③スウェーデン

　料金の水準については，総支出，営業補助金の差額等から料金が算定されるなどの具体的な定式はなく，政治的な討議により決定される．政治過程において，料金算定の根拠となっている情報は，各政党によって異なる．

④イギリス（ロンドン）

　ロンドン市長は，GLA法第155条1項（C）によるTfLへの特定事項に対する命令権を根拠とし，料金決定の認可権を持つ．TfLは，小売物価指数をベースにしつつ，TfL委員会による審議や，中央政府からの資金手当てや要請を踏まえながら，料金決定の裁可を求める文書（Request for Mayoral Decision）を市長に向けて送付し，市長が認可を行う．

⑤日本への示唆

　一般的な経済理論においては，公共交通のような自然独占の生じやすい産業での料金設定は，政府が限界費用価格規制，二部料金制，平均費用価格規制等の形で規制を行う選択肢が分析される[11]．しかし，そのような料金設定の理論が，各国でそのまま適用されているとは言い難い状況にある．

　この点に関して，日本の地方公営企業法では，料金の議案（条例案または改正案）を議会へ提出する権限は市長にあり，公営企業管理者は，「議案の作成に関する資料」を作成し，市長に送付することと定めている．水道料金を事例に取れば，市長が水道事業で適正と考える水道料金を示す資料をもとに，水道条例改正議案を議会へ提出し，市民の代表である議会の議決を得て，水道料金を決定する．

　地方公営企業法等によれば，その料金は公正妥当なものでなければならず，かつ，能率的な経営の下における適正な原価を基礎とし地方公営企業の健全な運営を確保することできるものでなければならない．この場合の原価は，営業

費，支払利息等経営に要する費用であって，いわゆる資金収支上の不足額をそのまま料金原価に含めることは適当ではない．また，地方公営企業が健全な経営を確保する上で必要な資金を内部に留保するため，料金には，適正な率の事業報酬を含ませることが適当，としている[12]．

これらの規定の根底には，独立採算制を想定し，一般会計からの繰出金は限定的との意識がある．留意すべきは，歴史の流れの中で，公営企業のサービスではなく一般会計で提供すべきものに変化しているものや，そもそも一般会計からの繰入れが必要なサービスが，公営企業のサービスとされている可能性もある，という点にある．

仮に，公営企業＝独立採算制と想定するのであれば，公営企業として提供すべきサービスなのかに関して検討することが先決である．その方向性も，外部委託や民営化という一方向のみではなく，広域化，そして極端に言えば一般会計に吸収する形で，公共部門が租税資金によって提供するサービスに転換する方向もあると思われる．

(3) 地方政府系企業体の資金調達構造と公会計制度
①アメリカ

MTAは直接資本市場から資金調達を行う．その際，特定の目的ごとに，料金，租税資金見合いの債券を発行する．このため，市場から直接評価対象となるのは，少なくとも第1段階では，MTA自身である．そこでMTAは業績評価指標によってニューヨーク州からモニタリングされるよりも，市場からのモニタリングを重視せざるを得ない．そこで，MTAが目的税租税抵当（Dedicated Tax Fund）地方債やレベニュー債を発行する際には，目論見書によって詳細な情報提供を行うと共に，年次報告書において地方債の銘柄別の借入残高，銘柄別格付機関からの格付け，40年間にわたる地方債の償還見通しを開示している．ただし，年次報告書において，会計数値を組み合わせた財務指標を積極的には開示していない．

また，連邦，州政府等によるMTAへの債務保証については，債務保証が付与される債券を限定列挙している．

②ドイツ

　BVG による資金調達は，交通契約によるベルリン州からの提供を除けば，BVG 自身の債券発行によって行われている（他人資本へのアクセス[13]）．他方，公法人である BVG の債務は，ベルリン州企業法の規定により，保証人会議の議決を経てベルリン州政府が保証している．同州は，機関の債務に対して無制限に責任を負う．ベルリン州は，その機関が自己の力で業務を遂行する状況にない限り，補償（Ausgleich）を与える[14]．このことが，BVG による資本（証券）市場からの資金調達を容易にしていると同時に，会計制度，財務諸表および業績指標に対する資本市場からの圧力を少なくしている．

③スウェーデン

　SL の資金調達は，市場からではなく，ストックホルム・ランスティング（SLL）から間接的に行っている．具体的には，SLL が保有するインターンファイナンスが市場から借り入れ，SL に貸し付ける[15]．このため，市場から直接評価対象となるのは SL ではなく，SLL である．そのような資金調達構造が，SL の SLL への内部報告資料（業績評価指標含む）の一部が，SL 年次報告書の中で外部に公表されるのみならず，SLL の年次報告書においても SL 情報が外部に公表されるという形で，報告形式にも影響を与えているものと思われる．また，例外的に SLL が無限定の債務保証を行うこともある[16]．

④イギリス

　TfL は地方自治体と同じように，2003 年地方財政法の下で，財務管理目的のための借入権限を有している．この法律に従って，ロンドン市長は，TfL と協議して，外部債務（直接借入とその他長期負債を含む）のための返済可能な借入限度額を定めている．また，TfL は中央政府との間で，TfL 自身の年間最大増加借入限度額に同意している．

　TfL 法人単体による資金調達の形態は，地方自治体への融資を行う法定の独立機関である公共事業資金貸付協会（PWLB）からの借入れ，ヨーロッパ投資銀行からの借入れ等がある．中央政府や GLA による TfL に対する債務保証についての記載は見られない．なお，PWLB による TfL への貸付けは，間接的

に中央政府が TfL の流動性を確保しているとも言える．PWLB の流動性を確保しているのは，中央政府による国債資金だからである．

⑤日本への示唆

　以上のように，都市交通という共通の公共サービスを提供している企業体にあっても，その資金調達は，MTA のように原則として独立して資本市場から直接なされたり，SL のように地方政府を通じてなされたり，TfL のように PWLB から借り入れたりと，多様である．このことは，公共サービスを提供するにあたり，その運営主体の活動（資金調達方法を含む）に対する住民の要求水準や制度の構造が，各国で異なっていることを示唆している．

　この点に関して，日本の公営企業の資金調達（公営企業債）は，都道府県・総務省との協議・許可を経て，地方公共団体が地方債を発行する形で行われる．そしてその資金構成は，民間等資金に加えて，地方公共団体の共同出資機関である地方公共団体等金融機構[17] や財政投融資制度等による資金もあり，これらが審査の後に地方公共団体に貸付けを行っている[18]．

　また，日本の第三セクターは，地方公共団体による第三セクターの損失補償（主たる債務との同一性がなく，責任の範囲は契約により変更され，債務の発生時期は損失が確認されたとき）は認められるが，債務保証（主たる債務との同一性があり，責任の範囲も債務の発生時期も同じ）は財政援助制限法第3条によって原則的に禁止されている[19]．

　このように見てみると，日本では組織形態に応じた資金調達手法が意識されているともいえるであろう．確かに，組織形態による資金調達方法の相違を定める方法も妥当な場合がある．しかしそれは，現在提供している公共サービスが，組織法が想定している公共サービスに適合的な場合である．つまり，現在提供している公共サービスが，組織法が想定している公共サービスに適合的なのか等の検証が，求められている．まず，住民の求める公共サービスを検証し，そのサービスを提供するのに現在の組織が適合的かという手順をとることなく，単に現在選択している組織の存続の要否のみを問うことが先行するならば，本末転倒であるように思われる．

(4) 地方政府本体での政府系企業の開示：GAAP決算

①アメリカ

　地方政府はGASB基準に基づいてGAAP会計を採用し，予算については予算会計を採用している．MTAのような公共企業体は，GASBの規定する財務報告事業体の定義を満たしているため，GASB基準に準拠したGAAP会計を採用している．

　ニューヨーク州のバランス・シートに相当する連結純資産報告書では，連結対象となる活動別の財務諸表をそれぞれ個別開示したうえで，政府活動を示す基礎的政府の区分として合算開示しているが，事業活動を行うMTAのような公共企業体が含まれる構成単位の区分は，基礎的政府の合計額に合算する形は採用しておらず，併記はするが個別開示するにとどめている．

　つまり，民間企業の連結財務諸表が採用しているような，連結対象となる事業体の財務諸表について合算数値のみを開示する方式を採用していない．このような開示形式は，「合算している数値は開示しているが，その数値自体にはそれほど意味があるわけではない」という見解を反映するものであり，公共企業体という性質の相違を意識しつつ連結財務諸表の一覧性の確保を図るGASBの姿勢が見て取れる．

②ドイツ

　ベルリン州政府は，予算会計を現金主義・カメラル簿記のもとで運用している．また，公法人（公企業）であるBVGは，GAAP会計（予算会計）を発生主義・複式簿記の下で運用している．複式簿記を導入している公企業の財務諸表は，即時性，一覧性があり，他の公企業との比較の際に質的な要素にも配慮する必要性はあるとはいえ，少なくとも量的な比較可能性を確保している．

　他方，ベルリン州においては，公企業との簿記法の違いにより，連結した開示は困難である．アカウンタビリティの視点からより深刻なことは，BVGとベルリン州政府の決算書において，両者の資金収受関係を把握することが非常に困難になっている点にある．カメラル簿記からマニュアル誘導することで財務諸表を作成できたとしても，有機的関連のある形で全てを把握することは難しい．つまり，適時性のみならず，開示の一覧性に欠けている．

③スウェーデン

　SLL（地方政府）の会計処理は地方政府会計評議会（RKR）の勧告に従い，地方政府所有企業の会計処理は年次会計法（ÅRL），財務省簿記委員会（BFN）等の勧告に従う．そのため，地方政府と地方政府所有企業を連結する場合に，2つの会計基準が交錯するが，現在は調整することなく，そのまま連結している．

　その要因については，地方政府に対する会計基準が1997年の地方政府会計法以降，若干の修正に留まっているためであるとする見解や，反対に地方政府所有企業に適用される民間会計基準のほうが著しい変貌を遂げているためであるとの見解も存在する．さらに，サービスに対する対価の性質の相違（租税か企業収益か）に加え，会計情報の作成目的の相違（政治家に対する情報か，投資家に対する情報か）に基づくものとの見解もある[20]．

　SLLとSLを例に検討した結果，特に年金債務が，地方政府本体の財務諸表のみならず連結財務諸表に与える影響も金額的に大きいので問題視されている．現在は，異なる会計基準に基づく財務諸表を連結しているが，重要性の原則を論拠に現状を肯定するRKRの主張と，両者を統一的な手法で連結させることが好ましいとする研究者の見解がある．

④イギリス

　TfLは，4つの実務機関（Functional Body）の1つとして，GLAグループを構成している．GLAグループは，1999年GLA法の134節により，要約決算書の作成を求められている．

　GLAグループの要約決算書には，①包括収益・費用計算書，②準備金変動計算書，③資本支出について，それぞれの個別値と合算値が示される．

　ただし，その合算額はGLAとその実施機関の間で生じた内部取引や残高は相殺していない．言い換えれば，合算対象となる個別数値をすべて開示することで一覧性を確保しているものの，民間企業の連結財務諸表のように，合算対象となる実施機関等の財務諸表の連結数値（内部取引相殺後）を開示する方式ではない．

⑤日本への示唆：日本の公営企業会計改革をどう考えるのか

以上のように，アメリカでは政府活動を行うニューヨーク州と事業活動を行うMTAは，適用される会計基準は州政府と同じであり，同じ書類に開示されるが，連結は行われず，併記する形での開示としている．また，スウェーデンではSLLとSLの会計基準は同じではないが，両者を連結している．さらにイギリスでは，GLAとTfLの会計基準は同じだが，GLAグループの要約財務書類では，GLAとその実務機関との間で連結は行われず，単に併記する形での開示としている．

近年日本では，公営企業会計の改革が矢継ぎ早になされている（図終-1）．その改革は，本書で取り上げたアメリカMTA，ドイツBVG，スウェーデンSL，そしてイギリスTfLで導入されている会計手法と，同じ方向に進んでいるといってよい．

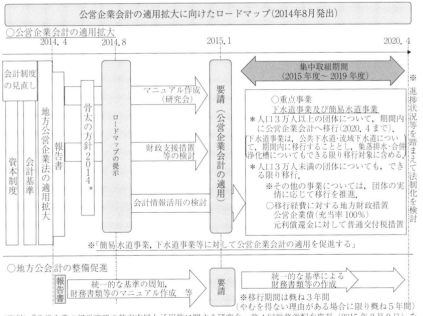

（資料）『公営企業の経営戦略の策定支援と活用等に関する研究会』第4回総務省配布資料（2015年2月9日）を修正．

図終-1　日本における公営企業会計改革と地方公会計の動向

さらに，公営企業会計の改革の中で作成された書類は，地方公会計の整備促進の中で示される「統一的な基準による財務書類の作成」という流れの中に統合されていく．特に，「統一的な基準による財務書類の作成」では，公共部門の範囲に応じて，①一般会計等財務書類，②全体財務書類[21]，③連結財務書類[22]を作成する方向性が示されており，公営企業会計は②③の中に含まれることになるからである．

そうだとすれば，改正された公営企業会計基準で作成された財務書類と，現在，普通会計レベルで作成されている財務書類とをどのような形で取り扱うのかという点については，すべて連結開示する方向性が示されているようにも見える．

しかし，地方政府本体の財務書類と政府系企業体の財務書類を，同一書類の中で開示する方向にあるとしても，アメリカやスウェーデンのように，開示方式は必ずしも同じとは限らない．つまり，公共部門の開示方式は，本来，開示する財務書類の目的等を定めた上で決めていく部類のものであるように思われる．

(6) 地方政府本体と政府系企業の監査体制：主として GAAP 会計（決算）

①アメリカ

公共企業体を含んだニューヨーク州連結財務諸表の決算に対する外部監査（GAAP 会計）は，決算日から4か月程度で終わるという適時性を有している（表終-6）．これによって，決算報告が予算編成過程での意思決定プロセスに資するようなっている．

表終-6 ニューヨーク州と公共企業体（MTA グループ）の決算日と監査報告書作成日等の関係

	決算日	外部監査（公認会計士）		州会計検査局検査
		名称	監査報告書提出日	
ニューヨーク州	2008/3/31	KPMG	2008/7/25	＊
MTA グループ	2007/12/31	Deloitte	2008/4/24	不定期
MTA New York City Transit	2007/12/31	Pricewaterhouse	2008/4/11	不定期

（注）＊形式的には行政府内部で（実質的には独立した機関として）法的適合性等の検査をしている．
（資料）State of New York（2008：16）Metropolitan Transportation Authority（2008：11），New York Transit Authority（2008：1）

終章　総括および課題　　343

　民間部門の監査と比較した場合，MTAのようなニューヨーク州の公共企業体やニューヨーク州に対する監査の特徴は，公認会計士監査による外部監査に加えて，州監査局による監査が加わることで，独立した第三者による統制が比較的強化されている点にあるといえる．

　公認会計士監査は，外部，独立した監査人である公認会計士が行う．主な監査対象は財務諸表に関連する領域であり，GAAP会計を意識している．ただし，先に指摘したように，アメリカ州・地方政府の公会計基準において，SEAは会計基準ではない．そのため州・地方政府や公共事業体がSEAに関連する指標を年次報告書で開示していたとしても，監査対象外となり，監査意見には影響を与えない．

　次に，ニューヨーク州会計監査局による主な監査対象は，法的適合性に関連する領域であり，州の予算会計を意識している（表終-6）．ニューヨーク州会計監査局は形式的には行政府に属する機関ではあるが，局長が議会から指名されているという点で，実質的には行政府からは独立した機関として活動している．そのため，MTAから見た場合，州会計検査局の監査は外部監査となる．

②ドイツ

　複式簿記を導入しているBVGのような公企業の財務諸表（GAAP会計）の決算は，外部監査人（公認会計士等）によって2月末に監査が終了した後，ベルリン州政府に提出され，6月末にはベルリン州政府が議会に報告する（表終-7）．

　一方，ベルリン州政府の決算（予算会計）は，出納整理期間の後に会計検査院によって8月末まで検査が行われ，ベルリン州議会への検査結果の報告は9

表終-7　ベルリン州とBVGグループの決算日と監査報告書提出日（終了日）等の関係

	決算日	外部監査	監査役	州会計検査院検査	州議会に報告
ベルリン州政府	2008/12/31	-	-	2009/8月末迄	2009/9月以降
BVGグループ	2008/12/31	2009/2/27	2009/2/27	不定期	2009/6月末迄*
BVG	2008/12/31				

(注)　＊決算書ではなく，州政府の作成書類を議会に提出．
(資料)　BVG（2009）Geschäftsbericht 2008 およびベルリン州財務省ヒアリングに基づいて作成．

月以降になる（表終-7）．具体的には，予算会計に（拡張）カメラル簿記を用いているベルリン州政府においては，州会計検査院が，複式簿記によるBVG財務諸表等に対する公認会計士による監査結果をともに利用する形で，経済性監査を行っている．

州会計検査院は，ベルリン州憲法に基づいた独立機関であり，その構成員は独立が保障されており，法律にのみ従うものとされている．その内部は行政部と監査部から構成されている．州会計検査院の理事会は，理事長，副理事長，および5名の理事から構成されている．理事長は，州議会により選出され，他の理事会構成員は理事長の提案により，州政府によって任命される．州会計検査院の監査対象は非常に広く，ベルリン州が支出を行うすべてを監査してよいこととされている．監査対象には，個別事業のほか，事業企画全体も含まれ，さまざまな規模で経済性や合法性についての監査が行われる．また，特定企業の予算計画を定期的に監査するというのは，会計検査院の任務とはされていない．このように，監査法人とは異なる観点からの監査が行われるため，決算書に基づく監査でないが，事例によっては必要に応じて決算書に基づく監査も行われる．

つまり，ベルリン州政府の決算（予算会計）に対する州会計検査院の検査は，BVGの監査結果をも利用する形でおこなわれるが，その報告は適時性を欠く面がある．

③スウェーデン

SLのようなSLL所有企業に対する決算監査（GAAP会計＝予算会計）の特徴は，民間部門の監査と比較した場合，公認会計士監査による外部監査に加えて，議員による監査を加えることで，議会統制を意識している点にあるといえる（表終-8）．

議員監査を行うのは議員であるが，彼らはランスティングから任命される．主な監査対象は，SLの目標適合性に関連する領域であり，業績評価指標を利用した監査も行う[23]．

ただし，議員監査については批判も多い．というのは，監査を行う議員は専門的知識に乏しいこと，監査される側のSLの役員会の構成員は，議員監査す

終章　総括および課題

表終-8　ストックホルム・ランスティングと地方政府出資企業（SLグループ）の決算日と監査報告書等作成日の関係

	決算日	外部監査 （公認会計士）	監査役監査 （議員監査）	内部監査
ストックホルム・ランスティング	2007/12/31	なし[1]	2008年3月25日 （監査報告書）	なし[2]
SL	2007/12/31	2008年3月10日 （監査報告書）	2008年3月13日 （レビュー報告書）	なし[2]

(注1) 監査役の委託による特定項目監査を行うのみ．
(注2) 内部監査報告を役員会に提出．
(注3) ストックホルム・ランスティングの年次報告書は，5月に議会報告．
(資料) Stockholm County Council (2008), AB Storsstockholms Lokaltrafik (2008) 及びルンド大学経済学部 Torbjörn Tagesson 氏へのヒアリング (2011年9月22日) より作成．

る人物と重複しないが，議員という点で同じであること等である．

一方，ランスティングの決算（GAAP会計＝予算会計）は，外部監査人の監査はなく，議員監査によって行われている（表終-8）．Mattisson et al. (2003) は，ランスティング議員監査ついて，監査人が議員の中から選ばれて独立性と専門知識がないことを批判し，議員監査のアドバイザーとした補助している公認の専門家（主として公認会計士）を利用する現在の自発的な慣行が，監査の妥当性を増大させる1つの方法であるとしている．

④イギリス

TfLグループやそれら実務機関を含むGLAグループの監査やレビュープロセスでは，まずTfL法人とTfLグループ内部の100％子会社の財務諸表の「監査手続」を行っている．次に，TfLグループの連結財務諸表の「監査手続」を行う．そして，TfLグループの連結財務諸表を含んだGLAの合算財務諸表の「合意された手続」を行っている．

表終-9を確認すると，2013年度の報告書の日付を見れば，確かにそのようなプロセスで，外部監査人等の手続が実施されたことがわかる．

注目すべきは，TfLの連結財務諸表が，おおむね決算後3か月で外部監査人の監査も終了している点である．このことは，公会計基準に従った決算に適時性があることを示している．それ以上に着目すべきは，第1に，TfL等の実務機関を含むGLAの要約決算書では，連結財務諸表は作成されず，各実施機関

表終-9　GLA グループと TfL の決算日とチェック手続，報告書作成日等の関係
（2013/2014 年度）

	決算日	検査人	チェック手続	報告書作成日
GLA グループ（単純合算）	2014/3/31	E&Y	合意された手続	2015/2/9
TfL グループ（連結）	2014/3/31	KPMG	監査手続	2014/7/11
100％子会社	2014/3/31 等	各監査人	監査手続	2014/7/11 以前

（資料）The Greater London Authority（2014a），Transport for London（2014a）より作成．

　等の決算の単純合算値に過ぎないこと，第2に，監査人による報告書は監査報告書ではなく，合算財務諸表の作成が「合意された手続」に従っていたことを示す報告書であること，第3に，「合意された手続」に従っていることを示す報告書の作成が，決算後ほぼ1年後という極めて遅い時期であることであろう．

　なお，予算会計（決算）へのチェックについては，TfL の予算会計（決算）も GLA の予算会計（決算）についても，意識的にその数値が開示されているわけではない．そのよう開示を反映して，そのチェックも外部監査という形ではおこなわれていない．GAAP 会計（決算）における監査・レビュー等のチェック手続きそのものが，予算会計（決算）の監査も兼ねているという関係が推察される．

⑤日本への示唆

　以上のように，アメリカの MTA やスウェーデンの SL の監査（GAAP 会計）では，組織内部での決算処理と監査が同時進行しており，結果として監査人による監査報告書の提出が4か月以内になされている．また，GAAP 会計と予算会計が異なるアメリカやドイツの場合には，予算会計に対して州会計検査局（会計検査院）の検査が行われている．さらに，ニューヨーク州やストックホルム・ランスティングのように，規模が大きくなったとしても，4か月以内に提出されている点は共通している．

　これに対して，日本では，予算会計と GAAP 会計の混同が見受けられることから，予算会計に対する検査と，GAAP 会計に対する監査についても混同が見られる．また，公営企業会計については，専門家から監査委員による決算

審議の適時性が問題視されている[24]．

そもそも，日本では監査委員や包括外部監査人の審議対象について，詰めるべき課題がある（表終-10）．地方自治法（昭和22年法律第67号）上に規定された監査委員の職務権限は，特別監査，住民監査請求に係る監査等その性質が大きく異なるものを除くと，大きくは，財務監査と行政監査の概念で整理することができる．

現在，監査委員の財務監査として決算審査が実施されているが，他国の財務諸表監査（GAAP会計）とは，その内容・性質を大きく異にするものとなっている．また，決算審査の方法については，地方自治法およびその他関係法令に規定がない．

1997年の地方自治法の改正により，1999年度から導入された包括外部監査は，最小の経費で最大の効果，組織および運営の合理化（地方自治法第2条第14項および第15項）の趣旨を達成するために導入されたものであり，合規性の観点に加えて，3Eの観点から監査が行われている．また，現行の包括外部監査は，監査委員に比して専門性・独立性を強化する視点から制度設計がなされている．しかし，その監査対象及び監査に係る制度的建付けは，監査委員監査と同様に地方自治法および関係法令において包括外部監査の基準は定められて

表終-10　日本の地方自治体監査制度と他国の監査制度の比較[25]

最高会計検査機関国際組織 (INTOSAI)	アメリカ（GAGAS）[(2)]	日本 [(1)]
合規性監査 ・合規性監査 ・財務諸表監査	財務監査 ・財務諸表監査 ・その他財務報告の監査 ・その他財務報告の監査	決算審査 <u>定期財務監査</u> （2条14・15項含む） 現金出納検査 <u>住民監査請求</u>
業績監査 ・経済性監査 ・効率性監査 ・有効性監査	業績監査 ・プログラムの有効性監査 ・経済性・効率性の監査 ・内部統制の監査 ・法律準拠性監査	行政監査 （2条14・15項含む）

(注1) 日本は監査委員監査と包括外部監査．下線は，包括外部監査の主な対象範囲．
(注2) 一般に公正妥当と認められた政府監査基準．
(資料) 鈴木（2015）66頁．

おらず，監査委員監査における財務監査と同様となっている．

　日本公認会計士協会・地方自治法改正対応プロジェクトチーム（2013）は，「そもそも，財務書類又は財務諸表の作成，開示及び報告自体が，特別会計財務書類を除きいずれも法定の手続ではないため，議会に報告がなされない事例や住民に公表がなされない場合なども見られ，十分にアカウンタビリティを履行するものとなっていない」とし，そのような視点から業績公監査についても，「合規性の観点からの監査が中心であり，経済性，効率性及び有効性の監査は更なる充実が求められている．今後は，業績公監査の概念を整理，拡充して，有効性監査，政策の達成度・成果の評価，業績・成果指標の監査を含む，総合的，重層的な業績公監査を展開していくことが必要である[26]」としている．

　確かに GAAP 会計と予算会計の決算数値等が一致していれば，そのような方向性は的を得ている．しかしその上で留意すべきは，本書で確認してきたように，GAAP 会計と予算会計は必ずしも同じものではない点にある．

　とすれば，日本の広義の公会計の議論で意識すべきは，既存の予算会計に対する GAAP 会計の対応であり，広義の公会計を監査対象に含んでいる公監査の観点からは，それぞれの会計目的に対応する，既存の監査と今後の監査との関係にある．

第4節　残された課題

　本書の究極の目的は，財政学，会計学，行政学等の交錯領域の分析を通じて，「議会統制や行政府自体の内部統制が弱まり，低下していくアカウンタビリティに対して，各国がどのような形で歯止めをかけようとしているのか」を明らかにすることにあった．

　そのための作業として，本書では各国の①公会計制度に基づいて作成される情報と事業体統制，地方財政統制との関係，②予算制度と公会計制度の態様の相違と調整様式，③現実の政府部門の財務諸表や予算決算額を用いた分析，④外部監査と内部監査の関係や運用状況，⑤業績評価指標の活用のあり方に等に着目し，これらの国際比較を行うことに重点を置いた．

　しかし，序章で示した問題意識に対して鑑みると，残された課題は数多い．

終章　総括および課題　　　349

　最後に，本書に関連する近年の国際比較研究に触れつつ，今後の分析の軸となると想定している「アカウンタビリティの付与に基づく統制」と「市場メカニズムに基づく統制」という分析視角を意識して，残された課題について述べてみたい．

(1) アカウンタビリティの付与に基づく統制

　「アカウンタビリティに基づく統制」とは，政府に対してアカウンタビリティを課する国民（住民）が，財務情報と非財務情報（制度の仕組み等も含む）を通じて，公共部門の提供するサービスの優先順位づけと効率化を求める形で，財政をコントロールすることを意味している[27]．

　田中（2011）は，日本の予算制度の歴史的展開を振り返るとともに，議会や執行府の権力構造にも留意している．さらに日本が財政再建に失敗している要因として，①財政ルールのデザインの不十分さ，②赤字ルールを遵守させるメカニズムの不十分さ（特に，成長率や歳出・歳入の予測誤差，支出ルールの信頼性，中期財政フレーム），③意思決定システムの不十分さ（特に首相や財務大臣，内閣が予算や税制についての意思決定に十分な権限を行使できない点）の3点を指摘している．財政学における予算論研究の歴史から見ると，定量的な国際比較を踏まえて上での指摘は，宮島（1989）による日本の財政再建過程に関する定量的かつ制度論的研究に続く有力な業績である[28]．

　しかし，本書で示した問題意識から鑑みると，予算配分の優先順位（ミクロバジェッティング）への関心が必ずしも高いとはいえない[29]．このため，サービスを国民に「手渡し」する主体である地方政府との関係（政府間財政関係）への意識が十分とは言い難いように思われる．

　この点に関し本書では，行政権限の委任関係の複雑化を踏まえつつ，業績評価指標の目標設定等に着目し，政府部門の財務情報と非財務情報の枠組みを明らかにすることを通じて予算配分を論じる予定でいたが，予算配分の問題にまで切り込むことができなかった．強制的に調達した租税に使途が見合っているか，使い方が適切であるかといった国民のニーズを反映した予算の優先順位の決定に関する分析は，今後の研究課題である．

　さらに本書は，財政学と会計学の先行研究をを踏まえながら地方財政・公会

計制度を論じてきたことから，行政学，政治学，社会的選択論等の領域における研究業績のフォローが不足している．例えば，代議制民主主義の取扱いがそれである．

この点に関し，待鳥（2015）は，代議制民主主義の機能不全の原因を，政府の役割の複雑化，専門家等の過剰な影響力，国民の検討の不十分さを指摘している．さらに，社会的選択論をゲーム理論の観点から検討する坂井（2015）のように，民主主義＝多数決制度として議論を進めがちな通説を批判する論者もいる．民主主義は被治者と統治者の同一性を目指す理念としつつも，一番得票の多い選択肢が勝つ多数決制度では，特定層に対する優遇や冷遇が意思決定に有利に働き，したがって万人に配慮するのが難しいために社会的分断を招きやすく，結果として民主主義の理念を実現するのが難しいと評価している．これらの研究業績を踏まえつつ，アカウンタビリティに基づく統制に関する分析を行うことも，今後の課題として残されている．

(2) 市場メカニズムに基づく統制

「市場メカニズムによる統制」は，政府部門の財政状況の違いが，政府部門による資金調達コスト（投資家の資本コスト）に反映される形で，金融市場が政府の行動を規律づけるものとしてとらえている．この統制は「アカウンタビリティに基づく統制」のように，公共部門の提供するサービスの優先順位づけ等の形で直接的に財政をコントロールする，というものではない．とはいえ財政構造に影響を与える点は，無視できない事実である．そこで本書でも，地方債の発行や地方債の引受資金を意識することを通じて，「市場メカニズムによる統制」の仕組みに接近することを試みた．

この点に関し，土居（2007）は，地方財政規律を地方債との関連で実証研究と国際比較を行い，日本の地方債の引受資金が中央政府によって決定され，元利償還金が地方交付税によって手当てされていることによって，地方政府が借り手意識を持たないままに債務を増加させたことを批判する．そのうえで，市場規律に基づく資源配分の効率性を重視する観点から，地方債制度に市場原理を一層導入し，金融市場から地方財政を規律づける必要があるとする，鋭い切れ味を持った結論を導き出している．

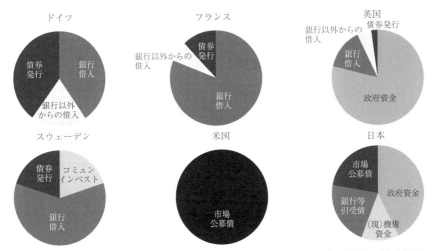

(資料) 三宅 (2011)「地方債市場の国際比較」『東京大学大学院経済学研究科・経済学部地方公共団体金融機構寄附講座』第3回フォーラム報告資料．

図終-2　地方債引受先の国際比較

しかし，資源配分の効率性という強い基準による経済学的な分析と，公平性に基づく個人間・地域間の再分配等といった具合に判断基準が多極化すると，結論の明確さや切れ味の鋭さが弱められることになる．例えば，各章でも述べたように，また図終-2にもあるように，地方債の引受資金は銀行からの借入れを中心とするドイツ，フランス，スウェーデン，他方で政府資金も一定の割合を占めるイギリス，日本といった形で，多様性がある．

市場規律が効果を発揮するとされるアメリカは，債券発行を原則とする点で，そして破綻法制を有しているという点で，むしろ特殊である[30]．このような多様性がどのような意図のもとに構築されたのか[31]．「アカウンタビリティの付与に基づく統制」の過程で考慮される公平性等を踏まえて構築された制度と，市場規律に基づく資源配分の効率性との関係，つまり効率性等の観点から撤廃された制度が有していた「制度の補完性」をどのように踏まえるべきか．本書に与えられた検討すべき今後の課題である．

一方，和足（2014）は，政治学の分野から各国の地方財政赤字となる要因を解明するにあたり，財政移転によるモラルハザードや財政錯覚ではなく，地方

債発行(起債)における中央政府アクターの統制と地方債引受の市場構造にあることを指摘する．日本の政治学・行政学の分野において，地方財政赤字に関して制度の相違を意識しつつ，多国間比較を計量的に行っている点は，先行研究にはない業績であると言えよう．

しかし，仮説の立証に注力が注がれているためか，政治学や行政学の伝統的なアプローチであり，本書の今後の課題でもある，議会等を通じた「アカウンタビリティに基づく統制」というルートへの配慮が希薄であるように思われる．

(3) 本書の限界と課題

本書では，政府と議会，政府内の諸組織，会計検査院．監査法人等の形で，各国の予算・決算統制をめぐる制度配置について，財務情報と非財務情報とを手がかりに明らかにしてきたが，常に表終-10のような形で，公会計制度と地方財政制度との関連を暗黙裡に意識していた．というのも，非財務情報であるの各国の事務配分や執行に係る政府間財政関係が，財源面と表裏一体となって，各国の地方財政の性格を規定している側面があると考えていたからである．

そもそも公共部門が提供するサービスは，市場メカニズムを通じて最適な資源配分が達成されないために，財務情報による一元的な評価は難しく，非財務情報による評価も必要となるし，それが重要であるとされる[32]．「市場メカニズムに基づく統制」を有効に機能させるのに第一義的に重要なのは財務情報であるが，その一方で，「アカウンタビリティの付与に基づく統制」を有効に機能させるには，財務情報とともに非財務情報が重要となる．そのような非財務情報(制度上の組みの情報等)を踏まえて財務情報を分析する必要があるし，予算の配分順位の決定の際にも有力な手がかりとなり得るからである．

ただし，本書は財務情報と非財務情報とを手がかりに各国の予算・決算統制をめぐる制度配置の輪郭を明らかにしたものの，その相違がどのような形で予算・決算統制の相違をもたらすのか，という問題にまで接近しきれていない[33]．この点こそが，本書の限界であり，今後の最大の課題である．

特に，本書の究極の目的である「議会統制や行政府自体の内部統制が弱まり，低下していくアカウンタビリティに対して，各国がどのような形で歯止めをかけようとしているのか」を明らかにするためには，各国の経済的，政治的，社

会的背景を踏まえた上で，各国の予算過程（法規定・慣行やその運用も含む）に深く立ち入る必要がある[34]．その際に重要なのは，「アカウンタビリティの付与に基づく統制」と「市場メカニズムに基づく統制」の対立と調整という視点

表終-10 地方財政・公会計制度の国際比較

			連邦国家の州・地方政府		単一国家の地方政府		
			アメリカ	ドイツ	イギリス	スウェーデン	日本
公会計（広義）	予算会計	経常・資本会計区分	あり	あり	あり	なし	なし
		均衡予算管理	複数年度	単年度	単年度	複数年度	単年度
		簿記法	複式	拡張カメラル	複式	複式	単式
		決算審査	州会計検査局	州会計検査院	内部監査	議員監査	監査委員
	GAAP会計（財務会計）	簿記法	複式	—	複式	複式	単式／複式
		財務諸表監査	外部監査	—	内部監査	議員監査	—
国民経済計算		マクロ経済政策の枠組	あり	あり	あり	あり	あり
財政制度	地方税制度	税率決定権	州あり	州政府は基本的になし	あり	あり	あり
		新税創設権	州あり	（連邦参議院で意見表明）	なし	なし	あり
			—	地方政府は州により一部あり	地方政府は州により一部あり	—	—
	起債制度	使途の原則	投資的経費	投資的経費	投資的経費	なし	投資的経費
		赤字地方債の発行	例外的に可能	例外的に可能	不可	—	例外的に可能
		起債自主権	原則自由	原則自由	原則自由	原則自由	原則自由
			連邦政府の定める歳入法の規定に従う（免税債の場合）	必要に応じた連邦政府による起債制限の実施	必要に応じた中央政府による起債制限の実施	中央政府の事後的監督	中央政府の事後的監督（※事前協議制度あり）
			地方政府の起債については，各州政府が監督	地方政府の起債については，各州政府が監督	—	—	—
	財政調整制度（一般補助金）	水平 and／or 垂直 配分ルール	なし	垂直／水平 課税力型	垂直 課税力・需要混合型	垂直／水平 課税力・需要混合型	垂直 課税力・需要混合型

州・地方政府本体に関するものであり，政府系企業については記載していない．
（資料）神野・池上（2003），土居・鈴木・林（2005），持田編（2006），三宅（2011）および本書の議論等により作成．

から，各国の実態を解明することにあると考えている．

注
1) 従来の予算論・公会計研究において，会計学の領域では中央・地方政府それぞれの段階で連結を意識した研究はあるが，中期財政計画等の財政運営で利用される国民経済計算の情報との異同を意識した形で全公共部門の連結財務諸表を視野に入れた研究は，積極的になされてこなかった．一方，財政学の領域では，中央・地方政府それぞれの決算額と国民経済計算の結果との関係を視野に入れた研究は，積極的になされてこなかった．そこで，国民経済計算との関連に着目しようとしたが，十分な分析ができなかった．
2) ここに言う政府系企業体は，日本の地方公営企業のような直営形態や第三セクターのような政府出資企業等，さまざまな形態を想定した組織体の総称として使用している．
3) 通常，基金財務諸表の中でも修正発生主義を採用しているのは一般基金である．
4) スウェーデン中央政府では，予算会計では現金主義，GAAP 会計では発生主義となっており，認識基準が異なっている．関口・伊集・木村（2015）を参照されたい．
5) CIPFA（2013），pp.47-48．
6) CIPFA では両者の関係は簡素化されるべきであると考えているという（CIPFA の Ian Carruthers 氏へのヒアリング〔2014 年 6 月 9 日〕）．
7) イギリスでは，予算会計が基づく会計基準も GAAP であるとされているため，予算会計も GAAP 会計であるということもできる（CIPFA の Ian Carruthers 氏へのヒアリング〔2014 年 6 月 9 日〕）．しかし，本章では予算額の算定に強く関係している会計として予算会計をとらえ，GAAP 会計を開示目的と強く関係している会計としてとらえている．
8) 公会計計制度の範囲には，国民経済計算に基づく一般政府（中央政府，地方政府，社会保障基金）と公的企業という概念や，アメリカの GASB のように活動プロセス（政府活動，事業活動）概念によって分類する方式等がある．また，認識基準には現金主義と修正現金主義と発生主義と修正発生主義とを区別する議論があり，簿記法にも単式簿記とカメラル簿記とを区別する議論等がある．本書では，そのことを意識した上で，やや単純化して予算会計と GAAP 会計等の区分を行っている．
9) 日本公認会計士協会・地方自治法改正対応プロジェクトチーム（2013）28 頁．
10) 時系列比較や団体間の財務データ比較には，「決算状況調」を基に総務省 HP で開示する「財政状況資料集」の財政指標が有益である．日本公認会計士協会・地方自治法改正対応プロジェクトチーム（2013：37 頁）では，「強制力を持った制度とすることも検討する必要がある」としている．
11) 持田（2013）第 12 章など．
12) 地方公営企業法第 21 条第 1 項，第 2 項．「地方公営企業法及び地方公共団体の財政の健全化に関する法律（公営企業に係る部分）の施行に関する取扱いについて」第一章第三節四．

13) BVG年次報告書．Time 誌（German Cities Suffer in the U.S. Financial Crisis.2009.4.9）によれば，BVGは金融危機以前ではベルリン州立銀行（Landesbank Berlin）から資金調達を行っていた．ベルリン州立銀行の民営化後も，ドイツ国内の公法人の金融機関であるバーデン・ウィッテンベルク州立銀行（Landesbank Baden-Wuerttemberg）からの資金調達を目指していた模様である．
14) ベルリン事業法（BerlBG）第5条による規定．
15) スウェーデンでは市場からの借入れと別に，コミューンインベストからの借入れが一般的だが，ストックホルムはコミューンインベストに加入していない（2011年9月21日 SLL 経済・金融局ヒアリング）．
16) 2011年9月21日 SLL 経済・金融局ヒアリング．
17) 地方財政法第5条第1項．地方公共団体金融機構法第28条第2項等．
18) 2015年度（平成27年度）の地方債計画では，民間等資金の割合が57.1％，公的資金の割合が42.9％である．近年の日米欧の地方債制度については，三宅（2014）を参照されたい．
19) 持田（2013），284頁．総務省が指定している土地開発公社，地方道路公社は例外として認められている．
20) E&Y ヒアリング（2008年9月9日）．
21) 一般政府等に加えて公営事業会計の数字を開示対象とするもの．
22) 一般政府等と公営事業会計に加えて，第三セクターや一部事務組合等を開示対象とするもの．
23) この監査は，SLL 議員によって行われ，素人監査といわれるが，SLL（行政府）に属しながら議員監査を専門的にサポートしているのが，SLL 監査局である．
　SLL 監査局は過去とともに将来も検査しているが，将来を見る際には，議会の決定した目標がどのような影響を持つかについて検証しているという．
24) 亀浦（2008：164-167頁）．第1に，首長への決算書提出期限（5月31日）の後に，監査委員の決算審査が行われること，第2に，議会での決算の認定は9月定例会のため，次年度予算への反映できず，早くて次年度の補正予算となること（通常は次々年度の予算で修正となること）を指摘し，民間のように決算施行と監査を同時に進めるべきとしている．
25) 鈴木編（2013）．
26) 日本公認会計士協会・地方自治法改正対応プロジェクトチーム（2013）21頁．
27) 伝統的な財政学の予算論でも，財政へのコントロールといった場合にはこの点を重視している．高橋（2015：2）は，政治学の領域から，「市民がさまざまなメカニズムを通して政府に対してアカウンタビリティを課すことができれば，市民はその代表である政府をよりコントロールすることが可能となり，また市民の利益にかなった公共サービスの提供を促すことになる．すなわち，アカウンタビリティの確保は，民主主義の質を高め，ひいては民主政府に正当性を付与するという意味において，現代民主主義にとって重要な課題である」とする．
28) 田中（2011：2頁）は「予算制度」を，①「財政法などの法的な制度」に加え，②「予算編成過程における慣習的な手続きや予算・財政の透明性」と，③「首相・

29) ミクロバジェッテングに対する「スペンダー」対「ガーディアン」の取引費用を削減する（田中 2011：331 頁）という図式に留まる．
30) また，アメリカで現実に破綻法制が適用される債券は，その大半がレベニュー債であり，一般目的財源債は極めて少ない．
31) 三宅（2011）は，財政規律を確保する方法については，①起債による調達資金の使途を，インフラ事業など投資的経費に原則として限定する，②地方政府の個別レベルでも，地方債の発行条件の交渉・決定に際しての基本方針が策定されている，といった点で各国概ね共通しており，財政状態が悪化する前に地方財政の健全性を確保するための制度を整える，という点に重点が置かれているとしている．
32) 古市・宮田（2001：139 頁）
33) それは序章で触れた「財政の透明性」指標の算出手法（11 項目の質問によりアンケートを行い，Yes は 1 点，No は 0 点として点数化）と同じレベルにとどまっている．田中（2011：表5-8）は，この算定手法に「一部該当又は予算文書外で該当する（0.5 点）」を付け加えた上で，OECD11 カ国の財政の透明性を評価している．
34) 経済的・社会的・政治的背景を意識する形で，先進諸国の財政赤字が累積した理由とその打開策について，国際比較を行ったものに井手編（2013）がある．本書との関連では，政府間財政関係を意識して地方財政について取り上げた，第6章「スウェーデンにおける地方財政規律」（高端正幸執筆），同第4章「日本における地方財政赤字の形成（宮﨑雅人執筆）を参照されたい．

参考文献

AB Storstockholms Lokaltrafik（2008）*Årsberättelse 2007*.
AB Storstockholms Lokaltrafik（2010a）*Årsberättelse 2009*.
AB Storstockholms Lokaltrafik（2010b）*Verksamhetsplan och Budget 2011 för AB Storstockholms Lokaltrafik och Färdtjänstverksamheten*.
Almqvist, Roland et al.（2013）"Public Sector Governance and Accountability," *Critical Perspective on Accounting*, No. 24, pp.479-487.
Alt, James E., and David D. Lassen（2006）"Fiscal Transparency, Political Parties, and Debt in OECD Countries," *European Economic Review*, Volume 50, Issue 6.
Anthony, Robert N.（1978）"Financial Accounting in Nonbusiness Organizations : An Exploratory Study of Conceptual Issues," *FASB Research Report*, FASB.
Bagge, Katja（2008）*Disadvantaged districts as the focal point of transport policy - the Berlin example*, Public Transport International November/December 2008.
Bean, David R.（2009）"A Look Back at 25 Years of High-Quality Standards-Setting," *Journal of Government Financial Management*, Fall 2009, Association of Government Accountants.
Berliner Verkehrsbetriebe, BVG.（2009）*Geschäftsbericht 2008*.
Bouckaert, Greet and John Halligan（2008）*Managing Performance : International Comparisons*, Routledge.
Brorström, Björn, Ola Erkisson och Anders Haglund（2008）*Kommunal Redovisningslag - Beskrivning och Tolkning*, Holmbergs i MalmöAB.
Brorström, Björn, Anders Haglund och Rolf Solli（2005）*Förvaltningsekonomi*, Studentlitteratur AB.
Campbell, John C.（1977）*Contemporary Japanese budget politics*, University of California Press（小島昭・佐藤和義訳（1984）『予算ぶんどり――日本型予算政治の研究』サイマル出版会）．
Citizens Budget Commission, CBC.（2006）*Public Authorities in New York State*.（財団法人自治体国際化協会訳「ニューヨーク州の公共企業体」）．
Commerzbank（2007）*Die kommunalen finanzen vor dem hintergrund der doppik-einführung - Stuide des institutes für Finanzen der Universität Leipzig*, Commerzbank AG.
Elander, Ingemar and Stig Montin（1990）"Decentralization and Control : Central and Local Government Relations in Sweden," Örebro : Högskolan i Örebro, Gruppen för Stadsmiljöforskning.
Ezzamel, Mahmoud, Noel Hyndman, Åge Johnsen and Irvine Lapsley, eds.,（2008），*Accounting in Politics : Devolution and Democratic Accountability*, Routledge（藤野雅史訳（2010）『分権政治の会計――民主的アカウンタビリティーの国際比較』中央経済社）．

Falkman, Pär and Torbjörn Tagesson (2006) "Accrual Accounting Does Not Necessarily Mean Accrual Accounting : Compliance with Standards in Swedish Municipal Accounting", Working Paper Series 2006 : 2, Department of Business Studies, Kristianstad University College.

Fountain et al. (2003) "Special Report," *Reporting Performance Information : Suggested Criteria for Effective Communication*, GASB.

Governmental Accounting Standards Board, GASB. (1978) *Concepts Statement No.1 of the Governmental Accounting Standards Board, Objectives of Financial Reporting*, GASB.

GASB (1985) *The Needs of Users of Governmental Financial Reports*, GASB

GASB (1991) "Research Report," *Service Effort and Accomplishment Reporting : Its Time Has Come—Mass Transit*, GASB.

GASB (1999) *Statement No.34 of the Governmental Accounting Standards Board, Basic Financial Statements—and Management's Discussion and Analysis—for State and Local Governments*, GASB.

GASB (2006) "Why Governmental Accounting and Financial Reporting – and Should Be – Different," GASB White Paper.
(http://www.gasb.org/white_paper_mar_2006.html)

GASB (2010) "Facts about GASB."
(http://www.gasb.org/facts/facts_about_gasb_2010.pdf)

Governor and Director of the Budget and Senior Advisor to the Governor (2007), *New York State 2007-08 Enacted Budget Financial Plan, April 9*

Hameed, Farhan (2005),"Fiscal Transparency and Economic Outcomes," IMF Working Paper No. 05/225 (Washington : International Monetary Fund).

HM Treasury (2012) *Whole of Government Accounts for the year ended 31 March 2011*.

Hood, Christopher (1995) "The "New Public Management" in the 1980s : Variations on a Theme," *Accounting Organization and Society*, Vol. 20, No. 2/3, pp. 93-109.

International Monetary Fund (2012) *Fiscal Transparency, Accountability, and Risk*, Washington DC, International Monetary Fund.

International Public Sector Accounting Standards Board (2011a) *Reporting Service Performance Information*, Consultation Paper.

International Public Sector Accounting Standards Board (2011b) *Presentation of Budget Information in Financial Statements*, International Public Sector Accounting Standards No.24.

Jones, David, Robert B. Scott, Lisa Kimbro and Robert Ingram (1985) *The Needs of Users of Governmental Financial Reports*, Governmental Accounting Standards Board.

Jones, Rowan (2003) "United Kingdom," in Klaus Lüder and Rowan Jones, *Reforming governmental accounting and budgeting in Europe*, Fachverlag Moderne Wirtschaft.

Knutsson, Hans, Ulf Ramberg and Torbjörn Tagesson (2011) "Benchmarking through

Municipal Benchmarking Networks : Improvement or Leveling of Performance?," Lund University.

Lüder, Klaus (1996) *Konzeptionelle Grundlagen des Neuen Kommunalen Rechnungswesens (Speyere Verfahren)* (亀井孝文訳 (2000)『地方自治体会計の基礎概念』中央経済社).

Lüder, Klaus and Rowan Jones (2003) Reforming governmental accounting and budgeting in Europe, Fachverlag Moderne Wirtschaft.

Mattisson, Ola, Gert Paulsson and Torbjörn Tagesson (2003) "Sweden," in Lüder, Klaus and Rowan Jones, *Reforming governmental accounting and budgeting in Europe*, Fachverlag Moderne Wirtschaft.

Mayor of London (2010) *Mayor's Transport Strategy*.

Mayor of London (2013) *The Mayor of London's capital spending plan for 2013-14*.

Metropolitan Transportation Authority, MTA. (2011) *Consolidated Finadal Statements as of and for the Period Fnded September 30, 2011*.

Metropolitan Transportation Authority, MTA. (2008) *Annual Report 2007*.

New York State Office of the State Comptroller (2005) *Public Authorities in New York State : Accelerating Momentum to Achieve Reform*.

New York Transit Authority (2008) *Consolidated Financial Statements : Management's Discussion and Analysis*.

Organisation for Economic Co-operation and Development, OECD. (2014) *National Accounts of OECD Countries, General Government Accounts 2013*.

Reddick, Christopher G. (2008) "State government budgeting in the United States : choices within constraints," in Ezzamel, M., et al., eds., *Accounting in Politics : Devolution and Democratic Accountability*, Routledge, Chapter 10 (藤野雅史訳 (2010)『分権政治の会計――民主的アカウンタビリティーの国際比較』中央経済社, 第10章).

Runge, Diana und Jan Werner (2009) *Der "Berliner Verkehrsvetrag" : Verkehrsvetrag zwischen dem Land Berlin und Den Berliner Verkehrsbetriben (BVG) AoR*, Heft 11.

Senatsverwaltung für Finanzen Berlin (2008) Hausaltsplan von Berlin für die Haushaltsjahre 2008/2009, Berlin.

Senatsverwaltung für Finanzen Berlin (2010) Hausaltsplan von Berlin für die Haushaltsjahre 2010/2011, Berlin.

Standard & Poor's "Corporate Rating Criteria" (2008).

State of New York (2007) *Annual Information Statement, May 8*.

State of New York (2008a) *Comprehensive Annual Financial Report*.

State of New York (2008b) *Supplement to the Annual Information Statement, February 14*.

State of New York, Office of the State Comptroller, Office of Operations, Division of Payroll, Accounting and Revenue Services, (2008) *Comptroller's Annual Report to*

the Legislature on State Funds Cash Basis of Accounting (Pursuant to Sec. 8 (9) of the State Finance Law), Fiscal Year Ended March 31, 2008.
Statistiska Centralbyrån, SCB. (2007) *Offentlig Ekonomi 2007*, SCB-Tryck, Örebro.
Statistiska Centralbyrån, SCB. (2009) *Offentlig Ekonomi 2009*, SCB-Tryck, Örebro.
Statistiska Centralbyrån, SCB. (2010) *Kommunalskatterna 2010*.
Statistiska Centralbyrån, SCB. (2012) *Årsbok för Sveriges Kommuner 2012*, SCB-Tryck, Örebro.
Statistiska Centralbyrån, SCB. (2014) *Offentligt Ägda Företag 2013*, SCB-Tryck, Örebro.
Stockholm County Council (2008) *Annual Report 2007*.
Stockholm County Council (2010) *Annual Report 2009*.
Stockholms läns landsting (2007) "Reviderad budgetprocess för Stockholms läns landsting".
Stockholms läns landsting (2008) *Fortsatt Fokus på Vården, Trafiken och Ekonomin, Budget 2009 med Planår 2010-2011*.
Stockholms läns landsting (2009) *Tillgänglighet och Säkerhet, Tillväxt och Framtidstro, Budgetdirektiv 2010 med Planår 2011-2012*.
Sveriges Kommuner och Landsting (2011) *Kommunens Kvalitet i Korthet 2010*.
The Chartered Institute of Public Finance and Accountancy, CIPFA (2013) *Financial Statements : A good practice guide for local authorities*.
The Greater London Authority (2013a) *The Greater London Authority Consolidated Budget and Component Budgets for 2013-14*.
The Greater London Authority (2013b) *The Greater London Authority's Business Plan 2013/14 to 2015/16*.
The Greater London Authority (2014a) *Summary Statement of Accounts 2013-2014*.
The Greater London Authority (2014b) *The Greater London Authority Consolidated Budget and Component Budgets for 2014-13*.
The Greater London Authority (2014c) *Statement of Accounts 2013-2014*.
The Greater London Authority (2015) *The Greater London Authority Consolidated Budget and Component Budgets for 2015-16*.
Transport for London (2013) *Transport for London's Budget for 2013/14*.
Transport for London (2014a) *Annual Report and Statement of Accounts 2013/14*, Mayor of London.
Transport for London (2014b) *Consultation Budget Extracts*.
Transport for London (2014c) *Transport for London's Budget for 2014/15*.
Transport for London (2015) Inventor update July 2015.
U.S. Census Bureau (2005) *Statistical Abstracts of the United States 2012*.
U.S. Office of Management and Budget (2014) *Budget of the United States Government Fiscal Year 2015, Historical Tables*.

東信男（2012a）「イギリスにおける発生主義財務情報の活用状況――財政統制に焦点を当てて」『会計検査研究』第 45 号．
東信男（2012b）「イギリスにおける発生主義財務情報の活用状況――政策評価に焦点を当てて」『会計検査研究』第 46 号．
池上岳彦編（2015）『現代財政を学ぶ』有斐閣．
池上岳彦（2015）「現代財政の課題と特徴」池上編『現代財政を学ぶ』有斐閣，第 1 章．
池田享誉（2005）「FASB 非営利会計概念フレームワークにおける組織区分の検討――GASB 概念フレームワークと比較して」『東京経大学会誌』第 250 号．
石田晴美（2006）『地方自治体会計改革論――わが国と諸外国及び国際公会計基準との比較』森山書店．
石原俊彦（2009）『CIPFA――英国勅許公共財務会計協会』関西大学出版会．
伊集守直（2006）「スウェーデンにおける政府間財政関係――地方分権と財政調整制度」『地方財政』第 45 巻第 5 号，213-237 頁．
伊集守直（2008）「スウェーデンの政府階層――その基本的枠組みと近年のレギオン実験」『都市とガバナンス』第 10 号，21-28 頁，日本都市センター．
伊集守直・木村佳弘（2007a）「スウェーデンの地方政府所有企業（上）」『公営企業』，第 39 巻第 1 号，31-43 頁．
伊集守直・木村佳弘（2007b）「スウェーデンの地方政府所有企業（下）」『公営企業』，第 39 巻第 2 号，31-44 頁．
井手英策・高端正幸（2005）「スウェーデンにみる財政危機下の地方財政と財政調整制度改革」『地方財政』11 月号．
井手英策編（2013）『危機と再建の比較財政史』ミネルヴァ書房．
稲沢克祐（2006）『英国地方政府会計改革論――NPM 改革による政府間関係変容の写像』ぎょうせい．
稲沢克祐（2007）『公会計　改訂版』同文舘出版．
岩崎美紀子（1998）『分権と連邦制』ぎょうせい．
鵜川正樹（2007a）「アメリカの公会計制度」鈴木・兼村編『公会計講義』第 10 章．
鵜川正樹（2007b）「イギリスの公会計制度」鈴木・兼村編『公会計講義』第 11 章．
宇野二朗（2005）「ドイツ地方行政における自治体出資企業のコントロール」『公会計研究』第 7 巻第 1 号，国際公会計学会．
宇野二朗（2015）「地方公営企業の展望――ドイツの経験を手がかりに」『公営企業』第 47 巻第 3 号，4-17 頁．
内貴滋（2009）『英国行政大改革と日本』ぎょうせい．
遠藤尚秀（2012）『地方公会計制度改革』中央経済社．
遠藤尚秀・石原俊彦（2010）「英国地方自治体の財務会計基準設定に関する一考察――CIPFA により設定された SORP を中心として」『ビジネス＆アカウンティングレビュー』第 4 号，107-122 頁．
大内兵衛（1930）『財政学大綱』岩波書店．
大島通義（1999）「財政政策を形成する主役とその仕組み」大島通義・神野直彦・金子勝編『日本が直面する財政問題――財政社会学的アプローチの視点から』八千代出版．

第 7 章.
大島通義（2007）「「アカウンタビリティ」の財政社会学」日本財政学会編『格差と財政 財政研究第 3 巻』有斐閣.
大島通義（2013a）『予算国家の＜危機＞──財政社会学から日本を考える』岩波書店.
大島通義（2013b）「講演 予算国家の＜危機＞──財政社会学から日本を考える」『財政と公共政策』第 35 巻第 2 号.
大住莊四郎（1999）『ニュー・パブリックマネジメント──理念・ビジョン・戦略』日本評論社.
大森明（2012）「政府会計におけるミクロとマクロの連携──イギリス政府における取組み」『平成 23 年度海外行政実態調査報告書』会計検査院.
甲斐素直（1996）『財政法規と憲法原理』八千代出版.
甲斐素直（2001）『予算・財政監督の法構造』信山社.
加藤芳太郎（1976）「予算と決算」辻清明編『行政の過程（行政学講座 3）』東京大学出版会.
加藤芳太郎（1989）「状況と反省」『会計検査院研究』第 1 号.
加藤芳太郎（1997）『財政学講座』地方自治総合研究所.
加藤芳太郎（2008）『予算論研究の歩み』敬文堂.
兼村髙文（2010）「英国地方自治体の決算報告書とその活用状況──わが国の新公会計モデルの財務書類と対比して」『比較地方自治研究会調査研究報告書（平成 22 年度）』.
亀井孝文（2004）『公会計改革論──ドイツ公会計研究と資金理論的公会計の構築』白桃書房.
亀井孝文（2008a）「公会計複式記帳の展開と予算の統合」『経営情報学部論集』第 22 巻 1.2 号.
亀井孝文（2008b）『公会計制度の改革』中央経済社.
亀井孝文編（2012）『ドイツ・フランスの公会計・検査制度』中央経済社.
亀浦大輔（2008）『公営企業監査のツボ』ぎょうせい.
川尻亜紀（2005）「海外交通事情 米国の都市交通における財源調達をめぐる問題──ニューヨーク・NYMTA の事例から」『運輸と経済』第 65 巻第 4 号，76-85 頁.
川村義則・青木孝浩（2010）「国際公会計基準と米国の公会計基準の現状に関する調査」『平成 21 年度海外行政実態調査報告書』会計検査院.
瓦田太賀四（1992）「公会計情報の質的特性」『産業經理協會』第 52 巻第 2 号，97-104 頁.
瓦田太賀四（2006）『地方公営企業会計論』清文社.
瓦田太賀四・陳琦・都筑洋一郎（2011）『政府会計の進展』清文社.
菊池祥一郎（1977）『アメリカ公会計論』時潮社.
北村裕明（1998）『現代イギリス地方税改革論』日本経済評論社.
木村成志（2006）「イングランドにおける地方行政機関の業績評価──包括的業績評価（CAA）のフレームワーク」『経営戦略研究』第 4 号，47-66 頁.
木村佳弘（2014）「アメリカ連邦政府の財務諸表──予算会計と財務会計の相違を意識して」『都市問題』第 105 巻第 6 号.
木村佳弘・天羽正継・大島誠（2011）「地方公営企業の料金決定に関する研究」『公営企

業』第 43 巻第 9 号．
黒沢義孝（2007）『格付け講義』文眞堂．
小島昭（1976）「日本の財務行政」辻清明編『行政の歴史（行政学講座 2）』東京大学出版会．
小嶋和司（1988）『憲法と財政制度』有斐閣．
小嶋和司（1996）『日本財政制度の比較法史的研究』信山社．
小滝敏之（2005）『アメリカの地方自治』第一法規．
小西砂千夫（2012）『公会計改革の財政学』日本評論社．
小林麻里（2002）『政府管理会計——政府マネジメントへの挑戦』敬文堂．
財務省・財政制度等審議会（2003）『公会計に関する基本的考え方』．
財務省・財務総合政策研究所（2001）『主要国の地方税財政制度調査報告書』．
財務省・財務総合政策研究所（2006）『「主要諸外国における国と地方の財政役割の状況」報告書』．
阪井清志（2008）「先進諸国における都市圏交通計画制度の比較に関する研究」『日本都市計画学会都市計画論文集』NO.43-3．
坂井豊貴（2015）『多数決を疑う——社会的選択理論とは何か』岩波新書．
酒井大策（2006）「英国地方自治体における財務報告基準——CIPFA『英国における地方自治体の会計の実務規範』の分析的検討」『経営戦略研究』第 4 号，67-81 頁．
酒井大策・石原俊彦（2012）「英国地方自治体における会計実務規範を規定するフレームワーク」『ビジネス＆アカウンティングレビュー』第 9 号，129-142 頁．
桜内文城（2004）『公会計 国家の意思決定とガバナンス』NTT 出版．
自治体国際化協会（1991）「ニューヨーク州財政及び 91 年予算の概要」『CLAIR REPORT』第 23 号．
自治体国際化協会（2003）『ドイツの地方自治』．
自治体国際化協会（2004）『スウェーデンの地方自治』．
自治体国際化協会（2013）『英国の地方自治（2013 年改訂版）』．
渋谷博史・塙武郎（2008）「シカゴの交通財政と州・地方債」『彦根論叢』第 374 号，1-14 頁．
島恭彦（1963）『財政学概論』岩波書店．
清水涼子（2007）『公会計の基礎知識』朝陽会．
市民予算委員会 Citizens Budget Commission（2005）「ニューヨーク州の公共企業体」．
新藤宗幸（2001）「行政改革の焦点と行政研究の視点」日本行政学会編『日本の行政学——過去，現在，未来』ぎょうせい．
神野直彦（1998）『システム改革の政治経済学』岩波書店．
神野直彦（2000a）「財政の合理化と行政評価」『NIRA 政策研究』146 巻．
神野直彦（2000b）「予算と政策評価」『NIRA 政策研究』156 巻．
神野直彦（2007）『財政学（改訂版）』有斐閣．
神野直彦（2008）「地方財政の進路選ぶ地図——スウェーデンに学べ」『日本経済新聞』12 月 26 日付朝刊．
神野直彦（2014）「予算改革と公会計改革」『国際文化研修』第 85 巻．

神野直彦・池上岳彦（2003）『地方交付税　何が問題か──財政調整制度の歴史と国際比較』東洋経済新報社．
神野直彦・小西砂千夫（2014）『地方財政論』有斐閣．
鈴木豊（2010a）「公監査の理論と制度」鈴木・兼村編『公会計講義』税務経理協会，第9章．
鈴木豊（2010b）「公監査の新潮流の識別」『企業会計』第62巻，796-807頁．
鈴木豊（2011）「業績公監査と財務・法規準拠性公監査の関連」『税経通信』第66巻13号．
鈴木豊（2015）「地方公共団体の監査」日本公認会計士協会公会計協議会初期研修配布資料．
鈴木豊編（2013）『業績（行政成果）公監査論』税務経理協会．
鈴木豊・兼村髙文編（2010）『公会計講義』税務経理協会．
隅田一豊(1989)「地方公会計制度に関する国際比較」吉田・原田編『公会計の基本問題』森山書店，第6章．
隅田一豊(1998)『住民自治とアカウンタビリティ──日・米・英の地方公会計及び監査制度の基礎』税務経理協会．
関口智（2007）「雇用主提供医療とアメリカ租税政策（上）──雇用主提供年金との比較の視点から」『税務弘報』第55巻第10号，106-116頁．
関口智（2009a）『地方公会計制度における連結財務諸表の研究──スウェーデンの事例』平成20年度全国知事会自主調査研究委託事業，1-38頁．
関口智（2009b）「地方財政と公会計制度改革」第62回全都道府県監査委員協議会連合会総会（講演録）．
関口智（2011）「予算・決算統制と公会計制度──国際比較の視点から」『地方財政』第50巻第9号．
関口智（2014）「イギリス地方財政・公会計制度とマーリーズ・レビューの地方税改革案」『地方財政』『地方財政』第53巻第10号．
関口智（2015）「経営戦略の策定と予算・公会計制度──ロンドン交通局の事例」『公営企業』第47巻第12号．
関口智・木村佳弘・伊集守直（2009）「スウェーデンの地方公会計制度と地方政府所有企業」『公営企業』第41巻第8号，52-69頁．
関口智・木村佳弘・伊集守直（2010a）「アメリカ州・地方政府の公会計制度と公共企業体」『公営企業』第43巻第1号．
関口智・木村佳弘・伊集守直（2010b）「地方公会計制度と予算・決算──アメリカとスウェーデンの比較」『立教経済学研究』第64巻第2号．
関口智・木村佳弘・伊集守直（2011）「ドイツ地方公企業の会計制度と業績評価指標」『公営企業』第43巻第11号．
関口智・伊集守直（2012）「スウェーデンの地方政府と地方政府所有企業における業績評価指標──予算統制と監査制度を意識して」『公営企業』第44巻第5号．
関口智・木村佳弘（2012）「アメリカ州・地方政府と公共企業体における業績評価指標──予算統制と監査制度を意識して」『公営企業』第44巻第6号．
関口智・木村佳弘・伊集守直（2015）「スウェーデン中央政府の予算・決算と公会計制

度」『立教経済学研究』第68巻第4号．
総務省・新地方公会計制度研究会（2006）『新地方公会計制度研究会報告書』．
総務省（2007）「諸外国における監査制度について」第29次地方制度調査会第5回専門小委員会資料．
総務省・今後の新地方公会計の推進に関する研究会（2014）『今後の新地方公会計の推進に関する研究会報告書』．
醍醐聰編（2000）『自治体財政の会計学』新世社．
高端正幸（2013）「スウェーデンにおける地方財政規律」井手編『危機と再建の比較財政史』，第6章．
武田公子（2003）『ドイツ自治体の行財政改革──分権化と経営主義化』法律文化社．
高橋百合子編（2015）『アカウンタビリティ改革の政治学』有斐閣．
高峯康世（2015）「諸外国における地域交通補助制度」『レファレンス』．
田中秀明（2005a）「マクロ財政運営と公会計情報──公会計の役割と限界」，PRI Discussion Paper Series, No. 05A-06．
田中秀明（2005b）「マクロ財政運営と公会計情報──公会計の役割と限界」山本清編『「政府会計」改革のビジョンと戦略』中央経済社．
田中秀明（2011）『財政規律と予算改革──なぜ日本は財政再建に失敗しているのか』日本評論社．
谷達彦（2015）「政府間財政関係」池上岳彦編『現代財政を学ぶ』有斐閣，第9章．
谷口博文（2013）「地域公共政策における自治体の役割と助成制度に関する研究──ドイツ・フライブルクの事例報告」『都市政策研究』第14号．
田村香月子（2008）「サブプライム問題と格付機関をめぐる規制」『関西大学商学論集』第53巻第4号．
陳埼・大峠理沙（2005）「GASBのSEA報告基準（試案）の特徴および課題」『商大論集』第56巻第3号．
鶴光太郎（2003）「政府の透明性」Economic review No.13～15．
土居丈朗（2007）『地方債改革の経済学』日本経済新聞社．
土居丈朗・林伴子・鈴木伸幸（2005）「地方債と地方財政規律──諸外国の教訓」ESRI Disccusion Paper No.155．
ツィーコー・ヤン（2014）「再公営化─地方自治体サービス民営化からの転換？──ドイツにおける議論状況について」『立教法務研究』第7号．
テッスマン・イエンス（2013）「ドイツの地方自治体の予算会計制度改革」（財）自治体国際化協会ロンドン事務所マンスリートピック（2013年1月）．
東京都（2001）『機能するバランスシート』．
東京都（2006）『自治体会計の新しい経営報告書＜論点整理＞』．
東京都・大阪府（2010）『公会計改革白書──複式簿記・発生主義会計による自治体経営改革』．
独立行政法人鉄道建設・運輸施設整備支援機構（2005）『主要鉄道先進国の鉄道整備とその助成制度』．
中里透（2012）「地方債の信用力とリスクシェアリング」『フィナンシャル・レビュー』

108号.

中西一（2007）「アメリカ州・地方債統制と公会計——GASB 第 34 号と地方債市場」『佐賀大学経済論集』第 39 巻第 6 号，41-86 頁.

西尾勝（1989）「アカウンタビリティの概念」『会計検査研究』第 1 号.

西山一郎（1988）「イギリス地方自治体における最近の予算編成について」『香川大学経済論叢』第 61 巻第 2 号.

西山一郎（1996）「地方自治体の予算編成過程——日本とイギリスを比較して」山崎怜・藤岡純一編『現代の財政——新自由主義の帰趨』昭和堂，第 10 章.

日本公認会計士協会編（2013）『公会計基準設定——海外事例研究と分析』日本公認会計士協会出版局.

日本公認会計士協会・地方自治法改正対応プロジェクトチーム（2013）『我が国の業績公監査の発展と公認会計士等の役割』.

日本財政法学会編（1993）『決算制度』学陽書房.

日本財政法学会編（2011）『会計検査院』全国会計職員協会.

羽生雄一郎（2014）「英国における自治体監査の動向」『地方自治』第 795 号.

土方まりこ（2005）「ドイツにおける地域交通助成制度とその変容」『運輸と経済』第 65 巻 11 号.

藤井秀樹（2005）「アメリカ公会計の基礎概念——GASB 概念書第 1 号と FASB 概念フレームワークの比較検討」『産業経理』第 64 巻第 4 号，4-14 頁.

藤井秀樹監訳（2003）『GASB／FASAB 公会計の概念フレームワーク』中央経済社.

筆谷勇（1998）『公会計原則の解説』中央経済社.

古市峰子（2002）「米国の公会計制度の仕組みとわが国へのインプリケーションについて」『金融研究』日本銀行金融研究所.

古市峰子・宮田慶一（2001）「公的年金と地方自治体における政策評価のあり方」『金融研究』日本銀行金融研究所.

待鳥聡史（2015）『代議制民主主義——「民意」と「政治家」を問い直す』中公新書.

三宅博史（2009）「インフラのアセットマネジメントと公会計改革——インフラ資産の会計処理方法についての考察を中心に」東京市政調査会リサーチペーパー No.8.

三宅裕樹（2011）「地方債市場の国際比較」『東京大学大学院経済学研究科・経済学部地方公共団体金融機構寄附講座』第 3 回フォーラム報告資料.

三宅裕樹（2014）『地方債市場の国際潮流』京都大学学術出版会.

宮﨑雅人（2013）「日本における地方財政赤字の形成」井手編『危機と再建の比較財政史』第 4 章.

宮島洋（1989）『財政再建の研究——歳出削減政策をめぐって』有斐閣.

宮島洋（1991）「一般政府予算と決算」金本良嗣・宮島洋『公共セクターの効率化』東京大学出版会.

宮本憲一・鶴田廣巳（2008）『セミナー現代地方財政 II』勁草書房.

室田哲男（2000）「ドイツにおける市町村予算・会計制度の改革の動きについて——複式簿記の導入をめぐる議論を中心に」『地方財政』7 月号.

持田信樹（2013）『地方財政論』東京大学出版会.

持田信樹編（2006）『地方分権と財政調整制度　改革の国際的潮流』東京大学出版会．
山本清（2013）『アカウンタビリティを考える――どうして「説明責任」になったのか』NTT 出版．
山本清（2014）「ドイツの自治体の公会計制度改革」『会計と監査』7 月号．
有限責任監査法人トーマツ（2015）「イギリス及びアメリカにおける公会計制度とその運用の状況及び公会計の報告に係る会計検査の状況に関する調査研究」『平成 26 年度会計検査院委託業務報告書』会計検査院．
横田茂（2009）「予算論の現代的課題」『関西大学商学論集』第 53 巻 6 号．
横田茂（2012）「予算論の展開」日本財政学会編『社会保障と財政――今後の方向性　財政研究第 8 巻』有斐閣．
吉田寛（1989）「地方公会計の基本問題」吉田・原田編『公会計の基本問題』森山書店，第 1 章．
吉田寛・原田富士雄編（1989）『公会計の基本問題』森山書店．
吉本理沙（2009）「SEA 報告に対する GASB の方針転換」『公会計研究』第 10 巻第 2 号．
若林茂信（1987）『新アメリカ・イギリス公会計――制度と実務』高文堂出版社．
渡邉徹（2010）「ドイツ・ベルリン州における公共近距離旅客運送の現状と課題――公的補助制度とその活用状況を中心に」『早稲田商学』第 426 号．
渡瀬義男（2012）「2 年制予算論議と財政民主主義」『アメリカの財政民主主義』日本経済評論社，第 5 章．
和足憲明（2014）『地方財政赤字の実証分析：国際比較における日本の実態』ミネルヴァ書房．

あとがき

　本書の直接の契機は，2008-2011 年度に獲得した地方公営企業連絡協議会調査研究事業（2008・2009 年度「地方公営企業の会計制度に関する国際比較」，2010 年度「地方公営企業の会計制度に関する国際比較と業績評価指標」，2011 年度「地方公営企業の会計制度及び経営管理指標に関する国際比較」）にある．そして，日本学術振興会科研費・挑戦的萌芽研究「公会計制度と政府間財政関係および予算・監査制度の関連に関する国際比較分析」（研究代表者：関口智，課題番号：24653106）の助成を一部受けている．
　我々3 名は財政学を研究対象としてきたことから，単に地方公営企業の会計制度のみならず，地方財政における普通会計と特別会計の関連，さらには中央政府の財政との関連に問題関心があった．そして，伝統的な財政学における予算論の問題意識も共有していた．
　そこでこの研究を進めるにあたり留意したのは，財政学，会計学，行政学，財政法等の交錯領域の分析を通じて，「議会統制や行政府自体の内部統制が弱まり，低下していくアカウンタビリティに対して，各国がどのような形で歯止めをかけようとしているのか」を明らかにすることであった．特に先行研究の蓄積が乏しい領域を考慮し，現実に作成されている予算・決算文書を取り上げること，国際比較を可能とすべく，その対象を州・地方政府と政府系企業体とし，政府系企業体も同一業種（本書では公共交通）を選定するように心がけた．
　研究は，国内外の先行研究，統計データの把握および整理，海外調査，それらの分析という形をとった．特に海外調査では，予算・公会計を研究する研究者（財政学者や会計学者），公認会計士（監査法人），政府部門担当者等へのヒアリングを行い，各国公会計制度の歴史的変遷，理論的変遷，現実的な論点等について，先行研究の分析では実施困難な論点の補強および発掘に努めるようにした．多忙な業務の中，ヒアリングに応じてくださった，以下の方々（肩書は当時）には，この場を借りて感謝申し上げたい．
　2008 年 9 月 8 日から 10 日にかけてのスウェーデン調査（ストックホルム・ラ

ンスティング）では，地方政府会計評議会の Anders Nilsson 氏，Kajsa Jansson 氏，スタンダード＆プアーズの Carl Nyreröd 氏，監査法人アーンストアンドヤングの Pär Falkman 氏，ストックホルム・ランスティングの Lennart Björk 氏，Michael Haglund 氏，Kjell Öhrstrom 氏，Ralf Jansson 氏にお世話になった．

　2009 年 9 月 9 日から 11 日にかけてのアメリカ調査（ニューヨーク州）では，スタンダード＆プアーズの William L. Montrone 氏，Laura Macdonald 氏，Steve J. Murphy 氏，Collen Woodell 氏，監査法人デロイトの David B.Jones 氏，ニューヨーク州大都市交通局の Patrick McCoy 氏，Lara Muldoon 氏，Douglas R. Sussman 氏，マンハッタン政策研究所の Steve Malanga 氏，Nicole Gelinas 氏，監査法人ケーピーエムジーの Gregory Driscoll 氏にお世話になった．

　2010 年 6 月 22 日から 25 日にかけてのドイツ調査（ベルリン州）では，ライプチヒ大学財政学部公共企業およびライフライン・サービス・センターの Oliver Rottmann 氏，監査法人プライスウォーターハウスクーパーズの Jan Witing 氏，ベルリン交通公社の Thomas Unger 氏，ベルリン経済法科大学の Berit Adam 氏，ベルリン近距離交通センターの Jan Werner 氏，ベルリン都市開発省の Stephanie Landgraf 氏，ベルリン州議会の Andreas Kohler 氏（SPD），Uwe Goetze 氏（CDU），Volker Thiel 氏（FDP），Jutta Matuschek（Die Linke），Tobias Kraft 氏，ポツダム大学の片木淳氏（早稲田大学より在外研究中），ベルリン州会計検査院の Christian Koch 氏，ベルリン州政府財務省の Günter Schulz 氏にお世話になった．

　2011 年 9 月 20 日から 23 日にかけてのスウェーデン調査（ストックホルム・ランスティング）では，地方政府会計評議会の Anders Nilsson 氏，Kajsa Jansson 氏，ストックホルム・ランスティング議員監査（交通部門）の Gunilla Jerlinger 氏，大ストックホルム圏地域交通株式会社の内部監査部門の Maria Brenner 氏，ストックホルム・ランスティング経済・金融局の Ingrid Bergman 氏，ルンド大学経済学部の Torbjörn Tagesson 氏，監査法人アーンストアンドヤングの Mikael Sjölander 氏，ストックホルム・ランスティング内部監査部門の Ralf Jonsson 氏にお世話になった．

　2011 年 10 月 31 日から 11 月 4 日にかけてのアメリカ調査（ニューヨーク州）

では，ニューヨーク州監査局のSteven Stowits Elliott 氏，David Hasso 氏，Andrew Sanfilippo 氏，ニューヨーク州大都市交通局の Avoline P. Simon 氏，Sophia La-France Brooks 氏，Christian F. Bastian 氏，監査法人ケーピーエムジーの Gregory Driscoll 氏，監査法人デロイトの David B. Jones 氏，ニューヨーク州監査局ニューヨーク事務所の Tom Marks 氏にお世話になった．

2014年6月9日から6月13日にかけてのイギリス調査（ロンドン，バーミンガム市）では，英国勅許公共財務会計協会の Ian Carruthers 氏，CLAIR ロンドン事務所の Andrew Stevens 氏，コミュニティ・地方自治省の Mike Young 氏，バーミンガム大学地方自治体研究所の Chris Game 氏，Peter Watt 氏，バーミンガム市財政課の Peter Woodall 氏にお世話になった．

また，海外調査のアポイント等の事前準備に際し，アメリカについては，植田昌也氏（在ニューヨーク日本国総領事館・領事），谷内正登氏（在ニューヨーク日本国総領事館・領事），ドイツについては，務台俊介氏（元財団法人自治体国際化協会ロンドン事務所長），天野史子氏（PricewaterhouseCoopers），イギリスについては，石原俊彦教授（関西学院大学大学院経営戦略研究科），羽生雄一郎氏（一般財団法人自治体国際化協会ロンドン事務所長），そして櫻井泰典氏（総務省自治税務局都道府県税課課長補佐）にお世話になった（肩書はいずれも当時）．

本書の元になった論文は，国内での事前・事後調査，そしてさまざまな方々にご協力いただいた海外実態調査も踏まえ，執筆されている．その初出を示せば，以下の通りである．

(1) 関口智・木村佳弘・伊集守直（2009）「スウェーデンの地方公会計制度と地方政府所有企業」『公営企業』第41巻第8号．――第4章．
(2) 関口智・木村佳弘・伊集守直（2010）「アメリカ州・地方政府の公会計制度と公共企業体」『公営企業』第43巻第1号．――第1章．
(3) 関口智・木村佳弘・伊集守直（2010）「地方公会計制度と予算・決算――アメリカとスウェーデンの比較」『立教経済学研究』第64巻第2号．――第1章・第4章．
(4) 関口智（2011）「予算・決算統制と公会計制度：国際比較の視点から」『地方財政』第50巻第9号．――第1章・第4章・終章．

(5) 関口智・木村佳弘・伊集守直（2011）「ドイツ地方公企業の会計制度と業績評価指標」『公営企業』第43巻第11号．――第3章．
(6) 関口智・伊集守直（2012）「スウェーデンの地方政府と地方政府所有企業における業績評価指標：予算統制と監査制度を意識して」『公営企業』第44巻第5号．――第5章．
(7) 関口智・木村佳弘（2012）「アメリカ州・地方政府と公共企業体における業績評価指標：予算統制と監査制度を意識して」『公営企業』第44巻第6号．――第2章．
(8) 関口智（2014）「イギリス地方財政・公会計制度とマーリーズ・レビューの地方税改革論」『地方財政』第53巻第10号．――第6章．
(9) 関口智（2015）「経営戦略の策定と予算・公会計制度――ロンドン交通局の事例」『公営企業』第47巻第12号．――第6章．

　むろん，本書にこれらの論文を組み込む際には，我々は大幅な加筆・修正を行っており，新たな書下ろしもある．その過程で行った日本財政学会，地方財政学会，総務省，自治総合センター等での報告や，ネットワーク2000研究会等での議論を通じて，我々がご指導いただいた先生方や友人は数えきれない．1人ひとりお名前を挙げることはできないが，心から感謝したい．

　厳しい出版事情にもかかわらず，出版をお引き受けいただいた日本経済評論社の栗原哲也社長，そして編集担当の梶原千恵さんによる迅速かつ的確なアドバイスには感謝申し上げたい．

　本書が明らかにしたことは，序章で取り上げた問題意識の射程範囲から見れば，極めて限られている．特に，研究領域が財政学と公会計論の研究業績への対応が中心になっており，地方財政と公共交通との関連についての本格的な分析にまでは至っていない．しかし，問題意識に対する回答に接近するためには，必要不可欠な作業であったと考えている．その意味で，本書は本格的研究の出発点として，その輪郭を示したに過ぎないともいえる．既に我々はともに新たな研究を開始している．今後，ひとつの形で取りまとめたいと思っている．

関口　智・木村佳弘・伊集守直

索引

[ア行]

アカウンタビリティ　5
アカウンタビリティの付与に基づく統制　2, 349
圧縮記帳　48, 144, 204, 270
アメリカ会計学会（American Accounting Association）　99
アメリカ公認会計士協会（AICPA）　42, 99
アングロ・サクソン型 NPM　13
イギリス国営医療制度　280
イギリス地方自治体会計の 2013/14 年実務規範（Code of practice on Local Authority Accounting in the United Kingdom 2013/14）　269
一部事務組合　355
一覧性　218, 287, 339, 340
一般会計等財務書類　342
一般基金（General Fund）　31, 66, 68, 293
一般基金経常会計（General Fund Revenue Account）　289
一般に公正妥当と認められた政府監査基準（generally accepted government auditing standards）　347
一般目的財源債　356
インフラ投資助成金　143, 146
運営情報（Operating information）　97
運賃収入／営業費用（Farebox recovery ratio）　78
運賃収入／営業費用比率（Farebox recovery ratio）　158
営業助成金　203
営造物法人（公社）　131
欧州司法裁判所　166

[カ行]

会計監査　25
会計監査規則（Accounts and Audit Regulations）　269
会計基準審議会（ASB）　271
会計基準の視点（Accounting Standards Perspective）　263
会計検査院　16
会計検査院（GAO）　37
会計評議会（RR）　202, 223
会社法（the Companies Act）　269
解消法（EntflechtG）　143, 151
カウンティ（County）　29
カウンティ（County Council）　260
活動基準原価計算（ABC 原価計算）　10, 27
カメラル簿記　138, 152, 184, 186, 354
監査委員　347
監査委員会　303
慣習法　13, 133
間接法　204, 213, 281
議員監査　215, 238
議会統制　6
議会予算　211
期間衡平性（interperiod equity）　42
基金（Fund）　39, 64
基金財務諸表（Fund Financial Statements）　59
基金体系　64
基準書第 34 号　97
基礎自治体　261
基礎的自治体（バラ）　306
基礎的政府（Primary Government）　62
基礎予算（budgetunderlag）　234
基本法（Grundgesets：GG）　136

客観的指標　164
行政活動（Governmental activities）　62
行政管理予算庁（OMB）　37
行政権　128
行政評価　181
行政府予算（Executive budget）　66
行政報告（Administration Report）　211
業績監査　109, 120, 239
業績公監査　16
業績評価指標　11, 329
共同事務　192
共同任務　128
業務監査　25, 109, 219
業務監督　156, 165, 168, 178
均衡財政原則　199
金銭の効率性（Value for Money）　330
グレーター・ロンドン・オーソリティー（GLA）　255
経営目標　111
経済的状況報告（ECR）　86
経常会計（Revenue Account）　289
経常収入対債務返済比率（Debt service ratio）　314
経常補助金（Operative assistance）　47, 51, 62
契約国家　6
決算統計　327
決算統制　10
現金主義　10, 70, 218
現金消耗率（Cash-burn Rate）　116, 159
健全性保持規範（Prudent Code）　278
健全な財政運営　226
合意された手続(Agreed upon procedures)　300
公営事業会計　355
広義の公会計　9
公共企業体　32
公共企業体改革法（The Public Authority Reform Act）　81
公共事業資金貸付協会（PWLB）　280, 337
公共政策ベースの政府系機関（Public Policy Based GREs）　217

公共旅客近距離交通（ÖPNV）　139, 149, 161
構成単位（Component unit）　45, 62, 110
構成単位財務諸表（Component Unit Financial Statements）　60
交通委員会　177, 238
交通契約　142, 158, 161, 163, 250, 332
交通契約外　142, 168
交通戦略における戦略的成果指標（MTS strategic outcome indicators）　307
交通補助金（Transport grant）　274
公認会計士協会（FAR）　202
公平性　351
公法上の公企業　131, 136, 137
効率性指標（Efficiency indicator）　11
国際会計基準36号（IAS36）　271
国際公会計基準21号（IPSAS21）　271
国際公会計基準26号（IPSAS26）　271
国民経済計算（SNA）　8
コミューン　191
コミューン連合（Svenska kommunförbundet）　198
固有行政　128

［サ行］

サービス努力および成果（SEA）　86
最高会計検査機関国際組織（International Organization of Supreme Audit Institutions）　347
財政依存性（fiscal dependency）　47
財政移転　3
財政援助制限法　338
財政議会主義　5
財政統制　15, 19
財政投融資制度　338
財政の持続可能性（Fiscal sustainability）　97, 118, 121
財政の透明性（fiscal transparency）　1, 356
財政マネジメントコントロール委員会　178
財政民主主義　5
財務会計基準審議会（FASB）　73, 81
財務監査　108, 120, 239
財務監督　156, 178

索引　375

財務公監査　16
財務指標　98
債務償還　114
財務省簿記委員会（BFN）　197
財務諸表監査　16
財務説明責任（financial accountability）　47
財務トレンド情報　97
債務負担能力情報（Debt capacity information）　97
債務返済能力　76
財務報告諮問審議会（FRAB）　265
債務保証　336
産業補助金　203
時間の正確性　114, 246, 311
事業型活動（Business-type activities）　62
資源配分の効率性　351
自主決定方式（Prudential Limit）　291
市場メカニズムに基づく統制　2, 349
市町村予算令（GemHVO）　136
実務機関　262
実務規範（Code of Practice）　265
支払利子対税引前・利払前利益回収率（Interest coverage ratio）　116
資本会計（Capital Account）　289
資本コスト　350
資本支出計画（The Mayor of London's Capital Spending Plan）　314
資本調整勘定（Capital adjustment account）　270
資本補助金　47, 51, 62
州基金（State fund）　68
収支均衡　49
州資本計画監視委員会（State's Capital Program Review Board）　51
修正現金主義　153, 184, 325, 354
修正発生主義　36, 59, 64, 66, 70, 324, 354
収入能力情報（Revenue capacity information）　97
州予算規則（LHO）　136
主観的指標　164
主要目標（huvudmål）　234
償還確実性　91

商業ベースの政府系機関（Commercial GREs）　217
所有基金（Proprietary Fund）　64
所有基金財務諸表（Proprietary Fund Financial Statements）　59
人口動態および経済情報（Demographic and economic information）　97
新制御モデル（NSM）　125
信託基金（Trust Fund）　31
信認基金（Fiduciary Fund）　64
信認基金財務諸表（Fiduciary Fund Financial Statements）　59
信頼度　246
スコットランド地方自治体会計諮問委員会（LASAAC）　265
ストックホルム・ランスティング（SLL）　189
成果（outcome）　91
制定法　13, 133
政府会計基準審議会（GASB）　27, 37, 38, 72
政府間財政関係　3
政府基金（Governmental Fund）　64
政府基金財務諸表（Governmental Fund Financial Statements）　59
政府系機関（GREs）　216
政府系企業体　18, 324, 354
政府財政統計（GFS）　8
政府財務会計基準諮問委員会（GASAC）　104
政府財務担当者協会（GFOA）　105
政府財務報告マニュアル（FReM）　265
政府資源会計法（Government Resources and Accounts Act）　265
政府全体財務諸表（Government-wide Financial Statements）　59
税率決定権　193
説明責任　6
全国統一指標（NIS）　302
全政府財務諸表（Whole of Government Accounts）　259
全体財務書類　342
全般的目標（övergripande mål）　234

全米業績マネジメント諮問委員会（NPMAC） 105
全米市町村会計委員会（NCMA） 40, 99
全米政府会計委員会（NCGA） 40, 99
全米政府会計協議会（NCGA） 40, 100
戦略に対する産出（Output of the strategy） 306
総額法 209
ソシアルチケット 143, 172, 175
租税国家 5
租税資金比率（Tax funding Ratio） 245

［タ行］

代議制民主主義 350
第三セクター 338, 355
退職後医療給付 280
退職後医療債務 48
大ストックホルム圏地域交通株式会社（SL） 189
タウンシップ・タウン 30
単一国家 3
単式簿記 10, 186, 327, 354
単年度予算 10
地域化法（Regionalisierungsgesetz） 143, 151, 161
地域計画・交通委員会 218
地域交通助成法（Gemeindeverkehrsfinanzierungsgesetz） 161
地域交通助成法（GVFG） 143, 148, 151
地方公営企業法 335
地方公共団体等金融機構 338
地方債 3, 33, 75, 350
地方自治・住宅法 291
地方自治法 199, 266, 331
地方事務組合（Kommunalförbund） 195
地方所得税率に換算した営業補助金（Operating subsidies per tax krona） 245
地方税 3
地方政府会計評議会（RKR） 197, 227
地方政府会計法 200, 226
地方政府データベース（Kolada） 227, 330
地方政府の会計実務規範書（COPLAA） 255
地方政府分析促進評議会（RKA） 228
注文者 - 受注者 253
直接法 292
勅許公共財務会計協会（CIPFA） 255
ディストリクト（District Council） 260
適時性 46, 155, 216, 300, 342, 344, 347
適用資本補助金（Applied capital grants） 270
鉄道・地下，地上交通諮問委員会 304
当座比率（Quick Ratio） 159
透明性 218
トゥルーブラッド委員会報告 99
特定目標（specifika mål） 235
独立採算制 219, 336
都市交通局（UMTA） 88
都市交通法（Urban Mass Transportation Act） 88
都市財務官協会（MFOA） 40

［ナ行］

内在権限 29
内部相互補助 55, 278
2か年予算 149
二重予算 23
ニューヨーク州会計監査局（State Comptroller） 109
ニューヨーク州都市交通局（MTA） 27, 44
年金債務 48, 144, 209, 270, 280
年次会計法（ÅRL） 202

［ハ行］

破綻法制 351
発生主義 10, 62, 66, 200
発生主義予算 10
発注者（注文者）- 生産者（受注者）モデル 250
比較可能性 218
非財務指標 91
非適用資本準備金（Capital grants unapplied account） 270
病欠・欠勤比率（Sickness-Absenteeism

索引　377

　　　Rate）　159, 227
比例所得税　193
複式簿記　10
複式予算　23
複数年度予算　288
ベスト・バリュー業績指標（BVPIs）　302
ベスト・バリュー制度　302
ベルリン運輸公社（BVG）　125
ベルリン近距離交通センター（CNB）　167
ベルリン州企業法　132
ベルリン州立銀行（Landesbank Berlin）　355
ベルリン・ブランデンブルク交通連合（VBB）　167
返済前キャッシュフロー対元利金返済金率（Debt service coverage ratio）　116
包括外部監査人　347
包括的業績評価制度（CPA）　303
包括的地域評価制度（CAA）　303
法の規制に従った発生主義　263
法的地位（legal standing）　47
北欧型 NPM　13
保証（assurance）　321
保証型　171
保証人会議　156, 173

【マ行】

満足度　113, 164, 167, 244, 311
ミュニシパリティ　30
民主主義　7
黙示権限　29
持分法　203, 209

【ヤ行】

有効性指標（Effectiveness indicator）　11
予算会計（Budgetary Accounting）　9, 324
予算原則法（HGrG）　136
予算循環（budget cycle）　5
予算責任　5
予算統制　6, 9
予算の視点（Budgetary Perspective）　263
予算編成　66, 110, 149, 213, 233

予算論　5
予算割当　68, 174

【ラ行】

ランスティング　191
ランスティング連合（Landstingsförbundet）　198
立法権　128
立法府　68
利払費／税引前利払前利益回収比率（Interest Coverage Ratio）　159
利払前・税引前利益（EBIT）　156, 159
利払前・税引前・その他償却前利益（EBITA）　159
流動比率（Current Ratio）　159
留保権限　29
料金決定　219
料金収入の決定　185, 334
良好な会計慣習（God redovisningssed）　199
レーン府（Länsstyrelse）　192
レベニュー債　52, 117, 119, 336, 356
連結財務書類　342
連邦会計基準諮問審議会（FASAB）　36, 38
連邦国家　3
連邦政府交通省（DOT）　88
連邦予算規則（BHO）　136
ロンドン交通局（TfL）　255
ロンドン交通戦略（MTS）　306

【アルファベット】

ABC（Activity Based Costing）原価計算→活動基準原価計算
AICPA（The American Institute of Certificated Accountants）→アメリカ公認会計士協会
ÅRL（Årsredovisningslagen）→年次会計法
ASB（Accounting Standards Board）→会計基準審議会
ASB 財務報告基準 30 号（FRS30）　271
BFN（Bokföringsnämnden）→財務省簿記委員会

BHO（Bundeshaushaltsordnung）→連邦予算規則
BVG（Berliner Verkehrsbetriebe）→ベルリン運輸公社
BVPIs（Best Value Performance Indicators）→ベスト・バリュー業績指標
CIPFA（The Chartered Institute of Public Finance and Accountancy）→勅許公共財務会計協会
CIPFA/LASAAC 地方自治体会計規範審議会（CIPFA/LASAAC Local Authority Accounting Code Board）　265
CNB（Center Nahverkehr Berlin）→ベルリン近距離交通センター
COPLAA（Code of Practice on Local Authority Accounting in the United Kingdom: a Statement of Recommended Practice）→地方政府の会計実務規範書
CPA（Comprehensive Performance Assessment）→包括的業績評価制度
CAA（Comprehensive Area Assessment）→包括的地域評価制度
DOT（Department of Transportation）→連邦政府交通省
EBIT（Earnings before Interests and Taxes）→利払前・税引前利益
EBITA（Earnings Before Interest, Taxes, and Amortization）→利払前・税引前・その他償却前利益
ECR（Economic Condition Reporting）→経済的状況報告
EU 指令　200
FAR（Föreningen Auktoriserade Revisorer）→公認会計士協会
FASAB（Federal Accounting Standards Advisory Board）→連邦会計基準諮問審議会
FASB（Financial Accounting Standards Board）→財務会計基準審議会
FASB 基準　37
FRAB（Financial Reporting Advisory Board）→財務報告諮問審議会

FReM（Government Financial Reporting Manual）→政府財務報告マニュアル
GAAP 会計（狭義の公会計）　9, 10, 324
GAO（General Accounting Office）→会計検査院
GASAC（Governmental Accounting Standards Advisory Council）→政府財務会計基準諮問委員会
GASB（Governmental Accounting Standards Board）→政府会計基準審議会
GASB 概念書　42, 101, 104
GASB 基準書　42, 43, 46, 47, 78, 82, 96
GemHVO（Gemeindehaushaltsverordnung）→市町村予算令
GFOA（Government Finance Officers Association）→政府財務担当者協会
GFS（Government Financial Statistics）→政府財政統計
GG（Grundgesets）→基本法
GLA（Greater London Authority）→グレーター・ロンドン・オーソリティー
GLA グループの要約決算書（GLA Summary of Statement of Accounts）　286
GREs（Government Related Entities）→政府系機関
GVFG（Gemeindeverkehrsfinanzierungsgesetz）→地域交通助成法
HGrG（Haushaltsgrundsätzegesetz）→予算原則法
IAS（International Accounting Standards）→国際公会計基準
IPSAS（International Public Sector Accounting Standards）→国際公会計基準
Kf/Lf-86 モデル　199, 226
Kolada（Kommun- och Landstingsdatabasen）→地方政府データベース
KRK-56　226
LASAAC（Local Authority Scotland Accounts Advisory Committee）→スコットランド地方自治体会計諮問委員会
LHO（Landeshaushaltsordnung）→州予算規則

MFOA（Municipal Finance Officers Association）→都市財務官協会
MTA（Metropolitan Transportation Authority）→ニューヨーク州都市交通局
MTS（Mayor's Transport Strategy for London）→ロンドン交通戦略
NCGA（National Committee on Governmental Accounting）→全米政府会計委員会
NCGA（National Council on Governmental Accounting）→全米政府会計協議会
NCGA 概念書第1号　100
NCMA（National Committee on Municipal Accounting）→全米市町村会計委員会
NIS（National Indicators Set）→全国統一指標
NPM（New Public Management）　7, 15, 125
NPMAC（National Performance Management Advisory Commission）→全米業績マネジメント諮問委員会
NSM（Neues Steuerungsmodell）→新制御モデル
OMB（Office of Management and Budget）→行政管理予算庁
ÖPNV（Öffentlicher Personennahverkehr）→公共旅客近距離交通

PFI（Private Finance Initiative）　278
PWLB（Public Works Loan Board）→公共事業資金貸付協会
RKA（Rådet för främjande av kommnala analyser）→地方政府分析促進評議会
RKR（Rådet för kommunal redovisning）→地方政府会計評議会
SEA（Service Efforts and Accomplishments）→サービス努力および成果
SEA 研究プロジェクト　102
SL（AB Storstockholms Lokaltrafik）→ストックホルム圏地域交通株式会社
SLL（Stockholms läns landsting）→ストックホルム・ランスティング
SLL 監査局　239
SNA（System of National Account）→国民経済計算
TfL（Transport for London）→ロンドン交通局
UTMA（Urban Mass Transit Administration）→都市交通局
UTMA, Section 15　88, 111
VBB（Verkehrsverbund Berlin-Brandenburg）→ベルリン・ブランデンブルク交通連合

【執筆者紹介】

伊集守直（いじゅう・もりなお）
　1975年生まれ．
　2007年東京大学大学院経済学研究科博士課程単位取得退学．
　現在，横浜国立大学大学院国際社会科学研究院准教授．
　主な業績：「スウェーデンの財政再建と予算制度改革」（共著）井手英策編『危機と再建の比較財政史』（ミネルヴァ書房，2013年），「二元的所得税をめぐる政策決定―1990年代スウェーデン税制を事例に」（『証券経済』第68号，2009年）．

木村佳弘（きむら・よしひろ）
　1973年生まれ．
　2005年東京大学大学院経済学研究科博士課程単位取得退学．
　現在，後藤・安田記念東京都市研究所研究室長．
　主な業績：「地方財政」（新藤宗幸・松本克夫編『雑誌『都市問題』にみる都市問題Ⅱ　1950-1989』岩波書店，2012年），「アメリカ連邦政府の財務諸表」（『都市問題』第105巻第6号，2014年）．

関口　智（せきぐち・さとし）
　奥付編著者紹介参照．

【編著者紹介】

関口　智〈せきぐち・さとし〉
1972年生まれ．
2001年東京大学大学院経済学研究科博士課程単位取得退学．
博士（経済学，東京大学）．
現在，立教大学経済学部教授，会計検査院特別研究官．
主な業績：『現代アメリカ連邦税制―付加価値税なき国家の租税構造』（東京大学出版会，2015年），「イギリス地方財政・公会計制度とマーリーズ・レビューの地方税改革論」（『地方財政』第53巻10号，2014年）．

地方財政・公会計制度の国際比較

2016年2月26日　第1刷発行　　　定価（本体5400円＋税）

編著者　関　口　　　智
発行者　栗　原　哲　也
発行所　株式会社　日本経済評論社
〒101-0051　東京都千代田区神田神保町3-2
電話　03-3230-1661　FAX　03-3265-2993
E-mail：info8188@nikkeihyo.co.jp
URL：http://www.nikkeihyo.co.jp/
装幀＊渡辺美知子　　印刷＊藤原印刷・製本＊高地製本所

乱丁落丁本はお取替えいたします．　　　　Printed in Japan
Ⓒ Sekiguchi Satoshi et al. 2016　　　ISBN978-4-8188-2418-8

・本書の複製権・翻訳権・上映権・譲渡権・公衆送信権（送信可能化権を含む）は，㈳日本経済評論社が保有します．
・JCOPY〈㈳出版者著作権管理機構　委託出版物〉
本書の無断複写は著作権法上での例外を除き禁じられています．複写される場合は，そのつど事前に，㈳出版者著作権管理機構（電話 03-3513-6969，FAX 03-3513-6979，e-mail: info@jcopy.or.jp）の許諾を得てください．

若年者の雇用問題を考える
　——就職支援・政策対応はどうあるべきか——
　　　　樋口美雄・財務省財務総合政策研究所編著　本体 4500 円

国際比較から見た日本の人材育成
　——グローバル化に対応した高等教育・職業訓練とは——
　　　　樋口美雄・財務省財務総合政策研究所編著　本体 4500 円

実証国際経済学
　　　　　　　　　　　　　　　　吉田裕司著　本体 4000 円

金融危機の理論と現実
　——ミンスキー・クライシスの解明——
　　　　　　　　クレーゲル著／横川信治編・監訳　本体 3400 円

現代国際通貨体制
　　　　　　　　　　　　　　　　奥田宏司著　本体 5400 円

EU の規制力
　　　　　　　　　　　　遠藤乾・鈴木一人編　本体 3600 円

所得税の実証分析
　——基幹税の再生を目指して——
　　　　　　望月正光・野村容康・深江敬志著　本体 4200 円

所得分配・金融・経済成長
　——資本主義経済の理論と実証——
　　　　　　　　　　　　　　　　　　西洋著　本体 6400 円

地方独自課税の理論と現実
　——神奈川・水源環境税を事例に——
　　　　　　　　　　　　　　　　髙井正著　本体 3800 円

税と社会保障負担の経済分析
　　　　　　　　　　　　上村敏之・足立泰美　本体 5900 円

日本経済評論社